凯特·肖邦作品选

A COLLECTION OF KATE CHOPIN'S WORKS

[美]凯特·肖邦 著

岳 峰 译

厦门大学出版社 国家一级出版社
XIAMEN UNIVERSITY PRESS 全国百佳图书出版单位

图书在版编目(CIP)数据

凯特·肖邦作品选/(美)凯特·肖邦著;岳峰译.—厦门:厦门大学出版社,2018.9(2019.11重印)
ISBN 978-7-5615-7081-4

Ⅰ.①凯… Ⅱ.①凯…②岳… Ⅲ.①小说集—美国—近代 Ⅳ.①I712.45

中国版本图书馆 CIP 数据核字(2018)第 216607 号

出 版 人	郑文礼
责任编辑	王扬帆　高奕欢
封面设计	李嘉彬
技术编辑	许克华

出版发行　厦门大学出版社
社　　址　厦门市软件园二期望海路 39 号
邮政编码　361008
总 编 办　0592-2182177　0592-2181406(传真)
营销中心　0592-2184458　0592-2181365
网　　址　http://www.xmupress.com
邮　　箱　xmup@xmupress.com
印　　刷　厦门兴立通印刷设计有限公司

开本　889 mm×1 194 mm　1/32
印张　11.75
字数　306 千字
版次　2018 年 9 月第 1 版
印次　2019 年 11 月第 2 次印刷
定价　38.00 元

本书如有印装质量问题请直接寄承印厂调换

厦门大学出版社　　厦门大学出版社
微信二维码　　　　微博二维码

前 言

凯瑟琳·奥弗莱厄蒂（Katherine O'Flaherty），后称凯特·肖邦（Kate Chopin），1851年2月8日出生于圣路易斯。她的母亲是法国早期拓荒者的后裔，父亲是爱尔兰富商和名流。她自小视野开阔，博览群书，盘根究底，洞悉敏锐，深思熟虑，无拘无束，内涵丰富，思维独特，前卫大胆，与众不同。在圣路易斯，这位颇受青睐的美人更吸引人眼球的是其出众的文学才华。

肖邦的作品多以南方种植园为背景，巧妙而有力地以那里的迷人气氛、黑人英语与地方俗语唤起人们对地方色彩的回忆。她有一种艺术直觉，文章天成，妙手得之。她的技巧纯属天然，不经修饰，如行云流水。她的语言清晰准确、惜墨如金、含而不露，引导读者直入佳境。批评家高度赞扬凯特·肖邦，称其为杰出的地方特色艺术家。

凯特·肖邦从一开始就对人性、人欲产生了极大的兴趣，她把精力集中到描写人对爱情与性的永恒冲动上，促使美国文学的题材拓宽到性的范畴。但她的书中没有任何感官刺激的成分，她以非常深刻的方式处理"做女人意味着什么"这个基本问题。凯特·肖邦的开创性精神在她所处的那个时代和地域背景下是不可能被接受的，因此她一直饱受争议。她的《觉醒》一书一出版马上在全美遭到传统伦理的谴责，这本书在圣路易斯的图书馆中禁止流通，她逐渐被拒于文坛之外。

1904年8月22日凯特·肖邦去世。敌对的批评和早逝使她未能写出更高水平的作品，到达她该到的高度。本书所选译的作品是一系列彼此独立的爱情故事，表现女性所思所欲。故事虽引人入胜，但书中近代英语、古英语、方言、法语与飞白效果相互混杂，竟使当代美国文化人士颇感费解。饱经译途林深路隘、荆藜侵道之苦后，终是诚惶诚恐、战战兢兢地将拙译呈于读者面前。

本书承谢福建师范大学新增翻译专业建设基金与"校企合作与翻译教学模式探讨"课题的资助。感谢黄娟娟、林敏霞与林风的襄助。

岳　峰

2018 年 9 月 23 日

目录

小品文
反　思 …………………………………………………… 2

短篇小说
危险的吻 ………………………………………………… 4
离　婚 …………………………………………………… 7
一位体面的夫人 ………………………………………… 11
一双丝袜 ………………………………………………… 15
怅 ………………………………………………………… 20
失弥撒 …………………………………………………… 24
百合花 …………………………………………………… 29
德西雷的婴孩 …………………………………………… 34
长沼的那一边 …………………………………………… 40
洛　卡 …………………………………………………… 46
奥泽姆的假期 …………………………………………… 53
马穆彻 …………………………………………………… 59
偏　见 …………………………………………………… 67
在色宾 …………………………………………………… 74
冬　后 …………………………………………………… 82
猛　醒 …………………………………………………… 91
遗　产 …………………………………………………… 100
佩拉吉夫人 ……………………………………………… 108
唐泰·卡特里内斯特 …………………………………… 117

卡迪舞会 …………………………………………… 126
壁炉台上的瓷娃娃 ………………………………… 136
爱在本蒂厄 ………………………………………… 144
一桩家事 …………………………………………… 155
老纳基托什内外 …………………………………… 168
阿卡迪亚之夜 ……………………………………… 181

中篇小说
克里奥尔人的输家 ………………………………… 198

长篇小说
觉　醒 ……………………………………………… 222

译后感
探讨方言译方言的可能 …………………………… 345

附　录
中国关于凯特·肖邦的研究动态 ………………… 354

小品文

反 思

  有些人天生精力充沛,这种特质不仅使他们能够步随时代,而且为他们的个性注入了强大的动力以适应紧张的生活节奏。他们是幸运的。他们无须领会事物的意义。他们永不疲倦也不会错失良机,他们永不掉队也不会被遗落在人行道旁,只能注视着过往的队伍。

  啊!就是路边那个从我身边过往的队伍。它那奇异的色彩比阳光照在波光粼粼的水面上更亮、更美。即使灵魂和肉体堕落至这些匆匆人群的脚下又如何?!人群有节奏地移动着,颇为壮观。协调的音调中也盘旋着些许嘈杂的撞击声,混合着来自其他个世界的音乐——完成上帝的乐章。

  那个移动的队伍——人类动力的队伍,比天上的繁星更加壮观,比震颤的地球和生长其上的生物更加壮观。噢!待在人行道边,同小草、云彩和那些不会说话的动物们待在一起,我为这感到悲哀。实际上,在这个象征生命永恒的社会里,我有一种宾至如归的感觉。我甚至能感觉得到那些被压伤的脚、撞击的刺耳声音、无情的手和令人窒息的呼吸。我听不见队伍前行的节奏。

  沉寂的心灵,共鸣吧!让我们静候在路边。

短篇小说

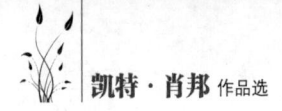

危险的吻

  天色尚早,但屋子里拉着窗帘,炉火发出飘忽不定的暗光。整个房间笼罩在一片阴影之中。
  布朗坦就在这阴影之中坐着,被这片阴影笼罩着,可他毫不在意。因为正是这朦胧的氛围使他有勇气注视着坐在炉火亮光中的姑娘。
  她相当俏丽,有着健康的肤色。她就那么静静地坐着,一只猫蜷在她的膝头上,她悠闲地抚摸着猫身上厚厚的皮毛,偶尔也缓缓抬头看一看坐在阴影里的客人。他们低声交谈着,虽然各怀心事,说出来的却都是些可有可无的话。她知道他爱她——这个直率又冲动的小伙子丝毫不懂得掩饰,也没想要这么做。两个星期以来,他一直在热切地与她交往。她胸有成竹地等着他的表白,并打算接受他。布朗坦既没内涵也没有魅力,却富有得很。她要的就是财富。
  他们在谈论上一次茶会和下一场宴会,时说时停。就在停下来这当儿,门开了,进来了一个布朗坦熟识的男人。于是姑娘的目光转向他。那人三步并作两步就走到姑娘的身边,弯下腰——她并没有意识到他没看见她的客人——所以在她察觉之前,他给了她热烈、缠绵的一吻。
  布朗坦慢慢地站了起来,那女孩也急忙站了起来,刚刚进来的那个人就站在他们中间,他脸上的表情有些迷惑,还杂有蔑视的神情。
  "我想,"布朗坦有些局促不安地说,"我已经打扰很久了。我不知道,我是不是……我想我该告辞了。"他双手紧抓着帽子,似乎并没看到她正伸手挽留他,她并不是完全没了主意,可也不知道说什么才好。

"娜蒂,我可绝对没看到他坐在那儿呢。这可真让你难堪。但我希望你能原谅我这一次——仅有的一次冒犯。嗨!这到底是怎么回事儿?"

"别碰我,离我远点儿。"她愤愤地说,"你为什么进来也不摁铃?"

"我和你哥哥一块儿进来的,我不总是这样吗?"他镇定地为自己辩护。"我们从侧门过来,然后他上楼了。我来这儿是想找你的。原因就是这么简单,但是足够向你说明这事儿是不可避免的,我仍希望你能原谅我,娜蒂。"他柔声恳求。

"原谅你?!你不知道自己在说什么吧。让我过去——否则的话就难说我能不能原谅你了。"

在随后的宴会上,她又见到了那位年轻人,她很坦然地向他走去。

"布朗坦先生,我能和你说会儿话吗?"她笑着问。她的笑容很美,但略带不安。他看上去十分不悦。但当她挽着他的胳膊,和他来到一个僻静的角落,这滑稽而痛苦的表情很快就掺杂着一丝希望的喜悦。她开门见山就说了:

"也许我不该见你这一面,布朗坦先生,但……但是,噢,自从那天以后我一直非常难过,几近痛苦。我一想到你可能会误解,会那么想"——希望慢慢地在布朗坦老实的圆脸上漾开来——"当然,这对你来说不算什么,可是对我而言,我希望你能够明白,哈维先生一直都只是我们的密友而已。怎么说呢,我们总是像亲戚似的——兄妹什么的,他是我哥哥最好的朋友,享受着和家庭成员一样的待遇。噢,我知道和你说这些很冒昧,甚至不太体面。"她几乎要哭出来了,"你对我怎么看?这很重要。"她声音很低,但很激动。听至此,布朗坦脸上的阴霾一扫而光。

"那么,娜塔莉小姐,你真的很在意我的想法喽,我可以叫

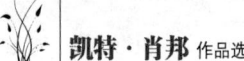

你娜塔莉小姐吗?"他们转入一条幽暗的长廊,长廊两侧绿树成荫,他们慢慢地走向长廊的一头。当他们返回的时候,布朗坦满面红光,她的脸上则充满了得意的神色。

哈维是婚礼上的众多宾客之一;他好不容易找到一个与她独处的机会,把她叫了出来。

"你的丈夫,"他笑着说,"他让我来吻你,祝福你。"

红晕迅速在她脸上漾开来,红到了脖子。"我觉得一个男人在这样一个场合表现得大度些是很自然的。他告诉我他不希望他的婚姻阻断你我之间那愉快的亲密之情。我不知道你都和他说了些什么,"他无礼地笑了一下,"但他还是让我来这儿给你一个吻。"

她就像个象棋手,看着局面尽在自己的英明的预料之中。于是,她抬起头看着他,眼神明亮而又温柔,带着笑意;她的双唇迫切地期待着。

"但是,"他平静地说,"我不想告诉他,因为这不太得体。可我可以对你说,我不再吻任何女人了,因为这太危险了。"

她知道自己终于拥有了布朗坦和他的百万资产了。一个人不能占尽世上所有的好东西,假如她还有所求的话,那可不应该了。

短篇小说

离　婚

　　塞莱斯坦夫人早上清扫小门廊时，常常穿着雅致合身的印花布长裙。其中有一件是灰色的，背后有优雅的瓦都风格式褶层，穿这件的时候她总会在脖子上围上蝶形红色饰带。帕克森律师觉得她穿那件特别好看。每当帕克森早上去位于圣·丹尼斯街的办公室时，她总在扫门廊。

　　有时候他会停下来，从栅栏探过身子来，悠哉地对她道早安，对她的玫瑰丛品评一番；要是时间充裕，就听听她要说些什么。通常塞莱斯坦夫人会有好多话要说，她一手把长裙的下摆提着，另一手握着扫把，姿势挺漂亮，轻快地跑向律师，他则悠然舒坦地斜靠在她的篱笆桩上。

　　当然她跟他谈过自己的烦恼，大家都知道她的那些事。

　　"真的，夫人，"他有一次对她说，语调刻意小心，是标准的律师口吻，"忍耐非人性所及——尤其是女性。看你，手指头都累得不行了。"——她低头瞥了一下从松弛的雌鹿皮手套裂口露出的两个手指尖——"学缝纫，教音乐，干体力活来养活你自己和两个小家伙，上帝知道。"听着列数她的苦处，塞莱斯坦夫人脸上透出满意的光。

　　"法官，您说得对。几个月来塞莱斯坦没给我一点钱，也没寄一点钱来。"

　　"无赖！"帕克森当着面嘟囔着。

　　"可是，"她接着说，"他们说他想干活的时候就在亚历山大附近赚钱。"

　　"我敢说你已经几个月没见着他了吧？"律师说。

"足足六个月。"她承认说。

"就是了,我说嘛。他就等于不要你了嘛,也不帮你。要是说他虐待你我也不会奇怪。"

"唉,法官您是知道的,"她掩饰性地咳了一下,"男人喝醉的时候——您能指望他怎样?您还不知道他的许诺吧。他要是说话算数的话,我根本就用不着干活,真的。"

"夫人,依我看,你要是再忍下去就太傻了,有法院给你做主,判给你补偿。"

"法官大人,这事您以前说过。我会考虑离婚的。我觉得您是对的。"

塞莱斯坦夫人想过离婚也谈过这事,帕克森律师对此兴趣极大。

"您知道,离婚这事,法官先生,"那天早上,她正等着他,"我和朋友还有家人都谈过,我得告诉您,他们全都坚决反对。"

"当然了,肯定反对;得想到这点,夫人,这是一群克里奥尔人。我警告过你:会遭到反对,但你得勇敢地面对。"

"哦,不是害怕,我会面对!妈妈说家族里没发生过这样的事,这是一桩耻辱。但妈妈说得当然好听,她以前何尝有过这种烦恼?她说我怎么说也要和皮埃尔·迪谢隆商量一下,就是那个听我告解的神父,你知道的。噢,我得去一下,让妈妈高兴一下。可神父也不会让我再忍受塞莱斯坦这种人的。"

一两天后,她又在等他了。见面时她说:"我说法官,离婚的事……"

"对,对,怎么说,怎么说?"律师从她褐色的眼睛和漂亮的口型曲线察觉到前所未有的决心,他十分高兴,"我想你已见过皮埃尔·迪谢隆并大胆和他说了吧。"

"噢,算了吧,不折不扣的说教,我跟你说。讲丑闻,说劣迹,没完没了似的。他说他不准备管这事,我得去见主教。"

"我想主教也挡不住你。"律师说得有些口吃,很迫切,连自己也搞不清楚怎么回事。

"法官,你不了解我。"塞莱斯坦夫人笑起来,转过头来,挥了一下扫把,表示谈话结束。

"噢,塞莱斯坦夫人,那个主教!"帕克森律师站在那儿,抓着几根颤悠悠的篱笆桩。她没看到。"哦,是你,法官?"她匆忙过去,带着似乎有点过头的热情。

"我见过主教了。"她开始说。律师从她生动的表情中知道了她没有动摇自己的决定。"啊,他真能说,在纳基托什县再找不到第二个这么能说的。他谈我的麻烦时那种方式让我不得不哭了。他多了解我的苦衷和感受。法官!要是你听了他给我说的我一步步该怎么做,怎么避开危险与诱惑,你也会感动的。天主教徒对什么都要忍受到最后的极限。我得过一种归隐式的、自律的生活,这就是他对我说的。"

"但他没改变你的决心吧,我这么想。"他说着,自得地笑了。

"这个嘛,没有,"她口气坚决地说道,"主教不知道嫁给塞莱斯坦这种人是什么滋味,要如何忍耐。如果你说在法律上我有权跟他分手,我不会理主教那套,他本人也让我受不了。"

律师帕克森显然大为改变。他的工作服扔了,穿上星期天礼服去上班,也讲究起靴子的亮度了,还有衣领和领带,胡须也悉心修饰和梳理,前所未有。沿着老城的街道行走时他养成了白日做梦的愚蠢习惯。他梦想着:娶个老婆多好,不是别人,正是可爱的塞莱斯坦夫人。这充斥了他的脑海,诸如此类的幻想使他的办公室满是甜蜜和神圣。老纳基托什县现在也许不会让他们住得舒坦,但此外的世界很大,够住。

一天早上,经过塞莱斯坦夫人家的时候,他的心怦怦然跳动,但心律不齐。他发现她在玫瑰丛后面,像往常一样扫地。门廊和台阶扫完了,她正在沿着紫罗兰花床扫砖砌小道。

"早上好,塞莱斯坦夫人。"

"啊,是你呀,法官先生,早上好!"他等待着,她好像也

 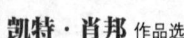

在等待。然后她犹犹豫豫地大着胆子说:"我说,法官先生,离婚的事,我在想——我想您最好别介意。"她边说边用扫把的柄在戴着手套的手掌上画着深深的圈,然后又挑剔地看着圈圈。在律师眼里,她的脸分外红,但也许是被脖子上的红色饰带所映衬。"真的,我希望您别介意。法官,您知道吗?昨晚塞莱斯坦回家了,他发誓要痛改前非,重新做人。"

一位体面的夫人

巴罗达夫人得知她的丈夫邀请他的朋友古韦内尔来庄园住一两星期,有些不悦。

那个冬天,他们过得相当快乐,大多数的时间他们待在新奥尔良,用尽法子享乐。现在她正期待一段清静的休假,只与她丈夫一起面对面的倾心交流,可是她丈夫告诉她古韦内尔要来待上一两星期。

她已听说过古韦内尔这个人很多次了,但还未见过面。他是她丈夫的大学好友,如今正是一位记者,但他绝不是社交活跃或那种抛头露面的人,可能正是这些原因她未有机会和他见面。但她脑海里已不知不觉地开始描绘他的形象。他应该是高大、瘦削、乖戾,戴着一副眼镜,总是将双手插在口袋里,但她并不喜欢他。事实上,古韦内尔的确瘦削,但他既不高大也不乖戾,他也不戴眼镜,更不将双手插在衣袋中。他第一次出现时,她竟有些喜欢他。

她想弄明白自己为什么喜欢他,却无法得到满意的答案。她发现他身上一点都没有她丈夫——加斯顿所说的那些熠熠的闪光点。正相反,当她极力与他聊天以免他过于拘谨,当他面对加斯顿的热情言语时,他总是默默地倾听,却一言不发。他对她彬彬有礼,就算最苛求的女性也该满意了,但他从未令她满意,也从未赢得她的尊敬。

在庄园住下之后,他似乎很喜欢坐在大门廊上,罩在巨大的科林斯柱的阴影之中。一边懒洋洋地抽着烟,一边认真地听着加斯顿谈论当一位糖业种植园主的经历。

当糖场里那种甜蜜可口的清香带着暖意向他袭来时,"这就是我向往的生活。"他极其满意地说道。有一两只狗在他腿边猎猎纠缠的时候他也觉得很开心。他不大喜欢钓鱼,而且加斯顿提议外出猎松雀时,他也显不出一点兴致来。

巴罗达夫人对古韦内尔的这种个性感到不解,但是对他倒有点喜欢。他确实是个可爱随和的家伙。几天之后,她并没有比第一次见他时更了解他,她不再疑惑,但依然愠怒,这种心情使她常常离开她的丈夫,让他与他的朋友单独在一起。她发现古韦内尔对她的举动毫不在意,她试着与他交往,陪着他散步到作坊,沿着漆厂溜达。她执着地找法子探知他无意识中隐藏起来的自我。

"他什么时候走?嗯,我指你那位朋友。"有一天她向她丈夫问起,"我对他厌烦透了。"

"还没一个星期呢,亲爱的!我不大明白,他好像没给你惹麻烦吧?"

"的确没有。如果有的话,如果他和其他人一样,可能我还会喜欢他一点,可是问题是我已没什么办法让他感到舒适与开心!"

加斯顿捧起妻子美丽的脸庞,温柔地盯着她忧愁的双眸,脸上泛着笑意,此时他们正在巴罗达夫人的梳妆室里打扮。

"你总是让人感到意外,我的美人儿,"他说,"连我都弄不明白在特定的情况下你会做何举动。"他吻了吻她,转身对着镜子拉紧他的领结。

"你呀,"他继续说道,"对古韦内尔太认真了,吵到他了,可怜的古韦内尔,他最不愿意被人打扰了。"

"打扰!"她激动地反驳他,"胡说!你怎么可以这么说?打扰,是啊!但是……你说他是很聪明的。"

"他当然是。但这可怜的家伙工作过度,已经累坏了。正因为这个原因才让他来休假一段时间的。"

"你以前一直说他有很多点子。"她拒绝和解,反驳道,"我期待他至少能风趣一点。明天早上我要进城去改改春装!他走后告诉我一声,我会先待在奥克塔维姨妈那儿。"

晚上她出去散步,信步走在屋外的碎石路上,随意地在路边栎树下的一条石凳上坐了下来。

她从未像现在这样茫然无措。她尽力理出一丝思绪:她很有必要在第二天就早早地离开这里。

突然,巴罗达夫人听到碎石路上传来脚步声,在黑暗中她只看见红色的烟头渐渐靠近。那只能是古韦内尔,因为她知道她丈夫从不抽烟。她希望不会被发现,可是她白色的睡袍令人不难发现她。他扔掉了烟头,在她身边坐了下来,没有意识到她并不想见他。

"巴罗达夫人,您丈夫托我把这个带给您。"他一边说一边递给她一条轻薄的白色围巾,她有时用来覆在头上或肩膀上的,她接过了围巾,轻轻地道了声谢,放在膝上。

他觉察到这个季节这种夜色会引发灾祸。他的目光触及这夜色时,不禁喃喃自语起来:"南风习习的夜晚,星光点点的夜晚!依然是春风沉醉的晚上……"

他对夜晚的感慨并没有引起巴罗达夫人的回应,因为这显然不是对她说的。古韦内尔绝不是胆怯的人,因为他并没有忸怩之态。他的这种矜持并不是天生的,而是心绪所致。坐在巴罗达夫人身边,他的沉默渐渐打破了。

他谈得很舒心,很亲密,他的声音低沉而带有迟疑的拖腔,颇有磁性。他回忆起大学时光,与加斯顿相处得那么融洽,谈起那些有着雄心勃勃的理想与盲目信念的时光。现在那些已离他远去,留下的只是一些对现存的社会秩序的哲学观念——一种生存的基本欲望,不时带有些许真实的生活,正如他现在所呼吸的空气。

她只能隐约领会他的意思,此时,她身不由己,情乱迷离。她并不是在想他的话,只是沉迷于他的声调中。暗夜中她很想伸出手用她敏感的指尖抚摸他的脸或唇。她很想再坐近一些能与他耳鬓厮磨——她并不在乎什么——只是她还记得自己是一位正派的女士。

那种驱使她要接近他的念头越强烈,她愈加与他拉开距离。她尽量让自己不要显得太无理,于是她起身走了,将他一个人留在那儿。

等她快走到房子的时候,古韦内尔又点了一支烟,继续他未完成的夜色诗。

当晚,巴罗达夫人有种强烈的欲望,要告诉她丈夫——同时也是她的朋友——占据她心灵的那个愚蠢的念头。但她最终还是克制住了。作为一位体面的夫人,同时也是一位理智的女性,她明白一个人一生中总有一些需要独自面对的斗争。

那天清晨加斯顿起床的时候,妻子已经离开了。她坐早班火车进城,直到古韦内尔离开他们家,她才回来。

他们曾经商量过那年夏天是否还要请他来。加斯顿真的很想这么做,然而面对妻子的极力反对,他屈服了。

然而在年末的时候,有一天她自己突然提议要请古韦内尔来住一段日子,她的这个建议让丈夫惊喜不已。

"很高兴,亲爱的朋友,你终于克服了对他的厌恶,他不该受到那种待遇。"

"噢,"她给了他缠绵温柔的一吻,笑着说,"亲爱的,我已经克服了,你看吧,这次会好好地招待他!"

一双丝袜

小个子的索默尔太太一天意外地获得了15美元。对她来说这是一大笔钱,她将钱塞在她那破旧的钱包里,鼓鼓囊囊的,使她有种自命不凡的感觉,她已经多年没有这种优越的感觉了。

此时,她心里想得最多的是如何使用这笔钱。之后有一两天,她总是来回踱步,恍恍惚惚,但她的确陷入了沉思和打算。她不想草率行事,不想做一些将来后悔的事情。夜深人静时,各种各样的计划却纷至沓来,在她脑海里翻腾不息。反复斟酌该如何恰当明智地使用这笔钱。

其中的一两美元得用来给詹妮补鞋,这样,鞋用得更久。她要买细棉布给儿女们做新衣衫,原来她打算以精巧的缝补使旧衣服再凑合一阵子的。玛格应该再买一件外套,她曾在商店的橱窗里看到些漂亮的花式,而且都很便宜。还得留些钱买两双新袜子——这会儿也没什么东西能再省钱呢!她还要给男孩买军帽,给女孩买水手帽,一想到她的孩子们一副帅帅的新打扮,她不由激动得难以入眠。

有时,邻居们谈起从前的"好日子",索默尔太太婚前也经历过,但她自己从来没有沉溺于这种病态的怀旧中,她没有闲暇怀念往日,一刻也没有。目前的需求已耗尽了她的全部精力,未来的景象就像朦胧可怕的怪物,有时令她胆战心惊。幸亏,明天永远不会来临。

索默尔太太很清楚廉价品的价值,她可以接连站上几个小时,一点一点挨近心里想要的廉价物品。如果形势所逼的话,她还可能爬着去。她已经学会抓住一件商品,坚定地握着,直到轮到她付账，不管前面队伍有多么长。

然而，那天她有点头晕力乏了。她吃了一顿简单的午餐——不！她想起由于忙着给孩子做饭和整理房间，又忙着出门购物，自己忘了吃午饭。

在一个顾客相对少的柜台前，她坐到一张转椅上，准备鼓起勇气挤进正围着柜台栏杆急切想买到衬衫布料和细麻花布的人群中。她产生了一种精疲力竭、虚弱疲软的感觉，手不由自主地放到了柜台上。她没有戴手套。渐渐地，她觉得自己的手触到了某种光滑的东西，她低头看了看，见自己的手停在一堆丝袜上。附近的一个告示牌上说丝袜的价格已经从一双2.5美元降到了1.98美元。柜台后的一位年轻姑娘问她要不要看看她们的丝袜，她微微笑了笑，仿佛她面前是一件镶钻石的冕状头饰，要仔细审视后才能买下似的。然而，她继续抚摸那柔软光滑的奢侈品——她双手并用，捧起丝袜，看着它们在灯光下闪烁，接着让它们从她的指间滑过。

她那苍白的面颊忽地泛起了红晕，她抬起头来看着那位姑娘。

"你们这儿有没有8英寸半尺码的丝袜？"

这儿有各种8英寸半尺码的丝袜。实际上这个号码的存货最多了。这儿有一双浅蓝色的，还有一些淡紫色的、黑色的，各种琥珀色以及灰色的。索默尔太太挑了一双黑色的，仔细地审视了很久。她假装在检查袜子的纤维，售货小姐向她保证袜子的质地都是上好的。

"1美元98分，"她若有所思地说，"那么我就要这双。"她递给小姐一张5美元的钞票，等着找钱和包装。那是多么小巧的一包啊！而她那破旧不堪的购物袋太深了，小包放进去似乎被淹没了。

随后，索默尔太太并没有往廉价商品柜台方向走。她乘电梯到了楼上女士等候室。她在那儿找到一个隐蔽的角落，脱下棉纱袜，穿上新买的丝袜，她没有经过任何激烈的思想斗争，也没有找任何借口解释她这样做的动机。她根本就没在思考。她似乎在休息,经过一番辛劳后,又似乎听任自己受到某种不由自主的冲动的支配,使自己免于责任。

触摸生丝的感觉多么美妙!她想靠在有软垫的椅上,享受享受这种奢华。她真的这么做了。然后她穿好鞋子,将棉纱袜卷起,塞进包里。紧接着,她径直走向鞋区,找个位子坐下,让人给她试鞋。她很挑剔,售货员有点不解。他无法使索默尔太太的鞋同丝袜相配,而且不容易取悦于她。她抓住裙子,扭过头去看着自己脚上崭新的尖头靴子。她的脚变得漂亮了。她简直不敢相信这是她的脚,是她身体的一部分。她告诉为她服务的年轻人,她要鞋袜搭配得既雅观又入时。而且,只要她能得到她想要的东西,她不会在乎价格贵个一两美元。

索默尔太太挑了很久才买了一双手套。她极少买手套,但只要有买都是廉价商品。那些手套的价格低得荒谬。真难以想象那样的手套也能戴在手上。

现在她将肘靠在手套柜台的垫子上。一位漂亮的年轻小姐轻巧熟练地抓起一只长筒小山羊皮手套,套在索默尔太太的手上。她将手腕处的手套捋平,然后轻轻地扣上,两个女人都沉浸在欣赏那戴着手套的匀称的小手上。然而,还有其他的地方可以花钱。

不远处的街边有个书亭,橱窗里摆着许多书和杂志。索默尔太太买了两本昂贵的杂志,她习惯于读这些书,她对其他美好的东西习以为常。书没有包装她就拿走了。只要条件允许,她就会在十字路口将裙子提起来,她的袜子、靴子和手套非常相称,为她的举止增色不少——这使她有安全感,感觉自己属于穿着体面之流。

她饿了。平时她会忍住,直到回家后给自己煮一杯茶,吃些现成的点心。但是,正支配着她的那种冲动不允许她满足于这样的想法。

拐角处有个餐馆。她从没进去过,她偶尔从门外瞥见一尘不

染的锦缎桌布、闪亮的水晶和踩着轻快步子为时尚人物服务的侍者。

她的出现并没有引起惊讶,并非像她所担心的那样。她独自在一张小餐桌前坐下,立刻就有一位迷人的侍者走近帮她点菜。她不想大吃一顿,只想尝尝美味可口的小吃——半打蓝点牡蛎、一块厚实的猪排加些水芹、一份甜点——比如说奶昔,一杯莱茵白葡萄酒、最后再来一小杯黑咖啡。

在等待食物时,她悠闲地脱下手套,放在旁边。随后,她拿起一本杂志浏览起来。她用餐刀钝的那一边将连页割开,一切都显得那么得体。锦缎桌布比透过窗户看更加一尘不染,水晶也更加晶亮了。餐馆里有绅士与淑女静静地坐在小餐桌边用餐,并没有注意她。不远处传来一阵柔和悦耳的音乐,微风从窗户吹进来。她吃了一口又看看书,然后啜了一口琥珀色的葡萄酒,脚指头在丝袜里扭动。这餐饭的价格她无所谓,她点了钱交给侍者,又在餐盘中留了一枚硬币。因此侍者向她鞠了一躬,好像在他面前的是一位王室公主。

她的钱包里还有钱。接着,一张日戏的海报吸引了她。

过了不久,她就进了戏院,戏已经开始了,里面似乎已经坐满了,但稀稀落落地有些空位,她被带到其中的一个座位上,坐在衣着华丽的妇人间,那些人都是来这儿消磨时光、吃糖果、展示她们华丽的服装。还有许多人就是来看演出的。总而言之,这里绝没有一位是持着与索默尔太太一样的态度待在这里的。她全身心地投入——舞台、演员、每个人夸张的表情,她看得津津有味。她看喜剧时笑个不停,而看到悲剧时又啜泣不已。她身旁那位衣着花哨的女人也是如此。她们偶尔也会评论情节,那花哨的女人擦擦眼泪,在一块轻薄透明的香帕上吸着鼻子,一边将装着糖果的盒子递给索默尔太太。

演出结束了,音乐停止了,观众们鱼贯而出。就像一场梦醒了,人们向四处散去。索默尔太太走到一个角落等着街车。

一个男人坐在她对面，目光敏锐，似乎喜欢索默尔太太那苍白的小脸上沉思的神态。颇令他不解的是，他虽从她脸上读出了点什么，却又难以描绘。实际上他什么也没读懂——除非他会巫术，才能发现她有个强烈的愿望——希望街车永远别停下来，带着她一直往前走。

怅

奥雷莉小姐体格硬朗，面色红润。尽管她那头棕色的头发正慢慢变白，她的目光却坚定依然。她总是戴着顶男式的帽子在农场四处走动。遇到天冷的时候，她会穿件蓝色军用大衣，间或也会穿上高筒靴。

奥雷莉小姐从未想过要结婚，她从没谈过恋爱。二十岁那年，有人向她求婚，可都让她一口给拒绝了。到了五十岁的时候，她也从没为此而后悔过。

她有一条狗，叫旁多，几个黑人住在她那几间木屋里给她种地。还有一些家禽，几头母牛，两头骡子，一把打苍鹰的猎枪以及她的宗教信仰。除此之外，在这个世界上，她可以说是孑然一身了。

有一天早上，奥雷莉小姐双手叉腰靠在她家走廊上，看着一群小孩向她走来。说实在的，他们仿佛是从天际飘来的，如此出人意料、如此令人迷惑、如此不受欢迎。他们是她的邻居奥笛雷的孩子。两家虽然住得最近，但走得并不近。

这个少妇是在五分钟前领着这四个孩子到这儿来的。她怀里抱着艾罗笛，还拽着不情愿的笛·洛米的手，而玛塞莉娜和玛塞莉特则犹犹豫豫地跟在后头。

她脸上泪迹斑斑，而激动又使得她满面通红。住在附近村子的母亲病危了，让她赶紧去一趟。她的丈夫到得克萨斯去了，那儿在她看来有千里万里之遥，而瓦尔申正在骡车上等着送她去车站。

"奥雷莉小姐，这不是什么问题，你只要在我离开的这阵子帮我照看一下这群孩子就行了。上帝知道，我要是有一点办法就不会来麻烦你了。奥雷莉小姐，你就把他们当成自己的孩子吧，别宠他们。你瞧，我都快被这群孩子给弄疯了，里昂又不在家，而我可能再也见不着我妈了！"这种让人揪心的可能性使得奥笛雷等不及安慰这群可怜的孩子便忧心忡忡地离去了。

太阳光强烈地照射在那白色的旧墙板上，在那长长的、低矮的房前的门廊上投下一块窄窄的阴影。她就让孩子们那么挤在那儿。台阶前那片草地上有几只鸡在觅食，其中有一只竟大胆地登上台阶。它举步艰难而又煞有介事，随后却又漫无目的地穿过走廊。空气中弥漫着怡人的石竹花香，有黑人的笑声自开满花的棉田里飘来。

奥雷莉小姐站在那儿瞅着这群小孩。她挑剔地盯着玛赛莉娜，她怀里抱着艾罗笛，不堪重负地在那儿摇来晃去。而后，奥雷莉又以同样刁钻的目光打量着玛塞莉特，她在笛·洛米的哭闹声中正默默地淌着泪呢！奥雷莉趁着这些凝神默视的片刻让自己慢慢定下心神，盘算着一连串要做的事儿，抑或说是种种该尽的职责。她首先想到的便是得供给他们三餐。

倘若奥雷莉小姐所需做的就仅此而已，那可就容易打发了，因为她的贮粮足以应付这种不时之需。可是小孩子不是小猪，他们需要人去悉心照料，这是奥雷莉始料不及的，也令她感觉有些束手无策。

刚开始的那几天里，她真的不懂该如何来管教奥雷莉的这群孩子。她怎么会晓得只要嗓门一大，或是以指使的口吻同玛塞莉特说话就会惹得她两眼泪汪汪呢，这可是玛塞莉特的怪癖。还有那个笛·洛米，他把那些长得最好的栀子花和石竹给摘了，只是为了细细地观察它们的生长结构，也只是到了这个时候她才知道他喜欢花儿。

"奥雷莉小姐，你这么教训他没用。"玛塞莉娜教她，"你得把他捆在椅子上。他每回一使坏妈妈就这么干。"于是，奥雷莉把笛·洛米绑在一张既宽大又舒适的椅子上。下午的天气正和暖，他倒不失时机地坐在那儿打了个盹。

夜里，像把一群鸡赶回鸡窝一样，奥雷莉叫孩子们一个个都上床去睡觉，可他们却都一脸困惑地站在她面前。他们放在枕套里带来的睡袍该怎么办？得有一双有力的手像摔牛鞭一样把它们啪啪作响地抖直。还有，本该拿来放在房中的水盆呢？累了一天了，他们可得把那双被太阳晒黑的，沾满尘土的小脚洗得干干净净呀！而奥雷莉小姐竟然不知道要哄笛·洛米睡觉的话得给他讲妖怪呀、狼人之类的故事，或者是双管齐下；而艾罗笛则需要人边哼歌儿边摇着他才能入睡。一想到这些，玛塞莉娜和玛塞莉特就给逗得咯咯直笑。

"跟你说，鲁碧姨妈，"奥雷莉小姐私下对她的厨子讲，"我呀，宁愿料理十个农场也不愿照看孩子。真是烦死人了！天啊！别跟我讲小孩的事！"

"别以为你对育儿之道了如指掌，奥雷莉小姐。我昨天一看见那小鬼在玩你的钥匙串的时候就看出来了。难道你不知道玩钥匙会令小孩长大后变得很固执吗？这就跟让他们照镜子，他们的牙齿就很难长出来一样。这些都是养育孩子所必需懂的道理。"

关于这方面的常识甚是微远，奥雷莉当然不会自认为与鲁碧姨妈一样对此知之甚多。要知道鲁碧姨妈年轻时可是养活过五个，夭折过六个孩子的。奥雷莉倒乐意学点为人母之道以应付这燃眉之需。

笛·洛米的手指总是黏糊糊的，迫得她把多年没用的白围裙翻出来。同时，她还得去适应他那湿漉漉的吻。这种亲昵该说是温柔热烈的天性之自然流露。她还把针线从大衣柜的顶层拿下来放在一个便利的地方，什么时候裤子破了个洞或衣服少了个扣子，用时就伸手可及了。过了好些天她才慢慢适应那整天整天回荡在房子里的笑声、哭声和孩子们的叽叽喳喳声。晚上睡觉的时候，小艾罗笛老是把胖胖的身子紧挨着她，她那暖暖的呼吸喷在她脸上，那种感觉就好像是鸟儿在扑腾着翅膀，搞得她好几天都睡不安稳。

过了大半个月，待到奥雷莉小姐渐渐适应过来，她便不再抱怨什么了。

也就在这个时候，一天傍晚当奥雷莉抽身去瞧一眼食槽里吃食的牛时，她看到前面拐弯处驶来一辆蓝色的骡车。车上，奥笛雷正坐在那个黑白混血儿旁边，既精神又挺拔。车辆慢慢近了，那少妇一脸笑意，归家的幸福快乐一览无余。

可她的归家又是如此的突如其来，使得奥雷莉心里一阵烦乱。得把孩子们都叫过来了，笛·洛米去哪儿呢？他跑到棚屋去了，正拿着把刀，用刀锋对着磨石刮呢。那玛塞莉娜和玛塞莉特呢？她们躲到门廊的一角去了，拿着些碎布在给洋娃娃裁剪衣服呢。还有艾罗笛，她正安然靠在奥雷莉的怀里。一看到那辆熟悉的蓝色车子载着她母亲回来了，便欢呼了起来。

一切都结束了，孩子们走了。他们走了，只留下这片不堪的寂静无声！奥雷莉靠在门廊上张望着，倾听着。脉脉余晖和着这薄暮冥冥幻化出一种紫色的雾霭笼罩着田野和道路。那在道路上行驶的骡车在她的视野里渐行渐远。随之而逝的还有那车轮子的嘎吱嘎吱声。只是，隐约还能听到孩子们快乐的尖声喊叫。

她转身走进屋里，还有好多活儿等着她呢。那群孩子给她留下的是一片狼藉。然而她并没有马上收拾屋子。奥雷莉坐到桌旁，缓缓地扫视了一下整个房间。暮色正悄悄漫进来，越来越深，越来越浓，不断地吞蚀着她那孤零零的身影。于是她曲起双手肘，把头埋了进去，开始哭泣。是的，她哭了，可是并不像女人平常那样轻轻啜泣，而是像男人一样，哭得撕心裂肺。她哭得连旁多在舔她的手都没有察觉。

失弥撒

奥达丽跳下骡车,将白裙子拖出,手中紧紧握着一把蓝颜色的阳伞,和她的腰带很相称。她进了平基姨妈家的大门,朝老人家的屋子走去。她腰身浑圆、昂首挺胸,步态坚定、一脸坚毅。夜间她用发卷将笔直的棕发卷成蝴蝶结,而如今白草帽檐下那一缕缕卷发僵挺着,人工造作的痕迹很惹眼。她的母亲、姐姐和弟弟坐在门前的车里等她。

八月十五日这天是盛大的圣母升天节,路易斯安那的天主教区都要热烈庆祝一番。乔塔德一家去做弥撒,路上奥达丽执意要停下看望她的老朋友和被监护人平基姨妈。

在一张简陋的大椅子里,坐着这个孤立无援的女黑人,她那弱小的身躯裹在一件崭新而松垂的棉布袍中,头巾下的头发如羊毛一般白。她戴着一副银边圆眼镜,看上去充满智慧、令人尊敬,手里拿着一根山核桃枝,赶得蚊蝇不敢近身,有时甚至连误闯领地的小鸡和猪猡也难逃一劫。

奥达丽径直走向老人家,在她脸颊上亲了亲。

"哦,平基姨妈,我来了。"她得意扬扬地说道,一边慢慢地转着身子,动作僵硬,如同一个机器人。她手中拿着祈祷书、纸扇和手绢,一手还打着蓝色的阳伞,丰腴的手上戴着长筒露指手套。平基姨妈面露喜色,咯咯地笑着,奥达丽最喜欢看到她开心的样子了。

"现在你见到我了,"这孩子继续说道,"我想你应该满意了。我得走了,一刻都不能耽搁。"然而走到门口时,她回身率直地问:

"帕格哪儿去了?"

"帕格，"平基姨妈回答道，声音发颤，"她去了教堂，已经走了，走了。"她点点头，似乎赞同帕格的做法。

"去教堂，"奥达丽重复道，圆眸中露出一丝惊愕。

"她去了教堂，"平基姨妈重复着，"她说她不能错过十五日的弥撒。如果她不去，这一辈子都会被魔鬼缠着。"

奥达丽气得直跺脚，丰润的面颊气愤得微微发颤，她朝河边满是尘土的长马路上看了看，路上只有那只垂头丧气的骡子拉着的车和车厢里耐心等候的家人。她朝着走廊尽头走去，叫唤着一个黑男孩，这孩子黑圆的脑袋给煞白的棉花地平添了几分韵色。

"哎，巴蒂斯特！你妈妈呢？问问她能不能照顾平基姨妈。"

"妈去教堂了！"巴蒂斯特的声音很刺耳。

"天哪，今天是什么风把你们这些黑鬼都吹到教堂去了？你过来和平基姨妈坐在一起。这个帕格！我会给你妈妈好看，居然这样扔下平基姨妈不管。"

然而，在她开始说这些话时，巴蒂斯特就像鱼儿扎进水里一般，钻进棉花丛中，没了踪影。奥达丽一遍遍地叫他，他也不回答。她母亲和姐姐开始不耐烦了。

"可我不能走，"她喊道，"没人陪平基姨妈。我不能就这样撇下她，让她从椅子里摔出去，她上次就摔过一回。"

"奥达丽，你就要错过八月十五的弥撒了！你在想什么呢？"传来她姐姐刺耳的叱责声。她母亲倒没反对，而她弟弟却不失时机，扬鞭让骡子拉着车一路小跑而去。她望着他们消失在飞扬的尘土中，回身时已是神情沮丧，几近落泪，她又走进房间。

平基姨妈似乎觉得她重新出现是理所当然的。奥达丽将帽子和手套脱掉，小心翼翼，几乎是虔诚地和床上的书、纸扇、手绢放在一起。平基姨妈看到这般景象也丝毫不觉惊奇。

然后，奥达丽在离老人不远的小摇椅上坐下，使劲地摇着，椅子的弯脚和凹凸不平的木地板摩擦发出吱吱轧轧的声音。

"帕格去了教堂，去了。她说如果不去的话，这一辈子都不得安宁。"

"你已经告诉我了,平基姨妈。没关系的,我们不谈这个。"

平基姨妈便缄口不言了,奥达丽接着摇,双眼直盯着门外。

其间,她起身从平基姨妈麻木的手中抽出树枝,猛地抽打一只一心想和她做伴的小猪。她大喊着紧紧追赶它,一直到马路上,回来时,她满面通红,气喘吁吁,一头卷发松散地披在脸上。她又重新坐回摇椅上,摇晃着,无言地盯着门外。

"你要领受第一次圣餐?"

平基姨妈这个看似严肃的问题立刻改变了奥达丽的坏心情,一切阴影烟消云散。她往后一靠,开怀大笑。

"你在想什么,平基姨妈?我去年已经做过圣餐仪式了,你难道不记得了?我就穿着这件衣服,妈妈把褶裥给拆了。"说着她提起了改样的裙子给平基姨妈看。"还穿着同样的衬裙,妈妈给它镶上了褶裥和钩编花边。现在我多戴了条腰带。"

这些证据无疑很有说服力,颇让平基姨妈满意。奥达丽依旧猛烈地摇着,不同的是她现在开始唱歌了,椅子慢慢地向平基姨妈那儿移动。

"你要结婚了?"

"我说,平基姨妈,"奥达丽说道,这时她不再笑了,而是在抹眼泪,"有时我觉得你傻得可以,你怎么能希望我十三岁时就结婚呢?"

显然,平基姨妈不懂自己怎么总是想着荒唐的事儿。

奥达丽的节日盛装令她浮想联翩,引发了这些奇思妙想。

奥达丽走到屋子后边喝了点儿水,顺便给平基姨妈也盛了一勺,然后回到屋子坐在老人家身边。

河面上吹来一阵猛烈的风,热乎乎的,不时地吹进屋子,带来河边密生的仙人掌的淡淡清香,路边淡红色的粉尘偶尔也会光顾这个屋子。此刻奥达丽忙着整理她的轻纱裙,因为每一阵风都会将她的裙子吹起,在膝盖边上鼓得像气球一般。平基姨妈黑瘦干瘪的小手抚摸着奥达丽松垂的卷发,不时地滑到她丰腴的脖颈和浑圆的肩膀。

"宝贝,你还记得吗?那天你爷爷说处境艰难,他想把亚拉·汤姆、苏珊和平基卖掉?也不知他怎么会想到平基,也许是他看到我整天和你一起玩,还到处游荡。我还记得你的皮肤是怎么变成奶白色,记得你如何张开双臂拥抱又黑又小的平基。你嚷着讨厌马鞍在马背上摩擦出来的受伤印记,不要丝做的衣裙,不要饰边和腰带之类的,只要平基。你喊啊、叫啊、踢啊,说有人胆敢来买平基就会杀了他,你还记得吗?"

奥达丽对老朋友这些记忆的迸发早已习以为常。她喜欢逗她开心,如同逗小孩儿一般,因此她早已习惯于扮演被人疼爱有加而又脾气暴躁的角色——"波莱特",在平基多年痛苦的生涯中,这个名字似乎已经代替奥达丽,占据了平基的心灵和幻想。

"平基姨妈,我都记得,就像是昨天刚刚发生的一样,我大声喊叫,到处乱蹬,妈妈给我吃药,你也又喊又踢的,苏珊把你带到房里,打了你二十下。"

"是这样的,宝贝儿,就是你所说的那样。"平基姨妈哽咽着,"可是你不记得,那时我躲在陷阱后面的洞里哭,被你逮着了,你就说如果我不告诉你为什么哭,就要打我二十下。"

"我记得,就像是今天刚发生的一样,平基姨妈。你哭是因为你想嫁给老本尼托先生的佣人希兰姆。"

"你说得对极了,波莱特小姐。你回家哭个不停,大吵大闹,不肯吃饭,还摔碗,缠着你爷爷答应你从本尼托家把希兰姆买回来。"

"别说了,平基姨妈!这一切我都记得清清楚楚!"奥达丽怜悯地答了一句。然而,事实上她对这些往事丝毫不感兴趣,因为这些她以前听过许多次了。

她把红扑扑的脸靠在平基姨妈的膝盖上。

微风暖暖,轻抚人面,嗡嗡的蜜蜂飞舞窗前,繁忙的泥蜂绰约多姿,几只小鸡在门前悠闲地散步,一只小猪小心翼翼地潜进房屋。

睡意很快向孩子袭来,但她恍惚还能听到平基姨妈熟悉的声调:

"可希兰姆他走了,永远不回来了。亚拉·汤姆也不会回来了,年老的主人和孩子们全走了——不再回来了。我的宝贝,除了你,没有人会回来。你不会再离开平基姨妈了,是吗?波莱特小姐?"

"别怕,平基姨妈——我要——和——你在一起。"

"除了你,没有人会再回来。"

奥达丽睡得很香,平基姨妈也睡了,她的头靠在椅背上,手指埋在奥达丽散在她腿上的乱发里,那些小鸡和猪仔出入自由,毫无顾忌。阳光爬上了小屋的门,又悄悄地溜走了。

奥达丽惊醒了。她母亲站在她面前将她唤醒。她一下跳了起来,揉揉眼睛。"啊,我睡着了!"她喊道。车子在路边上等着。"平基姨妈也睡着了。"

"是的,亲爱的。平基姨妈睡过去了。"她母亲回答着,把奥达丽带走了,但在亡者面前,她轻声细语,步履轻柔,宛如一位温柔的女子。

百合花

　　一个下午，小流浪仔马穆彻在自寻开心，竟然把比利先生家用来保护棉花和玉米的栅栏放倒了。他先是四下仔细打量一番，确认无人见其劣迹，然后穿过小路，把寡妇安热勒的栅栏也放倒了。托托是头白色的牛犊，本来挺不开心地站在另一边被圈定的地方，现在就此获得解放。

　　没过十秒钟，托托就在比利家的庄稼上肆虐狂欢，而小流氓马穆彻则飞快地跑下小路，一路狂笑。

　　一开始他没想好怎么闹会更好玩些：让托托随心所欲地损坏东西，还是警告比利先生说他的田里有头牛？后一种做法不会显得那么不义。

　　"喂，你们听着！"马穆彻跑到了比利先生的手下干活的地方喊道："你们最好去看看安热勒夫人家的牛干了些什么，它闯到田里去了，庄稼毁得差不多了。"说完马穆彻就坐到一棵大树后面，在别人看不到的地方开怀大笑。

　　当比利先生知道安热勒夫人家的牛大吃并践踏他的庄稼时火冒三丈，马上派一部分人把畜生赶出田地，另一部分人修栅栏。自己怒气冲天地骑上马上路去了，他准备狠狠告她一状。

　　比利先生可不会眼睁睁地看着自己的财物遭践踏。他下了马，大步向安热勒夫人家门走去，摆着一副挑战的架势。他用马鞭在门上猛抽几下，显然表现出了他的心情。

　　比利先生立在安热勒夫人小小的不起眼的房子门廊里，显得比以往还要高大。安热勒夫人把门开了一半，她长得白皙甜美，此时有点懵了，手里还拿着针线活。小玛丽·路易斯站在旁边，睁着大眼睛，一脸不解而惶恐的神情。

"喂，夫人！"他开始咆哮，"干得好啊！你家的小牛把栅栏毁了，该把它毙了。"

"噢，不会的，先生。托托太小，怎么也弄不坏栅栏的。"

"夫人，别想否认我所说的。我说它毁了栅栏，眼前就是证据，我说了，应该把它废了。还有，夫人，别再出这种事了。"比利先生转身踏下台阶，刺马钉发出咔咔的声响。

安热勒夫人当时正在拼命赶制一个年轻小姐的复活节礼服。尽管对这件事非常遗憾，却无论如何不能为小牛跑出来的事分心。但小玛丽·路易斯因为这事情绪变化却不小。她走出院子到托托那里，小牛正在无花果树下，看上去一点也没有不好意思。孩子的手紧搂着小牛毛茸茸的脖子，狠狠责备它：

"把人家的玉蜀黍吃掉了，不会不好意思吗？比利先生把你怎么啦你却这样待他？你要是饿了，干吗不把脖子伸到窗子里。小子，今晚你妈妈从林子回来我要告诉她你干了些什么。"

小玛丽·路易斯想象着看到托托温柔的大眼睛里露出后悔的神情，于是就停止了温和的责备。

作为这么小的女孩，她是非分明。整个下午一直到晚上很晚的时候她都被这件不幸的事情弄得心绪不宁。当然，肯定要赔钱给比利先生了。她们母女俩没钱，也没有棉花或玉蜀黍来补偿他。

但她们有没有远比棉花和玉米更美丽和珍贵的东西呢？玛丽·路易斯高兴地想起那排复活节百合花，长着高高的绿色的根茎，在房间朝阳的一边密密地排列着。她很容易地相信了她终究能够使比利先生满意，人家生气也是有道理的。于是玛丽·路易斯心里挺安慰，她睡着了，做了一个奇特的梦：百合花在月光下的绿草地上跳着堂皇的舞蹈，还邀比利先生一起跳。

第二天接近响午的时候，玛丽·路易斯对母亲说："妈，我能不能拿一些百合花去做些我想做的事？"

安热勒夫人当时正在试熨斗的温度，准备熨一个年轻小姐复活节礼服的缝合处,所以有点不耐烦地说:"行啊行啊,宝贝。"心里想着小女孩要摘一两朵百合花。

于是女孩就从妈妈的篮子拿出一副旧剪刀出去了。过往的雨云笑盈盈地抛来雨点,落在晶亮的花瓣上。高高的百合花香气四溢,迎风一点头就又把雨点抖落出去了。

玛丽·路易斯不停地剪着,直到地上堆起几十束带着长茎的百合花。她的小手根本捧不住,于是双手一抱,搂起最大的一捆站起来。

玛丽·路易斯要做事情会一口气做完。于是她抱着满怀的馨香,迈着坚定而艰难的步伐走在乡间的小路上。她脚不停步,只是责怪地看了托托一眼,她还没有完全原谅它。

狗叫也好,黑人们笑也罢,她根本就不在意。她一路走进比利先生的大房子,直接走入饭厅。此刻,比利先生正一个人在那儿吃饭。

房间装饰得很好,但很乱——非常乱,一个老单身汉的屋子有时就是这样的。一个黑人孩子在桌旁伺候。小玛丽·路易斯突然出现,满手抱着百合花,比利先生一时愣了神。

"唉,天啊,这是干嘛?怎么回事?"他瞪着眼问道。

玛丽·路易斯微微点头行了礼,她的太阳帽掉了下来,露出漂亮的圆圆的脑袋,招人喜爱的褐色眼睛看着比利先生的眼,充满了自信。

"先生,托托把你的棉花和玉蜀黍吃完了,我拿百合花来赔你。"

比利先生转过身狠狠地冲着庞佩说:"你笑什么?你这个黑鬼流氓,滚出去。"

不知庞佩身上什么地方短路了,他更乐了,他也习惯了责骂,所以没当真。只是假装着从比利先生的肘边退开一些。

"百合花!噢,我想想!——这个小家伙不就是住在小路那边的吗?"

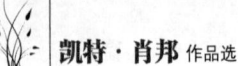

"就是她!"庞佩附和着,小心讨好地暗示着。

"百合花!谁听说过那玩意?唉,小孩快撑不住重量了,放下来,小家伙,随便放。"玛丽·路易斯挺开心能一释重负,把花全放在桌上离比利先生较近的地方。

大捆还带着水气的花发出扑鼻而来的浓烈香味,直扑比利先生。他哆嗦了一下,不自觉向后退了一下,俨然遭到了突然袭击。这么多年来他都是种棉花和玉米,忘了世界还有百合花这东西。

"要不要弄掉,扔出去?"庞佩问道,他对主人的话唯命是从。

"就放在这儿!把你的手拿开!你这个无赖黑怪!你站那儿做什么?你就不会给小姐在桌边弄个地方再搬张椅子来?"

玛丽·路易斯于是就高高坐在一张老式的椅子上,椅子下面都垫着一本韦氏的书——坐下和比利先生一起吃饭。

她以前从没有和这么特别的先生一同进餐,对顺从的庞佩动辄发火,对自己却这么尊重。但她很自在,举止得体,像以前妈妈教的那样。

比利先生很希望她能喜欢这顿饭,开始的时候给她递一种食物,给了不少。她尝了以后也没说什么,只是把叉子放了下来,看上去并没有受宠若惊。

"老天,怎么回事。孩子,你不舒服?怎么不吃饭?"

"没煮熟,先生。"玛丽·路易斯礼貌地说。

庞佩试图缓和一下他感觉要爆炸的气氛,他站在那儿感觉快憋死了。

"是不熟,绝对的。"比利先生也很激动地喊起来,把盘子推开。"你这什么意思?这也是人吃的?你把我们俩当成吃米粒的鸟是不是?你站在那儿干什么?你就不会去找点酱来,没看到孩子饿了?前不久我看到在做的酱在哪儿?在这儿?"

庞佩退了下去,回来的时候带来一大盘看上去黑乎乎的酱。比利先生又要了奶油,庞佩说没有了。

"没有?见鬼!种植园里有二十五头奶牛啊。就是只有一头也该有的。"比利先生喊了起来,恼怒得几乎要从椅子上蹦起来。

"普琳蒂大妈说她把一盘奶油整理到窗架上,结果被若拿碰翻了,里面一滴没剩。"

但是显然,有奶油也好,没有也罢,酱对玛丽·路易斯来说就像米饭一样没味道。她小心地尝了一口便像刚才一样把汤匙放了下来。

"噢,不会吧。这回你该不会对我说没煮吧。"比利先生笑了起来,"一天前我看到这东西煮过了。是一天半吧,庞佩?你该知道说实话吧?"

庞佩表示是这样,他说:"普琳蒂大妈让厨子一直做到今天才全部做完。"

"先生,酱做得过头了。"小玛丽礼貌而肯定地说道。这话把比利先生弄懵了,他觉得请一位挑剔的小客人吃饭,却未能使她满意不免有些尴尬。

唉,在此后百合花依然飘香的一段时间里,比利先生常想起小玛丽。花香持续时间甚长,因为他令整个种植园的全部仆人照管好百合花。有时他低声笑道:"小不点儿,深色的眼睛,带着百合花!还有,米饭没煮熟,没办法;而且居然连酱都煮糊了。最可贵的是——她是对的。"

可是,最终,百合花谢了,得扔掉了。比利先生穿上最好的礼服,浆过的衬衣,又扎上了漂亮的丝绸领带。如此穿戴之后,他穿过小路去安热勒夫人和小玛丽的家,这是他第一次串门,带着迟到的歉意。

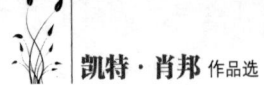

德西雷的婴孩

今天是个好天气,瓦尔蒙代夫人驾车去拉布里看望德西雷和她的婴儿。

一想起德西雷有了婴孩,她就想笑。怎么,似乎昨天德西雷自己还是个小婴儿呢。当时瓦尔蒙代先生骑马通过瓦尔蒙代家大门时,发现她躺在大石柱的阴影下酣睡。

小家伙在他怀里醒了,开始哭着喊爸爸,她能说的就是这些。有人认为她可能是自己迷路了,因为那时她已开始蹒跚学步。但大部分人相信她是被一群德克萨斯人故意遗弃的……。后来瓦尔蒙代夫人摈弃了种种猜测,只是认为仁慈的上帝见她没有亲生骨肉,将德西雷赐予她做爱女。孩子长成一位温柔美丽、亲切可爱的姑娘——正是瓦尔蒙代夫人的写照。

那天阿尔芒·奥比格尼骑马经过时见她依在石柱上就爱上了她,这一点也不奇怪。奥比格尼家族的人都是这样坠入情网的,仿佛被枪击中一般。奇怪的是他之前没有爱上她。他八岁就认识了德西雷,那时他母亲杂巴黎去世,父亲就把他从巴黎带了回来。那天在门口遇见她的时候,心中的激情迸发出来,宛如雪崩,又如平原大火那样猛袭过来,摧枯拉朽、势不可挡。

瓦尔蒙代先生却很现实,要他慎重考虑,因为德西雷身世不明。阿尔芒盯着她的眼睛,毫不介意。老先生告诉他,她没有姓氏。姓氏有什么关系呢?他可以给她一个在路易斯安那最古老最引以为豪的姓名。他从巴黎订购了花篮式的装饰,勉强让自己耐心等待货物的到来。随后他们结婚了。

瓦尔蒙代夫人已经四个星期没见过德西雷和婴儿了。当她一眼见到拉布里时，不禁颤了一下，她每次经过这里都会这样。这个地方满目苍凉，好多年没有得到一位温柔的女主人的照管了，老奥比格尼先生在法国与妻子结婚，也在那里埋葬她。她太爱自己的土地了，舍不得离开。黑色的屋檐陡峭地斜下来，像斗篷一般伸展开来，遮住了宽阔的走廊，走廊环绕着黄色拉毛粉饰的屋子。肃穆的大橡树就长在边上，茂密的叶子和伸展的枝干像一件尸衣一样给它蒙上了阴影。奥比格尼少庄主的规矩也很严格，在这种情况下，他的黑奴忘了快乐，而老庄主时代却很放任自在，黑人们过得很舒坦。

年轻的母亲逐渐康复，舒展地躺在长沙发上，身着白色柔软的镶边麦斯林纱睡袍。婴孩躺在身边，枕着她的手臂，吸着奶睡着了。黄种保姆坐在窗户旁，扇着扇子。

瓦尔蒙代夫人将肥大的身躯弯下，亲吻德西雷，轻轻地将她搂在怀里。然后她转向婴儿。

"这不是同一个婴儿吧！"她惊叫道，那时瓦尔蒙代家的人说法语。

"我知道您会感到惊讶的，"德西雷笑道，"小猪仔，看他长的样子！妈妈，看看他的腿，还有手和指甲——真正的指甲。桑德丽娜今天早晨修剪过他的指甲，是吗，桑德丽娜？"

桑德丽娜庄重地点了点头，"是的，夫人。"

"他的笑声，"德西雷继续说，"简直震耳欲聋。有一天，阿尔芒在拉布朗什的屋子里就听到他的哭声。"

瓦尔蒙代夫人的目光始终没离开过婴儿。她将他抱起，走到光线最好的窗前。她仔细观察婴儿，然后以同样的方式看着桑德丽娜。桑德丽娜盯着遥远的地方。

"是的，孩子长大了，也变了，"瓦尔蒙代夫人缓缓地说，同时将孩子放回母亲身边。"阿尔芒怎么说？"

德西雷一脸幸福的样子。

"哦，我相信阿尔芒是这个社区最自豪的父亲，因为生的是

男孩,可以继承他的姓。虽然他说如果是女孩他也会喜欢。但我知道那不是真的。我知道他那么说是为了让我高兴。妈妈,"她又补充道,将瓦尔蒙代夫人的头拉近,耳语了一番,"自从孩子出生以来他没有惩罚过任何人,一个都没有。甚至内格里隆假装腿受伤借口休息,他也只是笑笑,说内格里隆是个大无赖。哦,妈妈,我多么高兴呀,这使我害怕。"

德西雷所说的都是真的。婚姻以及后来儿子的出生使阿尔芒·奥比格尼变得宽厚了,不再像从前那么专横苛刻。这使善良的德西雷开心不已,因为她疯狂地爱着自己的丈夫。他皱眉,她就发颤,但却依然爱他。他微笑,她就别无所求了。然而,自从阿尔芒爱上她后,他那黝黑英俊的脸很少因皱眉而扭曲。婴儿三个月大时,一天德西雷醒来,感觉气氛不对,似乎有什么将要打乱她平静的生活。起初,这种气氛很微妙,说不出究竟是什么,它只是一种令人不安的征兆,黑人们神神秘秘的,远方的邻居们突然拜访,却说不出来访的目的。接着,丈夫的态度起了变化,一种令人生畏的变化,而她又不敢问为什么。当他对她说话时,目光总是躲避她,往日眼里燃烧的爱火似乎已经熄灭了。他常常借故离家,在家时也总是毫无理由地避着德西雷和婴儿。

他对奴隶更加残忍了,仿佛突然之间撒旦附上了他的身体,德西雷伤心极了。

一个炎热的下午,她坐在房里,身着睡袍,无精打采地用手拨弄着她那丝般的棕色披肩发。半裸的婴儿躺在德西雷的红木床上睡着了。那张床就像一个华贵的宝座,上有缎子面料做的华盖,拉布朗什①的一个孩子是夸德隆,就是指白人与黑人的混血儿所生的孩子,有四分之一黑人血统。他光着上身,慢悠悠地用孔雀毛扇给婴儿扇风。德西雷伤心出神地望着婴儿,内心在挣扎着穿过那层迷雾。她的目光从婴儿转到站在他身边的小男孩身上,又看看婴儿,反反复复。"啊!"她忍不住喊了出来,而她自己却没

---

① 奥比格尼家的黑白混血儿家奴。——译者注

有察觉。她身体的血液顿时凝固了,脸上沁出了粘湿的冷汗。

她想和那小夸德隆说话,但刚开始却发不出声来。小男孩听到有人叫他,抬起头来,看到女主人用手指着门。他将软软的大扇子放下,赤着脚轻轻地踩着光滑的地板顺从地走开了。

她呆呆地坐着,盯着她的孩子,一脸惊惧的神色。

这时,她丈夫进来了,没有在意她,径直走到桌子前,翻着桌上的报纸。

"阿尔芒,"她叫道。如果阿尔芒是人,就会感受到她的声音像匕首刺向他。然而他并不理睬她。"阿尔芒,"她又喊道。接着她起身蹒跚地走向他。"阿尔芒,"她又一次喘着气叫他,并抓住他的手臂,"看看我们的孩子。告诉我这意味着什么?"

他轻柔却冷淡地将她的手松开,推到一边。"告诉我这意味着什么!"她绝望地喊着。

"这表示,"他低声回答道,"孩子不是白人。这意味着你不是白人。"这种诬蔑刺激了她,她一反常态立刻鼓起勇气否认他的话。"你说谎,这不是真的,我是白人!看看我的头发,是棕色的;我的眼睛是灰色的,阿尔芒你知道的。而且我的肤色很白,"她抓住他的手腕。"看看我的手,比你的白,阿尔芒,"她歇斯底里地笑着。

"和拉布朗什的手一样白,"他残忍地回敬了一句,然后走开了,留下她孤零零地和孩子在一起。

当她能够握笔写字时,她写了一封信给瓦尔蒙代夫人,字里行间充满了绝望。

"妈妈,他们说我不是白人。阿尔芒说我不是白人。看在上帝的份上,告诉他们这不是真的。你应该知道这不是真的。我要死了。我得死。我不能活得不快乐。"

瓦尔蒙代的回信很简短,"我的宝贝德西雷,回到瓦尔蒙代家来,回到爱你的母亲这儿来。带着孩子回来吧。"

德西雷收到信时,拿着信走到丈夫的书房,将信打开,放在

他面前。然后她就像一尊石像一样：沉默，惨白，纹丝不动。

他一言不发，目光冷冷地掠过信文。他没有发话。"阿尔芒，我应该去吗？"她问道，声调由于痛苦和疑虑听上去很刺耳。

"去吧。"

"你要我走吗？"

"是的，我想让你走。"

他认为万能的上帝对他残忍和不公。因此他对上帝以牙还牙，伤害妻子的心灵。而且他已经不再爱德西雷了，因为她已不知不觉地损害了奥比格尼家族的声誉。

这句话如同给德西雷当头一棒，她转身缓缓地走向门口，希望阿尔芒会挽留她。

"再见了，阿尔芒，"她呻吟道。

他没有回答。这是他给德西雷最后的致命一击。

德西雷来找她的孩子。桑德丽娜正抱着孩子在昏暗的走廊里来回踱步。她将小生命从奶妈怀里抱走，一句话也没说，下了楼，在橡树下慢慢地走远了。

此时正是十月一天的日落时分。外边儿寂静的田野里，黑奴们正在采棉花。

德西雷没换下别的衣衫，仍旧穿着薄薄的白色外套和拖鞋。她没有戴帽子，蓬乱的头发在阳光下亮泽有加。她并没有走通往瓦尔蒙代庄园的大路，而是越过一片荒芜的田地，庄稼的残株戳破了她细嫩的脚，刮破了她的衣服。

她消失在深湖边茂密的芦苇丛和柳枝中，再也没有回来过。

几个星期后，拉布里上演了一出奇特的戏。平坦的后院中心燃起了一堆篝火。阿尔芒·奥比格尼坐在宽敞的门厅里，这样他可以看到这个场面。他将要烧的东西分给六个黑奴，燃起了这个篝火。

一个精致的柳条摇篮和所有小巧的饰品都被放在柴堆上，火堆里还有许多昂贵的婴儿用品。接着丝绒、缎子等面料的衣服、花边饰带、刺绣制品、帽子也投进了火堆。摇篮的质量之好是很少见的。

最后剩下的就是一小叠信了，都是无辜的德西雷蜜月期间陆续写给他的情信，小而潦草的字迹承载着她对阿尔芒多少的爱啊！他从抽屉后部取出一封信，但这封却不是德西雷写的，而是很久以前他母亲写给他父亲的一封信。他展开信纸。信上写的是他母亲感谢上帝赐福于她，让她得到了丈夫的爱，"然而最重要的是，"她写道，"我日日夜夜都感谢我们仁慈的上帝如此安排，让我深爱的阿尔芒永远不知道他的母亲是个曾打上烙印的黑奴。"

长沼的那一边

　　长沼就像一弯新月将那块土地包围着,拉·芙尔的小屋就在这块土地上。在河水和小屋之间有一大块荒地,由于水分充足、地里水草肥嫩,人们常常在这里放牧牲畜。屋后有一片树林通往一个不知名的地方,在拉·芙尔的想象中,那里有一条界线,因此她从不跨出这个圈子。这是她唯一不正常的举动。

　　现在,她是个身材高大、面容憔悴的女黑人,已过了三十五岁。她的真名叫杰克琳,可是庄园中的每个人都叫她拉·芙尔[①],因为童年时候她曾被吓傻过,人们说她"失去了智慧",之后从未康复。

　　那是一个战事频繁的年代。一天,傍晚来临时,佩蒂特·梅特尔跌跌撞撞地闯进杰克琳母亲的小屋,她身上都是弹药与血的痕迹。他的敌人随后就跟来了。那场面吓坏了杰克琳,从此她有点失常。

　　她独居在这孤零零的小屋里,为了避免见到那些"可怕的居民区"。她比大多数男人都更强壮,因此她的棉花、玉米、烟草的长势比他们的还好。可长久以来,她对长沼的另一边一无所知,但她却常常对其抱有病态的幻想。

　　住在贝利辛的人们已经对她的生活方式习以为常了,他们也觉得这没什么。甚至连老夫人死了,拉·芙尔也只是站在河边哭泣和哀悼,并没有渡过河去。对此人们也丝毫不觉奇怪。

　　佩蒂特·梅特尔现在是贝利辛的主人。他是个中年人,家里有多个漂亮的女儿和一个小儿子。拉·芙尔很爱他的儿子,仿佛是她亲生的。她称他"谢里",因为她这么叫,所以别人也跟着

---

① 法语中"傻瓜"的意思。——译者注

这么称呼他。

拉·芙尔对梅特尔的女儿们可没那么疼爱。可她们也都喜欢和她在一起,喜欢听她讲虚构的故事——"长沼的那一边"。

然而她们从未像谢里那样轻拍过她的手,也未曾信任地将脑袋靠在她的膝头上,更不会像谢里那样在她的怀里酣睡。但是,谢里现在也不这样了,因为他有一支枪,为此他自豪极了,而且还把自己的黑鬈发剪掉了。

那年夏天——谢里在那年夏天给了拉·芙尔两绺用红丝带扎的黑鬈发——长沼的水浅了许多,浅得连个孩子都能徒步过河,牲畜也到河对岸吃草去了。它们走后,拉·芙尔感到很难过,因为她喜欢这些不会说话的伙伴,喜欢它们陪伴的感觉,喜欢听它们夜间在自己的围场里吃草的声响。

星期六下午,田野里空无一人。男人们都涌到附近的一个村庄里做买卖,女人们则忙着做家务——拉·芙尔也不例外。那时,她在修补洗刷衣服、清洁小屋、烘烤面包。

这种时候她也从来不会忘了谢里。今天她打扮得很时髦,梳了一种最美最迷人的发型。因此,当她看到小男孩扛着闪闪发亮的小来福枪时就高兴地叫他:"谢里!谢里!"

然而谢里不需要召唤,因为他就是朝拉·芙尔来的。他的口袋里鼓囊囊的,尽是杏仁和葡萄干,还有一个橘子,是他特意从他爸爸家的一次丰盛的午餐中留下,拿来给她的。

谢里只有十岁,一脸阳光灿烂。他将口袋掏空后,拉·芙尔拍了拍他那红扑扑的圆脸蛋,用自己的围裙将他沾满泥土的手擦干净,又抚平他的头发。然后,看着他拿着蛋糕越过她家的棉花地,消失在树林中。

他曾夸口说要用自己的枪在那儿干一件事。

"你想树林里会有很多鹿吗,拉·芙尔?"他这么问道,一脸神气,好像自己是个经验老到的猎手。

"不,不!"那女人笑着说,"别去找鹿,谢里,鹿太大了。

你只要明天给拉·芙尔带一只肥松鼠作美餐,她就满足了。"

"一只松鼠还不够你吃一口。我要带很多来,拉·芙尔,"他走的时候夸下海口。

一小时后,拉·芙尔听到树林里传来一声枪声,若是没有听到一声惨叫,她还不知道出事了呢。

她将手从满是肥皂泡的盆里抽出,在围裙上擦干,她的腿瑟瑟发抖,却能很快地奔向出事的地点。

正如她担心的,谢里躺在地上,身旁是来福枪。他痛苦地呻吟着。

"我要死了,拉·芙尔!我快要死了!我走了!"

"不,不!"她坚定地说,在他身旁跪下。"把手绕在拉·芙尔的脖子上,谢里,这没关系,不要紧的。"她那强壮的手臂将谢里抱起。

当时,谢里提着枪,枪口朝下,他触动了扳机,——他也不知道怎么扣的。他只觉得腿上的某个部位被一个球砸了一下,他认为他马上要完蛋了。现在,他的头靠在拉·芙尔的肩膀上,痛苦地呻吟着,哭泣中充满了恐惧。

"哦,拉·芙尔!拉·芙尔!我的腿好痛!我受不了了,拉·芙尔!"

"别哭,宝贝儿,我的宝贝儿,别哭,我的谢里!"拉·芙尔安慰他说,一边迈开大步向前走。"拉·芙尔会照顾你的;邦菲斯大夫会来治好我的谢里的。"

她来到那片荒野。穿过那片土地时带有忧虑,她不时地左右看看。一种恐惧涌上心头——对长沼那边的世界的恐惧,儿时的经历带来的病态的恐惧。

当她来到长沼边上时,她停住了。她开始呼救,似乎已生死攸关。

"喂,佩蒂特·梅特尔!佩蒂特·梅特尔!快来呀!救命!救命呀!"

没有回应。谢里的热泪湿了她的脖子。她呼唤着那边的每个人,可是没有人回答她。

她喊着,哭着,然而,不知是别人听不到她的声音还是没有注意到,没有人回应她那疯狂的呼喊。而谢里一直在呻吟和哭泣,要回家见妈妈。

拉·芙尔最后绝望地看了看周围,心中充满了极度的恐惧。她抱紧孩子,谢里可以感觉到她闷锤般的心跳。接着她闭上双眼,突然跳下河朝对岸跑去,直到爬上对岸才停下来。

她睁开眼睛站在那儿,浑身发抖。过了一会,她冲向林间的小路。

她没再对谢里说话,却不断地自言自语:"天哪,可怜可怜拉·芙尔!上帝啊,可怜可怜我吧!"

她凭着直觉走。当小路变得清晰而平坦时,她又一次紧紧闭上双眼,将她所不了解的恐怖的世界拒之门外。

当她靠近住宅区时,一个在草丛里玩的孩子看见了她,小孩儿发出一声尖叫。

"拉·芙尔!"她的声音高了八度,"拉·芙尔过河来了!"
喊声很快传遍了各家各户。

"看那儿,拉·芙尔过河来了!"

男女老少都涌到门边或窗边看这奇妙的景象。大部分人很震惊,有一种不祥的预感。"她正背着谢里!"有些人叫了出来。

有些比较大胆的人围到了她的身边,跟着她,但是她一转身,人们看到一张扭曲的脸,都吓得直后退。她的眼睛血红血红的,黑色的嘴唇边聚满了白沫。

有人抢先一步跑到佩蒂特·梅特尔的家,他们一家人正和客人坐在厅里。

"佩蒂特·梅特尔!拉·芙尔过河来了!看呀!看那儿,她背着谢里!"这是梅特尔家人听到的第一个关于拉·芙尔过河来的消息。

现在她近在咫尺。她跨着大步,眼睛绝望地盯着前方,呼吸急促,就像一头累坏的牛。

在楼梯脚下,她已无法攀登,便将孩子送到他父亲的怀里。然后,在她看来是红色的世界霎时变成黑色的了——就像那天她见到弹药和血一样。

她开始眩晕了,过了一会儿,还没等人来得及扶住,她已重重地摔到了地上。

拉·芙尔苏醒时,她已经在自家的小屋里,躺在床上。窗外的月光洒进,为黑人妈妈莉塞特照明,她正站在桌边调制芳香的药茶。夜深了。

此前曾有人来过,见她不省人事,又走了。佩蒂特·梅特尔和邦菲斯医生也来过,医生说她可能会死。

但死神只是和她擦肩而过。她对煮药茶的莉塞特阿姨说话,声音清晰。

"莉塞特,如果我好好喝一杯药茶,我相信我会睡的,我会的。"

她确实睡着了,睡得那么香,似乎什么事也没发生过,莉塞特便毫无顾忌地悄悄溜走了,穿过月光照亮的田野潜回新区的小屋。

天亮了,窗外灰蒙蒙的,格外凉爽,拉·芙尔醒了。她心平气和地起了床,仿佛从没发生过那场风波,她的生命从没遭到威胁似的。

她穿上那件崭新的蓝色充开士米衣裳,围上雪白的围裙,她还记得今天是星期天。她为自己泡了杯浓咖啡,津津有味地喝了起来。然后,她离开小屋,越过那片熟悉的田野,又来到河沼边。

和往常不同的是,她并没有止步,而是大跨步地蹚过河去,仿佛过河不是什么新鲜事儿。

她穿过丛林,手指在对岸的树上摩挲着,不经意中她已来到一片棉花地中。雪白蓬松的棉花上,晶莹的露珠泛着微光,就像黎明时分的磨砂银子。

拉·芙尔放眼远眺,深深地吸了口空气。她踌躇着,仿佛不知怎么走路,一路走,一路看。

昨天还喧闹不息的小屋安静下来了。她的到来并没有引起贝利辛的骚动。只有飞来飞去的鸟儿是醒着的,唱着美妙的晨歌。

拉·芙尔来到那所房子前,周围有一片丝绒般的草坪。怀着喜悦的心情,她漫步在柔软的草地上,脚底下的感觉太美妙了。

香气一阵阵地向她袭来,沁着往日的回忆。她停下来寻找香气的来源。

从那里,从绿油油的花床中成百上千朵蓝色紫罗兰间悄然向她袭来。从那里,从她头上方那柔软的大木兰花洒下来,还有从她周围的茉莉花丛包围过来。

周围还有玫瑰,数不胜数。棕榈树优雅尽情地舒展着。在闪闪的露珠下,一切都那么迷人。

拉·芙尔小心翼翼地登上了通往走廊的台阶,然后回头看看自己所走过的危险的每一步,又瞥见那长沼,在贝利辛的脚下蜿蜒开来,宛如一张银弓。她心中一阵狂喜。

拉·芙尔轻轻敲着一扇门。很快谢里的母亲就小心地开了门。她很惊讶,但立刻聪明地掩藏起自己的神色。

"啊,拉·芙尔!是你呀,这么早?"

"是啊,夫人。我看看可怜的小谢里怎么样了。"

"他感觉好多了,谢谢你,拉·芙尔。邦菲斯大夫说伤并不严重。现在他正在睡呢。等他醒了你再来看他吧!"

"不,夫人。我要在这儿等谢里醒来。"说完,她就在走廊的最高一级台阶上坐了下来。

太阳从长沼这边升起了,当她第一次见到这美丽崭新的世界,脸上悄悄地露出了一丝惊羡和笑意。

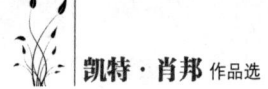

洛 卡

这女孩身上有一半的印第安血统，衣不蔽体。合作组织的女士问她话时，她说她叫洛卡，但不知道自己属于哪儿，只知道是在长沼的肖克托。

一天她去要饭，出现在纳基托什县弗罗比山特的"牡蛎酒家"。弗罗比山特是个实用主义的慈善家，当场就让她干洗杯子的活儿。

她做得不好，打破了许多杯子。当弗罗比山特说她的时候，她没在意。但后来居然在顾客头上把杯子弄破了，于是他就拽着她的手腕，拖她到合作组织，然后就在拐角处审理此事。就弗罗比山特而言，他这么做还是体谅她的，要不他可以拖她到警局。

洛卡站在审视人员们的面前，她长得不漂亮，穿着破旧的红色印花布质地衣服。粗糙的黑头发未经梳理，散乱不堪；面色黝黑，五官几乎一无是处，只是眼睛不算太糟，眼珠子动得迟缓，但坦诚得可以。她骨架很大，笨手笨脚的。

她也不知道自己多大了。部长夫人猜她大概十六岁。法官夫人则认为年龄无关紧要。医生的妻子提议处理她的情况前，即使是讨论前，也得先让她洗个澡。但是这个建议并没有得到支持。最终如何处理洛卡是紧急而棘手的问题。

有人提出送她去感化院，结果大家一致反对。

种植园主夫人拉巴利尔知道有个受人尊敬的卡迪人家庭，就在下面几英里的地方。她觉得这家人会给女孩一个家，对所有知情的人都有好处。那个卡迪女人该得到这个女孩。她丈夫是个老老实实种地的人，家里孩子多，年龄又小，所以事情很多。洛卡在他们家不仅可以学种地，还可以接受好的道德教化。

问题就这么解决了。大家都同意种植园主夫人的主意,认为这是千载难逢的机会。洛卡被送到外面的台阶坐着,审视人员又接着处理下一个问题。

洛卡刚刚到帕杜家时很怕踩到小孩,因为小孩太多了。她的脚套着审视人员给她的粗大鞋子,像灌了铅一样。

帕杜夫人是个小个子,黑眼睛,很凶。她用她特有的严厉方式直截了当地问洛卡:

"你怎么不说法语?"

洛卡听了耸了耸肩,带着歉意说道:"我会像别人一样讲英语,也会说一点肖克托话。"

"说实话,你那点肖克托话还是忘了吧,我看忘得越快越好。要是你心甘情愿,勤快点,有点礼貌,我们怎么也好相处。地方话实在太粗野。"她闷声闷气地喃喃说道,然后就开始给洛卡讲她应履行的新职责。

她自己就是个干活的人,有点叨叨喳喳,大惊小怪的,她那个随和的丈夫和孩子们都觉得没有必要这样,而且也让人不快。洛卡做事慢,手脚不麻利惹恼了她。帕杜先生劝她,可劝也是白劝:

"托廷,你别忘了人家还是个孩子。"

"她是个粗人,就这么回事。她得干活,得练。"对于丈夫的忠告,托廷这样回应道。

事实上,洛卡干起活来不紧不慢的,得有人催她完成托廷要求的任务。更糟的是,她干活时总是一副无所谓,漫不经心的态度,这就更让人恼火了。不管洛卡是在洗东西、擦地板,还是在花园除草,和孩子们一起学功课,就连回答教义也都是如此。

只有当让她照管婴孩小比宾时,她才不会显得那么麻木。她喜欢上他了。也难怪,那么小的婴孩,那么乖,那么胖又那么顺。他会用两个圆滚滚的拳头把洛卡宽大的脸夹住,然后用还没牙的嘴猛咬她的腮帮。他还会在她怀里蹦,像上了弹簧似的。看到他滑稽可爱的动作,女孩就开怀大笑,如铃作响,煞是好听。

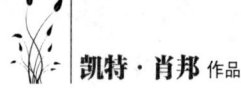

有一天,洛卡受托单独照管比宾。一个好行方便的邻居有了一辆漂亮的新马车,是上了弹簧的,午饭后他经过托廷那儿时,主动提出带这家人进城兜一圈。这个提议很有诱惑力,因为托廷早就有进城买东西的计划,因种种原因被耽搁了很久,而且还可以借此机会给孩子们买鞋子和夏天的帽子,此事也忽略不得。于是他们出发了。只有比宾留下来,在水手式的吊床里面晃着,洛卡做伴。

吊床是用一块结实的棉布做成的,松弛而安全地固定在又大又结实的圆环上,圆环则由三条轻索链固定在门廊的椽子上。没在这种吊床里摇晃过的婴孩领略不到婴孩奢侈品的精华所在。家里四个房间每个都有圆环,用来挂吊床。

吊床经常被拿出去挂在树下。但今天就挂在门廊露天的一片阴影下。洛卡坐在旁边,时不时地推推吊床让它慢悠悠,波浪般地摇起来,令婴孩渐有睡意。

比宾本是尽其所能又是踢,又是呀呀言语。但洛卡哼着一曲单调的催眠曲,吊床摇摆着,暖风宜人,比宾很快就睡得很熟了。

洛卡见他睡着了,就把蚊帐放下来,让孩子的睡眠不受夏日里众多蚊虫的骚扰。

真是奇特,洛卡没事干了。托廷匆匆忙忙出发了,没人再催她逼她。该洗的都洗了,该熨的都熨了,地板擦了,房间整理了,院子扫了,鸡喂了,菜也挑了洗了。真的没事做了,洛卡难得偷闲一回。

她舒舒服服地坐在宽大的摇椅中,懒洋洋地扫视着乡村。视线转向右边往上眺望,扫过密布成群的树木,带着棱角的屋顶,还有拉巴利尔家的蒸汽杜松子酒房的长管。远远的河那边,除了几间低矮扁平的房子外,几乎看不到其他住人的迹象。

巨大的种植园占据了整个视野所及的土地。巴蒂斯特·帕杜耕作的几公顷地是他自己的,拉巴利尔的土地,出于友善的考虑,卖给他了。巴蒂斯特的棉花和玉蜀黍收成挺好,刚刚储存起来,等候雨季来临。巴蒂斯特同家里其他人一道进城了。河和田的那一边，尽是密密的树林。

洛卡的视野慢悠悠地扫过地平线，最后对着林子愣神。她的眼神茫然，没有现在，只有将来和过去。她目之所及的风景，随着林子刮出的一阵南方的微风扑面而来。

她看到印第安女人老马罗，那人喝威士忌，编篮子，还会打她。挨打是会引起点后果，比如尖叫和还击，这种经历在什么地方有点类似。在纳基托什县的那次，当时她把杯子在人家头上打破了，人家笑她，扯她的头发，叫她"傻货"。

当老马罗他们带着篮子去卖东西的时候，老马罗要她偷盗，行骗，行乞，撒谎。洛卡不想这么做，她不喜欢。这就是为什么她跑了——当然也因为她不想挨打。啊！悬垂的樟树叶子在树荫下晾着，发出一股香味，甘菊浓香扑鼻而来。长沼水击打着带黏土的老木，水声激荡。躺着几小时，看闪亮的石龙子滑进滑出，就这点悠闲都会讨来一顿打。

她知道林子里小鸟一定在齐鸣，那里灰色的苔藓悬垂着，紫藤从树上一路挂下，嵌着璀璨的花朵。在她的冥想世界里还听得到鸣鸟的歌。

她想知道肖克托·乔和桑拜特是否还像往常一样每天晚上还在篝火旁掷骰子，喝酒醉了是否还动刀子，拳脚相加。在树荫之下，穿着鹿皮鞋在有弹性的草地上行走感觉多好！设圈套抓松鼠，剥海獭皮多好玩，还有，骑着肖克托·乔偷来的德克萨斯人的马，飞快地溜去兜风，说不出的快活！

洛卡一动不动，唯独胸部一起一伏。强烈的思乡情绪使她心痛。当下她只是觉得罪与生活的痛苦在自由的乐趣面前算得了什么。

洛卡恋家了。她觉得要是不回到林子和流浪生活中她会死的。还有什么东西挡得住她呢？她俯身解下笨重的鞋子，那东西弄痛了她的脚，也脱下袜子，全部扔掉。她几乎颤抖着站起来，喘着气，准备跑了。

但有个声音让她停了下来。是小比宾，在牙牙学语，说得很急，手脚挣扎着被自己拖到脸上的蚊帐。洛卡伸手去抱他时竟啜泣起来，她太爱他了，她把他搂在怀里。她不能自己走掉，丢下他不管。

托廷回来发现洛卡没去接他们，马上就开始发牢骚。"天啊！"她大喊起来，"怎么洛卡哪儿去了？啊，那个死丫头，太让我生气了。她得知道的第一件事就是我马上要把她送回去，哪儿来哪儿去。"

"洛卡！"她用又短又尖的声音喊着，走遍整幢房子，看了每一间房子。当她到了门廊后部时，又喊"洛卡，洛——卡——"她叫得很大声，半英里外都听得到，她喊了又喊。

巴蒂斯特正脱下他最好的却让他最不舒服的衣服，换上他习惯穿的舒适的衬衫。

"可是，托廷，你别那么激动，"他恳求她："我肯定她到小屋去剥玉米或在什么地方。"

"弗朗索瓦，你跑去看一下小屋，"她命令道，"比宾一定饿了。朱丽叶，你跑到鸡窝看一下。她可能在那个角落，去看一下，这下，我懂了，再怎么说也不能把我的宝宝交给一个粗人来照看。快去啊！"

附近哪儿也找不到洛卡，托廷火冒三丈。

"她可能带着比宾到拉巴利尔。"她又大叫起来。

"托廷，我骑马去看看。"巴蒂斯特开始像她那样不安起来。

"快去，快去！"她催着，"还有，小子，到路下边去看看有没有到朱迪舅妈的小屋。"

在拉巴利尔家，朱迪舅妈家都没发现洛卡。她也没有乘船，船还固定在河下游边的停泊处。托廷激动不起来了。她的脸发白，静静地坐在房间里，这种不自然的平静倒把孩子们吓着了。

有的孩子开始哭了。巴蒂斯特不安地走来走去，急切地扫视着乡下各个方向。可怕的一个小时过得特别慢。太阳落山了，没留下多少余晖，再过一会儿很快就是黄昏了。

巴蒂斯特正准备上马，到他去过的路上再寻找一遍。托廷心神不宁地坐着,弗朗索瓦坐在高高的栋树树枝上叫起来:"刚刚从林子里出来的是不是洛卡?从栅栏爬下来,走瓜地那条路?"

在渐黑的天色中很难辨认那个影子是人还是兽。但一家人没过多久就弄清了。巴蒂斯特沿弗朗索瓦指的方向策马奔去。过了一会儿他怀里抱着比宾骑马冲了回来,看上去又烦又困又饿。

在巴蒂斯特之后,洛卡蹒跚地走了过来。他没等着解释,而是急切地把孩子放到其母亲怀里。吊在心头的事了结了,托廷开始哭了,这是接下来很自然的事。她脸上还挂着泪,对洛卡说:"你上哪儿去了?给我说。"洛卡站在门廊,衣衫褴褛,披头散发。

"比宾和我,"她缓慢迟钝地说:"我们很寂寞——我们去林子溜溜。"

"你应该不至于不知道不该带比宾去吧?拉巴利尔夫人是什么意思,把你这样一个货色送到我这儿,我倒想知道一下。"

"你要赶我走?"洛卡问道,把手放到脏兮兮的头发上,一副无助的样子。

"你啊,你马上给我走!从哪儿来回哪里去。把我吓成这样!算什么东西!"

"别急,托廷,别急,"巴蒂斯特插话说。

"别让我离开比宾,"姑娘恳求道,带着哭腔。

"今天,"她接着慢吞吞地说:"是我不好,我偏要跑走,跑回林子去,去与长沼的巢克图族人在一起,那样又会开始偷东西、行骗。是比宾阻止了我。我不能离开他,我做不到。我们只是在林子里兜兜。别就这样把我赶走。"

巴蒂斯特温柔地把女孩领到门廊的另一边安慰她,解决她的问题。然后他就回到他妻子那儿。

"托廷,"他开始中气特别足地说了,"你得听我说些道理——哪怕就听这一回。"他显然决定了趁妻子伤心,吼不起来的时候占上风。

"我得说一下这个家的主人是谁——是我。"他接着说下去。

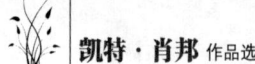

托廷没有反对，只是把孩子搂得更紧了，这就使得他更有勇气了。

"你逼人家逼得太紧了。人家不是坏女孩——我一直在观察，她毕竟还是个孩子，性子不坏。她所求的不过是少一点束缚。你总不能用赶驴的东西赶牛吧。托廷，你得吸取教训。"

他走过去站在他老婆的椅子旁。

"女孩说了，说她今天想去加入那些游手好闲之辈，我们有时候也会想这想那。是什么挽救了她？是你怀里的婴孩，那是她的守护天使，你就这样要让她失去天使？不，不，老婆，"他说着把手放到妻子的头上："我们别忘了，她和我们不一样，她是个可怜的人，印第安人。"

奥泽姆的假期

奥泽姆经常想：为什么人非得工作，老天爷为什么不设个特免权？对他而言，世间创造了许多乐趣，供人享受，可是人们却没有多少时间和机会从中受益。奥泽姆认为坐着呼吸什么事也不干是一种乐趣，倘若身旁再有一些良友，尤其是淑女相伴，那就更是一种享受了。整日的打猎、钓鱼、野餐带给他的快乐简直无法言传，然而，他绝不是好逸恶劳。他终年在庄园工作，做事井井有条、忠心耿耿。但是，每年的七日假来临的时候，十匹马也无法将他拉回庄园。奥泽姆通常选择比较繁忙的季节度假，这给庄园主带来极大的不便。

十月初的一天清晨，他出发了。他分别向拉巴利埃尔先生和帕迪借了马车和灰色老母马，又从黑人塞韦兰那儿借了马具。他穿着一套浅蓝色衣服，是从圣路易斯一路送来的，花了他10美元，那双靴子也花了他几乎同样数目的钱。他戴着一顶颇令他得意的宽边灰色毡帽。每当奥泽姆外出，他都穿得很体面，也不在乎花多少钱。他有一双温和的蓝眼睛，留着一头浅色的长发，胡子剃得干干净净，看不出他有35岁了。

奥泽姆早在几周前就做好打算了。他要拜访凯恩河边上的几户人家。光想到这一点，就令他兴奋不已。他盼望中午能到达费多家，在那儿停一停吃顿午饭，也许他们会留他过夜。他并不想在那儿留宿，如果他们挽留，他也不打算接受。费多家只有两位老人，而他更喜欢继续上路去贝尔特伦家，若是被邀请过夜，他就会待上一两个晚上。他确信贝尔特伦家的年轻人一定是在举行一些热闹的活动，也许是一场烤鱼野餐，也许是一个舞会！

当然,他会抽一天时间去唐特·索菲家串门儿,还要留一天去维克图瓦尔表姐家,但是,决不去圣安妮那儿,除非她请他去,因为去年圣安妮曾将他在这种繁忙的季节去度假斥为游手好闲。在克卢蒂埃维尔,他可以尽量待久一些,他打算迂回越过凯恩河,这样就可以去迪普朗和韦尔库尔家,还有其他的人家,他一时也想不起名字。对奥泽姆而言,要安排这么多好玩的事儿,一周的时间实在是太少了。

附近有蒸汽采棉机在工作,他可以听到远处和近处的机器发出鸣响。河两岸的田里种满了雪白的棉花,除了奥泽姆,似乎全世界的人都在忙着干活儿,这种反差一点儿也不会令他感到不安。他追求自己平静的方式,让自己与自然界融为一体。

他在十字路口处的拉梅里商店停下来买烟,得知去费多家是徒劳的,因为两位老人去了镇上,要逗留好久,房门也锁上了。奥泽姆想的可是到费多家去吃午饭。

他坐在马车上思索了一会儿,最后决定从河边转弯,在两块田间通往树林子的马路上走,去往乡村的深处。他打算抄近路去贝尔特伦的庄园,路上留心一下蒂尔迪阿姨的小屋,他知道她家就在这条捷径的远处。他记得蒂尔迪阿姨如果手头上有材料会做一手好菜,奥泽姆可以哄她,让她为他炸一只鸡,泡一杯咖啡,再烤一条玉米面包。啊,这可真是一顿美餐!

蒂尔迪阿姨住在普通的木屋里,只有一个房间,烟囱是石头混和着泥砌成的,屋顶的突出部分被做成浅浅的阳台。木屋边上即是一块小棉花田,从远处看就像雪地一样。棉花从圆荚里爆出来,蓬松地溢到干枯的茎边上,像肥皂泡一样。在低一点儿的枝丫上,棉花破破烂烂地垂着,大部分都已拖到地上,小屋前面的院子里有几棵楝树,树下有一只古老锈色的骡子吃着木槽里的玉米。一些样子寻常的克里奥尔小鸡在骡子的脚边蹭着,啄食偶尔从槽里掉出的玉米粒。

当奥泽姆在门口停住时,蒂尔迪阿姨正蹒跚地穿过院子。她一只手用吊带固定着,另一只手拿着铁锅,当她认出奥泽姆时,不由地手一松,铁锅哐的一声落到了地上。她身形宽阔,皮肤黝黑,背驼得很厉害,看上去有点儿畸形,身上穿一件蓝色充开士米厚棉布做的彩格披风,一条头巾胡乱缠在头上。

"老天,小伙子,你从哪儿来的?"看到奥泽姆,她吃惊地问。

"家里,蒂尔迪阿姨,你以为我还能从哪儿来?"奥泽姆一边回答,一边不慌不忙地下了马车。

以前,奥泽姆寄住在镇上的一户人家,而蒂尔迪则是那家的厨娘。那以后,他有好几年没见到老人家了。她曾为他洗熨衣服,动作粗野,的确是这样。尽管她洗衣的方式不对,但动机却是无可指责的。有时奥泽姆生病了,她也会笨手笨脚地照料他。奥泽姆偶尔也会买一条头巾、一件印花棉布衣服或格子围裙什么的作为回报。他们也认为两人互不相欠,双方都无感激之情可言。

"我想知道,"奥泽姆说着,把马从辕杆上解下牵到骡子面前的饲料槽边。"我想知道,为什么你种了庄稼却白白浪费?你想谁会为你摘棉花?你以为天使会下凡帮你摘棉花、轧棉花,然后每磅给你10美元,是吗?"

"假如主不干,我真不知道谁会帮忙,奥泽姆先生。我告诉你,我和桑迪天天都在侍弄这庄稼,大部分的活儿都是桑迪干的。"

"桑迪?那个小——"

"他已经不是你想的那个小男孩儿了,他快成年了,而且现在能像男子汉一样干活儿,他干得太多了,过度疲劳病倒了——天知道他病得多厉害。而我不得已走夜路,也不知这手会不会废了。"

"怎么,凭良心说,你没雇别人来摘吗?"

"我哪儿来的钱雇人?你也清楚这种植园里摘棉花的姑娘、小伙子一个个要的是天价。"

奥泽姆当下面临的情形令他原本舒适平静的心情变得黯淡,甚至很不利。他预见到晚餐无望,除非亲自下厨。而且还有一个

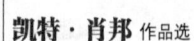

生病的桑迪,他清楚地记得,那个八岁的小淘气在祖母煮饭或洗衣时,总是粘在她身边。他当然得去看一看孩子,而且肯定要到包里取奎宁水,旅行时他总带着以备急用。

桑迪的确病得很厉害,还发着高烧。他躺在一张行军床上,身上盖着一条褪色的百衲被,眼睛半闭,嘴里不停地呓语,说什么挖地、种棉花、收拾田地、采摘,他还说把棉花运到轧棉厂,并对棉花的重量、包装、系材和价格喋喋不休。那一两捆棉花不仅将桑迪压倒在病床上,而且令他在床上也不得安宁,梦里也缠着他,甚至威胁到他的生命。奥泽姆简直认不出这个黑男孩,他变得又高又瘦,躺在床上奄奄一息。

"看见了吧,蒂尔迪阿姨,"奥泽姆像往常心存疑虑时一样,思索片刻说道,"你知,我知,我们把外面的鸡杀一只来煮了吃,好吗?我饿了,我想你家里没有奎宁水吧?没有吧,不用想就知道没有。那么今晚我给桑迪喝一些奎宁,我会留下来看看效果如何,但是必须提醒你的是,明天天蒙蒙亮我就得走了。"

奥泽姆不知度过了多少个舒适的夜晚,但在蒂尔迪阿姨的床上睡得却不大安稳——蒂尔迪阿姨很体贴地把床让给了他。

早晨,桑迪的烧退了一点儿,可是却没有明显好转,因此,中午前奥泽姆还不能离开,除非他愿意做个"无用之辈"。他走到蒂尔迪阿姨面前,只穿一件汗衫和一条颇为考究的裤子。

"你给我吃的那些鱼真好,老人家。我保证,下次度假时我不会再抄近路了。摘棉花的筐子和袋子在哪儿?"

"我就知道!"蒂尔迪阿姨称赞道,"我就知道,主会派人帮我解决困难。他让我和桑迪有力量种棉花,就不会让它们白白浪费。奥泽姆先生,主将你推到这棉花田里。主会给你足够的手指和手,让你能灵巧地把棉花采得干干净净。"

"你永远不会介意主所要做的,去给我拿棉花袋来。你呢,就像我教你的那样,把湿毛巾缠在手上,坐在那儿看护桑迪。看上去你很无助,就像一只老母牛被土豆藤缠住了一样。"

奥泽姆已有多年没摘棉花了，因此，起初他有些笨手笨脚，可当他走到第一排尽头时，他的手已经恢复了年轻时的熟练敏捷，只见他的手像纺织机的梭子一样飞快地来回挥舞，十指异常灵巧，将棉花从干枯的壳中摘下来。到中午时分，他已经摘了五十磅重的棉花。这时，桑迪的身体还未像预想中那样好起来，奥泽姆决定当天留下来再住一个晚上。如果早晨孩子状况还没有好转，他就去给他找个医生，而他自己则继续上路去唐特·索非家，现在已不可能去贝尔特伦家了。

早晨，桑迪已不需要医生了，奥泽姆的治疗开始见效。但是孩子的病刚有所好转，在这关键时刻离开，将孩子留给蒂尔迪阿姨毛手毛脚地照料，他认为这是玩忽职守、冷漠无情，简直就是一种犯罪。因此，那天他又留了下来，摘了一百五十磅棉花。

第三天，天看起来要下雨。而一场大雨意味着蒂尔迪阿姨和桑迪将蒙受重大损失，奥泽姆又一次去了田里，这次，他还催促蒂尔迪阿姨和他一块儿去，用她那只没受伤的手抢收棉花。

"蒂尔迪阿姨，"棉花地里，奥泽姆朝着在他前面走的驼背老妇人喊道，"如果上帝让我安全跳出这条沟儿，我打赌，下一次我决不会眼睁睁地掉进另一条沟里。"

"做你的事儿吧，奥泽姆先生；不要发牢骚，不要有所怀疑，主在看着你呢。看着蒂尔迪阿姨，她只用一只手干活儿，而你，年轻人，有两只手。尽管干活儿，宝贝儿，仔细瞧瞧你蒂尔迪阿姨是怎么把棉花弄入袋子中的。"

"我正瞧着呢，老人家，你没骗我。你必须让那只手动作再快点儿，要不我可要拿牛皮鞭了。我想你是不是已经忘了鞭子的味道。"——这个提醒逗得蒂尔迪姨妈哈哈大笑，她那黑人的嗓音如此洪亮，整个棉花田的上空都回荡着她的笑声，连桑迪都听到了，在床上翻了翻身。

后来的几天，天气依然威胁着棉花，奥泽姆想把自己的"事业"继续下去，直至看到一个完满的结局。这种固执的信念，或者说是一种独特的欲望,使他继续努力帮蒂尔迪姨妈摆脱环境强加于她的不幸境地。

终于,一天夜里下雨了,雨水轻轻地打在老木屋的屋顶上,桑迪睁开眼睛,目光里不再闪着发烧时的烈火。"奶奶,"他低着嗓子,"雨,快听!奶奶,下雨了!我还没去摘棉花呢,几点了?把裤子给我……我得去——"

"你躺着别动,我的心肝儿。棉花收好了,干干爽爽的。我和主,还有奥泽姆先生把棉花摘完了。"

早晨,奥泽姆驾车离开时,依旧穿着那套蓝色的衣服,浅色毡帽压得很低,遮住眼睛,他看上去和离家时一样衣着整洁。

"你得照顾孩子,"离开时,奥泽姆叮嘱道,"要让他下床走动走动。还有,我告诉你,下次我出门旅行时,如果你看到我经过这条小路,戴上你的眼镜,看清楚,那不会是我,是鬼,老妇人。"

奥泽姆驾车返回农场时,由于种种原因,他觉得异常丢脸。当他出现在一周前来过的小巷,拐到河边那条路时,拉梅里站在店铺门口,大声喊道:

"嗨,奥泽姆!你在那边玩得开心吧!我敢打赌,你在靴子底下跳出两个洞了。"

"别说了,拉梅里!"奥泽姆回答得模棱两可,一手挥起鞭子打在老灰马的凹背上,想让它轻点儿走。

到家时,帕迪家的一个男孩子——博代帮奥泽姆解下马具,他问:

"奥泽姆先生,你怎么不像原先说的那样沿着河岸走去呢?没人在克卢蒂埃维尔看到你,梅利特说你根本就没有过'二十四里渡口',没有人在任何地方见过你。"

奥泽姆转过身子,像往常一样思索片刻后说:

"你瞧,凯恩河总是那副模样儿,孩子,去多了最终也会厌烦的。这次我去了树林子,在费多家的小路上,你可能会说有点儿像野营和干粗活儿。我告诉你,那是消遣,博代。"

马穆彻

　　马穆彻站在露天的门廊里,他刚从这里进来。那时是晚上,下着瓢泼大雨,水从他身上流淌下来,要是他有带把伞来的话,水就会像这样从伞沿滴下。

　　老医生约翰·路易斯正在烧得耀眼的胡桃树火堆前烤火,透过眼镜看着年轻人。老黑奴马歇尔听到男孩敲门就给他开了,往下打量了一番,然后恼火地说道:

　　"回到走廊上再去淋雨吧!明天辛西看到一团东西这样飘浮过去会说什么?"

　　"到火堆这儿来,坐下。"约翰·路易斯医生说道。

　　约翰·路易斯医生是个单身汉。他个头瘦小,黄褐色的衣服对他来说有点太大了,眼镜也是一样。他红色的头发依旧浓密,只是如今已半白了。

　　男孩犹豫不决地看着主人,也朝着那人看,然后过去坐在火堆前一张细软木条做底的椅子上。他离火堆坐得很近,简直可以当一个苹果来烤。他还是个小男孩,破破烂烂的衣服湿漉漉的,身上冒着气。

　　马歇尔还在喃喃说着什么,约翰·路易斯医生则透过眼镜看着男孩。

　　"马歇尔,给他弄点东西吃,"他犹犹豫豫地说着。

　　马歇尔迟疑了一下,沉思的眼睛盯了一下他。

　　"你是白人还是黑人?"他问道,"我得知道这一点,因为我要往客厅里给你送吃的。"

　　"我是白人。"男孩立刻回答道。

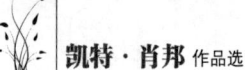

"我不是跟你争,去吧。随便拿什么都行。" 约翰·路易斯医生掩着手咳嗽,没再说什么了。

马歇尔拿来一大浅盘的冷食给男孩吃,男孩把盘子放在膝盖上便津津有味地吃起来。

"你打哪儿来?"约翰·路易斯医生在来访者停下来喘口气时问道。马穆彻的大眼睛黑黑的,柔柔地对着问问题的人。

"今天早上我从克卢蒂埃维尔来。我正赶路去 24 英里以外的渡口,但赶上大雨。"

"去那儿干嘛?"

男孩心不在焉地盯着火堆。"我也不知道。"他回答说。

"那你一定是流浪汉,这样漫无目的地到处逛!"医生喊道。

"不,我不是流浪汉。"马穆彻因为感觉暖乎乎的,又加上吃了好吃的东西,脚指头开始动了。

"那你叫什么?"医生继续问道。

"我叫马穆彻。"

"马穆彻,无聊!这也算名字?"

男孩看上去好像挺为这局面懊悔的,但也没办法。

"但是我爸的名字叫麦瑟琳·皮拉特。"他缓了一下说。

"皮拉特!皮拉特!"医生深思着,"跟以前住在阿浮耶勒斯的西奥杜勒·皮拉特有什么关系?"

"有啊!"马穆彻笑起来,"西奥杜勒·皮拉特是我爷爷。"

"你爷爷?天啊!"他认真地又打量了男孩的破衣服一番,"那么斯迪芬妮·加罗宾就是你的奶奶!"

"是啊,"马穆彻得意地回答说,"那就是我奶奶。两年前她在亚历山大死了。"

"马歇尔,"医生喊着,把他的椅子转了过来,"给他拿一杯牛奶,还有,再来一个馅饼!"

马穆彻把所有放在面前的好东西都吃了,他意识到身上一边的衣服已经烘干了,于是他就调了个头,转到火堆的另一边,好把湿的另一半烘干。

医生好像被他的动作逗乐了,他的脑海里开始充满回忆。

"这让我想起西奥杜勒,"他笑起来,"啊,他是个了不得的人,你爸爸,西奥杜勒!"

"是我爷爷。"马穆彻纠正道。

"对,对,你爷爷。他人挺帅气;我告诉你,他相貌堂堂。他还可以边唱歌跳舞边拉小提琴!我们到外面弹唱的时候,他常常唱的一首歌,让我想想是怎么唱来着:'啊塔塔,啊,窗子里姑娘,求你出来一下,塔拉拉'!"

约翰·路易斯医生的声音就是在年轻时也不好听,现在哼起来对马穆彻来说一点也不像人发出的声音。男孩踢了一下鞋后跟,由于开心,身子转到椅子一边去了。医生笑得更开心了,把那段唱完,又把另一段唱了一遍。

"小子,我告诉你,这一来姑娘的心就动了,"他说道,喘了口气又说;"想想那又拉又唱的,过瘾啊!塔拉,拉——拉。"

后面的一个小时,老人又回到了青年时代,回忆西奥杜勒那些耐人寻味的往事,那个开心的家伙,一辈子没安稳干过一个星期的活。还有那个可爱的美国姑娘斯迪芬妮,他到现在还没搞懂她。

当医生从客厅爬上通往他睡房的梯子的时候,已经很晚了。他走的时候后面还跟着一向关心他的马歇尔,他还唱着"啊,窗子里姑娘,求你出来一下"。

但他把声音压得很低,确保不会吵醒马穆彻。马歇尔按照医生的吩咐在客厅的火堆旁为他安排了一张床。

第二天很早的时候,马歇尔出现在主人的床旁,端着早上惯例要喝的咖啡。

"他在干什么?"医生问道,一边往小咖啡杯里放糖并搅拌着。

"你说谁啊?"

"谁,就那个小子嘛,马穆彻。他在干吗?"

"他走了,早走了。"

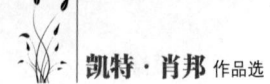

"走了？！"

"真的，真的走了。他把床叠在角落里，开了锁门走了。但银具和什么东西都好好放在那儿，他没偷东西。"

"马歇尔，"医生暴躁地说道，"你这人有的时候说话门都没把，一点头脑都没有！我再睡一会儿。"他喃喃说着，转身背对着马歇尔，又喊道："七点叫我起来。"

医生可不常发脾气，现在也说不准他是不是在发火。他穿上高筒橡胶靴子，噼里啪啦在湿漉漉的地上走着，看看他的人都在干些什么，这时候他看上去不那么和蔼。

如果他想要有一个大一点的种植园的话，他会有的。他一辈子坚持这么长时间的奋斗，人又有头脑，现在年纪大了会有挺舒心的一笔财富。但他宁愿要一个农庄，让自己过得心满意足，让自己产的东西够满足自己为数不多的要求。

他走到果园去，几个年轻人正忙着种一排小果树。

"啧，怎么搞的！"他们搞错了，线不直，洞也不深。怪啊，他怎么会到这里来，凭一双老眼发现这些事情！

他把头探进厨房向普鲁登斯抱怨说前些天做的鸭子没把佐料配好，希望下次不要再发生这样的事了。

他又步行去门旁木匠干活的地方，把门紧闭起来——他要把他的地方的门都紧闭起来——用专用的大钳子与巧妙的门枢，目的是要对付那些来找麻烦的恶人。因为这段时间外面来了个很邪恶的人，看起来好像专门来跟农场工人与种植主恶作剧似的，把他们弄得十分恼火。

医生注视着木匠干活时，记起了最近一段日子以来他的门在夜里全部被人从门枢上托起，扔倒在地上。这种从未有过的行为的本质就是挑衅，他想。他猛一转身，忽然灵光一闪，又进了房间。

他接下去写出了六张告示，黑色的特大字体大致写着悬赏25美元抓住干所描述的坏事的人。然后，这些告示就以思考与成文那样的速度送了出来。

一两天后,老医生约翰·路易斯的恼火变成了忧郁。

"马歇尔,"他说道,"你知道,像我这样一个人活着也挺没意思的,一个伴都没有——我这样肤色的,你明白我的意思。"

"我知道,是挺寂寞的。"马歇尔同情地说道。

"你瞧,马歇尔,我近来在想,"医生咳嗽了一下,因为他不喜欢用"近来"这样不准确的字眼。"我在想我努力积累下来的财富其实不会对任何人有永远实际的好处,现在嘛,要是我能找到一个性子好的男孩,我来教他,让他学,过体面的诚实的生活。哪个小子会好心来关心这把岁数的我?我还行,不算老吧,嘿,马歇尔?"

"整个教区就没有一个你中意的?"

"就在琢磨这事呢。你说说有没有这样的小子?帮我想想!"

马歇尔慢慢地搔着脑袋,看起来在思考。

"你要是能想起来这么个小子,"医生说,"你带他到我这儿过一个晚上。当然你知道,不要把我的意思表现出来。这样我可以和他聊聊,看看行不行。这么重要的一步没有谨慎考虑是不行的,马歇尔。"

马歇尔带来的第一个是巴普蒂斯特·肖比克家的男孩。他很怕羞,怯生生地坐在椅子边上。当医生和他说话的时候,他的回答都是笨口笨舌地一个字一个字吐出来:"是,是这样——不,不是这样"就这样,脑袋还紧张地晃一下。

他在那儿把医生搅得很不舒服。九点钟好歹把他打发走了,并让他带着橙子和一些甜肉。小孩走了,医生才高兴起来。

其后马歇尔又把西奥多勒带来,这一次还是很糟糕,这说明马歇尔判断力有多差。小子鲁莽得让人难受,不管三七二十一,一个人在大侃特侃,问一些没礼貌的问题,房间里什么东西都要看。医生拿些橘子把他支走,甜的东西一点也没给他。

再下来就是西颇莱特,难以想象的丑。还有卡米,又胖又笨,嘴巴张得大大的就在椅子上睡着了。事情就这样了。要是医生还

 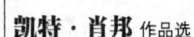

指望和这些人在一起能重温他与马穆彻一起度过的那个愉快的夜晚，他会很难受地有受骗感的。

最终他指示马歇尔不要继续寻找他理想中的陪伴了，听天由命吧。

后来，有一天又下起了雨，非常泥泞，充满寒意，一个满脸通红的人赶着辆破马车上了医生家的门。他把一个男孩从车上接下来，像用老虎钳一样夹了下来，然后直拖到惊讶的医生面前。

"就是这个家伙，先生，"红脸人喊道，"终于被我们逮住了，就是他。"

是马穆彻，浑身是泥巴，一幅惨兮兮的样子。医生背对着火堆。他非常惊诧，看到马穆彻那样显然挺难受的。

"这可能吗？"他喊起来，"那么就是你了，马穆彻，跟我恶作剧？把我的门掀起来，把鸡放进我的花中毁坏花朵，还把猪和牛放进菜地里践踏，把根都拔起来！"

"哈！哈！"红脸人笑道，"现在把戏玩完了。"医生好像准备打他。

马穆彻没能答话。他的下嘴唇在发抖。

"是，是我干的！"他大喊起来，"是我把你的门拔起来，莫金先生和他的情人过夜时是我把马放走；是我把安热勒夫人的栅栏放倒，让她的牛犊冲出来践踏比利先生的棉花；是我在墓地扮鬼吓路上过往的黑人；是我——"

坦白像湍流一样从马穆彻的内心深处奔泻而出，要是医生不让他停下来的话，谁也不知道什么时候才会停。

"那么你告诉我，"他非常严肃地说，"那天早上，你为什么像个罪犯一样悄悄地离开我的房间？"

马穆彻的泪水沿着他褐色的面颊流淌了下来。

"我自己不好意思，就这么回事。你要是不给我晚饭吃，不给我床睡，不让我烤火，我就不会不好意思。"

"好吧，先生，"红脸人打断了他的话，"我搞清楚了，这个案子非常清楚了。恶意非法闯入民宅,还有盗窃行为,看到这个栓了吧?"他从大衣口袋里掏出一块铁,"这小子就因为这个露馅了。"

"我不是贼!"马穆彻愤怒地脱口而出,"这是我在路上捡来的。"

"先生,"医生很尊严地说话了,"我可以理解西奥杜勒·皮拉特的孙子怎么会像他刚才坦白的那样进行恶作剧。但我也知道斯迪芬妮·加罗宾的孙子不可能是个贼。"

他马上开出25美元的支票,用手指头夹着给了那个红脸的人。

对医生来说,这小子又一次坐到了火堆旁倒是挺开心的事,而且很自然。他好像成了说不出的希望化身,是以前模糊而频频袭来的回忆的再现。

马穆彻还在喊,医生用自己的褐色丝绸手绢抹去他的眼泪。

"马穆彻,"他说道,"我要你留在这里,和我一直待在这里。学着怎样干活,怎么读书,长大做个体面的人。体面人马穆彻,因为我要你做我的孩子。"

他说话时的声音又低又哑。

"今晚我门上的钥匙不拿下来,"他继续说道,"如果你不选择留在这里的话,那么我说的话都不作数了,你开门就可以走。我不会强留你的。"

"他现在在做什么,马歇尔?"第二天早上医生问道,边接过马歇尔给他端来的咖啡。

"说谁呢?"

"你说谁,当然是那个小子,马穆彻了,他在干什么?"

马歇尔笑了起来。

"他跪在地上呢。他不停地赞美崇拜,有三四遍了。我说:'小子,你在祈祷什么呢?'他在背奶奶教他的赞美诗。要是撒旦再要他干坏事,叫他'把门卸下来',他就祷告赞美,于是恶者便退去。"

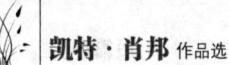

"好呀，好呀，"医生笑起来，"小子整个就像斯迪芬妮。"

"我说，'你小子改邪归正，浪子回头，永不再犯。'"

"你搅什么？"医生不耐烦地插话道，"他奶奶怎么教他就让他怎么来？"

"我没搅啊。"马歇尔歉意地说。

"但你知道，马歇尔，"医生接着说，恢复原来的和善，"我想我们能造就这个孩子。我对此很肯定。因为，你知道，他有他奶奶的眼睛。他奶奶非常聪明，很有头脑，马歇尔。她犯的唯一的错误就是嫁给了西奥杜勒·皮拉特。"

偏　见

　　卡朗博夫人想让人清楚地知道她并不会为居斯塔夫的生日聚会而烦扰。她的摇椅让人从后廊搬到了前廊。从后廊往外看是一个花园，孩子们正在玩耍，前廊正对着绿色的田垄，下面流淌着密西西比河，河水几乎涨到堤上来了。

　　位于新奥尔良郊外法国区的那所房子是西班牙风格的老式建筑，低矮宽敞，环抱于一条宽走廊之中。房子坐落在一块长满亚热带花草树木的平地上，一道牢固的木墙上面插了一排令人望而生畏的尖铁，使偶然路过的行人无法偷窥。

　　卡朗博夫人的女儿塞西尔·拉隆德夫人已丧偶，和母亲在一起生活。这一年一次的聚会是为她年幼的儿子居斯塔夫准备的，也是拉隆德夫人这一生中唯一的挑战性举动。她坚持每年如此，不仅她自己感到惊奇，那些了解她母亲和她的人也吃惊不已。

　　这是因为卡朗博夫人是一位有诸多偏见的女性，事实上，多得让人无法一一列举。她憎恨猫狗这些动物，憎恨街头风琴师、白人佣人和孩子们的吵闹声。她鄙视美国人、德国人以及所有与她信仰不同的人。在她眼里，一切不属法国的事物都没有存在的权利。

　　十年以来她都不与儿子亨利往来，就因为他娶了普里坦尼亚街的一位美国姑娘。她绝不允许家中有绿茶，那些不能或不愿喝咖啡的人怕她介意，只好喝桂花大麦茶。

　　尽管如此，居斯塔夫生日那天孩子们似乎可以我行我素，风琴师也得以自由地弹唱。上了年纪的夫人静静地坐在一个僻静的角落，却能清楚地听到舞会上的音乐、尖叫声和笑声。她有些不

高兴。她把摇椅摇得吱吱轧轧响,一边还哼着歌曲《奔向叙利亚》。

夫人身材修长挺拔,一头松软卷曲的银发刚及太阳穴。她皮肤白皙,眼睛是蓝色的,透着点儿冷漠。

突然,她听到一阵渐渐逼近的脚步声,侵入了她的个人世界,不仅仅是脚步声,还有尖叫声!随之而现的是两个小孩儿嬉笑追逐,一直奔向夫人坐的地方。

跑在前面的是一个可爱的小女孩,她突然蹦到了卡朗博夫人的大腿上,两条小胳膊顺势搂住老妇人的脖子。她的同伴逮着了最后的机会,轻轻打了她一下,得意地笑着跑开了。

按理说,此时要是这孩子从夫人腿上挣扎下来,像其他稚气的孩子一样说声"谢谢"或"请原谅"就跑开了便是一件再自然不过的事了。但是,这孩子并非如此,她坐在夫人的腿上,气喘吁吁,浑身发抖,像只受惊的小鸟。

夫人感到极其恼怒。她将身子移了移,仿佛要把小孩儿从怀里推开,同时严厉地批评她的吵闹和无礼。而小家伙对法语一无所知,一点儿也不把责骂放在心上,仍然坐在夫人腿上。她将圆墩墩的脸蛋枕在夫人柔软的白色亚麻长袍上。

她的小脸儿通红滚烫,而且干涩,手也一样,呼吸急促不平稳。夫人很快发觉了这是生病的迹象。

尽管卡朗博夫人有许多偏见,但她从来都是一位技艺娴熟的护理士和健康专家。她一向为自己拥有这项才能感到自豪,而且决不放过任何机会将之付诸实践。只要是病弱者,哪怕是一位街头风琴师,她都会给予无微不至的照料。

夫人对孩子的态度立刻改变了。她调整手臂和腿的姿势,给孩子创造最舒适的休息条件。她轻轻地来回摇着,一边用芭蕉扇轻轻地给孩子扇风,一边哼着低缓悦耳的小调《奔向叙利亚》。

孩子十分满足地静静地躺着,嘴里嗫嚅了一会儿,那语言是夫人所厌恶的。不一会儿,那双棕色的眼睛开始迷离惺忪,孩子在夫人的轻拍下渐渐地睡着了。

小姑娘睡着后,卡朗博夫人站起来,小心翼翼地走进近在咫尺的房间。她的卧室宽敞、通风、迷人,地上铺着凉爽的草垫,屋里摆着上好的老式红木家具。夫人抱着孩子,拉了铃索。她一边等着,一边轻柔地前后摇摆。一会儿一个黑人妇女应声前来,她戴着金耳环,头上古怪地扎着一条鲜艳的头巾。

"路易斯,把床铺平,"夫人命令道,"把那块柔软的小枕头塞在靠枕下。这儿有一个不幸的小家伙,一定是上天将她送进我怀里的。"她将姑娘轻轻地放到床上。

"唉,那些美国人!他们怎么配当孩子的父母?他们不懂得如何照料孩子,也不会照料!"夫人叹道。路易斯在一旁喃喃地附和着,表示赞同。倘若换了其他不熟悉黑人土话的人就听不懂她说什么了。

"你瞧,路易斯,她在发烧,"夫人心疼地说,"她快被烧坏了。我把她扶起一些,你帮她解开紧身马甲。天啊,这样的父母,居然傻得连孩子发烧都不知道,还把她打扮得像只猴子一样,任她随风琴师的乐声又跳又闹的。"

"你就不能轻点儿吗?路易斯,又不是给骑士脱靴子!"夫人恨不得有人能有仙女般纤巧的手来照料病人。"你去找塞西尔小姐,叫她把居斯塔夫两年前穿过的那些柔软的薄睡袍给我送一件来。"

路易斯退下之后,夫人就忙着调制一壶橘花冰水,并加入些新鲜的镇静剂,她拿海绵蘸着轻轻地给孩子擦脸。

拉隆德夫人亲自把柔软的旧睡袍送上来。她金发碧眼,美丽丰满。因为缺乏通常的经验,她变得意志软弱,带有一种不以为然的神情,她对她母亲所做的一切感到有点儿不安。

"妈妈,妈妈。不一会儿这孩子的父母就会派车来接她的,真的,这一点儿都没用。噢,天哪!天哪!"

如果是床柱对卡朗博夫人说话,她或许还会去认真地听一下,毕竟那样的话即便不让人信服也会让人大吃一惊。但拉隆德夫人所说的根本就不能让她母亲惊奇或信服。

"嗯,小家伙在这儿会很舒服的。"老妇人一边说着,一边从她女儿游移不定的手上拿过睡袍。

"可是妈妈,当她父母派车来时我该怎么交代呢?"

"那是你的事儿,"夫人冷傲地回答道,"我现在只是关心在我房子里生病的一个孩子。我知道我现在的职责,塞西尔。"

正如拉隆德夫人所预料,很快就有一个拘谨的英国车夫驾车来了。车里坐着爱尔兰保姆。夫人甚至不允许保姆看一眼她的小姐。夫人有她自己的一套理论,她坚信爱尔兰口音对病人来说太刺耳。

拉隆德夫人只好托小保姆捎去一封长信,"小姑娘正安然地在卡朗博夫人的照料下"这个消息应该能使其父母安心。她是一个甜美可人、温柔亲切的小姑娘。虽然小女孩在晚上会嚷着要妈妈而哭闹一会儿,但她似乎渐渐喜欢上了夫人的细心呵护。她发烧得不厉害,所以两天后她就病愈回到了父母的身边。

夫人对病人有着各种各样的经历,但还没有照料过一个像美国孩子这样令人讨厌的东西。但现在的麻烦是,在小东西走后,夫人心里对她再有什么反感也是孩子不幸的出生以及她不懂法语。但这并不是她的错。

然而,孩子的小胳膊搂抱着她,夜里柔软的小身体依偎着她的感觉,孩子的声音,还有孩子迷糊中以为是和母亲在一起时热乎乎的小嘴儿吻在她脸上的感觉,这些记忆渗过夫人偏见的外表,潜进她的心灵深处。

她常常沿着走廊散步,看看外面雄伟宽阔的密西西比河。有时她也会在热带丛林式的僻静花园中的曲径漫步。每当这个时刻,那孩子天真无邪的手撒下的种子开始在她心中萌芽。

最先萌出的嫩枝是"怀疑"。夫人曾将其摘掉一两回,但它伴着"猜疑"和"不满"再度萌芽。接着,从种子的心房中,在"怀疑"和"猜疑"的嫩枝间,一朵真诚之花绽放了。它是如此的清香美丽,绽放在圣诞节的清晨。

圣诞节早晨，就在卡朗博夫人与女儿要登上马车去教堂的那会儿，夫人突然停住了脚步，叫住她的黑人车夫弗朗苏瓦。这些年来，每个星期日早晨弗朗苏瓦都会驾车送夫人和小姐去法国教区的教堂做祈祷。他已经记不清究竟有多少回了，只记得，拉隆德夫人还是一个小女孩的时候，他就开始为她们效劳了。因此，他听到卡朗博夫人话时的惊讶表情可想而知。

"弗朗苏瓦，今天载我们去一间美国式教堂。"

"什……什么，请您再说一遍，夫人？"黑人结结巴巴的，简直不敢相信自己的耳朵。

"我说，让你载我们去一间美国式教堂，随便哪一间。"她挥了挥手，又说道，"我猜那些都差不多。"接着她也登上了马车。

拉隆德夫人的惊讶与不安显而易见，那痛苦使她即使有勇气也无力再提出质疑。

弗朗苏瓦尽管还在纳闷儿，却驾车往坎普街的圣帕特里克教堂驶去。她们踏入教堂时，拉隆德夫人左顾右盼，如鱼离水般不自在。卡朗博夫人倒是像经常来圣帕特里克教堂一样，泰然自若地听完整场祈祷和冗长的英语布道，其实她一个字也听不懂。

弥撒结束之后，她们刚要坐上马车，卡朗博夫人转身对车夫说话。

"弗朗苏瓦，"她平静地说，"你带我到我儿子亨利·卡朗博先生的住处去吧！我想塞西尔会告诉你地址的。"她看了拉隆德夫人一眼又加了一句，那犀利的目光让拉隆德夫人不由自主地退缩了一下。

是的，她女儿塞西尔知道，弗朗苏瓦也就知道。马车驶向很远的查尔斯大道。老夫人仿佛置身于一个陌生的城市，因为自从城市迅速发展、焕然一新以来，夫人就没来过美国人居住区。

那天清晨，风和日丽，玫瑰盛开，花香馥郁，宅前的尖铁栅栏关不住盛开的花朵。夫人似乎没有注意这些，也对道路两旁醒目的漂亮住宅视而不见。她不时地闻着嗅盐，仿佛他们并不是置身于新奥尔良最漂亮的地区而是臭气冲天的地方。

亨利的房子坐落于离街道不远的地方，既漂亮又富有现代气息。房子周围是修剪整齐的草坪，其间点缀着稀罕迷人的植物。两位女士下了车，按了门铃，就出去站在人行道上，等着有人来开铁门。

一位白人侍女为她们开了门，夫人似乎一点也不介意，她礼貌地递过了她的名片，和女儿一起随女仆进了屋。

在卡朗博夫人身上一点都看不到虚弱的痕迹。甚至她的儿子亨利奔出来拥住她在她肩上抽泣时（只有热心的克里奥尔人会这么做），她也显得很坚强。亨利英俊魁梧，有着一张真诚质朴的面孔，温柔的棕色眼眸使他看起来极像他已故的父亲，他紧抿的嘴唇则像他母亲的一样。

年轻的卡朗博太太也出来了，甜美粉嫩的脸因欣喜而容光焕发。她手中牵着女儿，正是那个夫人一个月前悉心照料的美国小姑娘，夫人从未想过她会是自己人。

"噢，多幸运的机会，那场发烧，多幸福的巧合啊！"拉隆德夫人咯咯地笑道。

"塞西尔，我告诉你，那不是巧合，是天意！"夫人反驳道。她这话没人反对。

他们都坐车返回河边的老房子去分享他们的圣诞晚餐。夫人将小孙女拥在怀中，儿子亨利坐在对面，媳妇挨着夫人坐着。

亨利回到车上后久久不能平静。由衷的欣喜让他激动得说不出话来。历经长达十年的放逐后，他终于又能回到出生的房屋中。

他又能倾听流水拍打绿色田堤的声音，声音那么特别，令他难以忘怀。他又能坐在那庄严温馨的长屋檐下，又能漫步在老花园那野生丛林僻静的自然之中，那里是他儿时追逐嬉戏的地方，也是他年轻时梦想的乐园。他仿佛又听到了母亲呼唤他"儿子啊"，而所有这些都结束在那一天，那一天他必须在母亲和妻子中做出选择。啊，对于这一切，他实在情难自禁。

而他的妻子兴奋得关不住话匣子，但她说的是法语，肯定是为了能与夫人交谈而努力学的。

"我很抱歉，妈妈，"她说，"我们的孩子不会说法语，但那不是我的错，我保证！"她脸红了，犹豫了一会儿接着说，"是亨利不让她学的。"

"没什么，"夫人和蔼地回答，一边搂紧了孩子，"她的祖母会教她法语，而她也会教祖母英语。你瞧，我并无任何偏见。我可不像我儿子。亨利总是这么固执，天知道他哪儿来的这怪脾气！"

在色宾

只要看到有人居住的迹象，哪怕是粗糙的木头小屋，一端立着泥塑的烟囱，都让格雷瓜尔感到满足。

他是从纳基托什县出来的，一天相当部分时间都骑着马穿过色宾县好大一片孤寂的地带。他不是顺着得克萨斯的常规道路走，而是凭着想象，漫无目的地跟着感觉，沿着迂回的小路，穿过起伏的松树林子，向色宾河前进。

在开阔地，走近小屋的时候，他看到在松树苗栅栏后面有个老黑人在劈木头。

"你好，大叔！"年轻人勒住马喊道。显然黑人对眼前突如其来的人大吃一惊，但是他只回答道："你好啊！"同时一个劲地礼貌地点着头。

"什么人住这里？"

"是主人巴德·艾肯。"

"哦，巴德·艾肯先生能雇得起人来劈木头，那他应该不会舍不得给我一顿晚饭吧，不会不让我在走廊上歇几个小时吧。你说呢，老人家？"

"我说，不是巴德·艾肯主人雇我劈柴。但要是我不做的话，他的妻子就得做。这就是为什么我要做。进来吧。主人要是没喝酒上床大睡的话，那就应该在附近。"

格雷瓜尔高兴地舒展了一下四肢，下了马，把马拉入环绕小屋的小圈场里。一头没梳理过的得克萨斯小马在吃地上的残枝，看上去很凶。当格雷瓜尔和他帅气的马儿经过身边的时候，得克萨斯小马便停了下来，恶狠狠地看着他们。在小屋的后面，紧挨着林子的是一片小小的、破烂的棉花地。

格雷瓜尔个儿不高,但是壮实,所以衣服撑得饱满合身。灯芯绒裤子塞到靴子里,穿着白色法兰绒衬衫;大衣甩在马鞍上,渴望的眼睛里有一种疑惑的神情。褐色的胡须略略遮掩了上唇,思考的时候总会抚弄胡须。

他回想着什么时候,在什么情况下听说过巴德·艾肯,巴德·艾肯本人便出现在门口,省得格雷瓜尔费心猜想他长得什么样。他高大的身体把整个门都填了起来。格雷瓜尔记起来了,这就是那个名声不大好的,所谓"得克萨斯人"。一年以前,他娶了巴蒂斯特·舒比克可爱的女儿泰特·雷内,并带她私奔,到了纳基托什县长沼的皮埃尔那儿。他非常清晰地记起她:匀称丰满的身材,脸蛋看起来就让人觉得舒服,俊俏的黑眼睛带着好一番风情。她的行事方式有些苛刻与傲慢,于是得了个"小皇后泰特·雷内"的绰号。格雷瓜尔在卡迪舞会上认识了她,他有时候是壮着胆子去参加舞会的。

这种让人高兴的回忆使他感到温暖,要不然就他的性格来说,见了她丈夫不会有这样的感觉。

"艾肯先生,别来无恙?"他热情地喊道,走上去伸出了手。

"我他妈的衰透了,但如果可以说的话,你比我强。"他是个粗人,大个,挺帅气,淡黄色"马蹄形"的胡须把嘴巴盖了好一部分。满是皱纹的脸上是滥长的短髯,几天没刮。他喜欢重复地说女性崇拜毁了他一生,总忘了提起早年那些杂牌酒对他持续造成的影响;单单他的某些本性就能够毁了他,这点他也完全忽略了。他躺下,看上去懒洋洋的,睡着了似的。

"要是可以这么说的话,你比我强,你……你叫什么来着?"

"桑蒂恩,格雷瓜尔·桑蒂恩,我有幸认识你娶的那位小姐,我想我们以前见过——在什么地方。"格雷瓜尔含含糊糊地补充说道。

"噢,红河桑蒂恩家族中的人。"艾肯慢吞吞地哼哼着,醒了过来。一想到和桑蒂恩家族的一员交往,脸上亮了起来。"莫蒂默!"他的胸腔起伏就如同站在军队面前的指挥官。黑人放下手中的斧子,好像在听他们谈话,不过他站得太远,听不见。

"莫蒂默,过来牵我的朋友桑蒂恩的马,动一下,快点!"然后转身面向小屋的入口,冲着开着的门喊:"雷勒!"这是他叫泰特·雷内的名字发出的音。"雷勒!"他又挺横地喊,然后转身对格雷瓜尔说:"她在院子干什么家务活。"那时,泰特·雷内在喂他们养的唯一的一头猪,几天前艾肯很神秘地赶回来的,他说是从梅尼买来的。

格雷瓜尔听见她边过来边喊:"我来了,巴德。来了来了,干吗呢,巴德?"她气喘吁吁地出现在门口,张望着倾斜的门廊里站着的两个男人。对格雷瓜尔来说,她好像变了许多。她瘦了,眼睛更大了,神情警觉而不安。他想象着她突然看到他时惊讶的表情。她穿着自家做的衣服,很干净,和从长沼的皮埃尔带来的衣服一样,但鞋子破破烂烂的。看到格雷瓜尔时,只是控制着声音低声惊叫了一下。

"喔,这就是你要对我的朋友桑蒂恩说的全部了?卡桑人就这样。"他歉意地对客人说,"看到一个白人也不晓得来认识一下。"格雷瓜尔拉起她的手。

"泰特·雷内,见到你很高兴。"他诚挚地说道。出于某种原因她说不出话来,有点歇斯底里地喘着气说:"格雷瓜尔先生,抱歉。说实话,你站在那儿时我没认出来。"此时,原来苍白的脸上泛起深深的红晕,眼里闪着泪花和掩藏不住的兴奋。

"我以为你们都住在格兰特,"格雷瓜尔故作漫不经心地说,他想把艾肯的注意力移开,因为他妻子显然很尴尬,他自己也懵了,不明白怎么回事。

"是啊,我们是在格兰特住了很长时间,但那地方不好住。我就在威恩和卡多试着住了一段时间,也好不了多少。但我告诉你,色宾是他妈的最糟糕的,要喝点酒还得出了这个县到得克萨斯。

我想把财产卖了,然后到弗农去试试。"

艾肯的家当要变卖当然卖不了多少钱。他的家就是一间屋子,几乎没有什么家具——一张廉价的床铺,一张松木桌子还有几张椅子,仅此而已。在一个粗糙的架子上放着一些纸袋,这就算作食物储藏处。房子木头间的泥巴已经脱落得到处都是,最大的破洞塞着破袋子和棉花絮。在门廊外面的铁皮桶是唯一看得见的洗澡用品。尽管条件这么差,格雷瓜尔还是说了他要留下来过夜。

"艾肯先生,我想问问是否可以留在你的门廊上过一夜。我的马状情况不大好,跑不起来。休息一个晚上对它对我都有好处。"他原计划要穿过色宾,但泰特·雷内眼中恳求的神情让他没把这话说出来。他从没有在女人的眼中看到那么令人心碎的祈求,于是立即决定在去得克萨斯之前,知道一下是怎么回事。格雷瓜尔一看到女人的眼睛就会怜香惜玉,不管她们说什么语言。

泰特·雷内给了他一床老旧的被子,上面打着杂色的补丁,折成两折睡,还有一个同样老旧的枕头,就这么搭起了一张床,对一个生活粗放的年轻人来说还不会太不舒服。

晚上九点钟,他上了这张临时搭的床就很快睡着了。到了半夜他被人轻轻地摇醒了。泰特·雷内俯身在他面前,借着明亮的月光,他可以清晰地看见她。她白天穿的衣服还没有脱掉,没穿鞋子,光着的脚看上去又娇小而白净。他撑着肘起来,一下子变得非常清醒。"泰特·雷内!你这是干嘛?你丈夫呢?"

"他喝醉了就大睡,房子塌下来也不知道。"她把格雷瓜尔叫了起来,像孩子一样把脸埋到弯曲的手臂间,轻轻地哭了起来。他马上站了起来。

"天啊,泰特·雷内,怎么了?你跟我说说。"他眼前的泰特·雷内不再是从前那个专横的,在她父亲的家里说了算的姑娘了。他把她带到低门廊的边上,两个人就在那儿坐下。

格雷瓜尔热爱女性,喜欢她们的亲切。他也喜欢和女人在一起的氛围,以及说话的声调和举手投足的样子,还有从身边经过

时轻衫拂过的那种怡人的感觉。他正在摆脱一个女人给他招致的痛苦。当他感觉极其悲伤的时候,他就非常迫切地要越过色宾河,然后有意让自己迷路。这样的事他以前就干过一次,当时他的家,老桑蒂恩的地方,落入了债权人的手。现在看到泰特·雷内的痛苦使他很难过。

"泰特·雷内,怎么回事?跟我说啊!"他不停地问她。她要用粗糙的袖子擦去眼泪,格雷瓜尔从身后的口袋掏出手绢替她擦干。

"他们在那儿都好吗?"她哽咽地说,"我爸爸?我妈妈?还有孩子们?"格雷瓜尔对巴蒂斯特·舒比克家族的事不清楚。但是他还是回答道:"挺好,挺好,他们都想你。"

"我爸今年收成好吗?"

"他为长沼的皮埃尔种了好多的棉花。"

"送到铁路了吗?"

"还没收成好呢。"

"我希望他们没把'灰灰姑娘'卖掉。"她焦虑地问道。

"噢,不会!你爸说全县再没有一匹马换得'灰灰姑娘'。"她转过身对着他,隐约有一抹疑云掠过——"灰灰姑娘"是头母牛。

秋天的夜色特别深,黑色的森林靠得更近了,其中夜影深处有一种毛骨悚然的声音,南方的森林到了晚上就是这样一番情景。

"泰特·雷内,你住这里有时候会不会害怕?"看到怪模怪样的情景,格雷瓜尔略略感到自己打了个冷战。

"不怕,"她很快回答说,"在这里我只怕他。"

"这么说他虐待你了?我想也是这样!"

"格雷瓜尔先生,"她靠得更近了,对着他的脸小声说,"他会杀了我的。"他抓住她的手,拉近一些,心中产生了深深的同情。"除了莫蒂默大叔,别人都不知道,"她接着说,"我跟你说,他打我,你该看看我的背和手臂,都是青的。有一天他喝醉了,要掐死我,要不是莫蒂默高举着斧头逼他住手,我早完了。"

格雷瓜尔转头看了看他睡觉的房间。他在想着就这样杀了他算不算犯罪,他个人觉得不算,但不知道别人会怎么看。

"这就是我为什么把你弄醒,并告诉你。"她接着说,"有的时候他快把我折磨疯了。他告诉我给我们主持婚礼的不是神甫,而是得克萨斯的一个鼓手。当我不知所措时,他又说那人不是鼓手,而是美以美教派的大主教,然后就在一个劲儿地笑我,搞得我不知道真假!"

后来,她又说巴德引她骑上那头凶恶的野马"俄亥俄马"。他知道那头马不载女人,看着她被摔下来痛苦和恐惧的样子竟开心起来。

"要是我识字,有张纸和铅笔的话,我早就跟爸爸写信了。但这儿没有邮局,没有铁路,在色宾什么都没有。还有,格雷瓜尔先生,你知道他要把我带到弗农去,可能还更远,然后把我甩了。格雷瓜尔先生,别离开我,你千万别不管我!"她恳求着,又抽泣了起来。

"泰特·雷内,"他回答说,"你以为我是那么没名堂的癞子会扔下你不管吗?"他想着把话停住,不让她听粗话。

后来他们谈了好一阵子。她不愿意回到丈夫的身边去,朋友就在身边,让她有勇气激起反抗的怒潮。格雷瓜尔让她在她为他准备的床上睡了。她依了他,筋疲力尽使她很快就沉沉地睡着了。

他一直坐在门廊的边上,用路易斯安那一种浓香味的烟叶卷成烟,开始抽烟。他本可以进去和巴德·艾肯睡在一张床上,但他宁愿离泰特·雷内近一些。他看着两匹马在那块地上踏步,吃着带着露珠的一簇簇草。

格雷瓜尔继续抽着烟。当月亮躲到松树后面的时候,又长又深的影子伸出把他包围了起来,这时,他才停了下来。那时他也看不见香烟的薄雾,也吸不出来,就把烟扔了。他觉得很困。他在门廊粗糙、光秃秃的地板上躺下,四肢舒展,一睡就到天亮。

当格雷瓜尔提出要在他那儿过一昼夜时,艾肯是真的高兴。

他在年轻的克里奥尔人身上已经辨认出一种与自己身上类似的精神。

泰特·雷内为他们做了早饭。她做了咖啡,当然没有加牛奶,但还有糖。她从房间的一个角落里立着的食物袋子里取出够做一餐的量,做成玉米面包,又切了咸肉块。吃完后巴德又叫她与莫蒂默大叔一道到地里去拣棉花。黑人住的小屋就像他们住的房子,但是地方很远,在林子里。他和艾肯合种玉米分成。

那天很早的时候,巴德从架子的糖袋后掏出一副脏兮兮的纸牌。格雷瓜尔把牌扔到火堆里,从包里拿出全新的取而代之,又拿出一瓶威士忌给主人,说他用不着了,因为前天他在克罗蒂艾维勒出了丑,发誓要戒掉了。

整个早上他们坐在松木桌子旁抽烟,打牌。等待泰特·雷内进来给他们送秋葵鸡肉汤。这是她中午出了田野去煮的。她能请得起秋葵鸡肉汤是因为莫蒂默大叔前后给了她五六只小鸡。但只有两把汤匙,她只能等男人们用完了才能用。虽然她丈夫先用完了,但她还在等格雷瓜尔的汤匙。这想法很孩子气。

下午她又去拾棉花了;男人们打牌,抽烟,巴德还喝酒。

巴德·艾肯好久没有这么开心了,也没有碰到过这么富有同情心并赏识他的听众在听他讲述自己跌宕起伏的生涯。他竟也兴致勃勃地讲述泰特·雷内是怎么从马上掉下来的,惟妙惟肖地学着她抱怨自己从来没开心过的样子,因此他就向她提出骑马玩。格雷瓜尔带着惊讶之情倾听着故事,艾肯便讲了许多类似的事。随着下午时间的流逝,两人彼此不再称姓,而是直呼其名。当格雷瓜尔允诺和他待一个星期的时候艾肯非常高兴。就连泰特·雷内也被一团和气,不分彼此的气氛所感染,于是又去煎了两个鸡蛋准备晚餐用。她用肉油煎,味道鲜美。晚饭后她又把格雷瓜尔的床安排到门廊外。

夜幕降临,平静而美丽,松木香气四溢,但三个人都没有坐下来欣赏。没到九点,艾肯已经一头倒在床上,醉意沉沉地大睡,夜里也醒不过来。今晚睡得更沉,因为他喝了格雷瓜尔送给他那瓶威士忌。

醒来的时候太阳已经老高。他抬高嗓子喊泰特·雷内的名字,心里想着咖啡罐是否已放在炉边,但居然没听到她很快的回答:"我来了,巴德。来了来了,干吗呢,巴德?"于是他感到非常惊讶,他喊了又喊。然后他站起身向后门望去,看看她是否在田里拣棉花,但她没在那儿。他费力地走到前门。格雷瓜尔的床还在门廊上,但哪儿也不见年轻人的影子。

莫蒂默大叔已经来到院子了,但这回不是来砍木头,而是来拿回他的斧头,他把斧头扛到肩上。这是他唯一的财产。

"莫蒂默,"艾肯喊起来,"我老婆在哪儿?"说着便向黑人走去。莫蒂默笔直地站着等他。"我老婆和那个法国人到哪儿去了?说啊,要不然我送你下地狱。"

莫蒂默大叔从来就没怕过巴德·艾肯,而且肩上扛着斧头,在他的面前倍觉大胆。老人不无嘲弄地用他黑乎乎、粗糙多节的手遮了遮嘴唇,好似在预先品味要说出的话。他仔细且审慎迟缓地说道:

"雷勒小姐嘛,"他说,"我想大概在午夜后什么时间到了纳基托什县,骑在桑蒂恩先生的快马上。"

艾肯恶狠狠地骂了一句。"给俄亥俄马备鞍,"他喊起来,"我数到二十,要不然我把你的黑皮扒下来。快!这个世界上没有一只俄亥俄马追不上的四蹄畜生。"莫蒂默大叔带着嘲弄的迟疑挠着头,回答道:"是的,主人,可是,你瞧,桑蒂恩先生在天亮以前就是骑着它过了色宾。"

冬　后

第一节

　　当铁匠的女儿特雷赞尼走上门廊的时候,米谢尔先生恰好走过。他没注意到这女孩,而是笔直地往村子的街道走去。

　　像往常一样,他的七头猎犬潜行左右。他身上一侧挂着角制火药筒,肩膀上背着粗麻布包,里面松松地放着要送到店铺去的猎物。一顶宽大的毡帽遮着络腮胡子,手上漫不经心地摆弄着老式来福枪。毫无疑问,他用这只枪打死了不少人,特雷赞尼一想到此不禁打了个冷战。因为鞋匠的儿子卡米——他一定知情——经常告诉她这个人如何杀了两个肖克托、两个得克萨斯人、一个自由的混血儿,还有难以计数的黑人,杀人的地点她依稀记得是在"山里"。

　　对于年轻人记下的这段关于米谢尔先生的可怕记录,那些知晓更多内情的老人没怎么去纠正。他们似乎已开始相信米谢尔先生无所不能,因为他多年来与世隔绝,与猎狗为伴在山上狗窝似的房子里过活。二十五岁的时候,这个精力充沛的小伙子种了一块地,位置就在谢尼埃家旁边的小路附近。他也成了家。他感谢上苍给了他一个家,于是干活养活老婆、孩子,如此这般福气。对这段往事,大多数老年人还历历在目。

　　但在60年代早期,他和朋友迪普朗以及其他的"路易斯安那虎"一同外出。后来他带着其中一部分人回来,结果发现:罢了,表面平静的山谷里潜伏着死亡气息,为蹒跚学步的小孩设下了陷阱。

而有些为人妻者心存不定,不定而起淫,于是昨日的誓言和明日的希望尽抛脑后,只求一夜风流。

他本该去寻那些人的晦气,就是那些在他不在家时破坏了他幸福的人。但他没有,却与抛弃了他的神灵为敌。这是为什么?有些人觉得他没来由这么做。

从很久以前开始,路上见到他的人就不与他打招呼了,打招呼有什么用?他从不搭理人家;跟谁都不说话,甚至从来看也不看人家一眼。当他在村子的店铺里用猎物和鱼交换火药、弹丸和所需的少许食物时,他言语不多,出言则不逊。但尽管这种交往不多,却是他与人来往唯一的纽带。

说来也怪,就在那个宜人的春日下午,米谢尔尤为可怖的形象却化为近乎灵感般耳朵催化剂,引发了特雷赞尼的浮想翩翩。

复活节前夜,四月伊始,大地一片新绿,处处生机勃勃,只是特雷赞尼周遭依然枯燥乏味。她试着过得有意思一些,但也只是徒劳。院子里堆的煤渣产生不了什么新鲜玩意儿。父亲在干他的行当,熔炉时时冒出的烟雾火花有什么意思?在黢黑苍凉的院子堆放着马车轱辘、筛子、铁条、犁刃还有其他各种不好看的东西,除了栅栏边强挤出地面的少许青草,再也没有绿色。特雷赞尼知道花朵属于复活节,就像彩蛋一样。她有好多的蛋,比谁的都多,而且最漂亮。她不想诉苦,但想到复活节早上没有一朵花装饰神坛,就觉得压抑。因为别人都有那么多。道路那一边,苏珊娜夫人正在玫瑰花丛中,从晌午到现在,她不知道已经剪了多少了。一小时前,特雷赞尼看见从谢尼埃种植园出来的马车经由此驶向教堂,厄弗拉西小姐坐在满车的紫丁香花中,她可爱的头似罩于复活节的花朵中,彼此交相辉映。

特雷赞尼到门廊已经好多次了。她看到米谢尔先生,想起长着松木的山丘,进而想起那儿长着的花朵——像阳光一般自由。姑娘高兴地蹦了一下,随着她的脚在粗糙、木板松动的门廊上快速地移动,法兰多拉舞步跃然而出。

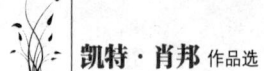

"喂，卡米！"她拍掌喊着。

卡米从凳子上站起身来，他正坐在那儿折腾一只鞋上挺不好看的鞋眼。他懒洋洋地走向隔着他们两家的栅栏。

"干嘛？"他问道，一脸和气。她凑过去，身子大大地倾过栏杆，这样可以更好地交谈。

"卡米，你跟我到山丘上采花，好吗？我要带弗林甘特一起去，他帮着提篮子。怎么样？"

"不行！"卡米慢条斯理地回答："既是给黑哥做的，今儿我非得把鞋子做好。"

"我不是说现在。"她不耐烦地回答，"我是说明儿早，太阳升起的时候。还有，卡米，我跟你说，我采的花会是最漂亮的。你瞧，那边苏珊娜夫人已经在采玫瑰了。厄弗拉西小姐也坐车带紫丁香花走了。你听我说明天我们的花会是最鲜艳的。"

"就照你说的。"男孩同意了，转过身又做他的事去了，不一会儿又说："不过你要挖林子里的常年花木，小心让米谢尔先生盯上你。"说着抬起手好像拿枪瞄准一样："到时候'砰砰砰'几声枪响，特雷赞尼，卡米还有弗林甘特统统死翘翘。"

卡米对可能发生的危险绘声绘色的描述给特雷赞尼计划的远足罩下一层阴影，但又添了点儿刺激。

第二节

第二天太阳还没升起，已可见满目的花朵点缀山间。特雷赞尼，卡米和黑人小孩弗林甘特三个孩子正往印第安式的篮子里装采来的花。

他们急着要爬上山坡，进入深深的密林，没有想到米谢尔先生或是他的住处。在密林中，他们见到了他的棚子——低矮，恐怖，似乎对他们的闯入很不满，好像在呵斥他们。

弗林甘特丢了篮子，喊了一声，跑了。卡米好像也要溜之大吉。特雷赞尼先是怕得发抖,但随之弄清了"魔怪"屋主并不在家。窗户的木制百叶窗还关着,房门用一条链子捆着,很矮,就是小个子一蹿便也可进去。一片死寂,空气中只有呼呼振翅的声响,还有树顶鸟儿不安的叫声。

"你看不出没人在吗?"特雷赞尼不耐烦地喊道。

弗林甘特又心神不定地溜回来了,既好奇又恐惧。棚子是用木头盖的,他们便透过缝隙往屋里看。

显然,米谢尔先生搭房子的工程是从砍倒一棵大树开始的,树桩就在屋内,充当桌子用了二十五年,显得平整光滑,上面放着屋主需要的东西,都是一些不起眼的用具。屋内的睡床、唯一的椅子等等,一切看上去就像野人做的那样粗糙。

不动声色的卡米可以透过缝隙看上几个小时,带着病态的心理搜寻一些死寂的迹象。他觉得米谢尔先生在过去这段可怕的独处时光里一定用什么东西自娱。特雷赞尼心里想的全是复活节的礼物,她要的是好多好多的花朵,新鲜得带着泥土的气息,脆艳得夹着露珠。

当三个孩子又往山下跑的时候,米谢尔先生的屋子旁没留下一朵马鞭花,一株鬼臼,一朵深红色的草夹竹桃花——就连紫罗兰也没了。

米谢尔先生很有点野性,觉得独处就是他生活的全部。近来他觉得灵魂深处形成了某种对人的感情,超出漠然,但苦涩如恨。他开始感觉恐惧,感觉即使与人短暂的交往也不过是交易使然。

回到他的小屋时,那双早已习惯自家环境的犀利双眼马上看到他的林子已被人踏过,于是勃然大怒。他并不是真的如此钟爱被人采去的花朵,好似胜过眷念星辰,也并非痴爱环山而过的风儿,但这些都已成为他塑造的生活中的一部分,他绝不允许有人踏进蹂躏他的生活。

花儿记忆了他的时光,不是吗?不到五月烈日暴晒,花朵是不可能消失的。他哪有其他的方式知道呢?这些与他不相关的人

为什么闯入自己的独处之地还践踏了它？以后他们还会抢走他的什么？

今天是复活节，他知道得再清楚不过了。昨天店铺里面的迹象告诉了他。想想过去，林子里的花被人抢劫一空是为了给这天虚伪的仪式增色。

他心情沉重地坐在老桌旁沉思，甚至没注意到猎犬在乞食。这天早上的事在他心中翻腾着——尽管这事本身还单纯——但他又觉得越来越严重，远不是一开始显现的那样。他不能在心烦的压力下无动于衷。于是他站起来，浑身冲动，内心充满进攻意识，催促他采取行动。他要下山到人们聚集的地方，坚决地面对那些白人和黑人。他不知道该对他们说什么，但他要挑战，把压抑他的憎恨发泄出去。

他走下山坡，绕过一片平坦而松软的林地，然后穿过他熟悉得不需注意方向的小路，走下小屋的时候，他的心绪在肆虐翻腾。

沿着村子的街道走时，他显然看到有个地方没人，只是偶尔出现一个黑人妇女忙着备午餐，来教堂的人多得已经站到门口了。

他片刻也没有犹豫，被一股力量驱使着，使他哪儿有人就在哪儿面对着人们，于是他很快就在教堂的入口处和人群站在一起。宽大健壮的肩膀为自己挤出了空间，威风凛凛的圆顶帽翘得比什么人都高。

"把你的帽子摘下来！"

是一个怒气冲冲的黑白混血儿在喊。米谢尔先生本能地照办了。他疑惑不解地看到一大群人靠近他，这种接触和气氛给他一种奇异的感觉。他也看到野花了。在复活节的紫丁香花、玫瑰和天竺葵中，他清楚地看见成捆成束的野花。现在他要说话了，他有权并且愿意这么做，等头顶的喧闹声一停就说。

"上帝！那是米谢尔先生！"苏珊娜夫人用凄惨的语调轻轻对邻居说。特雷赞尼听到了，卡米看见了。他们如同被电触了一样，互相使了一下眼色，颤颤巍巍地低下头。

米谢尔先生恼火地看着那个叫他脱帽的弱小混血儿。干吗要听他的?刚才一开始的顺从不知怎的削弱了他的意志和决心。但头顶的喧闹声一停,一有机会说话他就要重新坚强起来。

是风琴使小小的教堂满是声音!是男女合唱的荣耀颂歌。

歌词唤起他熟悉的兴奋感,那是孩子时就有的感觉,多年以前在奏风琴者的席位上他也引吭高歌。但此时,歌词对他已没什么意义。怎么没完没了的?!永远停不下来吗?!歌曲好像成了一种威胁,好像从死者那儿传来声音痛责他。

颂歌周而复始!深沉的低音席卷而出,男女高音接踵而来,继而由女高音高高的,有横笛特性的声音传接曲调,而后又是热烈的圣歌。

重复的圣歌宛如长河奔流不止!不知何处而来的一股神秘的内在力量正在征服米谢尔先生,在他心中掀起巨浪,他的思绪乱了。

要说也好,想说也罢,这时候都没有用处了。他的喉咙好像被卡住了,一点声音也发不出来。此刻,他只想一跑了事。"伟大的意愿"迎面袭来,他垂下头好像面对一场猛攻。"颂歌"!"颂歌"!"颂歌"!他要飞;他应该自救;他要回到他的山林,在那里情景声味,抑或鬼神都不会扰他。"圣歌"!他退却了,强挤到门口。他拖下帽子遮住眼睛,跟跟跄跄上了路。但重复的歌曲似乎紧随而出,萦绕不散——"圣像"!"圣像"!"圣像"!——歌声似乎在鞭答他。他不敢放松脚步,直到歌声渐渐听不见了,如回声漂浮而去。听不见了,他停下来,深深喘了一口气,松了一下。

第三节

米谢尔先生一整天都在他的棚子里,做一些他熟悉的事,希望能抹去那天早上难以描述的印象,但控制不住心中的不安。心中产生了渴望,非常强烈,无法平息。那个风和日丽的复活节早上听到的声音闯入了他独处的生活,此时马上变得无法理解。他待在那儿说不出话，理不出个头绪。歌词消失了，却在灵魂的深处唤醒了他对人的同情心和与人为伴的渴望。

夜幕降临，他再次走下了林子的斜坡。

"该用草填起来，"他边走边自言自语："天啊，与树为伴！米谢尔，你与树为伴了二十五年！"

他没有沿着去村子的路走，而走了另一条好久没走的路。他沿着这条路在河边走了一段距离。无休止的微风撩拨着窄窄的溪流，在一片倾泻而下的月光中粼粼闪着光。

他走啊走啊，新开垦的土地气息迎面袭来，清晰可辨，使人陶醉。他想跪下，垂下脸。他要往下挖，翻起土来。他像许久以前那样播下种子，然后看着新生命似乎在他的指挥下破土而出。

他转身离开河，又走过沿小路而下的一块地。这块地把迪普朗的种植园和原属他的那块地分开。他揉了揉眼睛，定了定神，尽量看清楚这一切。

他外出前曾想种一片灌木树篱，但他没种下。而现在，就在他面前有一块灌木树篱，正像他期望的那样，在静谧的深夜香飘四溢。宽大低矮的门从其间切开，他探身过门惊讶地看着眼前的一切。这里没有他想象的野草，也没有树，只有他记得的分散的活橡木。

那排强壮的无花果树显得有一定的树龄，虬髯盘踞，满是瘤节。这会不会是有一天他自己在地上栽下的幼枝？那是十二月一个阴冷的天，起了场大雾，记忆中的寒气又逼面而来。田野看上去好似从不曾耕种过，倒像平整的绿草地，牛群挤在凉凉的草地上，要不就是踱着庄严的慢步，细嚼着脆草枝。

有一座房子没有改变，在月光下泛着白光，平静的屋顶似乎对他的到来表示欢迎。他想着现在是谁住在这里。不管是谁，他都不愿意人家发现他，像个小偷一样站在门口。但他愿意在晚上一次又一次出来，来凝视四周，改变精神状态。

有人把手搭在他肩膀上，还喊着他的名字。他吓了一跳，转身看看谁与他搭话。

"迪普朗！"

两人多年没有说话了，面面相觑好一段时间。

"米谢尔，我知道你有朝一日会回来的。这一等好长啊，但终究是回来了。"

米谢尔本能地退缩了，抬起手做出表示歉意的手势："不，不，这地方不是我的，乔，不是我的。"

"一个人的家不是他的地方吗，米谢尔？"与其说这是个问题，不如说是定论，因为他说得既温和又笃定。

"二十五年了，迪普朗，二十五年了！没用了，太晚了。"

"你瞧，我用过了。"种植园主平静地说下去，不顾米谢尔先生的异议，"是我的牛在那儿吃草。这房子我好几次用来给客人或工人住，这些人我在谢尼埃没地方安排。但我没在土地上种庄稼，以免消耗肥力，我没权利这么做。但是，我欠你的，我准备好了，要解决好朋友的问题。"

种植园主把门打开，进了篱笆墙，带着米谢尔先生。他们一起向房子走去。

两个人都没想好说什么，尤其是米谢尔已经不习惯与人交往了。两个人心中都满是回忆，说什么都可能引发苦痛。两人待在一起好长时间虽没说话，但温情脉脉，最后迪普朗说道：

"我说，见你要说句话好难，你总是不愿意。"

米谢尔先生的回答是一个手势，看上去像恳求。

"过去的就算了。二十五年就当是长夜一梦，如今方醒。明儿早到我这儿来一下。"他很快下了决心，又补充一句说："来取一匹马和一把锄子。"他从口袋里取出钥匙塞到米谢尔先生手中。

"马？"米谢尔先生没把握地说："锄子！噢。太晚了，迪普朗，太晚了。"

"不会太晚，伙计，土地一歇就是这么多年，充满活力和肥力，我告诉你，那就像金子一般。你的庄稼会是这里最好的。"他伸出手来，米谢尔先生按住他的手，没回答一句话，只是喃喃自语："我的朋友。"

然后他站在那儿，看着种植园主消失在修剪过的高高的灌木树篱后面。

他伸出臂膀，说不出是向着那离去的身影，还是在欢迎无穷的宁静，这种感觉正向他而来，在周围形成了氛围。

大地流光溢彩，只有远山还嵌着一道黑边，映衬着天空。

猛 醒

"开门出去!我的话你听见没有?开门出去。"

洛洛特褐色的眼睛闪着光,小小的身躯颤动着。她站着,背对着一张寒碜的饭桌,好像要挡着刚刚进屋的男人,不让他过了这条防守线。她指着门,命令他出去。

"你今晚睡觉可要小心,洛洛特,今天早上你起床的位置不对才会这样①。韦斯韦,对不对?雅克,你说呢?"

坐在桌子边的两个男孩赞同地咯咯笑着,显然他们父亲的幽默赢得了他们。

"我已经累垮了,知道么?"女孩拼命喊着,两手无力地垂到两侧。"干活,干活!图个什么?就为了养纳基托什县最懒的男人吗?"

"我说,洛洛特,想想你在说什么?"她父亲听不下去了便说道:"西尔韦斯特·博尔东可没叫人养。"

"你往这间屋子带来过一磅的糖吗?"女儿怒气冲冲地反驳说,"或者一磅咖啡?一块肉?还有,诺诺米一直生病。庄稼做的面包和猪肉,我,韦斯韦和雅克能吃,但是诺诺米呢?不成!"

她转过身去,似乎是在哽咽,一挥刀劈下那个圆形的,没烘透的粗粮面包,晚饭主要就是吃这个了。

"诺诺米真可怜,得找点东西给孩子补一下。洛洛特,一会儿你杀一头小鸡。"他自己则逍遥自若坐在桌子边说道。

"最后一头公鸡不是也杀了吗?"她恼火地喊着。"你是不是又要我把母鸡也杀了?那我以后怎么拿鸡蛋去换东西?家里还

---

① 英国民俗,认为起床的位置搞错了会带来厄运。——译者注

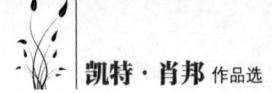

有什么可以去换东西呢?"

"爸,"小雅克尖声喊道,"刚才我听见你好像把什么东西赶到院子里了?"

"对了!要不是洛洛特这么喋喋不休的话,我就可以告诉你我找到活计了,明天要做事。刚才你听到的声音是乔·迪普朗的骡车发出的,带着三捆棉花,明儿就赶去码头。干了活儿就有吃的,就这么回事。"

生病的诺诺米正在房里睡着,洛洛特光着褐色的脚踩在坑坑洼洼的地板上,没一点声响。她撩起罩在孩子身上粗糙的蚊帐,坐在床边一张挺不好看的椅子上,轻轻地给睡梦中的孩子打着扇子。

南方的天总是黑得很早,一直是这样。洛洛特透过窗外生满青苔的橡树看着月亮一节一节地爬高,眼睛瞪得又大又圆。很快疲倦的姑娘睡得就像诺诺米那么沉。小狗溜进屋内,讨好地在她的光脚上舔了舔。这么湿漉漉、暖乎乎地一舔,就把洛洛特给弄醒了。

小屋又黑又静。诺诺米小声地哭喊着,因为蚊子叮了他。在前面的房子里,老西尔韦斯特和其他人都睡了。洛洛特把孩子哄静下来,然后到蓄水池提了一桶清清的凉水。然后她爬上床,躺在又睡着的诺诺米旁边。

那天晚上洛洛特梦见她爸收工回来,口袋里揣着带给病孩甘美的橙子。

第二天一早,她听到他在房间里忙乎,心里感到一点宽慰。她躺着听他轻轻准备上路的声音。他出门了,她还想听听从院子赶出骡车的声音。

她等了许久,但没听到蹄子声或车轮声。她急了,走到小屋门口向外张望了一番。大个儿的骡子还在昨晚拴住的地方,车子也在那儿。

低矮的橡子支撑着窄窄的走廊顶,她的心沉了下来,飞快地沿着椽子看去：她父亲的钓鱼竿和桶通常都挂在那儿。此刻，两个东西都不见了。

"没用的东西，没用。"她喃喃说着，转身进了屋子，眼里流露出难过的神情。

吃了一顿节省的早餐，又把碗碟清理好后，她毅然下定决心，转过来与两个小弟弟说话。

"韦斯特，"她对大弟弟说，"去看看车上有没有可以喂骡子的玉蜀黍粒。"

"有的，爸爸喂过了，因为我看见在食槽里有壳子。"

"那你帮我去把骡子套到车上。雅克，你去叫明蒂姨婆来看着诺诺米，我把车子赶到码头去。"

洛洛特显然是要去干她爸爸的活计。小孩子吃惊也好，姨婆一个劲儿地反对也罢，都拦不住她。正当洛洛特骑上骡子的时候，肥胖的黑人妇女进来干活。

"孩子，下来！你疯了吗？"

"不，我没有，明蒂姨婆，我倒是饿了。我们都饿了，这个家得有人干活。"她大声喊着。

"赶骡车是十七岁的姑娘家干的事吗？我怎么给你爸交代？"

"拜托，你想怎么说就怎么说，但你得看着诺诺米，早饭我做好了，放在一边。"

"别费心了，"明蒂姨婆说，"我给孩子带吃的了，一会儿喂他。"

姨婆来的时候，洛洛特就看到她带了什么东西来，叫她拿出来一看，是一只好肥的鸡。

"你什么时候开始养印度鸡？"洛洛特满脸疑惑地问道。

"老天爷，你还是少问两句。对你来说，脚上有毛的都是印度鸡。这是头老母鸡……"

"好了好了，怎么说都行，不过你别把那玩意儿给诺诺米吃，也别在我家煮。"

姨婆没理她，转身到屋子里大声地向孩子问这问那，这时候

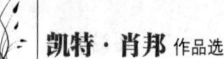

洛洛特在一阵马蹄声中离去了。

她知道不管她怎么说,姨婆还是会把那只鸡煮了吃。也许自己回去时,要是肚子饿得慌,也会吃上几口。

"我差点可以做强盗了。"她喃喃自语,泪珠一滴滴落了下来。

"看起来真的好像印度鸡,是吧,姨婆?"瘦小的雅克说道,看着她把壮实的鸡提起来。

"你几岁?"她反问道,声音不大。

"不知道。"

"小子,不懂就少说两句。"

于是大家都不说话了,只有姨婆做事情时闷声闷气的单调声。雅克又说话了。

"姨婆,看上去真的像印度鸡。"

"知道内战前我在哪儿吗?"

"是老肯塔基吧?"

"对。"

"那儿像不像我们这儿?"

"问得好,那地方可不像这里。知道吗,我们那儿的孩子要是说'印度鸡'三个字,我们就把他们嘴巴塞起来,双手反绑起来,然后叫他们站着看别人坐着喝鸡汤。"

雅克用手背捂住嘴巴,但唯恐嘴巴堵得不够紧,又小心翼翼地溜到房间里坐到诺诺米身边,尽最大的耐心等待快到来的一顿鸡餐。

多好吃啊!美美的鸡汤——好大的一罐——,金黄色的,还放了洛洛特小心翼翼放在架子上的稻片,弄得稠稠的。小孩一想到吃就好像注入了新鲜血液,眼睛也发亮了。

好吃的还没完呢。那天吃得很丰盛。他们的爸爸钓到亮闪闪的鲈鱼和鳟鱼,姨婆把鱼放在闪着火光的炭灰里烤炙,还浇上美味的鸡汤。

"你瞧,"老西尔韦斯特说,"今儿早我一起来看到云层挺厚,就对自己说：'没雨布，棉花就别送了。要是下雨，棉花全完了。不如到拉法密湖，那儿的鳟鱼比蚊子还容易上钩，可以给孩子弄好吃的。'对了，洛洛特该不是送棉花去了？姨婆，你看见怎么不拦一下呢？"

"有用吗？我还说，'怎么跟你爸交代？'她嚷着说，'叫那个没用的老流氓去死吧，这么个家还得靠我一个姑娘家养。'"

"这不像她说的，你在瞎编吧？对不对，诺诺米？"

他一脸善相中露出疑惑的神情，诺诺米高兴地微微晃了一下脑袋。

"我觉得头上好多了，"他说："最好洛洛特也在这儿，这样我可以跟她说。"他从床边向外面一条长长的，满是灰尘的小路看去，希望看到她回来，刚才他看着她坐在棉花上，驾着骡车走。

可是整个炎热的早上都没人过来，只是中午的时候，一个肩膀宽宽的黑人穿过飞扬的尘埃过来。他在小屋门前下马，然后懒洋洋地斜靠在门柱站着。

"噢，你在这儿。"对老西尔韦斯特没好气地小声说道，"你倒像个贵宾似的端坐着，主人乔还要我来看看你是不是还活着。"

"主人在开玩笑。"西尔韦斯特脸上陪着不自然的笑。

"对你来说是个玩笑，对他可不是。他的车队是这一带最好的。你以为他把一个骡车交给你，然后让你当柴烧，你说这是开玩笑？玩笑也好，不是玩笑也罢，你不想让他把你废了吧？"

"乌鸦嘴！"西尔韦斯特吼着，晃悠悠地站起来。他犹豫不决地站了片刻，然后从那个汉子身边闪过，在路上猛跑起来。他本来可以骑上旁边的马，但是他就这样跑了起来，眼睛里露出惶恐的神情，仿佛他的第六感已经看到了内心一副可怕的情景。

通往码头的路很少人走，所以他可以跟着洛洛特所赶的骡车的蹄印跑。有一段距离骡子是沿着路走的，但看起来就像疯子驾车，在树桩和小丘上跑，灌木被摧，两边的树也被刮。

在每一个拐弯口，他都担心会看到洛洛特摊着四肢倒在地上，

 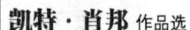

不省人事。但都没能发现她的踪迹。

最后他到了码头,一个斜向河的凄凉地方,有人清理了一部分场地,给时不时卸下的零散货物留下了空间。他发现车子的辙迹倾直向河边然后往河里去了,那里有急拐弯的痕迹,但这个弯转得没什么意义。他没找到姑娘的踪影。

"洛洛特!"老人在一片寂静中喊起来,"洛洛特,我的女儿,洛洛特!"没有回答,一点声音也没有,只有喊声的回音,还有河水轻拍到脚上溅起水花发出的声音,红色的河水。

他低头看着水,满心焦虑。

洛洛特就这么突然消失了,仿佛地球裂开了一道口子把她吞了下去一样。几天之后,人们都认为她淹死了。人们从急拐弯的痕迹判断她一定是那时被甩下车,被急流卷走了。

在几天的搜寻中,老西尔韦斯特的神经一直处在亢奋状态。之后,心中是一种漠然的绝望。

迪普朗夫人深有触动,带着四岁大的小诺诺米到谢尼埃种植园。小孩一到那儿就被华丽和舒适的环境所触动。他总是在想洛洛特会回来,每天都在张望,因为他们没把她被水卷走的伤心事告诉他。

另外两个男孩暂时放到明蒂姨婆家照顾。老西尔韦斯特就像一个难民一样在乡下流浪。他本属于懒散悠哉而怡然自得的那种类型,现在变得焦躁不安。

想吃东西的时候,他就停在黑人寒碜的小屋前要点吃的,那儿的人总会给。他的悲伤使他看上去有种尊严感,使人们尊重他。一天早上他早早地出现在种植园主的面前,一副邋遢而失魂落魄的模样。

"迪普朗先生,"他手里拿着帽子,眼神呆滞说道:"我什么都试过了,甚至在动物的洞穴里也待过。我走啊,跑啊,没用的。我心里总有种东西不让我安宁,钓鱼的时候这种感觉更明显。看在老天爷的份上,迪普朗先生,让我做点事吧。"

种植园主马上把一把锄头给了他。结果,他整了一块地,整个种植园中没有哪个人像他一样挖得那么深,速度那么快。西尔韦斯特去得最早,走得最晚。从早到晚他都在干活直到手脚不听使唤。

人们开始纳闷,黑人们也开始嘀咕,说他中邪了。

迪普朗先生仔细考虑洛洛特神秘失踪之事。他有了个想法,但他非常害怕使这个为女儿伤心的人心中激起幻念,因此只把对此事的怀疑告诉夫人。去奥尔良出差的前一个晚上他把想法,或者说是希望,告诉了她。

没过几天,他回来了,一回来他就到老西尔韦斯特发疯似地干活的地方。

"西尔韦斯特,"种植园主站在那儿看着那人干活一眼后平静地说,"你女儿的事,你还抱什么希望吗?"

"我不知道,不知道。迪普朗先生,让我干活吧。"

"我觉得孩子还活着。"

"真的吗?"他粗糙的脸上满是恳求的神情,看了让人辛酸。

"这事我知道,"迪普朗先生喃喃说道,他尽量冷静地说:"手里的活儿停一下,镇静点,伙计。过来,过来,跟我到这个房间来。这儿有人知道这事,见过她。"

种植园主把他带入的房间很大,而且清凉美丽,充满美妙的花香。这里很阴凉,因为百叶窗全半关着,但房间里并不黑暗。西尔韦斯特一下就看见洛洛特,她坐在柳条椅上。

她看上去就像她穿的长袍一样白,整齐地穿着鞋子的双脚靠在沙发上。她的黑发被仔细修整过,从头顶两侧开始拧成一卷一卷的。

"啊!"他一看到她就尖声大叫起来,干裂的喉咙说不出话来,接着他就像一个疯子一样大笑起来,然后就是呜咽。

他只是呜咽,跪在她旁边的地上,吻着她的膝和手,又扼腕痛切不已。诺诺米靠她很近,脸上显出健康的红润。韦斯特和雅克也在场，被这里神秘和辉煌的一切所折服。

"迪普朗先生，您在哪儿找到她的？"西尔韦斯特脸上一开始时欢喜的红潮已褪去，正用他粗糙的棉布衬衫袖子擦眼睛。

"爸，迪普朗先生是在他进城的路上发现我的，当时我在医院。"种植园主还来不及正声说话，洛洛特就说了，"在那儿我什么人也认不出，连自己是谁也不知道，直到有一天我转身看到迪普朗先生站在旁边。"

"女儿，你是注定要见到迪普朗先生的。"老西尔韦斯特像孩子一样笑了起来。

"是啊，我还马上记起来当船只鸣笛叫停的时候，那只混蛋骡子受惊得多厉害，把我抛了出去。我还记得一个褐色皮肤的妇女，她说她是做事的，一直在我旁边。"

"洛洛特，你别说太久，"迪普朗夫人打断了谈话，一脸忧虑和关切，把手温柔地放在额头上，又替她把脉。

后来，为了让孩子省省劲，少说点话，迪普朗夫人就自己说了船怎样停在凄凉的码头，目的是取棉花籽，那时人家发现洛洛特四肢摊开躺在河边人事不省，好像从天上摔下来似的，就把她抬上了船。

后来船只改变了航向，到其他水域去，没回到迪普朗码头。他们照顾洛洛特并把她送入医院。显然他们想着到了一定时间，她会记起自己的身份，所以这事就没有再管下去。

"啊哈，你在这儿！"明蒂姨婆几乎喊了起来，那张黑脸在过道里闪着光，"你在这儿，坐在那儿看上去像白人。"

"我不就是白人吗，姨婆？"洛洛特很虚弱地笑着说。

"对对对，孩子。你了解我，我没什么恶意。"

"好吧，西尔韦斯特，"迪普朗先生起身说话，他两手插在口袋里向门口走去，"听我说。洛洛特还需要相当一段时间才能完全恢复。明蒂姨婆会去照顾她直到她身体好起来。但我要说的是：我再一次将这个孩子交到了你手里，但你别忘了你身为人父——听见没有？——还有，也别忘了你是个男人！"

老西尔韦斯特站着拉着洛洛特的手,洛洛特温柔地用面颊轻轻摩擦着他的手。

"我向上天发誓,迪普朗先生,"他回答说,"愿神助我,我会努力的。"

凯特·肖邦 作品选

遗 产

老嘉米雪去世了，可人们从未关心过吉尔马的命运将会如何。葬礼过后，一些人谈论着老人以及他的种种怪癖，另外一些人很快将他遗忘了，还有一些则对他那笔可观的财产将被如何处置颇感兴趣。那是个百亩的农场，老嘉米雪靠它为生三十年了，死的时候七十岁。

如果吉尔马还是个孩子就好了，那样的话就会有许多好心人同情他，总会有人考虑把他领回家，就算无法保证他将来幸福，至少也能使他现在过得舒适。然而吉尔马不是小孩子，他已经是个十九岁的壮小伙子了，身高六尺的他与其他任何一个健康的青年一样结实。他同嘉米雪先生一起在农场住了十年，而今他大概是唯一一个在老人的葬礼上挥泪的人了。

嘉米雪死后第二天，他的亲属坐马车从卡多赶来，他们就住在嘉米雪的家里。来人中有嘉米雪的侄子沙布迪米。他是个跛子，残疾得太厉害了，让人触目惊心。沙布迪米的妹妹，布罗兹小姐也来了。她是个寡妇，带着两个幼女。葬礼前后，他们就住在嘉米雪家里。吉尔马回来时发现他们还没走。

于是他径直回房去，想要小睡片刻，嘉米雪先生病重期间，吉尔马为照顾他常睡眠不足。可实际上，在过去的一周里，他精神上的疲倦远胜于身体上的劳累。

吉尔马一跨进房门就感觉那房间变了许多，好像都不是他的房间了。墙上那排钩子上挂着几件旧的小衣服，还有两顶破草帽。无疑，那是布罗兹小姐那两个女儿的东西。而他原来挂在那上头的衣服早已不知去向。五斗橱里空空的，在这个房间里再也找不到一点属于他的东西。他首先想到的是布罗兹小姐可能是把整个房子上上下下都做了调整，然后把他安排到另一个房间去了。

可是吉尔马一看到所有的日常用品都被堆在后阳台的一条长凳上时，他就知道情况不妙了。他的靴子呀、鞋子啊都给丢在了凳子下面，而外套、裤子还有内衣什么的则被胡乱地堆在一起。

愤怒使他原本黑黝黝的脸涨得通红，顷刻间看上去像个印第安人。他从未考虑过这点。他也不知道自己以前一直在想些什么，只是觉得他早该有心理准备，现在遇到这种情况也只能怪自己了。在这个世界上，这个地方就是他的家。每一棵树、每一丛灌木都是他的朋友，他熟谙篱笆上的每个缝隙，熟谙这座饱经风霜的灰旧的小屋，这里是他年少时避风的港湾。几乎没什么人会像他这样去热爱这样一些无生命的事物。在他心底升起一股对布罗兹小姐深深的怨恨。而她此时正牵着两个小女孩，傲气十足地在院子里走动，黑色的旧衣裙在身后摇曳着。

吉尔马能想到的最好的法子便是跨上马离开这儿，去哪儿都行。那匹马是极有灵气的动物。就因为它站着有那么一股神气劲儿，嘉米雪先生给它取名"朱比特"。而吉尔马则称它"朱比"，因为他觉得这个诨名听起来更亲切，也更能表达他对这头可爱的动物的喜爱之情。现在，这个年轻人胸中充满怨恨，他觉得在这个世界上，"朱比"是他仅有的朋友了。

他往鞍褥里塞了几件衣服，然后装出一副满不在乎的样子，请布罗兹小姐在他派人来取之前放好他余下的物品。

沙布笛米正双腿盘膝坐在他叔叔嘉米雪的大椅子上。当他看见吉尔马骑着马从屋前走过时，他喊道："嗨，吉尔马！你要去哪儿啊？"

"我要走了。"吉尔马勒住马，简短地回答。

"哦，好的。但我想你最好还是把那匹马留下。"

"这匹马是我的。"吉尔马像挨了一拳似的迅速还击。

"朋友，我们过一阵子再来处理这事儿吧。我想你现在最好先松开那匹马。"

就像他不能失去自己的右手一样,吉尔马不能失去他的马。然而嘉米雪先生教过他要遵纪守法。他也不想再添什么乱子了,于是他极力地沉住气,从马背上跃下。当即松开马鞍,把马儿牵回马房去。在他离开前,他驻足对沙布笛米说:

"沙布笛米先生,您知道这匹马是我的。我能搜集到一百份证词来证明这一点。过几天,我会带着那些证词以及律师的证明回来。希望您到时能把马和马鞍都完好无损地移交给我。"

"好的,到时候再说。你不留下来吃个饭吗?"

"哦,不了,谢谢。刚才布罗兹小姐已经邀请过我了。"说罢吉尔马大步流星地沿着久经踩踏的小径,穿过一片斜斜的草地,然后朝外头的大路走去。

吉尔马下定决心一定要夺回他的马,这使得他的体力仿佛一下子从一小时前的疲惫不堪中恢复过来。他无所顾忌地快步行走在沼地边缘的马路上,脸上毫无倦怠之色。

正值草春时节,田里的棉花已长得很茂盛。有些黑人正在田里锄草。吉尔马在一排铁栅栏旁停下脚步,冲着一个在不远处挥动锄头的女黑人叫道:

"喂,看过来呀,哈莉费克丝姨妈!"

那个女黑人转头看见他当即停下手中的活儿,把锄头扛在肩上朝他走。她长得很黑,骨架宽大,身上随便穿了件种田的衣服。

"哈莉姨妈,您能不能跟我回趟您的小屋,"他说道,"我想要一份您的证词。"

她隐隐约约懂得什么叫证词,可还是不明白那是干吗用的。

"我没什么证词,孩子,你走吧,别烦我。"

"哈莉费克丝姨妈,这不会耽误您太多时间的。我写了一份关于我的马,朱比,是我的私人财产的声明。您只要在那上头盖上您的手印,说明您了解此事并愿意作证就行了。"

"谁说朱比不是你的?"她小心翼翼地问着,身子靠着锄头微微前倾。

吉尔马朝嘉米雪的房子指了指。

"谁?是沙布笛米先生那帮人吗?"

"是的。"

"哦,我明白了!"她不无同情地说。

"事情就是这样。"吉尔马接着说,"下回,他们就会说你那头老驴波利丝不是你的。"

这使她暴跳如雷。

"这是谁说的?"

"没人说,我只是说下回他们该这么说了。"

她开始气呼呼地沿着栅栏向前走,吉尔马转身赶上她,两人一起走着。

"哈莉姨妈,我就去写份证词,您只要……"

"你跟我一样都很清楚那头骡是我的。那是我用上好的棉花跟老嘉米雪先生换来的。就是你从树上掉下来的那一年呀。他自己也把这记在了账上。"

吉尔马一从哈利费克丝姨妈那儿拿到供述便立马走人。他想拿到百来份的供书。现在兜里妥妥当当地揣着那第一份,吉尔马觅了条捷径,穿过乡野往镇子里走去。哈利费克丝姨妈还待在木屋里。

"雷利尔斯!"她冲着外边路上的一个黑小男孩吆喝着,"你看见波利丝去哪儿吗?去看看它有没有在屋内外四周。它要是又撞坏篱笆闯到你爸的玉米地也不足为奇。"说罢她把手放在额前护住眼睛,四处张望着,不安地咕哝着,"那头骡哪儿去了?"

第二天早上,吉尔马一进镇子便径直向巴克顿律师的事务所走去。他毫不费力地从许多黑人、白人那儿得到证词,证明那匹马是他的。但是为了使他声明尽可能可靠,他得先请教一下律师,然后再带上无懈可击的证据回农场去。

那家事务所是一个面朝大街的简陋小屋。门开着,里面一个人也没有。吉尔马走了进去,在一张空荡荡的桌旁坐下候着。他才等了一会儿,律师就来了,他刚才正同对街的一个人讲话。

"早上好,巴克顿先生。"吉尔马起身问候。

律师觉得他很面熟,但一下子又想不起来他是谁。于是他只是回答:"早上好,早上好,先生。"

吉尔马从口袋里抓出一把挺乱的证词,开门见山地说:"我来见你是为了财产权的事儿,我想要回我的那匹马,嘉米雪先生的侄子沙布迪米先生从我这儿夺走了。"律师接过那些证词,托了托眼镜,开始细细翻看。

"是,是,"他说,"我知道。"

吉尔马说道:"嘉米雪先生周二死后……"

"嘉米雪死了!"巴顿惊呼,"什么,你该不会是跟我说老嘉米雪死了吧?唉,我今天早上才从什鲁亩坡回来。这么说老嘉米雪是死了?你说你想要那匹马。刚才你说你叫什么来着?"他边问边从口袋里掏出一支铅笔。

"唔,我叫吉尔马·亥姆,就这样。"

"吉尔马·亥姆,"律师一边复述一边若有所思地端详着他的客人。"啊,我记起你的脸了。你是十年或十二年前老嘉米雪领养的那个小家伙。"

"嗯,十年前的十一月份。"

巴克顿律师起身去打开保险柜,取出一份法律文件模样的东西,开始仔仔细细地从头到尾读了下来。

"啊,亥姆先生,我看您想要回那匹马是不成问题的。"巴克顿律师笑着说,"尊敬的先生,我要很荣幸地告诉您,我们的老朋友嘉米雪指定您为他财产的唯一继承人,包括牲口、农具、器械、家用品等等。这真是一笔颇大的财产啊!"他从容地宣布着,随即舒舒服服地坐下开始他的长篇大论。"亥姆先生,我想我还得说一句。对一个人生刚起步的小伙子来说,这是一个极好的运气,任何事都不用做,只要继承一笔遗产就行了!这真是个好机会,好机会啊!您知道吗?先生!当您一说出您的名字,我的脑子里便闪过三年前的那一幕:有一天,老嘉米雪到我这儿来,说是要立遗嘱……"就这样,那位健谈的律师滔滔不绝地忆述前事,历数家珍。可吉尔马一个字也没听进去。

想到那对他来说是如此巨大的一笔财产居然都是他的,他一个人的,那种拥有的快乐使他惊呆了,令他陶醉了。顷刻间仿佛有百种不同的情绪在他的胸中汹涌着,有千种意念在他的脑子里澎湃着。他觉得自己好像变成另外一个人了,面对这突如其来的新情形,他得重新调整自己。事务所那狭窄的空间闷得人透不过气来,而那个律师还在喋喋不休,他仿佛永远也停不下来了。吉尔马突然站了起来,略表歉意后便逃也似的向外走去。

两天后,在回农场的路上,吉尔马又在哈莉费克丝姨妈的小屋前停下脚步。他还和以往一样走着来,从镇里过来这一路上好些骑马的人都要带上吉尔马,可是他一一谢绝了。吉尔马交了特大的好运,这传闻的速度比他的脚步还快,他一走近,哈莉费克丝姨妈便欣喜地高声迎接他。

"吉尔马先生,上帝知道那是您该得的!啊!主知道那是您该得的!进来吧!进来歇歇脚!雷利尔丝,这房里挤死了,去!去!去!别在这儿占位子!"她把最好的一张椅子擦得干干净净,然后请吉尔马坐下。

能歇口气,吉尔马觉得挺高兴的。炉子里有小小的火苗在跳动,哈莉费克丝姨妈站在炉边倒着咖啡。她问吉尔马要不要来一杯,他欣然接受了。天气很热,他尽量坐得离那炉火远远的。他边擦着脸上的汗边用他那顶宽边的帽子扇风。

"我一想到这事儿就是忍不住要笑。"老太太边说边从炉边倾过身来,身子有点抖,"我甚至在夜里醒来都会笑。"

"怎么会这样呢?哈莉费克丝姨妈!"吉尔马问着。他搞不清这是怎么一回事,只好使劲应和着笑。

"得了吧,吉尔马先生。装得好像你都不懂似的。那当然是想到我好像明天就能看着沙布笛米那帮人坐上马车滚回卡多。哦，这真逗！"

"这没什么可笑的，哈莉费克丝姨妈。"吉尔马反驳着。她恭恭敬敬地把那杯咖啡放在碟子里端过来，吉尔马接过杯子浑身不自在。"我自己很替沙布笛米感到难过。"

"我想这回他知道朱比是谁的了。"她没去在意吉尔马那满脸的同情继续说道，"吉尔马先生，我跟您说，再也用不着去争波利丝了。"她没坐下，靠在桌旁接着说："他们又得回卡多受苦受难去了。听说他们在那儿总是食不果腹。沙布笛米什么事也干不了。他只能像蛇似的弯在那儿。而布罗兹小姐则干点缝缝补补的活儿，看过去也不是什么行家。还有那两个丫头片子。去年大半个冬天她们都只能光着脚丫。可怜的小妞，她们跟我说她的脚都长冻疮了。哦，这真可笑！明天他们统统都滚回卡多去时脸上会有怎样的表情啊！"

吉尔马从未像这一刻那样对身旁的哈莉费克丝姨妈产生如此深的厌恶感。他谢过她的咖啡，扭头就走。这举动把她吓了一跳。然而她的心情灿烂依旧，站在门口冲着他大声说：

"嗨，吉尔马先生！您说现在他们该知道波利丝属于谁了吧？"

他在路上徘徊着，反正他就是觉得不知该怎样去面对沙布笛米。沼地上悬着棵高大的木棉树，他甚至在树荫下歇了一阵子。从一开始他的欣喜中便掺杂了一种不易察觉的不安之情和一份自我不满之绪，而他一直在尝试着探索它的真实意义。

首先，他率直的天性使他内心对那些突然间对他转变态度的大多数人产生了一种憎恶感。他也一直试着去回想那个律师说过的话，他在记忆中努力搜寻他说过的众多话中他所能记得的那个字眼。它就在那儿，化成一块小小的痛处，开始让人为之愤怒。那个字眼到底是什么呢？他在兴奋中只隐约听到，好像……好像是什么"遗产"。

他那充沛的精力、健硕的体魄、那天性中的勇敢坚忍的品性和男子气概都强烈排斥着这个字眼以及它所传达的意义。遗产？难道它们不是给像沙布笛米那样的残疾人的吗？难道它们不是给像那个无依无靠的女子的人的吗？难道它们不是给像那两个营养不良、衣衫褴褛的、有着漂亮双眼的小女孩的人的吗？然而他还没想好该怎么做，要对他们说些什么。

但当他走上前去面对这群人时，便容不得他再犹豫了。沙布笛米还蜷在他叔叔的那张椅子里，看过去好像是葬礼过后他就从未离开过那儿似的。布罗兹小姐哭过了。那两个小孩也哭过了，大概是因为她们的母亲哭了的缘故吧。

"沙布笛米先生，"吉尔马走上前去说道，"我已经把一百份关于那匹马的证词都带来了。希望您别再找什么茬儿了，把它交给我吧。"

沙布笛米给弄糊涂了，他浑身发抖，几乎说不出话来了。

"你……你这是什么意思？"他抬起头斜着眼，结结巴巴地说，"这一整个地盘都是你的，你干吗要愚弄我？"

吉尔马答道："在我看来，这个地方应该归嘉米雪先生的亲人所有。明天我们再去一趟巴克顿先生那儿，依法办事，但是，我要我的马。"

除了那匹马外，吉尔马还拿走了放在壁炉台上的老嘉米雪的照片，他把它装在口袋里。他还带走了恩人的手杖和一把枪。

当他跨上心爱的马匹朱比向大门口走去时，那条忠实的狗跟了上来，吉尔马觉得他仿佛是从一个既令人迷醉又使人郁闷的梦中醒来。

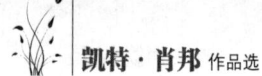

佩拉吉夫人

第一节

　　战争开始的时候，儒瓦厄瑟山上曾有一座庄严宏伟、形如万神殿的红砖大宅，一丛高大茂盛的弗吉尼亚栎树环绕四周。

　　三十年后，只有厚厚的墙垣仍然矗立着，透过攀附其上、盘枝错节的藤蔓，不时还可看见晦暗的红砖。那些巨型圆柱完好无损，大厅和门廊里铺的石板也基本保持完好。在整个儒瓦厄瑟山坡延伸所及之地，从未有其他如此豪华的住宅。每个人都清楚这一点，正如他们也都知道早在1840年，菲利浦·瓦尔梅特建造这座豪宅花掉了6万美元。只要他的女儿佩拉吉还活着，就没人敢忘记这个事实。她年界五十，满头银发，雍容华贵。虽然她没结过婚，但是人们都叫她佩拉吉夫人。她的妹妹波莉娜也没结过婚，在佩拉吉夫人眼中她是个孩子，一个三十五岁的孩子。

　　姐妹二人独居在一座有三个房间的木屋里，几乎就在那片废墟的阴影之内。她们为了一个梦想而活着，那是佩拉吉夫人的一个梦想，就是要重建旧宅。

　　至于她们是如何将时光都用在目标的实现上，又是如何一分一厘地积攒了三十年的钱却仍不够半数，说起这些，真是令人同情。但佩拉吉夫人却对未来的二十年充满了信心，而且妹妹的时间更多。在以后的二十到四十年里，还有什么难关过不去呢？

　　在宜人的午后，姐妹俩常常会在那铺着石板的门廊里喝黑咖啡，门廊的天棚便是路易斯安那州蔚蓝的天空。她们喜欢坐在那里，置身于宁谧寂静之中,她们俩和那身子发亮、探头探脑的蜥蜴为伴,她们谈论着过去的时光和未来的计划,微风轻拂着高挂在圆柱之间的藤蔓,那些藤蔓大都残败凋零,已成了猫头鹰的巢穴。

"我们不能指望一切都恢复原貌,波莉娜,"佩拉吉夫人会这么说道,"也许客厅里的大理石柱得换成木头的了,水晶烛台也得不要了。你会乐意吗,波莉娜?"

"哦,是的,姐姐,我乐意的。"可怜的波莉娜小姐总是那么几句话"是的,姐姐"或是"不,姐姐""就按您的意思办,姐姐"。旧时的生活和往日的奢华她能记得多少?对她而言,过去只是些模糊不连贯的零星片段和一个平凡、幼小的生命那不完整的意识,接着就是一场灾难。那意味着战争的到来,奴隶的叛乱,那混乱年代最终导致一场大火,而她安全地躺在佩拉吉有力的臂弯里,被带到了那现在仍是她们家的小木屋。对于这段经历,她们的兄弟莱昂德勒比波莉娜清楚,但却没有佩拉吉知道得多。他把打理种植园的事务连同它的记忆和传统统统留给了他的姐姐,自己到城里定居去了。这已是多年以前的事了。最近,莱昂德勒由于生意忙,经常要长途旅行,所以他那个已没了母亲的女儿准备到儒瓦厄瑟山来和她的姑妈们同住。

姐妹俩坐在已成了废墟的门廊里,一边谈论着这件事,一边报尝着咖啡。波莉娜小姐紧张苍白的脸上泛起的红晕显示出她极度兴奋。她不停地将瘦削的手指叉起,放开,再叉起,又放开。

"可是咱们该怎么招待拉·珀蒂特呢,姐姐?该把她安置在哪儿?拿什么给她消遣呢?哦,姐姐!"

"她会睡在咱们隔壁房间的一张小床上。"佩拉吉夫人回答道,"过我们这样的日子。她知道我们有钱,只要我们愿意,尽可以大手大脚地花钱。别发愁了,波莉娜,希望拉·珀蒂特会是一个真正的瓦尔梅特家的人。"

拉·珀蒂特的到来也真真切切地带来了外头那个朦胧世界刺激的空气,这些都使这两个生活在梦想中的姐妹感到震惊。这个

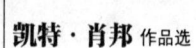

女孩几乎和佩拉吉姑妈一样高,一双黑色的眼睛闪烁着欢乐,宛如一泓平静的池水映出了星星的光芒。一张圆脸红扑扑的,仿佛一朵粉红色的紫薇花。波莉娜小姐吻了吻她,激动地颤抖着。佩拉吉夫人则以一种锐利的目光审视着她的眼睛,似乎在从面前的这个人身上找寻过去的影子。

她们在彼此之间给这个年轻的生命让出了位置。

第二节

拉·珀蒂特已决定试着去适应那种陌生的、封闭的生活方式,她早知道这种生活方式正在儒瓦厄瑟山等着她。开始的时候,她适应得还不错。有时她会跟着佩拉吉夫人到田里去看看棉花是如何绽放、成熟,最后变得雪白,或是数数挺拔粗壮的玉米秆上有多少玉米穗儿。但更经常的是帮她的波莉娜姑妈做做家务,聊聊她简单的往事。再就是跟年长的那位姑妈手挽手在苔藓蔓生的大橡树下散步。

那个夏天里,波莉娜小姐的脚步变得十分轻快。她的眼睛有时像小鸟的眼睛一般明亮。拉·珀蒂特不在她身旁的时候,她的眼睛就会失去神采,只剩下不安的期待。作为回报,这个女孩似乎也非常爱她,亲热地叫她阿姑。然而,随着时间的推移,拉·珀蒂特变得非常安静——不是没精打采,而是变得若有所思、行动迟缓。她的脸颊也开始变得苍白,直到白得像长在废墟里的那种白色羽状的紫薇花。

一天她坐在废墟的阴影中,就坐在两个姑妈的中间。她分别抓起她们的手,说道:"佩拉吉姑妈,我有话要跟你们说,跟你和阿姑说,"她说话声音很低,却清晰而坚定,"我爱你们——请记住我爱你们。可是我必须离开你们,我没法在儒瓦厄瑟山再待下去了。"

波莉娜小姐那纤弱的身子抽搐了一下。拉·珀蒂特能够从她纤细的手指上感觉到这种抽动。因为她们的手指绕在一起。佩拉吉夫人却不动声色。这世上没有一双眼睛能够深入透彻地看到她的灵魂所感到的满足。她说道:"你这是什么意思呢,珀蒂特?你父亲送你来我们这儿,我肯定他会希望你留下来。"

"我父亲爱我,佩拉吉姑妈,如果他知道这里的情况就不会希望我留下来了。哦!"她移了移身子继续说道:"这儿有股压力压得我越来越落后了。我得过另一种生活,过我以前过的日子。我想知道这世上每天都发生了什么事,我想听到别人谈论这些事情,我想要我的音乐、我的书、我的伙伴们。如果除了这种穷日子以外,我从不知道还有其他的生活方式,我想情况会有所不同。如果我不得不过这种日子,我也会勉为其难、随遇而安。可是我用不着这么过,你知道,佩拉吉姑妈,你们也没这个必要——在我看来,"她又轻声补充道,"跟自己过不去是一种罪过。啊,阿姑——阿姑她怎么啦?"

她没什么大碍,只是觉得有点眩晕,很快就会好的。她请她们不用理她,但她们还是给她弄了点水,还用一片蒲草叶子给她扇风。

然而那天晚上,在房里,一片寂静之中,波莉娜小姐啜泣着,怎么也平静不下来。佩拉吉夫人挽着她的臂弯。

"波莉娜,我的小妹妹波莉娜,"她恳求道,"我从没见过你这样。你不再爱我了吗?你和我,两个人在一起不是一直很幸福吗?"

"哦,是的,姐姐。"

"是不是因为拉·珀蒂特要走了?"

"是的,姐姐。"

"那么对你来说,她比我更亲吗?"佩拉吉夫人满怀愤恨地说道,"是我,是我在你一生下来就抱着你,用手臂温暖着你,是我,这个既当爹又当娘的姐姐把你拉扯大的。波莉娜,你不要告诉我她竟比我还亲。"

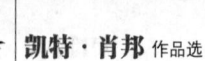

波莉娜小姐呜咽着费力地说道:"我没法解释,姐姐,我自己也不明白。我像以前一样爱你,仅次于上帝。但是如果拉·珀蒂特走了,我会死的。我不知道为什么——救救我,姐姐。她就像——她就像一个救星,来到这里,牵起我的手要把我带到某个地方——一个我想去的地方。"

佩拉吉夫人穿着晨衣和拖鞋,一直坐在床边。她妹妹躺在床上。她一边握住妹妹的手,一边捋平妹妹那柔软的褐色头发。她什么也没说,打破沉默的只有波莉娜小姐不时的啜泣声。其间,佩拉吉夫人站起来过一次,调了一杯橘花水给她妹妹,就像在照顾一个烦躁不安的小孩。差不多一个小时后,佩拉吉夫人才又开始说话,她说道:

"波莉娜,别哭了,睡吧。这样下去会生病的。拉·珀蒂特不会走了。听见了吗?明白吗?她会留下来的,我保证。"

波莉娜不是很明白,但是她对姐姐的话总是深信不疑。佩拉吉夫人的承诺和温柔有力的手让她平静了下来,睡着了。

第三节

佩拉吉夫人看到她妹妹睡着了,便悄悄地站起来,走到外面低矮狭窄的门廊上。但她没有在那里逗留,而是迈着匆忙激动的步子来到了那片废墟。

夜不是很黑,因为天气晴朗,皓月当空。但是对佩拉吉夫人来说是亮是暗没有区别。她已经不是第一次在夜里,在整个种植园都入睡的时候偷偷地到废墟来,但却是第一次感到如此心碎。这是她最后一次到那儿去望她的梦,去看看一直以来日夜萦绕在记忆中的画面,去跟这一切诀别。

记忆的画面是从一扇大门开始的。一个健壮的白发老人正在责备她回家晚了。有客人需要招待。她不知道这事吗?这些客人是从城里和附近的种植园来的。不,她知道她回来晚了,她和费利克斯一起出去了。他们没注意到时间竟过得这么快。费利克斯就在那儿,他会解释一切的。他就在她身旁,但是她不想听见他要对她父亲说的话。

佩拉吉夫人已然坐在她和她妹妹常坐的那张凳子上。她转过身,透过窗子上豁然大开的裂口凝视着窗内。废墟里边亮如白昼。那不是月光,因为月光和另一种光芒搅在一起,便显得黯然失色。那是水晶烛台放出的光华,黑人们正悄然恭敬地在四下里走着,一盏一盏地点亮它们。光滑的大理石柱子上耀映出它们灿烂的光芒,多么华丽啊!

房间里有很多人。吕西安·桑蒂安老先生正靠在一根柱子上,笑着拉菲尔默先生告诉他的事,直笑得他那胖胖的肩膀不断地抖动。他的儿子朱勒斯正和他在一起——就是那个想娶她的朱勒斯。她正笑着。她想知道费利克斯跟她父亲说了没有。年幼的热罗默·拉菲尔默正在沙发上和莱昂德勒玩跳棋。小波莉娜则站在一旁跟他们捣乱,搅和他们的棋局。莱昂德勒骂了她。她就开始哭。她的黑人老保姆克莱芒蒂娜正在不远处,她蹒跚地穿过这房间,把她抱开了。真是个敏感的小家伙啊!她四下里跑着,比起一两年前她更懂得照顾自己了。那时候的她还会在大厅的石头地板上摔倒,额头上摔起许多"包包"。佩拉吉曾为此又是心疼,又是生气,于是她让人拿来许多毛地毯和牛皮盖毯,在地砖上厚厚地铺了一层,一直铺到这小家伙走得更稳当为止。

"不要伤了波莉娜!"她总是这么大声地说道,"别伤了她。"

她凝视的目光又越过了客厅,落到后面的大饭厅里,那儿长着白色的紫薇花。哈!那只蝙蝠飞得真低啊。它和佩拉吉夫人撞了个满怀,但她浑然不觉。她的神思远在那边的大饭厅里。那里,她的父亲正和他的一群朋友坐在一起喝酒,他们像往常一样谈论着政治。真是讨厌!她已经不止一次地听他们谈起"战争"这个词。战争,呸!在外面的橡树底下,或是在后面夹竹桃的阴影中,她跟费利克斯还有更愉快的事情要谈。

然而他们是对的！在森特打响的炮火很快席卷了南部各州，整个儒瓦厄瑟山区都可听见炮火的回声。

一直到拉·丽康厄瑟站到她面前时她才相信这个事实。拉·丽康厄瑟用她那赤裸着黑皮肤的手臂叉着腰，肆无忌惮地骂出一连串恬不知耻的污言秽语。佩拉吉真想杀了她。一直到费利克斯来找她时她才肯相信这个事实。费利克斯来到饭厅楼上的寝室——那个垂悬生长着凌霄花的地方——和她告别。他那身灰色新军装上的大铜纽扣压在她柔软的胸脯上时留下的痛楚，她至今还能感觉得到。她坐在沙发上，他在她身边。两个人都默默无语，心如刀割。那个房间本该保持不变，甚至是沙发也该放在原来的位置，佩拉吉已经期望了三十年了，一直期望能躺在那张沙发上直到死的那一天。

但是没有时间哭泣了，敌人已经到了家门口，他们已破门而入了。他们正在大厅里乒乒乓乓地喧嚣着。他们喝着酒，把水晶和玻璃一一砸碎，将画像一一割破。

其中一个站到她面前让她离开这所房子。她扇了他一耳光。他那张白脸上赫然出现了鲜红如血的掌印。

接着便是一把熊熊大火，火焰直逼向她纹丝不动的身影。她想让他们瞧瞧，路易斯安那州的女儿在侵略者面前能够如此从容赴死。但小波莉娜正惊恐万状地抱着她的双膝。必须救出小波莉娜。

"不要伤了波莉娜。"她又一次大声地说道，"别伤了她。"

天快亮了，佩拉吉夫人已经从她坐的那张凳子上滑了下去，在石板上一动不动地俯卧了好几个小时。当她拖着疲惫的身子站起来后，她走起路来就像一个梦游的人。她伸出双臂将那些高大庄严的柱子一一拥抱，把脸颊和嘴唇贴到冰冷的砖石上。

"再见了，再见！"佩拉吉夫人喃喃地说道。

走向通往木屋的那条熟悉的小路时，已经没有月光来指引她的脚步。天空中最明亮的是低挂在东方的启明星。废墟上空的蝙蝠已不再飞翔。在老桑树上啭鸣多时的嘲鸫也在歌声中入睡了。

黎明前的黑暗笼罩着大地。佩拉吉夫人匆匆穿过潮湿、蔓生的杂草丛，拨开扫到脸上的厚重的石松，向着木屋——向着波莉娜走去。她不止一次地回头望向废墟，它赫然耸立，像一只硕大的怪物——一块黑暗笼罩下的黑斑。

第四节

　　大约一年后，老瓦尔梅特庄园历经的变化成了儒瓦厄瑟山的一大奇谈。人们已找不到那片废墟了，它和小木屋一起都已不复存在。可是在外面那片沐浴着煦日和风的开阔地上，盖起了一座匀称美观的木质建筑，用的是国家森林的上等木材，它坐落在坚实的砖石地基之上。

　　在那令人惬意的门廊的一个角落里坐着莱昂德勒，他一边抽着午后的雪茄，一边和打来电话的邻居聊天。这里即将成为他的临时住所，他的姐妹和女儿都会住在这里。

　　到处都听得到年轻人的笑声，不论是在外面的树下，还是在房子里，拉·珀蒂特正坐在弹钢琴的地方。拉·珀蒂特正怀着一个年轻艺术家的热情在琴键上弹着一段段旋律。波莉娜小姐如痴如醉地站在她旁边，觉得这美得令人难以置信。瓦尔梅特家族的重建已影响到了波莉娜小姐，她的脸变得像拉·珀蒂特的脸庞一样丰满红润。她似乎越活越年轻了。

　　佩拉吉夫人一直在和她弟弟以及他的朋友们交谈。随后她转身走开了，不时停下来听一会儿拉·珀蒂特弹奏的音乐，但这只持续了一会儿，她继续走到弧形门廊的那一边。在那里，她发现只有她一个人。她待在那里，站得直直的，抓住扶手上的栏杆，平静地眺望着远方，看着田野的那一边。

　　她穿着黑色的衣服，那条常戴的围巾在胸前打了个结。额前浓密亮泽的头发向上梳起，像一顶银色的王冠。她那乌黑深邃的眼睛里闷闷地燃着几点火光，却再也不会燃起火焰。她变得非常苍老,自从那夜告别自己的梦想之后,时间仿佛已过去了好几年,而不是几个月。

可怜的佩拉吉夫人!要怎样才能改变呢?一个年轻快乐的人所带来的压力将她的脚步逼入了光明之中,可她的灵魂却依然停留在废墟的阴影里。

唐泰·卡特里内斯特

　　事情正如大家预料的那样,当唐泰·卡特里内斯特得知镇政当局出于某种原因要把她的房子充公,并有意将之拆除后暴跳如雷。
　　"这房子是维厄迈特在让我自由的时候给我的。他亲口说的!这白纸黑字的都写着呢!老天啊,塞尼厄,他们这是说什么来着!"
　　唐泰·卡特里内斯特站在家门口,一只黝黑的手撑在门楣上,另一只手握着她那个用玉蜀黍穗轴做的烟斗。她是一个典型的刚果妇女,高高的个子,宽大的骨架。大家所谈论的这所房子在当时来说已经相当大了。房子共有四间,楼下的两间是砖砌的,楼上两间是土坯垒的。一个破旧不堪的廊台从楼上伸出来,斜斜地架在那窄窄的人行道上,让路人觉得岌岌可危。
　　"首先,唐泰·卡特里内斯特,我想我从没听说他们干吗要把房产给你。"帕克斯顿律师说道。他跟其他许多人一样,路过的时候在这儿驻足,与这个黑人老妇讲起了这事儿。这件事吸引了镇上一些人的注意力。许多人也都很感兴趣地关注着事态的发展。唐泰·卡特里内斯特问的事恰恰满足了这律师的好奇心。
　　"维厄迈特一直都在说卡特里内斯特对他来说很重要。我有法子把那些黑奴都治得服服帖帖的。但是,"她接着又一本正经地说道,"当我去照看他的小女儿的时候,所有的医生都说她快夭折了,可是我就是让她好好地活了下来。维厄迈特真不知该怎么感谢我才好。为了谢我,他也叫她卡特里内斯特。后来,基蒂小姐远在格兰德伊科嫁给了米谢·雷蒙德后,他就给我自由了。他呀,他有好多奴隶,一个对他来说算不得什么,他还给了我现在这幢房子。他呀,有的是房子和地。可现在我都没张口,那帮

人就说要给个千把元,然后把我从这屋里赶出去!米谢·帕克斯顿,我就在这儿等他们。"说到这儿,这妇人那浑浊的小眼睛里闪过一丝凶光:"我已经把斧子磨得亮铮铮的了。看他哪个小子敢碰我卡特里内斯特,想把我从这房子里赶出去,我会像宰羊一样把他的脑袋剁下来。"

"这天气还真好,是吧,米谢·帕克斯顿?这么好的天气,我这衣服干得可就快了。"卡特里内斯特看了一下上面的廊台上挂着的一排衬衫,阳光照耀下白得刺眼,在微风徐来中呼呼地拍打着。

唐泰·卡特里内斯特那番公然反抗当局的光景倒给邻里的孩子们添了乐趣。他们老是戏弄她,每天都拿着假的公告声称是政府的最后通告。一个小鬼灵感突发,作了两句押韵诗,于是他们便整日整夜在她的窗下吟唱着:

"唐泰·卡特里内斯特她刚进城去,

回来一瞧,房子已经倒下去。"

这两句就这么唱开了。她一天会听到好几回。可是,这一点儿也没惹恼她。她把这当成一种警告——一种预言——她留心着不为事态的进一步发展创造机会。她从此半步也不肯出门,她很害怕,也坚信镇政当局正伺机霸占她的房子。她再也不愿过街去拜访邻居了,总是拦着过路人,逼着人给她跑跑腿儿买点东西。她变得疑神疑鬼的,甚至有人很单纯地要拉她出门,她也小心提防着。

一天早上,唐泰·卡特里内斯特正把刚洗好的一堆衣服晾出去,尤塞比,一个红河来的自由的黑白混血儿在她的廊台下勒住了马。

"嗨,唐泰·卡特里内斯特!"他招呼着在上头的她。

她就那么走到栏杆旁,赤裸的膀子和颈项,衬着身上那未经漂白的棉布内衣像乌木似的油黑发亮。腰上系了条粗布裙,一挂五颜六色的珠链子打了结绕在喉前,两排黄牙间叼了个烟斗。

"你们都还好吧,米谢·尤塞比?"她亲切地问道。

"我们啊,都还行,唐泰·卡特里内斯特。基蒂小姐可真的是不好了。今天早上我从雷蒙德先生家门口经过时,他说基蒂小姐一直高烧不退。她整晚都在叫着你的名字。雷蒙德先生觉得我还是告诉您的好。天气这么好,种庄稼最好了,唐泰·卡特里内斯特。"

"米谢·尤塞比,我看这也是个撒谎的好时候。"她鄙夷地朝下面的人行道啐了一口,扭头再也不理那个人,接着把帕克斯顿律师的一件细亚麻布衬衫挂到晾衣绳上去。

"她整晚都在唤着你呢。"

不知为什么唐泰·卡特里内斯特就是无法忘了这句话。她不愿相信尤塞比说的是实话,可是那句"她一整晚都在唤你——整个晚上",不管她整日里多忙,老是萦绕在她耳际。然而她也渐渐把尤塞比和他带来的口信给忘了。只是夜里,在幻觉中她会听见基蒂小姐的声音:"唐泰·卡特里内斯特在哪儿?为什么唐泰·卡特里内斯特没来?她为什么没来?为什么没来——为什么没来?"

妇人一整天都在用她的克里奥尔土话喃喃自语,召唤着维厄迈特来商量,她一遇上麻烦总这么干。这也是唐泰·卡特里内斯特所特有的信仰。她是真的满腹愁苦地向天求助,可是她又觉得在天堂里除了维厄迈特外,她再没有对其他什么神灵那么熟了。

午后,她站在门阶上,焦虑不安地朝着那几乎是空无一人的大街张望着。当她看到一个小女孩走了过来——一个可爱的孩子,长着一张天真率直的脸,她知道她的话靠得住,于是唐泰·卡特里内斯特就邀她进屋。

"来,露露,到这儿来看看唐泰·卡特里内斯特。你好长时间没有来看唐泰·卡特里内斯特了,你越变越骄傲了。"她让那小家伙坐下,给了好几块饼干,那孩子很是热切地接了过去。

"露露,你呀,可是个漂亮乖巧的小女孩。你一直都得去告解吗?"

"嗯,是的,五月一号我就可以领第一份圣餐了,唐泰·卡特里内斯特。"一个教义问答教本从露露围裙的口袋里露出了个皱巴巴的角。

"这就对了,做个乖女孩。听你妈妈的话。还有,别撒谎,这世界上最差劲的事就是撒谎了。你认识尤塞比吗?"

"尤塞比?"

"是啊,就是那个红河的自由小黑白混血儿。那家伙居然敢扯谎!他跑来跟我说那边基蒂小姐病倒了。露露,你听过这等弥天大谎没?"

那孩子看起来有点给弄糊涂了,可是她很快地答道:"这是真的,唐泰·卡特里内斯特。吃饭的时候我听爸爸说雷蒙德先生让人去请沙隆医生。可是沙隆医生说他没空上那儿去。爸爸说那是因为沙隆医生只愿意给富人看病,他是怕雷蒙德先生不付钱给他。"

唐泰·卡特里内斯特夸那小女孩的印花麻布裙漂亮,并问她是谁熨的。她抚着她棕色的头发跟她讲了好些跟尤塞比无关的话题。然后又说起了他爱撒谎的恶习。

她不再像今天早些时候那样不安了,也不再像原先那样边干着活儿边喃喃自语了。

夜晚她点亮煤油灯,挨着窗子把它放下。站在街上,透过半掩的百叶窗可以看到灯光摇曳。随后她直挺挺地坐在一张椅子上一动不动。

午夜将至,唐泰·卡特里内斯特起身,很小心很小心地朝门口张望着,她的房子坐落在夜的暗影笼罩下的街道的一边。街道的另一边则浴在月光的淡淡清辉中。夜色温柔宜人,万籁俱寂中又充满了初春时节难以言表的生命的震颤。大地仿佛在酣睡中吐息着,那芬芳的气息幻化作和风阵阵,在唐泰·卡特里内斯特跨出门槛的瞬间拂过她的脸庞。她悄无声息地把门关了起来,上了锁后就像只猫似的拈着步子在夜色深深中潜行而去。

此刻户外的人少得可怜。半路上,她碰上了一帮嘻嘻哈哈的男男女女,他们刚在牌桌上和茴香酒中泡了一个晚上。他们并没有注意到唐泰·卡特里内斯特,因为她贴着教堂那乌漆麻黑的墙走,几乎把自己给淹没了。看着他们消逝在视野里以后她才敢走出来。其实当她从一块月光笼罩的狭窄地带猛冲过去时,有个人清清楚楚地看到她了。但是唐泰·卡特里内斯特并无须感到那么惊骇。因为他已醉得分不清她到底是个人抑或是月亮为了迷惑他而在他前行的路上投下的一个令人疯狂的怪影。当她走到镇郊的时候,得从一大片通往松树林子的旷野走过去,她吓得腿都快软了。于是她避开正路,曲着腿儿猫着腰飞快地从湿地和杂草丛中穿行而过。一个不留神,准会让人误以为是只野兽正在那儿觅食。

可是一踏上松树间那条格兰德·伊科路,她便觉得安全了,也敢随意走动了。唐泰·卡特里内斯特直了直腰杆,实际上她是把全身肌肉都紧紧地绷了起来,不觉中摆出一副短跑运动员的姿势,头顶着松林里仿佛哥特式建筑风格的枝干交错飞速前进。她边走边时不时地自言自语,时不时地对着周围或有生命或无生命的东西叨念着。她的话语没头没脑的,含混不清。

她又同月亮干上了,称它为一个爱管闲事又没完没了的无礼家伙,总在窥探她的一举一动。她又描述了好些讨人厌的动物,蛇呀、兔子呀、青蛙呀,都追着她跑。可她又挑激着说她打包票它们也追不上她,因为她正急着去基蒂小姐那儿呢。"你们啊,甭想抓住我卡特里内斯特,我正赶着去见基蒂小姐。"高高的松枝上歇着一只反舌鸟,它正歌唱着。于是她冲着它嚷开了,问它为什么叫得那么欢,并威胁说要把它抓起来关到笼子里去。"叫成这种德性,你乐个啥?别叫了!不然的话待会儿让我逮住你,就把你关到笼子里去。"唐泰·卡特里内斯特看上去真的好像是对这夜、这林子以及这树木间的种种飞禽走兽再熟稔不过了。以她的步行速度,很快便走完了林间那几英里枝繁叶茂的路,不久便到达她的目的地了。

就同这不起眼的木屋家中所有的房间一样，基蒂小姐的卧室门也朝向屋外长长的走廊。这地方太小了，简直说不上是个种植园。尽管如此，雷蒙德先生还是一直在努力种点什么，尽量时不时地在空出的房间里授授课。有时候，他要是觉得手头紧了，就会到红河那边的坎普蒂给雅各布斯先生当店员。

卡特里内斯特登上那吱吱咯咯作响的台阶，穿过长廊，走进基蒂小姐房里，似乎她刚从这儿出去现在又回来了一样。高高的壁炉台上跳动着微弱的灯光。雷蒙德显然还是没睡下，他只穿着外衣，正摇着婴儿的摇篮。还是那个红木摇篮，三十五年前基蒂小姐就躺在这张摇篮里，唐泰·卡特里内斯特摇着她。当年这个摇篮是买来与床相配的。这张床又大又漂亮，基蒂小姐此时正不怎么安稳地浅睡在上头。壁炉台上放着一个法式钟，一如既往地滴答地走着。只是地板上没有地毯，这屋里也没有佣人。

雷蒙德看见唐泰·卡特里内斯特进门吃惊地叫了一声。

"你好吗？米谢·雷蒙德？"她平静地问道："我听说基蒂小姐病了。今天早上尤塞比告诉我的。"

她像是穿上天鹅绒鞋子般轻手轻脚地走到床边坐下。基蒂小姐的一只手露在被单外头。那是一只线条柔美的手，连日来卧病在床也未使它软遢下来。黑人老妇把自己那黝黑的手放在那上头，刚一触及，基蒂小姐便本能地握了过来。

"是唐泰·卡特里内斯特！"在她虚弱的喊声中透着一种满足。"你什么时候来的，唐泰·卡特里内斯特？他们都说你不会来呢。"

"我以后每天晚上都来，亲爱的宝贝，每天晚上，直到你好了为止。唐泰·卡特里内斯特再也不能白天来了。"

"雷蒙德跟我说了。镇上那伙人对你真是卑鄙，唐泰·卡特里内斯特。"

"不要紧，宝贝。我知道怎么看管好维厄迈特给我的东西的。你睡吧。卡特里内斯特会坐在这儿看着你的。她会像以往一样让你好起来的。我们不要什么巫医，他们要是来了就拿棍子把他们赶出去。"

基蒂小姐很快就睡着了。她生病以来第一次睡得这么安稳。雷蒙德最后让那宝宝安静了下来。于是，他就踮着脚尖走进隔壁的房里，其他的孩子都睡在那儿。他自己也非常需要休息，得抓紧时间歇上几个小时。卡特里内斯特忠心耿耿地坐在她的病号身边，看看她还有什么需要。

尽管如此，唐泰·卡特里内斯特片刻也没忘记要在天亮前赶回家，此事迫在眉睫。

天亮前，夜色还浓重，万籁俱寂，她又穿行在林间，走在回镇的路上。

鸟儿早已睡着了，青蛙呀，蛇呀也睡着了，月亮隐退了，风也定了。此时她默不作声地走着。随着她的健步如飞只能听见她喘着粗气的声音。她意志坚定无比地在路上走着，每跨出一步她都熟悉。

当她终于从林子里走出来时，周围的一切已经在黎明到来前那一片明灭不定的灰蒙蒙中隐隐约约现出个轮廓来。她摇摇晃晃地往前猛走，惊惧烦忧使得心跳加速。

一个急转弯，唐泰·卡特里内斯特已经站在了一条河边。仿佛是在一种无形的力量的支使下她猛地收住脚步。她用一只黝黑的手按住那累得有烧灼感的双眼，定睛向前望去。

唐泰·卡特里内斯特一直都认为天堂就在头顶上方，在太阳、星星、月亮所在的地方，而维厄迈特就住在那个堂皇之地。对于这一点，她从来都深信不疑。可是，为什么在那个早上，当黎明的第一道曙光降临在她身上时她竟会以为自己是站在天国的圣光之中，这一点很难解释，可能也无法解释得尽如人意，可又为什么不呢？既然她已经跟那无形的事物谈得那么熟络了，时机到来的时候它们回应一下她又有何妨呢？

窄窄的河面波光荡漾，映衬着清晨的天空，不知是金色橙黄的，还是其他什么颜色的。在河对岸的小树上，挑着新芽的枝干呈现

出黑色。天际挂着颗淡淡的星星。整个天空就只这么一颗。

唐泰·卡特里内斯特站在那儿专注地盯着那颗如催眠的符咒般将她定住的星星。她喘着粗气结结巴巴地说道:"我在听呢,维厄迈特·卡特里内斯特,听见您说话了。"

当唐泰·卡特里内斯特再度踏进基蒂小姐的家门时,情势已有所转变。基蒂小姐正吃力地抱着宝宝,而雷蒙德则忙着为孩子调着一盘食物。他们的大女儿,一个十二岁的孩子,从柴火堆里兜出一围裙的柴火,在炉边使劲地煽着,因为她要把火升起来好沏早晨的咖啡。在日光下,这屋子看上去空荡荡的,几近寒碜。

"好了,唐泰·卡特里内斯特回来了。"她在心里默默地说道。

他们都不大明白她怎么又回来了。不过她能在这儿终归是件好事。于是,他们也就不再多问了。

她从母亲手里抱过小娃娃,自个儿坐了下来,开始给孩子喂食。雷蒙德刚才把食盘放在她旁边的一张椅子上了。

"没错,"她说道,"卡特里内斯特就打算待这儿了,这一次她再也不走了,不走了。"

小两口吃了一惊,满眼狐疑地你看我,我看你。

"米谢·雷蒙德,"唐泰·卡特里内斯特抬头用一种古怪又精明的眼光瞧着他,问道,"要是有人借千把元给你,你会怎么说?尽管那人是黑人老太婆子。"

雷蒙德激动得脸唰地一下子红了,"我会说那人是我们最好的朋友,唐泰·卡特里内斯特。还有,"他微笑地补充了句,"为了让她免受损失,我会把我的一块地盘给她作抵押。"

"这就好了。"老妇人很实际地同意了,"这样的话,卡特里内斯特就借你千把元吧。那是维厄迈特给我的,那不属于其他任何人,只属于我,米谢·雷蒙德,我们,你,还有我一起到镇子去。我们去找米谢·帕克斯顿律师,你去帮我看看。我要在他那儿立遗嘱,等卡特里内斯特死后,她所有的财产都归基蒂小姐所有。"

基蒂小姐此时正把头埋到枕头里啜泣着。"这不是我想出来的。"唐泰·卡特里内斯特开心地笑了,又舀了一调羹食物送到嗷嗷待哺的小娃娃嘴边。"这是今儿早上我走在格兰德·伊科路上时,维厄迈特明明白白告诉我的。"

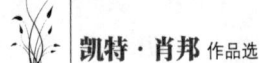

卡迪舞会

　　博班诺特,就是那个身材魁梧,褐色皮肤,性格开朗的博班诺特。他不想去参加舞会了,尽管他知道卡莱克斯塔会在那儿。这是因为舞会的结果就是心痛,然后整个星期不想干活,再到周六又是如此这般一番折磨。他为什么没爱上奥泽娜?她愿意马上就嫁给他。或者弗朗尼,或者其他那么多姑娘中的一个,为什么非得是那个好胜的西班牙女子?卡莱克斯塔纤弱的脚从来没有踏上古巴的土壤,但她的母亲有过,而她身上的血统也是西班牙的。由于这个原因,大草原上的人们对她挺宽容,但对自己的女儿或姐妹却不会放过。

　　她的眼睛——博班诺特想到她的眼睛就软了——是极深的蓝色,又带朦胧的倦意,当盯着男人的眼睛看时,眼神是勾魂的。他想起她浅黄色的头发,卷得没有混血儿那么平服。她笑得很开,嘴巴张得很阔,鼻尖带勾,形体圆滚丰腴。她的声音属于浑厚的女低音,那种抑扬的腔调一定是魔鬼教的,因为在卡迪草原上再没人会教她这种花招了。博班诺特在犁甘蔗田的时候想起了所有这些。

　　一年前,当她参加圣母升天日的活动时,人们一时有些关于她的传闻——但说这些有什么意思?没人再谈这些了。"西班牙人就这副德行,"人们说的时候宽容地耸耸肩,"就典型的那种人"。老人想起这事时边吸着烟斗边咕噜着。流言并非空穴来风,一次周末弥撒之后,弗朗尼斥责卡莱克斯塔,当时两人在教堂的台阶上吵起来并大打出手,事情的起因是关于情人。卡莱克斯塔骂人的话是正宗的卡迪式法语,但精神却是典型的西班牙式,她一个巴掌打在弗朗尼的脸上。弗朗尼在她背上回击:"他是你的吗?你这个畜生,给我滚!""给我逮住这头母狗!"后来神甫本人不得不亲自匆忙赶来解围。博班诺特想到这些事就不愿去舞会了。

但是那天下午,他在弗里得海姆尔的店铺买一串挽缰链时听人说阿尔塞·拉巴利尔会到那儿。当时,野马成群,他是不可能不去的。他知道如果那个帅气的种植园主像自己一样偶尔来参加舞会,那么事情会如何。但也不一定会像想的那样,谁知道?如果阿尔塞刚好情绪不高的话,他可能就是到牌室打一两圈,或者就是站在门廊和老人谈谈庄稼或政治。可是,谁知道?喝上一两盅就会昏头——博班诺特自言自语道,然后随手用红色的大方巾擦擦额头的汗水。卡莱克斯塔飞来一个眼神,顿转一下脚踝,晃动一下裙子也会让他昏头。对,博班诺特要去参加舞会。

那年阿尔塞用 900 英亩的土地种稻子,投资很大,收益看来也不错。老拉巴利尔夫人穿着有白色褶边的衣服,在宽大的走廊里忙进忙出的,头脑里计算着收成。孙女克拉里塞也帮过她一点忙,她们一起搭起众多的"空中楼阁"。当时阿尔塞像骡子一样干活,他没干垮是因为他的身子骨是铁打的。他每天从田里回来时浑身湿漉漉的,近乎筋疲力尽。有没有人来他不管,他让他妈和克拉里塞接待。经常有人来,从城里来的男男女女,住的地方离此地有几小时的路程,他们来看他那个漂亮的亲戚,她值得人家从大老远来看她。她优雅如水仙,强健如向日葵,苗条、高挑、优雅,如沼泽上拔地而起的芦苇。阿尔塞时冷时善时暴,什么事都可以让他烦恼。

他本来愿意经常把客人待的地方清扫一下。但不管怎么说,那些人的德行和风度看起来却让他吃不消,他们像女人一样打扇子,还在那儿摆弄绳编。他真想把他们甩过河堤扔到河里,如果这不算谋杀的话。阿尔塞人就这样。但那天他从田里回来一定是疯了,尽管他身上因为干活弄得脏兮兮的,但他却抓住克拉里塞的手,喘着气向她迎面倾吐热烈的爱语。从来没人这样示爱过。

"先生！"她大喊起来，直盯着他的眼睛，却没有颤动一下。阿尔塞的手放了下来，在她镇定清澈的眼睛放出寒光前，他的眼神退缩了。

"什么东西！"她鄙夷地说着，转过身去背向他，然后熟练地把身上精心安置却被他粗暴弄乱的衣饰整理了一下。

一两天之后，可怕的飓风像利器一样直切稻田，来势迅疾，无丝毫征兆，令人来不及点燃一根圣烛，或烧起圣棕榈叶。老夫人就在那儿大哭起来，数念珠祷告，就像她的儿子迪迪耶那样。他是新奥尔良人。阿方斯是拉巴利尔家族安置在纳基托什种棉花的人。要是这种事出在他身上的话，他会大说疯话，活像飓风再次发难，折腾得邻里一两天不得安宁，但阿尔塞看待灾难的方式就不一样。飓风过后，他看上去像是病了，脸色阴沉，一言不发。他的沉默是很可怕的。克拉里塞的心中柔情满盈，但当她轻声低语安慰他时，他却一点反应也没有，一脸漠然。随后她和她的妈妈又抱头痛哭。

一两个晚上之后，克拉里塞到窗户边跪在月光之下进行就寝前的祷告，此时她看到阿尔塞的黑奴布鲁斯正悄悄地牵着主人骑的鞍已备好的马沿着与碎石毗连的草地边缘走着，然后他拉着马站在附近。很快，她就听到阿尔塞走出了房间，就在她的屋子下方。他走过低矮的门廊。当他从一片影子中出现并穿过月光照射的地带时，她觉察到他带着装得满满的鞍囊，一下子就在马背上甩开，分置两旁。他立即上了马，只和布鲁斯简短地说了几句话，小马就一溜小跑走了，没有提防黑人把碎石弄出的声音。

阿尔塞可能有暗自离开种植园外出的习惯，这点克拉里塞从来就没怀疑过，而且就在这时辰，因为当时已经是半夜了。她本来可以上床睡觉，想自己的心事，烦躁，做不开心的梦，但就是那个鞍囊牵出了是非。她匆忙地打开面向门廊的百叶门，走出来轻轻地向老黑人喊着。

"天啊！克拉里塞小姐，这么深更半夜的，是人还是鬼站在那儿?"

又长又宽的台阶他刚走了一半,就看见她就站在顶上。

"布鲁斯,阿尔塞先生哪儿去了?"她问道。

"我想,他做自己的生意去了。"布鲁斯回答说,开始的时候声音尽量显得若无其事。

"阿尔塞先生哪儿去了?"她又一次问道,跺了一下光脚,"布鲁斯,我不会容忍胡说或者撒谎。"

"克拉里塞小姐,我真的没有撒谎,从来就没有。阿尔塞先生——"

"到底哪——儿——去——了?看在圣母的份上,别让我急!笨蛋,说啊!"

"今天我在他的房间里掸衣服的时候,"黑人开始说了,身体靠在台阶的栏杆上,"他一言不发,闷闷不乐。我说:'听我说,你今天脸色看上去不对,好像要病了,阿尔塞先生。'他说:'你这么看?'我见他起来在镜子前把自己打量了一番,然后到桶里拿了一杯奎宁,倒了不少在手上,一眨眼工夫就吞了下去,还喝了不少放在屋子里的威士忌,出来的时候浑身冒汗。"

"然后他大声说:'不,我不会病的,布鲁斯。'然后他就摆了个架势,说道:'现在我可以和任何熟人过招却不败,打败高手约翰·L.沙文也不在话下。但要是全能的上帝与罗马人联合起来,那我就没辙了。'我说:'得了。'只见他呕了口酒,滴在大衣领子上,于是我告诉他:'您得歇会儿。'他说:'我得去遛遛,我就想去遛遛。我这就要去了。快给我的鞍囊塞些衣服。'他就说了这些。别再瞎猜了,小姐。他去逛卡迪舞会了。喂,你脚边的蚊子像捅了蜂窝一样那么多。"

蚊子真的在猛咬克拉里塞雪白的脚,黑人在说话的时候她的两脚不自觉地来回对搓。

"卡迪舞会?"她带着轻蔑的口吻说,"呸!什么玩意儿?拉巴利尔做的好事。他竟然会需要一个装满衣服的鞍囊,去参加卡迪舞会！"

"噢，克拉里塞小姐，你还是上床吧，孩子，睡个好觉。他说了要过几个星期左右才回来。我不能在这儿对着一个小女孩大肆重复一个年轻男子说的话。"

克拉里塞没再说什么，但转过身猛地回到房间。

"你说得太多了，你这个老黑笨蛋。"布鲁斯一边走一边自言自语。

阿尔塞当然很晚才到舞会——没赶上半夜端上来的秋葵鸡肉汤。

房间挺大，房顶低矮，他们管那屋子叫厅，现在里面全是男男女女，随着三把小提琴的伴奏起舞。四周有宽大的门廊。在一个房间里面，一些还没喝醉的男人在一边打牌。在另一个被叫作婴房的房间里，小孩在睡觉。白人都可以到卡迪舞会，但消费柠檬汁、咖啡和秋葵鸡肉汤必须自己付钱，而且其行为举止必须像一个卡迪人。举办舞会的是格罗斯保夫，他从年轻的时候就开始做这事直到现在人已中年。在他的记忆中，只发生过一次骚扰，是一群铁路从业人员干的，他们和四周没有什么联系，也没事可做，格罗斯保夫便把他们叫作"铁路魔鬼"。

阿尔塞出现在舞厅，在男人中引起了一阵躁动，他们不得不佩服他大难之后的勇气。肯定地说，他们知道拉巴利尔有钱，但要这么豁达地顶住如此一击的必须是个勇敢的男子。有一个老绅士，习惯看巴黎一家的报纸，通晓世事，高兴地对大家笑着说阿尔塞的行为确实太棒了。他比保兰杰还本事，也许是吧。

他外表上并没有表现出的是他今天晚上要做的丑事，只有可怜的博班诺特模模糊糊地感觉到了。他从阿尔塞英俊的眼睛里看出了点东西。当时这位年轻的种植园主正站在门廊里，用狂热的眼神打量着舞厅里的人们，而他正在和旁边一个卡迪农场主说笑。

博班诺特本人长得不是很活泼，做事也不很麻利，在场的男人长得都差不多，但年轻女子都相当漂亮。妙龄女郎站在外面凉

爽的大草原草地上，经过阿尔塞时，瞪着温柔乌黑的大眼睛凝视着他的眼睛。

舞后是卡莱克斯塔。她白色的衣服不如弗朗尼的那么好看，做工那么细。（他们俩都忘记了教堂台阶上动武的事，又言归于好了）舞鞋也没有奥泽娜的那双时髦。上次开舞会的时候她的红扇子折断了，亲戚们都不愿意再给她一把，所以就用红手绢煽风。但所有的男人都同意她在舞会上是最棒的：那么活泼，奔放而聪颖！

"我说，博班诺特！干什么你？站在那儿活像蒂纳夫人家那头陷到沼泽里的牛。"

这下好了，这话对博班诺特倒是个极好的提醒，他已经忘了舞步，心里想到其他的事情上去了。大家都笑起来。他也温厚地跟着笑。引起卡莱克斯塔的注意是最好的事，要是别人就无所谓了。但是坐在角落里的苏珊娜夫人说要是奥泽娜像卡莱克斯塔那样的话，她会立即上骡车打道回府。女人们往往不接受卡莱克斯塔。

舞会时不时有一段休息时间，这时人们成双结队涌到门廊外面透透气。皎洁的月亮已经西下，东边还没有日出的迹象。

停毕，当舞者又都回去接着跳四方舞时，卡莱克斯塔却没在里面。

暗影中，她坐在外头在影子下的板凳上，阿尔塞在旁边。他们正傻乎乎地做着什么。他想把她手指上的金戒指拔下来，这仅仅是为了好玩，最后他还得把戒指拔下再戴上去。她把手指攥得紧紧的，他就假装着费很大的劲还掰不开，目的就是要把她的手抓着。后来戒指的事两个人好像都忘了。他又玩起她薄薄的金耳环，宛如一弯新月，从她小小的褐色耳朵上垂下来。他抓住那一缕松动的卷发，把它揉在自己刮过的脸上。

"卡莱克斯塔，知道吗？去年圣母升天日。"他们都年轻，所以更喜欢说英语。

"阿尔塞先生，别提那事，一提我就难受。"

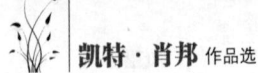

"好好,我知道了。瞧我傻的。因为我去了,你也去了,他们就觉得我们是一队儿的。可想过去在那儿也不错嘛。对吧,卡莱克斯塔。"

他们看到博班诺特从舞厅里出来,在光亮的门廊里站了一阵子,不安的眼神往黑暗中搜寻。他没看到他们,于是慢慢撤了回去。

"博班诺特在找你。你会把他弄疯的。你要嫁给他了,对吧?"

"我没说不嫁。"她边说边尽力要把手抽回来,但这么一来,阿尔塞的手攥得更紧了。

"算了,卡莱克斯塔,你知道自己说过要回那儿,去寻晦气。"

"我没说过,你在做梦吧?"

"噢,我觉得你说过。我要进城。"

"什么时候?"

"今晚。"

"你最好快点,都快天亮了。"

"没事,明天也行。"

"你到那儿干嘛?"

"不知道,可能到湖里死了算了,除非你到那儿去见你舅舅。"

卡莱克斯塔的感觉飘忽了起来,当她感觉到阿尔塞的嘴唇像玫瑰般贴到耳朵时才清醒过来。

"阿尔塞先生,是你吗?"是一个黑奴厚厚的声音,他站在地上,抓着靠近他们俩坐的栏杆附近。

"干什么?"阿尔塞不耐烦地喊起来,"让我安静一会儿不成?"

"我到处找你,"那人回答,"路上桑树下有个人要见你。"

"从这出去到路上见人?就是传好消息的加百列天使我也不见。至于你嘛,要是再到这儿来啰唆我就把你脖子折断。"黑人嘟嘟囔囔地走了。

阿尔塞和卡莱克斯塔轻轻地笑着。她不再大声说笑了。他们低声谈谈,柔声笑笑,好像是一对情人。

"阿尔塞,阿尔塞·拉巴利尔!"

这次不是黑人的声音,这个声音像电击一样打过阿尔塞的身体,让他站起身来。

克拉里塞穿着女马服,站在刚才黑人站立的地方。阿尔塞的头脑懵了一下,如梦初醒。但这么深更半夜的表妹突如其来出现在舞会,他感觉到有什么严重的事。

"你这什么意思,克拉里塞?"他问道。

"家里有事,你该回家了。"

"不是妈妈吧?"他惊恐地问道。

"她没事,睡着呢。是其他的事情。不想吓你,但你得回家。跟我来,阿尔塞。"

她没有必要用恳求的语调说话,他会顺从这种声音的。

她认出坐在凳子上的女孩了。

"噢,卡莱克斯塔,是你?你怎么样,我的孩子?"

"我很好,您呢,女士?"

阿尔塞抓着低栏杆转身跳了出去,开始跟着克拉里塞,对卡莱克斯塔一句话没说,一眼也没看,好似忘了把人家,把她一个人丢在那儿。只见克拉里塞跟他耳语了些什么,他便转过去对卡莱克斯塔说:"卡莱克斯塔,再见。"说罢,他便透过栏杆把手往下伸。卡莱克斯塔装作没看见。

"怎么回事,卡莱克斯塔,你一个人坐在这儿?"博班诺特发现她一个人坐在那儿。跳舞的人还没有出来。在朦胧之中,她脸色惨白,灰光从眼里挣出。

"对啊,是我。到婴房叫奥里塞大妈把我的帽子取出来。她知道在哪儿。我要回家了。"

"你怎么了?"

"我只是出来和加蒂奥走走。现在要回去了。我不等他们了。我好累。"

"我跟你一起走好不好,卡莱克斯塔?"

"随便。"

他们一起沿着田野的边缘行走,在悠悠飘忽的光中,两人迟缓地走在外面的草原上。看到她正用手拨开野草,他便叫她提起又湿又脏的衣服。

"没关系,反正衣服要洗了。博班诺特,你不是一直说要娶我吗。也罢,如果你要的话,我答应。"

年轻的阿卡迪亚人褐色粗糙的脸上突然放射出巨大快慰的光芒。他因为太高兴而说不出话来。

"那好,要是你不愿意的话,"卡莱克斯塔突然尖刻地说道,假装对他的沉默生气。

"天啊!你知道我高兴得快疯了,你说什么呀。卡莱克斯塔,你没开玩笑吧?你不会反悔吧?"

"博班诺特,我在这件事上从没和你说到这种程度过,博班诺特。我没开玩笑,真的。"然后她伸出手,脸上溢出男人讨价还价成功时要握手的神情。博班诺特一高兴胆子大了起来,便叫卡莱克斯塔吻他。她转过脸来,充斥在夜晚的忧虑使她近乎难看,她直直地盯着他的眼睛。

"我不想吻你,博班诺特,"她说道,又转过脸去,"今天不行。以后吧,看在上帝的份上。你满足吗?"

"噢,我很满足,卡莱克斯塔。"他说道。

阿尔塞骑马穿过一片林子的时候马鞍松了,于是两人都下马调整一下。

他又问她家出了什么事,这是他第十二次问了。

"我说,克拉里塞,到底怎么了?是不是有祸事发生?"

"天晓得,这是我的事。"

"你的事!"

"阿尔塞,昨晚我看见你走了,带着鞍囊。"她说着停了下来,尽量把马鞍上的东西弄整齐,我让布鲁斯告诉我了。他说你要去参加舞会，可能几个星期不回家。我想，阿尔塞也许要去，那天是圣母升天日的庆典。我快疯了。我知道要是你今晚不回来的话，我会受不了。然后——"

说这话时她手靠在马鞍上，蒙住脸。

他开始想这是否意味着爱，但他还没能相信这点，所以她不得不告诉他。当她说这话的时候，世界已面目全非——就好像博班诺特一样。上星期飓风几乎毁了他？现在看来飓风不过是一场玩笑。刚才，就在一个小时前，他还在吻小卡莱克斯塔的耳朵，贴着耳根胡言乱语。卡莱克斯塔现在就像个神话。现在世界的伟大现实是克拉里塞站在他的面前，告诉他她爱他。

远远地听到手枪发射急急的声音，但两人没把枪声当一回事。他们知道那不过是黑人乐师到院子里朝天放枪，那是习俗，以此宣布"舞会结束"。

壁炉台上的瓷娃娃

瓦尔托夫人在客厅里坐了好一阵子才发觉那尊多年置于壁炉台一角的德累斯顿产的瓷人不见了。且不论其内在价值，这尊瓷人身上却带着某种温婉哀愁的回忆。曾几何时，有个婴儿极其喜欢将双唇亲吻这"可爱的小姐"——一个彩妆的瓷人。只是，只是那双唇现在已永远地沉寂了；又有几许，那个婴儿时常伸出双臂将这瓷人紧紧，紧紧地搂在怀里啊！

瓦尔托夫人惊诧地迅速环顾了一下整个客厅，想看看那尊瓷人是否恰好放到了别的地方，但还是不见瓷人的踪影。

于是瓦尔托夫人就把女仆万尼召了进来。万尼说她记得早上曾仔仔细细地拭去了瓷人身上的灰尘，但是她愤愤地咬定她绝没有打碎瓷人后又偷偷藏起碎片。

"那我不在的时候谁到过这房间了？"瓦尔托夫人粗暴地问道。万尼仔仔细细地想了一会儿。

"杰夫老爹拿邮件进来过……"在瓦尔托夫人看来，她这么说就等于说圣彼得拿着邮件进来过，跟这件事搭不上边。

长期以来，杰夫老爹的正直与诚实在种植园里是众所周知的，他一辈子都忠心耿耿地为这个家效劳。老主人瓦尔托在世时他陪着他经历了硝烟弥漫的烽火年代，而家里的大事小事他也没少操心过。

"还有没有其他人进来过？"瓦尔托夫人自然而然地追问着。

"只有阿加派说是给您带了些克里奥尔鸡蛋，我让她把蛋放在大厅里就成了。至于她有没有到这客厅里来我就不清楚了。"

瞧，就在那儿。八个新鲜的克里奥尔鸡蛋正斜斜地靠在针线篮里细薄的棉布上。而瓦尔托夫人出门的那会儿,万尼本人也正坐在廊台上刷着她女主人的长袍,她实在想不起还有谁闯到这客厅里过。

瓦尔托夫人倒不是担心阿加派把纪念物给偷了,她最怕的是那女孩儿看见房里只有自己一个人,就把那尊瓷人拿起来摆弄,然后一个不小心就把它给砸了。

阿加派常到这座宅子里来同孩子们玩耍,逗他们开心——这是她最爱做的事儿。在她的脑子里,天堂只是个模糊的概念。而这个家里有着慈爱舒适的氛围以及各种佳肴美酒,事实上在她的眼里,这个世界上再没有什么地方比这儿更像天堂了。而阿加派本身是个活泼开朗的人,她和善而又乐天知命。

瓦尔托夫人想起阿加派常羡慕这尊德累斯顿瓷人(可又有什么不为她所羡慕呢!),她又记起了她曾听到阿加派发誓说,要是她能有40美分任她自由支配,那么她一定托人到镇上和城里帮她买一个像这样的瓷娃娃。

天黑之前,那尊德累斯顿瓷人从客厅里壁炉台上尊贵的高位上不翼而飞的消息在万尼不经意地唠唠叨叨间已经弄得全村人尽皆知了。

翌晨,瓦尔托夫人穿过田野来到贝多家的小屋。这种植园里的小屋并不是成片成片建起来的,而是每块土地所有者在其所耕作的地盘上各自为营建造起来的。只有杰夫老爹的小屋离贝多家较近,因此还谈得上能有些睦邻友好之举。

瓦尔托太太走近时,塞拉菲娜·贝多正坐在自家的小廊台上用线把一个个红辣椒串起来。

"我都快烦死了,贝多太太。"这位种植园主的妻子突兀地说道。但是这位卡迪的女子打断了她的话,她彬彬有礼地起身拿了把椅子请来客坐下。

"进来吧,瓦尔托夫人,来坐一坐。"

"不用了,不用了,只要一会儿就行了。贝多夫人,你知道

的,昨天我出了一趟门去拜会一个朋友,回到家后就发现放在客厅壁炉台上的一件饰物不见了。那件东西对我来说非常非常的珍贵……"说着她突然泪盈满眶了,"就是出比它的价值高上好几倍的钱我也不愿意换。"塞拉菲娜·贝多半张着嘴迷惑地听着,那样子看上去真有些蠢。

"我不在的时候没人进屋,"瓦尔托夫人接着说道,"除了阿加派以外。"塞拉菲娜的嘴像个钢夹似的啪的一下紧闭了起来,黑色双眸中闪烁着愤怒的光。

"你是说阿加派到你家里偷了东西!"她尖声叫道,气得浑身发抖。

"不,哦不!我相信阿加派是个诚实的女孩子,我们都很喜欢她,可是你知道的,孩子毕竟是孩子,那是一尊小小的德累斯顿瓷人。她可能是拿起来摆弄后把它打碎了,然后或许就不敢说了。她也可能是粗心大意地把它搁到其他什么地方去了。唉,我也不知道这是怎么一回事儿,我只是想问一问她有没有看见那尊瓷人。"

"进来,你一定得进来,瓦尔托夫人。"塞拉菲娜执意领着她进屋,"我昨天让她送些克里奥尔鸡蛋到你府上去。"她接着粗声粗气地说道:"我还不是像平常一样打发她去,因为你老是说你再也忍受不了那些商店里卖的鸡蛋了。喏,我就是把蛋放在这个篮子里让她给你送去的。"她伸手拿下一个挂在墙上的竹篮,篮子里放了些棉籽。

"唉,算了。"瓦尔托夫人插话道,看见这个妇人如此激动她真是不安极了。

"啊,不,我得让你看一看,阿加派和你的任何一个孩子一样手脚干净。"塞拉菲娜带着她进了一个与小屋相毗邻的房里。

"她玩的东西都在这儿了。"塞拉菲娜指着地板上的一个肥皂箱接着说道。那个肥皂箱就放在敞着的窗户下面,箱子里杂七杂八的尽是些零零星星的东西,大多是些洋娃娃的破衣服,一本教义问答教本和一本蓝皮的拼写本从那一大堆乱七八糟的东西中露出个皱巴巴的角。瓦尔托家的孩子们正颇费一番气力与耐心地接受阿加派的训练。

塞拉菲娜整个人跪在箱子前,棕色清瘦的双手起劲地翻着箱子里的东西。"我让你看看,我倒要让你看看。"她兴奋地反复叨念着。瓦尔托夫人就在她身旁站着。

突然间那个妇人从那一大堆破烂中掏出了那尊德累斯顿瓷小姐,整洁漂亮依旧,完好无缺,笑靥依然。塞拉菲娜的手抖得厉害,险些把那尊泥人给掉到地板上。瓦尔托夫人伸手一声不吭地从她手里拿过那尊瓷人。接着塞拉菲娜摇摇晃晃地站起来,失声哭了起来,牵扯着人的恻隐之心。

阿加派正朝小屋走来。她是个圆圆胖胖的十二岁女孩子。她光着结茧的脚丫子在崎岖的路上走着,头顶着炎炎烈日。她那一头的黑发又短又密,盖在头上活像只蓬头狮子。她刚才一直是蹦蹦跳跳地一路走来的,可是当她看见那两个早已回到廊台上的妇人时她便放慢了步子。然而,当她发现她母亲在哭时,她便狂奔过来。一眨眼工夫,她已经双臂绕着母亲的脖子了,年少气盛的她那样紧紧地搂着虚弱的母亲,使得她都有些站不稳脚跟了。

阿加派老早就看见瓦尔托夫人手中拿着那尊德累斯顿瓷人了,她立马就猜到了她们准会说那瓷人是她偷的。

"不是我偷的!妈妈,我告诉您,我没偷!我连碰都没碰过这尊瓷人。别哭了,您别哭啊!"说话间她自个儿倒哭开了,哭得更伤心。

"可是阿加派,这是我们从你的箱子里翻出来的呀。"塞拉菲娜边哭边哀哀地道出。

"那就是别人放进去的,难道您不明白是别人放进去的吗?我跟您说我没偷。"

此情此景真令瓦尔托夫人痛心极了,不知事后她该对母女俩说些什么,她真的不知道,于是走了。可是,她又转了回来,脸上的表情是少有的严厉,语气也是少有的坚决:"这件事我不会

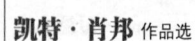

对任何人说起,可是阿加派,你不能再到我家来。为了孩子们,我不允许你再来。"

她走的时候仍听见阿加派在安慰她母亲,她一直说她没偷,没偷。

那年杰夫老爹明显地衰老了。也难怪,想想看他都一大把年纪了。他自个儿掐指算来快有一百岁了。其实,他大概只有九十岁。不过不管怎样,那个年龄是很大了。他现在很少下地了,也干不了什么重活儿了,只能干点锄锄地之类的轻活。总有那么些个日子病痛压得他曲身弯腰,使他整天困在椅子里半步也跨不出他那小屋的门。这时,他就会坐在那儿时而盯着太阳光,在阳光中眨着眼,时而又以猎人狩猎般的耐心持久地盯着田野的那一方。

只要杰夫老爹一生病,贝多一家子好像自然而然地就知道了。阿加派总会一边手放在额前遮着太阳光,一边观察老人在小屋子里的一举一动。

"我今天早上没看到杰夫老爹",或是"杰夫老爹没把窗子打开",或是"我没看到杰夫老爹屋顶上有炊烟升起",一番猜度后,小女孩就会拎上一桶汤或一桶咖啡,或是其他什么东西,只要家里有,她又觉得黑人老爹可能会喜欢,就送到老人那儿去了。她脸上光彩尽褪,像病鸟似的一脸苍白。

她常常坐在廊台的台阶上边跟老人聊着,边等他把她带来的锡桶里的汤喝完。

"我跟您说,杰夫老爹,我们贝多家族还从没人干过小偷小摸的勾当。我爸说要是我偷了人家的东西的话,他就抬不起头了。我妈说要真是那样她会给气病在床上的,她自己也不知道她还能不能起得来。索斯瑟尼告诉我说那上头的孩子们哭闹着要我去。小露露哭得可凶了,瓦尔托先生没法子,想让人叫我去,可是瓦尔托夫人说不行。"

说到这儿,阿加派猛地趴到了廊台上,一张脸久久地埋在双臂中,然后就狂哭了起来,这一来着实把杰夫老爹给吓了一跳。

他早就把汤喝完了，撑得半口也喝不下了。

"抬起头来，孩子。上帝啊，救救我们吧！你哭什么呀？"他痛心地叫着，"不会气病了吧？来，抬起头来。"

阿加派边慢慢地站起来边用衣服的长袖揩着双眼，边伸手去拿锡桶。杰夫老爹把桶递给她，握着桶的手却没有松开。

"是不是你拿的？"他压低嗓音问道，"我不会跟别人说的，你知道的，我不会跟别人说的。"她只是摇摇头，一手用力拽着，想把桶从老人手里拽走。

"让我走，杰夫老爹。你在干嘛？把桶给我！"

他用那双老迈有神的双眼狐疑地盯着她那忐忑不安、泪渍未干的小脸看了一阵子，然后放开她。她转身飞也似的朝家里奔去了。

他定定地坐在那儿望着她消失在视野里，爬满皱纹的老脸随着心底里非同寻常的一番猜测推理抽搐着。

"她是白人，我是黑人。"他若有所思地咕哝着，"她还小，我已经老了，是呀，我当然已经老了。她对我这杰夫老爹多好，好像我跟她是同一类人、同一肤色的一样。"这个想法一直占据着他的思绪使他别无他念。夜已深了，他还在那儿咕哝着。

"我的确已经老了，她对杰夫老爹多好，是呀，多好。"

几天以后，杰夫老爹刚好觉得身子骨好使些了，他就到宅子里去了。瓦尔托一家人正聚在桌旁用下午的点心。瓦尔托先生猛地一抬头看见杰夫老爹站在敞开的门边，吓了一跳。杰夫老爹斜斜地倚着拐杖，头都垂到胸前了，满头银发。大家看到杰夫老爹又能起来走动了，都很高兴。

"啊，老伙计，你又能出来走动了，这真令人高兴。"种植园主热诚地跟他打招呼，倒了一杯葡萄酒让万尼给老伙计拿过去。杰夫老爹接过酒杯神情凝重地就近放在一张小桌上。

"艾伯特主人，"他说道，"今天我到这儿来是要把这好久以来都让我感到良心不安的事情说出来。您、您太太、孩子们还有这儿的每个人听我讲完后恐怕再没人会跟我说'杰夫老爹，你喝酒吧，这没什么，一切都还好'。"

他这架势挺惹眼的，弄得瓦尔托一家人有些意外地面面相觑，就是摸不着头脑。看来他这一席话得讲很久了，于是他们给他搬了张椅子，可是他谢绝了。

"有一天，"他开始讲了，"我正在围墙旁边的花坛里帮夫人锄草。这时候索斯瑟尼骑着马走上前来。他说：'嗨，杰夫老爹，这邮件给你。'我从他手里接过那邮件后就冲着坐在廊台上的万尼喊道：'嗨，丫头，这是主人艾伯特的邮件，你过来拿一下吧。'"

"可是万尼无礼地答道：'杰夫老爹，你不也跟我一样长着两条腿吗？'我懒得跟这些丫头拌嘴，所以我就打起精神自个儿到宅子里来了。我走到客厅里，就是餐厅隔壁的那一间，把邮件放在主人艾伯特的桌上，然后我就四处看了起来。"

"这儿的一切看起来多美啊！墙上挂着画，蕾丝花边的窗帘随风飘飞着，花香阵阵袭来。我又接着四处看，也不知怎的目光就落在了那尊总是放在壁炉架上的小瓷娃娃身上了。那天她看起来漂亮极了，双手拎着裙子，露出个脚趾头来，歪着脑袋瞧着我。"

"我笑出声来。万尼大概也听到我的笑声了。我说：'丫头，从那儿下来吧。'她还是冲着我笑。于是我伸出了手。接着恶魔与精灵在我心里打了起来。精灵说：'你这愚蠢的老黑鬼，别干那事儿。'可是恶魔一直在推着我的手，他一直推。那天恶魔的力量无比的强大，结果他占了上风。我把那个小瓷人装在口袋里带回家了。"

杰夫老爹一阵难受，混乱地垂下头好一会儿。他的听众们又伤心又震惊，他们本想让他就此打住别再说下去了，可是杰夫老爹挣扎了一下又接着说：

"那天晚上，我听说那小玩意儿值好多钱，又听说夫人哭了，因为她那夭折了的小儿在世的时候总是跟这瓷娃娃玩，总喜欢抱她。我吓了一跳，我说我该怎么办啊？接着恶魔与精灵又跑出来了，他们又打了起来。"

"精灵说：'从哪儿拿的就放回哪儿去吧，杰夫老爹。'恶魔吼道：'扔到长沼的沼泽去，你这个老糊涂蛋！'精灵问道：'你不会把它藏起来的，你不会让夫人再也看不见它的，是吗？'可是恶魔不肯让步，他嚷嚷着说吵了这么久他都烦死了。于是他让我把它放到大家能够找得到的地方。恶魔又赢了这场仗。"

"那天天刚破晓，我就偷偷地出了家门，沿着田间的小路向前走。从贝多夫人家门口经过时，我突然想起了他们说贝多家的小妞妞昨个儿也到过瓦尔托家的客厅。我瞧见窗户开着，每个人都在睡觉，所以我就跟条不知羞臊的狗一样把头伸了进去。我看见那个装着破布的箱子，于是就把那尊瓷娃娃扔在那儿了。"

"你们可能都想着这会儿精灵与恶魔该让我安静下来了吧？"杰夫老爹又接着说。他直了直腰杆子，刚才一直站得松松垮垮的，大家也都习惯了。

"哦，不，他们紧接着又吵开了。昨天晚上他们又来了，吵得我无法入睡。精灵说：'快点，我都烦了，到上头去把真相说出来，羞辱那恶魔一番。'恶魔吼着：'给我待在那儿，你听见了没有！'他们都死命地拽着我。一个拖过来，一个扭过去。一个拼命把我按倒，一个又使劲要把我拖起来。可是，最后精灵获胜了。所以现在我才会站在这儿。夫人，先生，孩子们，所以我现在才会站在这儿啊。"

多年以后，杰夫老爹还时常跟人讲起他如何受了诱惑，干了蠢事儿。他讲了又讲，那些黑人好像永远也听不腻似的。他每讲一回就添油加醋地大肆渲染一番，每次讲起来都是既新鲜又动听。

阿加派长大了也博得了瓦尔托一家人的信任和喜爱。她加倍地善待杰夫老爹，可是出于某种缘由，她再也不敢直视他的脸了。

然而，她根本无须担心。可怜的杰夫老爹年纪大了，糊里糊涂的，跟那些这么多年来一直反反复复地听他讲故事的人一样，他自己也早就对这个故事深信不疑了。

 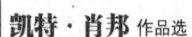凯特·肖邦 作品选

爱在本蒂厄

佩雷·安托万的农庄有条与教堂相连的走廊，挺让人喜欢的。走廊里有个年轻姑娘坐了许久，等待着他的归来。那是复活节的星期天前夜，那天从下午开始，神甫就在听那些明天要过复活节的人们忏悔。他没按时来，但姑娘耐心地等着，身子松弛地斜靠着在那儿找到的一张大椅子上，透过藤帘看着偶尔路过村街的人们。

她长得清瘦脆弱，看上去不是很健康，有些营养不良。灰色的眼中透出幽怨和不安，这倒衬得她的五官精致细雅。她没戴帽子，一层巴勒吉纱遮盖住浅褐色的浓密头发。她穿着粗糙的棉制白色长袖衣服和蓝色印花布裙，仅仅遮住已经穿得很旧的鞋子的一半。

她坐着的时候，小心地拉住放在腿上的一包鸡蛋，用大大的方巾扎得很扎实。

一个英俊健壮的年轻人来找神甫，他已经两次走进院子，甚至到了她坐的地方。第一次，他们像陌生人一样打了招呼，一声"你好"而已，彼此没多讲一句话。第二次，小伙子还是没找着神甫，便犹豫着要不要马上走。他没走，而是站在阶梯上，褐色的眼睛眯成了一条线，远眺河的那一边，往西的方向，他看到一片阴沉的云雾正在遮盖太阳。

"看来要下雨了。"他心不在焉地慢慢说道。

"农活也做够了。"她用同样的语调说道。

"但棉花来不及收了。"他又接着说。

"还有本蒂厄，"她接着说："也只有今天你才能徒步过去。"

"这么说你住那儿？"他问道，开始说话以来第一次看着她。

"是的，在附近，先生。"

出于礼貌的本能,他没再问下去。但他在阶梯上坐了下去,显然下定决心等神甫。他没再说话,但坐在那儿把阶梯、走廊和身边的柱子仔细打量一番,还把柱子上几片脱落的木片拔了下来,看来木头都要烂到底部了。

与教堂院子相通的边门发出一声响,表明佩雷·安托万回来了。他忙穿过花园的小径,旁边种着高耸繁茂、浓香四溢的玫瑰树。飘动的长法衣和稳稳固定在头上的帽子都衬得他不高的中年体形略显高一些。开始时他只注意到小伙子,小伙子一看到他也就站了起来。

"是你,阿泽诺,"他兴致挺高地说着法语,伸出手来,"怎么回事?我整个星期都在等你。"

"噢,先生,但我知道您叫我来干什么,我刚做完格罗·莱昂家的门,"说着话他身子往后退了一下,从他的动作和眼神可以看出佩雷·安托万注意上了在场的什么人。

"啊,拉莉!"神甫喊道,他上了走廊,看到藤帘后面的她,"忏悔后你就一直在这儿等待吗?绝对过了一小时了。"

"是的,先生。"

"孩子,干吗不去看看村子?"

"村子里我一个人也不认识。"她回答说。

神甫边说着话边拉过一张椅子,坐在她身旁,两手放松地放在膝盖前。他想知道一下长沼的情况。

"祖母好吗?"他问道,"还像以前那样脾气不好?"他想了想说道:"她这样已经十年了吧?你认识布特兰吗,他在布洛特的邦蒂做事。还有那个齐多瑞夫人。昨天我还问他们:'她怎么样了?我想上帝忘了世界上这个地方有她。'布特兰回答说:'不是这样,神甫阁下,上帝和魔鬼都不要她。'"佩雷·安托万天性活泼率直,说着对自己尖刻的言语不禁大笑起来。

在他说她祖母时,拉莉没回话,双唇紧闭,紧张地扯着红方巾。

"安托万先生,我是来问——"她说话了,声音低到了没必

要的程度——阿泽诺马上退到了走廊远远的一边——"可不可以帮我写一张条子给那边那家店铺的沙特朗先生。我要复活节的新鞋新袜,我带鸡蛋来换。他说过可以,如果他肯的话,我每个星期带一些蛋来,直到鞋子的钱付清。"

脾气好的安托万听了没什么反应,也就照办了。他对一个迫切地想用鸡蛋换鞋子的女孩的焦急心态太了解了。

她与神甫握了手。这时,阿泽诺听到她起身的声音就转过身来,拉莉瞥了他一眼,眼神中带有哀怨的神色。阿泽诺感觉到她的目光,点了点头。她就马上走了。透过藤帘,小伙子看到她过了街。

"阿泽诺,你怎么会不认识拉莉?她去本蒂厄会路过你家,你肯定经常看到的。"

"不,我不认识她。"神甫坐下后,小伙子边坐边说,他的眼睛失神地盯着路那边的店铺,看到她进去了。

"她是齐多瑞夫人的孙女。"

"什么?就是那个去年被人从岛上赶出来的齐多瑞夫人?"

"没错,他们说她偷木头和什么东西,这事我也不知道是真是假,他们还说她蓄意毁坏人家的财物。"

"现在她住在本蒂厄?"

"对,在布洛的地盘,住的是破烂不堪的小屋。她是白住进去的,当地的黑人谁也不愿住那儿。"

"应该不会是沼泽附近的弃棚吧,就是米雄好多年以前占的那个?"

"就那儿,一点没错。"

"那姑娘就和那卑鄙的老家伙住一块儿?"小伙子惊讶地喊起来。

"阿泽诺,老人不好是肯定的。但你能指望一个教堂门槛都没踏过的妇道人家做些什么呢?她甚至连孩子也不让去。我可是上门去了。我说:'齐多瑞夫人,如果你偏要诅咒你的灵魂,那么随你,那是你自找的,一个人有这种权利。'你知道我态度严

肃对待这类人时就这样。我又说：'但是你无权剥夺别人灵魂得到拯救的权利。从今以后，星期天我要看到拉莉去做弥撒，否则你要受审。'我当着她的面挥了一下拐杖。从那以后，拉莉逢星期天必到。但她食不果腹，你知道怎么回事。你看她衣服破破烂烂的，那鞋子都破成那样了不是？现在她在沙特朗的店里，用她带来的鸡蛋换新鞋子。可怜的孩子！毫无疑问，她被虐待了。布特兰说他觉得齐多瑞夫人还打她，我不知道有没有这事，但她祖母怎么待她，她也一声不吭。"

阿泽诺面善，也显得敏感。听着神甫说话，难过得脸都白了，听到最后几句话，他感觉好像残忍的一击打在自己皮肉上。

安托万没再提起拉莉，因为他谈到要交代给小伙子去做的木匠活。详细谈完之后，阿泽诺翻身上马走了。

一瞬间他就催马飞奔就出了村子，然后过了沿河一英里半的地带，随后进了小路，路的当中是一座低矮宜人的小山包，他的家就在那儿。

阿泽诺拐进小路的时候，看见拉莉的身影在前面。不知怎的，他好像想到会在此见到她。他看着她，就像透过藤帘看她那样。当她经过他的屋子时，他在想她会不会转头看一眼，但她没有这么做。她怎么知道这是他的家呢？到了家，他没进院子，而是待在那儿一动不动，眼神被钉在姑娘的身上。那身多么破旧的衣服！隔着一段距离，她的身体看上去纤细、孱弱，如同花柄。他一直待在那儿，直到她过了拐弯处，消失在路上。

复活节的早上，阿泽诺蹑手蹑脚地走进教堂时，弥撒还没开始。他没有坐到人群中去，只是站到离圣水盆很近的地方，盯着进来的人们。

几乎每一个进来的女孩穿着都是白色的细软棉布质地的，或者是带着点缀的时髦好看的衣服，或者至少是刚刚浆过的细薄棉布装。她们身上扎着的飘洒下垂的带子和帽子上装饰的花朵都显得鲜艳夺目。有的女孩拿着扇子和质地细软的手绢。大多数戴着

手套，身上散发着香粉和香水的芬芳气息，手里提着色彩明快的小篮子，盛着复活彩蛋。

另有一个人进来了，除了破旧的祈祷文外没带什么东西。是拉莉，她头上罩着一层纱，穿着染成蓝色的棉布紧身胸衣，就是昨天穿的那件。

当她进来的时候，他把手在圣水里沾了一下，向她伸出，不过他没想为其他人这么做。他手指触及她的指尖。此时，她身体微微前倾，他也前倾了一下，在圣体前行过深深的屈膝跪拜礼后，就到旁边去了。他不能肯定她认不认得他。他知道她没有看他的眼睛，要不然他感觉得到。

他对经过身边的年轻女子有点恼火，因为她们身上戴花飘带，而她一无所有。他自己不在乎，但他害怕她感觉得到，于是仔细观察她有没有觉察到什么。

显然拉莉并不在意。她坐下的时候一脸安然，跟昨天在安托万的大椅子上时一样。她在那儿感觉挺好，有时候她抬眼看看教堂顶上的小小的琉璃，复活节的阳光从此倾泻而下，然后瞧瞧如星光闪烁的烛光，或者看看约瑟和圣母玛利亚用树叶遮盖的身影，立于覆盖着复活的耶稣的圣幕旁侧。但她也喜欢散发着春天新鲜气息的姑娘们，或者呼吸教堂的花朵和供香沁人心脾的气息。

拉莉是最后离开教堂的人之一。她走上从教堂通往大路的那条干净的小路，既开心又好奇地看着在栋树树荫下兴高采烈地分彩蛋的人们。

阿泽诺也在他们中间，看她一个人沿着小路走下来，他就面带微笑地迎上去，伸出帽子，里面排着漂亮的彩蛋。

"你一定是忘了拿彩蛋了，"他说，"拿一些我的吧。"

"不用了，谢谢！"她红着脸回答说，身子向后退了一步。

但他还是催她。那时她挺开心，可爱的脑袋伸过来，将帽子托在胸前，面对着这么多漂亮的彩蛋却不知如何挑选。

他替她挑了一个，粉红色的，点缀着苜蓿叶子图案。

"对了,"他边说边递了过去,"我觉得这个最好看,而且看上去挺结实,肯定是最好的。"然后他嬉闹地拿出一个,一半藏在拳头里,让她试试力度。但她不要,怕把漂亮的彩蛋弄破了。然后她就离开了,一眼也没去注意其他的姑娘们,阿泽诺刚才和她们在一起,她们正好奇地看着她。

当阿泽诺回到姑娘们身边时,他对她们迎头而来的发问一点准备也没有,吃了一惊。

其中一个问:"你怎么会跟她说话?她是个真正的下等人。"

"谁说的?是男的说的我就把他的脑袋砸了。"他喊起来,脸都气黑了。姑娘们都听笑了。

"那要是女的说的呢?"又一个姑娘逗他。

"那就不算女的,那小女孩那么可怜,还说人家闲话,自己又不知情,算什么女人?"

他把帽子里的彩蛋倒在附近站的一个小男孩帽子里,转身出了院子。在路上没停下来和任何人说一句话,不管是站在店铺前身着盛装的男人还是骑上马或是上了车的女人,或是成群结队回家的人们。

他抄了条小路过了一直延伸到镇子另一边的棉花田,走得很快,不久就回到家。家是挺舒服的,有几间房子,开着许多扇窗户,迎来不同方向涌进的新鲜空气,他的坊子就在旁边。一片宽阔的绿色地带到处点缀着树木,一直延伸到下面的大路。

阿泽诺进了厨房,一个和蔼的老黑人妇女正在切洋葱和山艾。

"特兰奎琳,"他突然说,"待会儿有个女孩会从这里经过,她头上遮着一层纱,穿着粗糙的棉制白色长袖衣服和蓝色印花布裙。你见了她时,我要你到路上去,邀她在凳子上歇一下,问她要不要一杯咖啡。早上我看到她去教堂,她一定还没吃早饭。现在镇子外到教堂去的人都在什么地方被人请客。这么势利看了就让人烦。"

"你是要我到门口,就直接问她要不要咖啡?"特兰奎琳一脸不解地问。

"我不管你怎么问,总之我怎么说你就怎么做。"

特兰奎琳刚把身子探过大门,就瞧见拉莉过来了。

"你好。"老妇问好。

"你好。"姑娘回答。

"小姐,你有没有看到一头长黑斑的黄色牛犊从这条小路跑下去?"

"没有,我好像看到那儿有头绳子拴住的小牛犊,卧在那儿,就在那个拐弯处。"

"那就不是了,我真希望它自己摔到河边,脖子摔断了,那是活该。孩子,你打哪儿来?你看上去挺累的,坐凳子上,让我给你拿杯咖啡。"

阿泽诺早已急切地准备了一个托盘,上面放着热气腾腾的牛奶咖啡。他还把大块大块的面包涂上黄油和冻子。特兰奎琳进来的时候他正忙乱地找什么东西。

"特兰奎琳,还有那半个鸡肉派,昨天还放在食品柜?"

"什么鸡肉派?什么食品柜?"老妇大声嚷道。

"就是我们家的食品柜,里面一定还有。"

"你跟你妈一个样。你那个鸡肉派永远吃不完是不是?切了一部分后我把它扔了,我这人就这样,特兰奎琳就这样。"

于是阿泽诺只好作罢——还能怎么样呢?——托盘没能摆得像原来想得那样,就送到拉莉那儿去。

一想到自己做的事他就紧张得发抖,他这人一向是天不怕地不怕的。

她要是猜疑会不会生气?她知道了会不会高兴?她会不会跟特兰奎琳说?还有,特兰奎琳会不会如实转告她的话和她的神情?

那天是星期天,所以阿泽诺没干活。他像往常一样拿了一本书坐到树下看,从依稀传过田野的第一声晚祷告钟声一直看到奉告祷告钟声响。从头到尾如此!他翻了许多页,但不知所云。他用铅笔在每页边缘涂涂画画，写满了拉莉的名字，同时还一直念叨着。

又一个星期天，阿泽诺看到拉莉在做弥撒——这是又一次了。有一次他和她一起走，引她走穿过棉田的近路。她那天很开心，还告诉他她要去工作——她祖母肯了。她要和布洛的手下一起去掘地。他求她别去，她问为什么，阿泽诺说不上来，便转过身去不好意思地猛拔沿着栅栏长了多日的花。

后来，他们停下来，她要从田野跨过栅栏走上小路。他想告诉她不远处就是他的家，他们可以看得到，但他不敢说，因为那天早上她肚子饿，他给了她东西吃。

"你说你祖母要让你工作？本来一直不肯是吧？"他想问她关于祖母的事，却不知道怎么开口。

"可怜的祖母！"她回答说，"大多数时间她都不知道自己在做些什么。有时候她会说我还不如黑奴，于是强迫我去干活。然后又说我会成一个暴民，像个疯子，于是就不让我动。好像我动一下她就会把我杀了。她只想到林子去，一去就是白天晚上一整天。她头脑不对劲。可怜的祖母，我知道她有问题。"

她说话的声调很低，说着话身上直发抖，仿佛字字都给她造成痛苦。对她的显而易见的痛苦，阿泽诺是完全可以感受到的。他想对她说些什么或为她做点什么。可她在身边时他嘴巴、手脚便不听使唤，只有脉搏仍在跳动，和她在一起时心脏好像要跳到嗓子眼。看着她瘦小的身躯、褴褛的衣裳，阿泽诺觉得她太可怜了。

"拉莉，下个星期天我在这里等你。"阿泽诺说道，两人之间隔着栅栏。他觉得自己挺大胆的。

但下个星期天她没来，既没在小路约定的地方，也不在弥撒的地方——这完全出乎意料的事，对阿泽诺来说就像一场灾难。下午很晚的时候，他再也承受不了心烦意乱，就到佩雷·安托万那里去了，隔着栅栏，他探过身子，看见神甫正从另一边的玫瑰中拣蛞蝓。

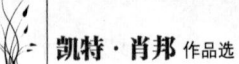

"本蒂厄的小女孩今天没来做弥撒。"阿泽诺说,"我想是不是她祖母忘了你的警告。"

"不是,"神甫说,"我听说那孩子病了。布特兰告诉我前些天她在田里劳累过度,后来就病了,一病就是好几天。明天我去看看她,要是今天行今天就去。"

神甫说的话里,阿泽诺听到或听懂的就是:"那孩子病了"。他转身下定决心走了,就像一个经过一番没有意义的犹豫的人突然打定主意一样。

他经过自己的家,却一点也没去注意,好像与他无关似的。他走下小路,进了林子,那天就是在那里看着拉莉走的。

这里一片的树荫,因为太阳西下,浓密的枝叶透不过一缕余光。

现在他走上了去拉莉家的路,搞不懂为什么他以前没来。他常去村里、街坊的姑娘那儿,为什么就没到她家?答案在心中埋得很深,自己还弄不清楚一半。他害怕,怕面对她不幸的生活,不知道该如何忍受。

但现在他终于去了,因为她生病了。他将踏上记忆中年久失修的门廊。齐多瑞夫人肯定会问他的来意,那时他就说神甫让他来看看拉莉。不,干吗把神甫拖进来呢?他蛮可以勇敢地站在那儿说:"齐多瑞夫人,我听说拉莉病了,我来看看。如果可以的话。我想见见她。"

当阿泽诺到了拉莉住的地方时,天光已然逝去。日落之后很快是一片昏暗,高大的橡木枝悬垂着厚实的一层苔,东方的天空上一轮圆月泛着明亮的光,相映衬出奇异的轮廓。长沼那边的沼泽地万籁齐奏,低沉而轻柔,而小屋里则是死一般的寂静。

阿泽诺不止一次敲着门,但紧闭的门内毫无反应。最后他走向开在土墙上没有上釉的一扇小窗,看到屋里面固定着粗糙的蚊帐,他又朝屋子打量了一番。

他通过斜透过窗户的光线看到拉莉躺在床上,但她没看到阿泽诺的踪影。"拉莉",他轻轻地喊着,"拉莉。"

姑娘的头轻轻在枕头上动了一下。他大着胆推开门走进去。

破烂不堪的床上铺着满是补丁的印花布。拉莉躺着,一件衣服只是半遮着孱弱的身体。一只手压到枕头下面,另一只手空着。他碰了一下她的手,手非常热,像火一样,头也是。他跪在她旁边的地上啜泣,喊着她,说她是他的爱,他的灵魂。他求她和他说句话——看看他。但她只是语无伦次地说田里的棉花都快变成灰烬了,庄稼叶烧了。

看到这样,他既充满爱意又难过,却也有些恼怒。他冲自己,也冲佩雷·安托万,还有种植园和村子里的人发火,因为没人照管她,任一个身体脆弱的姑娘受此折磨,死了都没人知道。因为她一直没吭声——她从来没有大声抱怨过,人们便觉得她吃得消。

但人不是都没心没肺的,总有一个信仰耶稣精神的。佩雷·安托万会告诉他这人是谁,他将把它带到她那儿去——离开死亡的氛围。他急不可待地要与她同往。他想着再耽误一分钟都是对她生命的威胁。

他把遮盖在拉莉裸露的四肢上粗糙的被褥折起来,将她搂在怀里,她没有反抗,只是把手从枕头下抽出来时有点勉强,这时她无力的手指却紧握着他给她的漂亮的彩蛋。他兴奋地轻喊了一声,因为心中完全感悟了这对来说意义如何重大。她就是搂在他脖子上几个小时告诉他她多爱他,也不会比此情此景更让他体会得真切。阿泽诺感觉有一股神秘的力量把他们紧拴在一起,让他们心贴心,融为一体。

没必要挨家挨户求人家接受她了,她是他的了。他知道她的归宿何在,知道谁家让她歇息,谁来保护她。

于是阿泽诺怀抱着拉莉,穿过森林,步履健如豹。走着走着,有一次听到远处齐多瑞夫人拾柴火时恐怖的低吟声——大概是对着月亮吧。

看到清爽的山泉滴落岩间,阿泽诺停了下来洗洗拉莉的面颊、双手和前额。他没吻过她一次,但此时他感到一阵害怕,因为她不知道他是谁,他本能地将嘴巴贴上她干燥灼热的双唇。就这么贴着,直到他嘴唇里渗出的健康的湿气使她的嘴巴也像他的那样柔软。

此后,她认出是他了。她没告诉他,但僵硬的手指松开了复活节的玩具。彩蛋掉在地上,她搂住了他的脖子,他明白了。

"紧紧守在她旁边,特兰奎琳。"阿泽诺把拉莉放在自家的沙发上后说道:"我先去找医生,然后去找佩雷·安托万。不是因为她会死,"他看到特兰奎琳一听说神甫脸上露出敬畏的神色时连忙补了一句,"她会活下去的,特兰奎琳,你觉得我会让我妻子死去吗?"

一桩家事

　　运货的骡车喀嚓喀嚓地驶出院子朝火车站开去，索利森特夫人焦急地期盼着。

　　她身材硕大无比，坐在一张巨大的椅子上，身上的肉挤成弯弯曲曲的沟壑，就像倒进模具的水一样。她身着一件饰有棕色枝花的宽大平纹细布袍子，双颊松垂，嘴唇坚定地抿成一条线，眼睛小而警惕，但显得很怯懦。她那夹着几缕灰色的棕色头发梳着一种过时的发型，一条狭长的发网自额头中心向后挽，掩住一处光秃的头皮，两鬓顺着窄小的耳朵垂下来，贴在耳际。

　　她坐的那间房很宽敞，地上没有铺地毯。房里有几件漂亮结实的家具，一台堂皇的黄铜座钟摆在壁炉台上。

　　索利森特夫人坐在后窗旁，在那里可以俯瞰院子、砖质厨房（离宅子有一段距离）和通往黑人住宅区的田园小路。她无法离开椅子。每天早晨最要紧的事就是把她从床上抬出来，而晚上把她放回去也是一项同样艰巨的任务。

　　晚年残废，因而无法操持家事，这对老妇人而言真是一种痛苦的折磨。她确信自己处处都在慢慢地被人剥削。她的贴身仆人丁普尔滋长了她这个信念，使她愈发坚定了自己的想法。丁普尔是个肤色非常黑的十六岁姑娘，她总是赤着脚无声无息地走路，因此她在厨房和黑人住宅区都不受欢迎。

　　索利森特夫人萌生了一种想法，就是让她的一个外甥女从新奥尔良过来和她做伴。她想这不仅对外甥女以及她的家庭是一大善举，而且也在许多方面会给自己带来不可估量的经济效益，这可比请一个管家省钱多了。

她有四个外甥女,但她对她们感情很淡。因此,选哪一位来庄园安家,她并没有费心,而把此事留给她妹妹一家人自己解决。

同意去姨妈家的是博西。她母亲将她的名字拼写为博塞,她自己却写成博西。但她经常被人称作博斯。她被派往夫人家,因为她母亲在给索利森特夫人的信中说道,博塞是一个非凡的管理者,一位非常出色的管家,而且拥有和蔼可亲的好脾性,没有人能抵挡得住她带来的欢笑和活跃气氛。

她没有在信上写的是,其他的姑娘没有一个愿意去,甚至暂时和费莉西姨妈待在一起仅仅一会儿都不愿意。而博西也是被逼同意的,她们让她明白这个任务只是试验性的,绝不是硬性规定的义务,不必受之约束。

索利森特已经派一辆运货骡车去车站接外甥女了,她正在焦急地等车回来。

"车子还没回来,丁普尔?你瞧不见它吗?你听到它回来的声音了吗?"

"不,影儿都没有,夫人。火车要离站了,我听到汽笛声了。"丁普尔站在窗户旁的后廊上,身着一件印花棉布裙,她可真节省布料,衣服做得不合身,她那不断成熟的身体快要从接缝处爆出来了。她不时地用一把永远合不拢的弯别针将腰后面的部分固定住。固定裙子和把那个黄铜旧别针咬回原形,这两件事花了她不少时间。

"这就对了!"夫人说,"我建议丹尼尔在这大热天要将骡子赶得慢一些。它们不够壮,那些骡子。"

"他赶得够慢了,这么久了,他也该在田间那条路上了吧!"丁普尔嚷着。"他正在大马路上逛呢,你看不见他。哟!哟!他让骡子小跑过来呢!"

夫人紧抿着双唇,使劲眨着眼睛。她嘴上极少反对丁普尔的告密,可是它们已潜入她的心中,激起怨愤。

厨师实际上是田里的一个大个子苦力。他拿着锅和桶进来取食品做晚饭。夫人在房间立了一个大壁橱，所有的必需品都放在里边，就在她的眼皮底下。少得可怜的黄油装在壁炉底下的一个坛子里，鸡蛋就放在附近墙上挂着的篮子中。

丁普尔进来从女主人的袋子里拿了钥匙，打开橱柜。她取了一些面粉、一些玉米粉、一杯咖啡豆、一些糖和一块咸肉。做布丁需要四个鸡蛋，可夫人想两个就够了，不过最后双方都做出让步，决定三个。

博西·布朗托尼内尔来到姨妈的宅前，她带了三个衣箱，一个又大又圆的铁澡盆，一捆雨伞和遮蓬，还有一只小狗。她很漂亮，头高高地昂着，看起来活力充沛。她身着一款时装，很有个性，浑身散发着精明能干的气息。丹尼尔驾车带着她上了田间的马路，让她在宅子的后门下车，这样夫人可以从窗户看到她来时的情景。

"我还以为您会派马车来接我呢，费莉西姨妈，可是丹尼尔告诉我您没有马车。"姑娘问候过姨妈后说道。她叫人把衣箱送到她房里，澡盆推到床底下，此刻她坐着一边抚摸小狗，一边和费莉西姨妈说话。

老夫人沮丧地摇了摇头，嘴角浮出一丝轻蔑的微笑。

"哦，不！不！那辆旧马车几年前就卖给了泽菲尔·拉布拉特，它在棚屋里摔得粉身碎骨。而我——我从没离开过这里，像你所看到的。我已经整整两年没上过教堂，更不用说散步了。"

"噢，我会将您肩头上所有烦心费心的担子都卸下来，费莉西姨妈，"姑娘快乐地说，"我会让您笑逐颜开，您将很快康复。啊，不出两个月，我就能让您的双腿站立起来，和别人一样行走自如。"

夫人对此却很悲观。"我的老母亲也一样，"她无可奈何地答道，"没有什么能帮得了她。她像我现在这样过了很多年，你妈妈肯定经常跟你说。"

布朗托尼内尔夫人从未向孩子们讲过任何诋毁费莉西姨妈的话语，然而家里的其他人可没那么体谅，博西经常听人说姨妈如何贪得无厌、吝啬无比，如何厚颜无耻地将外祖母的财产全部占

为己有。这姑娘不禁想到一定是外祖母这样无助地坐在这张大椅子里时，费莉西姨妈趁机掌握家中大权。但她并未因此心怀敌意。她为费莉西姨妈感到难过，年纪这么大了，又无儿无女，还要受这种折磨。那天晚上，夫人躺在床上好久都睡不着，不知怎的她一直为新奥尔良外甥女的到来感到忐忑不安。博西并不是理想的人选。夫人不喜欢那外来的衣箱、澡盆和狗，所有这些都有一种奢侈的味道。她也不喜欢外甥女昂首挺胸的样子，那表明博西做事果断，也预示着麻烦不断。

第二天早晨，博西小姐要给姨妈一个惊喜，她警告丁普尔不许向她的女主人泄密。这个惊喜就是，夫人将从后窗边上（那是她一贯的位置，因为在那里她可以留意仆人们的一举一动）转移到前屋的窗户旁，在这儿可以看到生机勃勃的栎树和一条落叶如毯、人烟稀少、寂静无声的马路。

"决不，决不！不能这么做！不可能！"当老夫人察觉到人们对她所做的事时无助地喊起来，神情激动。

"您要照我说的做，费莉西姨妈，"博西说道，语气轻松却很坚决。"我来这儿就是要照顾您，让您过得舒适，我就要这么做。现在，不要看那丑陋的后院了，到处都是脏乎乎的小黑人、满地打滚的猪和鸡；而在这儿，每当您朝窗外看的时候，一幅美丽迷人、安静祥和的景象就会映入眼帘。看，丁普尔带着杂志和其他物品来了。拿进来吧，丁普尔，放在费莉西夫人身边的桌上。这些都是我专程从城里带来给您的，姨妈，您看完后，我还有一整箱呢。"

丁普尔怀里抱着形状、颜色、大小不一的一堆书和刊物踉踉跄跄地进来了。书很重，她一使劲别针就松开了，丁普尔真怕它会掉在地上不见了。

"因此，费莉西姨妈，您坐在这儿什么也不用做，只要读书消遣就行了。这儿有些妈妈给您的法语书，一些是都德的作品，一些是莫泊桑，还有许多其他的书。来，让我帮您把眼镜擦亮。"她用一本书中掉出来的薄纸擦了擦夫人的眼镜。

"现在,索利森特夫人,您把所有的钥匙都交给我吧!马上交出来,我现在要出去好好熟悉这里的一切。"夫人猛地抓过悬在椅子扶手上的袋子。

"哦,一整袋!"姑娘惊呼着,轻轻而又果断地将它从姨妈鹰爪般的手中拿走。"天哪,我面临的是怎样艰巨的一项任务啊!丁普尔,今天早上你最好带我到处走走,直到我完全熟悉这儿的一切。姨妈,您需要她的时候用手杖敲敲地板就行了。走吧,丁普尔,把裙子扣好。"丁普尔在地板上仔细搜索她的别针,最后在大厅找到了。

索利森特夫人这一生中还从没有人敢像这位年轻的姑娘这样用命令的口吻对她说话。她不知道该如何处理这种情况。她觉得刚才应该立即反抗,不让她们把自己逐到前屋,钥匙被索取时(这就像高速公路上劫匪所干的事一样)也应该吭声,保留所有权。忽然,她使尽全力用手杖重重地敲击地板,地板发出巨大的响声。丁普尔出现了,眼里充满了好奇。

"丁普尔,"夫人说,"告诉博塞小姐,请她把钥匙袋还我。"

丁普尔消失了,可是又立即回来了。

"博西小姐叫你别吵,你继续看那些图片,她不会把钥匙怎么样的。"

夫人片刻不能安宁,过了一会儿,又把丁普尔召回来。

"丁普尔,你能不能到袋子里找找那把大壁橱的钥匙,拿来给我,你知道——黄铜的那一把。别让她看出我特需要那把钥匙。"

"袋子在她胳膊上呢,她把它绕在自己的手腕上。"丁普尔立刻报告说。费莉西夫人心里干冒火,却也无能为力。

"她在做什么,丁普尔?"她不安地问。

"她把橱子的门开得大大的,站在椅子上往里瞧,所有东西都要翻一翻。"

"丁普尔!"博西从远处的屋里喊道。丁普尔飞也似的跑了,圣诞节以来她都没这么开心激动过。

不一会儿,她擅自做主悄悄地溜了回来。费莉西夫人正坐在屋里一桌子的书旁边默默地愤怒着。丁普尔进来后将门关上,翻着白眼低声嘶哑着说:

"她把整桶玉米粉都倒了,说里头长满了象虫。"

"象虫!"女主人嚷道。

"是的,夫人,象虫,因为玉米粉已经发霉了,只能给猫和鸡吃,不适合人吃。她让丹尼尔把玉米粉摊开铺在门廊上。"

"象虫!"费莉西夫人重复道,声音颤抖,她在努力压制心中的怒火。"去给我拿一碟玉米粉来,丁普尔。别露出马脚。"

丁普尔把一碟玉米粉藏在裙子底下带进来,她和夫人弯着腰仔细地搜寻着。

"你有没有看见象虫,你,丁普尔?"

"没有,夫人。"丁普尔闻了闻,夫人用手摸了摸,又用手指捻起一小撮。玉米粉已经结块了,陈旧而且霉烂。

"她把苏珊叫出去帮她,"丁普尔讨好地说,"还有山姆、丹尼尔,全都在帮她。"

"天杀的!一粒糖也不会剩,一块肥皂——什么都没有!什么都没有了!快去看看,丁普尔。别像柱子一样呆站在那儿。"

"她说要派苏珊回田里干活儿,"丁普尔继续说,并不把主人的警告当回事儿,"她说苏珊不懂得煮菜。苏珊自己也说愿意回田里去,博西小姐就问丹尼尔认不认识手艺一流的厨子,会炖鸡,煮牛排,煮美味的汤,做蛋奶烘饼、肉卷、大杂烩、甜点、蛋奶沙司等等。"

丁普尔舌头飞快地转动,她滔滔不绝地讲道:"丹尼尔说,他妻子曼迪曾经为镇上最特殊的人做过厨师,可费莉西夫人请不起她。博西小姐就说价钱不要紧,只要能请到一个好厨子。"

夫人的手指在杂志封面的插图上紧张地比画着。她什么也没说,只是紧紧地抿着嘴,不停地眨着小眼睛。

博西从门外把头探进来看看姨妈进展如何,老妇人摸索着书假装专心致志地在看书。

"这就对了,费莉西姨妈!您看上去多惬意啊!我想为您调制一杯上好的柠檬水,可是苏珊告诉我这儿一个柠檬也没有,我叫法妮的儿子用手推车从拉布拉特商店里带半箱柠檬回来。夏天没有什么比喝柠檬水更有益健康了。他还会带回一大块冰。以后我们要从镇上订购冰块。"她在方格布裙子外围了一条白色围裙,袖子卷到肘上。

"我讨厌柠檬水,它对我的胃不好,"夫人强烈反对道,"我们真的不需要柠檬,冰也没地方放。告诉法妮的儿子别为柠檬和冰块操心。"

"哦,他去了很久!至于冰,怎么,丹尼尔说他可以为我做一个箱子,里面填一些木屑——他已经为戈德弗雷医生做了一个。我们可以将它放在后廊上。"说完她走了,全然一副忙忙碌碌的小家庭主妇模样儿。中午刚过,丁普尔进来了,趾高气扬的,她把书搬开,将一块白色大马士革布铺在桌上。这犹如在一头愤怒的公牛前晃动着一块红布。夫人的眼睛盯着桌布。

"你从哪儿弄来的?"她问道,好像要当场杀了丁普尔。

"博西小姐从大壁橱里拿的,不止这些呢。她说她不能在我们都叫作桌布的食品袋上吃饭。"这块大马士革布的一角上绣有夫人母亲名字的首字母。

"她杀了养鸡场的两只小母鸡,"丁普尔接着说,活像一只呱呱叫的乌鸦。"丹尼尔一告诉曼迪,她就从家里跑来了。她在厨房里走来走去,表现得很想做菜。他们去了拉布拉特商店买猪油和炸粉。法妮的儿子整个早上都在搬东西。我们的橱柜可以开个商店了。"

"丁普尔!"博西在远处叫她。

丁普尔回来时,脸上一副自命不凡的样子,头昂得老高,轻轻地踩着步子,活像只肥鸡。她手里捧着一个托盘,里面装满了美味佳肴,以前她还从没这样服侍过索利森特夫人。

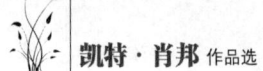

　　这次曼迪将自己的厨艺发挥得淋漓尽致，她把鸡胸脯烤得很有特色。她按照一本新奥尔良菜谱中记载的方法炸土豆，还做了一种原料最丰富的布丁，这是她自己发明的。这道菜让她在这个地区名声大震。还有两个奶色水煮荷包蛋，金黄色的饼像雪片一样薄。实心银质调羹和餐叉上也刻有夫人母亲名字的首字母。这些东西和亚麻桌布都是派人从大壁橱里拿出重新启用的。

　　置身在这种全新而陌生的支配中，索利森特夫人似乎被剥夺了按自己意愿行事的权力。她偶尔也会发脾气，犹如闷燃的火堆突然蹿起的火苗一般，然而她表面上怯懦胆小、唯唯诺诺，只有和年轻的侍女单独在一起时才会发表意见。

　　博西来后不久，一天早晨她特别为姨妈梳妆打扮了一番。她将一条纯白围巾（也是从大壁橱中找到的）围在老人的脖子上，从自己的天鹅绒盒子里取出了一些粉擦在姨妈脸上，还给她一条上好的亚麻布手绢（这也是从大壁橱中找到的），博西曾从新奥尔良带了一瓶古龙香水，她往手绢上撒了一点儿。她给桌上的花瓶插上鲜花，掸掉书上的灰尘，并把书重新整理了一番。

　　夫人一直都把夹在小说里的书签慢慢往后移，假装她在看那本书。

　　一两个钟头后，博西向索利森特夫人介绍她们的邻居戈德弗雷医生——终于明白了她为何如此精心布置。他年轻英俊，嗓音洪亮悦耳，活力充沛，似乎浑身上下都散发着健康的气息。

　　"您明白我怎样考虑这里的一切吗，费莉西姨妈？昨天晚上，我看到您被放到床上时所忍受的痛苦，我就决定找个医生给您治疗。所以，今天早上我做的第一件事就是叫人去请戈德弗雷医生，他就来了！"

　　夫人瞪着医生，他拉了一张椅子在桌子对面坐下，开始聊天说他们好久没有见面等等。

　　"我不需要医生！"她愤怒地喊着，看看医生又看看博西。"世界上所有的医生都帮不了我。我妈妈也一样。她看过本区所有的医生,她去温泉,去新奥尔良,最后还是死在这张椅子上,什么也帮不了我。"

"那我得说说了,索利森特夫人,"医生胸有成竹地说道,"您外甥女的主意真好,您必须接受一位医生的治疗。我不是说我,明白吗——这个地区有许多优秀的医生——可是如果仅仅要保证您过得舒适,就必须找个医生照顾您。"

夫人皱着眉眨眼看他。她在计算,这次拜访要花多少钱,而且下定决心不让他再来了。她看到破产的脚步渐渐逼近了,感觉自己似乎是顶着波涛汹涌的奢侈洪流迎接它。

博西已经向医生讲过夫人的症状。医生说可以派人或亲自送来一种制剂,让索利森特夫人每天早晚服下,直到他认为可以更换其他药品时才能停止用药。接着,他看了一眼桌上的杂志便和姑娘隔着夫人的椅子愉快地交谈着。他看着博西时,双眼闪着兴奋的光芒,博西穿着条格麻纱礼服,宛如桌上的花儿一样清香美丽。

医生经常上门拜访,为此夫人总是忧心忡忡,她难以确定医生的拜访是职业性的还是礼仪性的。刚开始,她不肯服药,直到一天傍晚,博西站在她面前,手里持着一匙药,温柔而坚定地表示有必要的话她要站到天亮,于是夫人这才肯服下混合剂。医生带着博西出去了,驾着他新买的四轮轻便马车,前面由两匹快马拉着。第一次,她出门以后,费莉西夫人命令丁普尔去博西房里搜索那袋钥匙。但是,找不到。

"她一定是带走了。她总是把它绕在胳膊上,我相信她睡觉也这么干。"这是丁普尔找不到钥匙的理由。

没找着钥匙,她转去检查年轻姑娘未锁上的奢侈品。她悄悄潜回费莉西夫人的房间,手里拿着一把饰有网眼花边的阳伞,默默地递给夫人让她审视。花边式样简单,并不昂贵。然而,老夫人一看到它就颤了一下,仿佛这是阿朗松的稀罕物。

丁普尔发现了夫人欣赏鲜艳阳伞时的表情,又带来一双足尖部闪光的拖鞋,一双质量上乘的袜子,一件绣花裙子,最后是一件丝质紧身褡。她将这些物品一件件地拿出来，始终保持一本正经的样子，更令人钦佩的是，她一句话都不说。

丁普尔穿着她最好的连衣裙——红色的印花棉布制成的，还饰有褶边和泡泡袖（博西小姐强迫她扔掉了另外一件裙子）。穿着这节日盛装，丁普尔不停在门廊里摆出模特做秀的姿势，时而又倚在栏杆扶手上弯腰弓身。

博西在安排费莉西姨妈如何过得安逸和一些娱乐方式上越来越富有创造力了。她邀请夫人的老朋友来看望她，或单独前来，或成群结伴，在这儿度过一天——有时也好几天。

她开始有自己的玩伴了。本区的少男少女从附近前来拜访以示敬意，她也给予热情的回报。这种场合下，她为每人分发冰柠檬水、桑加里酒（拉布拉特从城里购买的一箱红酒）。厨房里不时烤着蛋糕，丹尼尔妻子的厨艺比以前进步了许多。

博西在索利森特夫人的眼皮底下开起了绿茵舞会，栎树上张灯结彩，三个从黑人区来的音乐家在走廊上奏起了小提琴、吉他和手风琴。她开舞会时，会给费莉西姨妈穿上一件丝质礼服，那是在城里做的，为了给姨妈一个惊喜。

医生隔天就会带博西出去一趟，或者驾车，或者骑马。他几乎住在索利森特夫人家，差点儿失业了，直到博西开恩答应嫁给他。

她将自己要订婚的消息瞒着不告诉费莉西姨妈，把自己白衣天使的职责履行到她回城的那一天，她得回去准备婚礼。

当博西宣布自己要和医生订婚以及她打算下午就离开庄园的消息时，夫人很高兴，认为这是福气，身体也不那么糟糕了。

"哦！费莉西姨妈，您无法想象离开您我有多难过——我才刚把您的一切事务安排妥当就要走了，如果您需要，也许菲芬姐姐或阿代尔姐姐愿意来——"

"不！不！"夫人尖声抗议。"谁都不要！我坚决主张她们待在原地。我老了，我习惯自己的方式。独自生活难不倒我。我不想听了！"

短篇小说

夫人整个早上都听着外甥女收拾行装的喧嚣,她尽可以放声高歌了。她甚至还依依不舍地抚摸小狗,以前每当小狗贸然和她单独在一起时,她可是经常用手杖打它的。

中午,衣箱和澡盆被运走了。马车离开的喀嚓声在夫人听来像悦耳的音乐。博西来吻她向她辞行时,她几乎喜欢上了这个外甥女,而且还拥抱了她。医生就要用马车送未婚妻去车站了。

他告诉费莉西夫人说他感觉自己像天使。实际上,他兴奋不已,乐疯了。而夫人对他温和得像蜜一样。她在想,以外甥女婿的身份,他不会不识抬举地将医疗账单送上门吧。

医生匆忙出去掉转马头,准备好盖膝毛毯,铺在他心中的女神的膝盖上。博西穿着同样的棕色亚麻布衣服,戴着同样的时髦旅行帽,看起来和那天来的时候一样娇艳,蓝眼睛里有一种深不可测的神情。

"现在,费莉西姨妈,"她最后说道,"这是您的钥匙袋。你会看到一切都井井有条,我希望您会满意。所有购买的商品都记在账单——您会找到拉布拉特的账单,账目都很清楚。可是,顺便说一下,费莉西姨妈,我想告诉您——我在一个牢固的盒子里找到了外祖母的银器、亚麻桌布、珠宝,我将它们平分了,送去给妈妈。您自己也清楚这是很公平的。妈妈同您一样有权拥有这些。再见,费莉西姨妈!您确定不需要阿代尔姐姐吗?"

"强盗!强盗!强盗!"博西听到姨妈在她身后尖声嚷着。这声音随她远去,一直到长满生机勃勃栋树的马路上。

索利森特夫人激动不已,愤怒得浑身发抖。她朝袋子里看,数了数钥匙,一把都没少。

"强盗!"她不停地嘟囔。她确信博西把她所有的财产都夺走了。珠宝没了,她很肯定——全没了。她母亲的手表和表链、手镯、戒指、耳环,所有的一切都不见了。所有的银器、亚麻布、亚麻床单以及她母亲的衣服——啊!这就是她带三个衣箱来的原因!

索利森特夫人一把抓过黄铜钥匙,焦急地审视它。她用手杖敲着地板，敲得橡木轰轰作响。可是，下午的那段时间（午饭与晚饭之间的时段）院子里空无一人。丁普尔还沉醉在红色褶边和泡泡袖制造的梦幻之中，她正悠闲地散着步，往车站方向去为博西小姐送行。

夫人敲啊、喊啊。她狂怒地将桌子掀翻，书和杂志四处飞散。她情绪激动，忧心忡忡。她从没有当过如此的牺牲品，太阳穴的脉搏剧烈地跳动着，血流冲上头顶，仿佛有一只魔鬼的手在她的血液中搅动着。

"抢劫啊！抢劫啊！抢劫啊！"她语无伦次，"我的金子，我的戒指，我的项链！我原本该猜到的！哦！我真傻！啊！我的宝贝啊！不可能！"

她的头和巨大的身躯颤动着。她紧紧抓住椅子的扶手，企图站起来，但她的努力是徒劳的。再一次尝试，她将自己拖出几英寸，又跌了回去。第三次试着站起来，她整个庞大的身躯剧烈地摇晃着，像一艘开裂漏水的船，索利森特夫人站起来了。

她抓住手杖，无助地站着，呼叫着丁普尔的名字。接着，她开始走路——更确切地说是拿脚在地板上拖，缓慢而吃力，身子摇晃着，沉沉地靠在手杖上。

夫人能用她那摇摇欲坠的双腿移动了，两年来这双腿可是从未尽职，但她对此丝毫不觉得奇怪，也不认为这是奇迹。她一心想要走到大厅那头的卧室里的大橱子那儿去。她抓着黄铜钥匙，把其他钥匙撇在一边，嘴里直说"我被抢了，抢了，抢了！"

夫人终于到了大橱子前，这一路上她没有借助任何其他工具，只有路上的椅子和墙壁，她就是靠着墙，侧着身体走的。

她打开橱子的第一个念头就是寻找金子。是的，它们在那儿，全都在，像她自己放置的那样堆成一小堆。不过一半的银子没了，一半的珠宝和亚麻桌布也不见了。

当佣人们聚集在院子里时发现费莉西夫人站在走廊上等他们。仆人们发出惊叹声。丁普尔变得歇斯底里，她开始尖叫起来。

"去找里奇门德。"夫人对丹尼尔说道。丹尼尔没有一句评论或质疑便急忙跑去找这位监管人。

"我要告她！啊！不可能！不可能！就这样被抢了！我要告她。告诉拉布拉特我不会付账的。曼迪，回你的黑人区去，把苏珊叫回厨房。丁普尔！去把那些书和杂志扔到阁楼上去，你穿上另一件衣服。别再让我看到你穿有花边的衣服！不可能！就这样被抢了！我要告她！"

老纳基托什内外

　　除了星期六和星期天,每天早上准八点苏珊娜·圣·得尼斯·戈多尔夫小姐就要过跨越长沼的波以斯泊瑞的铁路桥架。她本可以乘阿方斯·拉巴利尔为自己方便而留下的平底船。但这种办法既慢又不可靠。所以每天早上八点她就过桥架。

　　在拉巴利尔先生的土地上,紧靠着长沼,有个风景如画的白色构架结构,是所公立学校,她就在这儿教书。

　　在这个教区,拉巴利尔算是来得很晚的,从有一天他决定把糖和水稻的生产交给他的兄弟阿尔塞到现在还不到半年的时间。阿尔塞较擅长耕作,他自己则想试试种植棉花。这就是为什么他到纳基托什县,到了在凯恩河旁边的一块肥沃的土地上,位置较高。他没花多少钱就把这块本来是荒废的地皮买下,并整得挺像样的。

　　他在巡视的时候经常注意到一个苗条优雅的身影小心翼翼地走过枕木,想到安全问题有时竟不禁捏了把汗。他总是会跟这女孩打招呼,有一次在泥泞的小水潭上扔了块板让她踩。他只能偶尔瞥见她的脸部特征,因为她戴着很大的太阳帽,看起来相当漂亮,手上戴着松弛的皮手套。他知道她是个教师,也知道她是那个极其愚顽的老圣·得尼斯·戈多尔夫夫人的女儿,她在长沼对岸守着几英亩不毛之地,就像守财奴守着金子一样。有的人说那块地上的人在挨饿,但这就是胡说了,在路易斯安那的种植园上没人会挨饿,除非是想自杀。

　　这些事情他都知道,但不明白为什么小姐对他的致意总是一副冷傲的神情,换一个不是那么自信的人就很容易下回不吱声了。

　　原因在于,苏珊娜像身边的其他人一样听说了他的传闻。人们说他对那些自由混血儿①太亲密。这说起来是很可怕的,让人一想起拉巴利尔就害怕,但事实并非如此。

当拉巴利尔占上这块土地的时候,他发现种植园的房子住着吉斯丁,他家人很多。已经算不出那个自由混血儿和他的家人在那儿生活了多久。房子有六间,长长的,已经不稳了,破旧得萎缩了下去。整个结构甚至没有一片完整的玻璃。鲜红的帘子上面满是小洞,在风中噼啪作响。没有必要再谈一些细节了,总之,住人是完全不合适的。拉巴利尔本可以像赶走田野一隅的一群松鸡那样,把这些知足的住户打发走。但他自己却带着一些东西在这里最好的一间房子里住定,他默默地管理起了房子、杜松子酒房等等所有一切,然后仔细研究如何恢复这片荒芜的土地。他在混血儿家里吃饭,当然没和他的家人在一起,他们正不怎么熟练地料理他居家需要的东西。

一天,有些游手好闲又被他拒绝过的人在镇子上放出话来说拉巴利尔用黑人多,用白人少。这种话传得很快,又具有暗示性,传着传着不可避免地就越来越走样了。

一个早上,拉巴利尔一个人在吃早饭,姿态优雅的吉斯丁夫人和两个瘦干的男孩在一旁服侍着,这时吉斯丁走进房间来,他的个头只有他妻子的一半大,弱小而懦弱。他站在桌旁,漫无目的地挥转着毡帽,因穿着高跟的尖靴子,不得不平衡一下。

"拉巴利尔先生,"他说道,"我想我和你说过了,你最好离开我们。然后高兴怎么着就怎么着。"

"你究竟在说些什么?"拉巴利尔心不在焉地从新奥尔良报纸上抬眼说道。吉斯丁身子不舒服地挪动了一下。

"人家都在传话呢,信不信由你。"他暗笑着看着他的老婆。她把围巾的一端咬在嘴里,走出了屋子,步态好似优雅的尤金尼亚皇后在她最为鼎盛的时候那样。

"传话!"他应声说道,一脸吃惊,"谁说的?在哪?说什么?"

---

① 路易斯安那的自由混血儿指那些从未当过奴隶的人,他们家里经常本身就有奴隶。

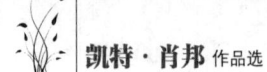

"你到镇子上到处都听得见，到处都在传你怎么会喜欢混血儿。你在种植园的时候跟他们搞在一起，身边没个混血儿就没完。"

拉巴利尔脾性暴躁。他的大拳头一下子猛地砸到本来就站得不稳的桌子上，把吉斯丁夫人刚才摆下的瓶瓶罐罐震得四下飞落，砸到地上去了。他骂了一句，这下让在另一个房间里正听着的吉斯丁夫人和他的父亲还有奶奶强忍着才不至于大笑起来。

"搞什么鬼东西！看来在纳基托什县要打交道的还不是我合得来的。这事我们得商讨一下。吉斯丁，把你的椅子拉过来。把你老婆、奶奶还有家里的其他什么人都叫来，我们一起进早餐。见鬼。我要是和混血儿，或者黑奴或者南海蛮子结好的话，关别人屁事！"

"我不懂。反正人家说的就是我给你说的，拉巴利尔先生。"吉斯丁从墙上挂着的一大串钥匙上拿下了一把大的，然后离开了屋子。

半个小时之后，拉巴利尔还没有缓过神来。他突然出现在学校门口，还拉着吉斯丁家的一个孩子。圣·得尼斯·戈多尔夫小姐在房间的对面。她的太阳帽挂在墙上，要不是拉巴利尔当时有点犯傻，可以注意到她有多迷人。看到他来了，她长满睫毛的蓝眼睛露出惊讶的神色。她的头发跟睫毛一样黑，在光滑、白皙的前额上轻柔地摆动着。

"小姐，"拉巴利尔马上发话了，"我冒昧把这个孩子带来做您新的学生。"

苏珊娜·圣·得尼斯·戈多尔夫小姐一下子煞白了脸，当她回答的时候声音都不稳了。

"先生，您考虑得真周到。您能否告诉我您要送来读书的小孩的姓名？"其实她知道，和他一样了解。

"小家伙，叫什么名字，说啊！"拉巴利尔喊着，晃着小混血儿让他说话，但他就像个木乃伊一样愣着。

"他叫安德烈·吉斯丁。您知道他的。他父亲是……"

"如果是这样,先生,"她插话说,"请允许我提醒您犯了一个严重的错误。这所学校不接受有色人种。您和您监护保护的人恐怕要另寻他处。"

"我要把孩子留在这里,我相信您会像对待其他孩子那样对待他。"拉巴利尔说着话躬身离开了。

小吉斯丁飞快机警地扫视了房间,随后便在一刹那间飞出了敞开着的门,比兔子还快。

圣·得尼斯·戈多尔夫小姐故作镇定地把后面的课上完,要不是学生们对她的方式已经有所熟悉,就会觉得不妙。到快下课时她敲了一下桌子以引起注意。

"孩子们,"她开始说了,一副柔顺而尊严的神态,"今天你们都看到了学校所在地的主人是怎样对老师无礼的。这件事我没什么好说了。我只补充说明一点:明天我将把房子的钥匙和辞职书一同交给校委会负责人。"看得出学生中间有点乱。

"我去把那个小混血儿抓起来,让他见识一下。"

"不要做这样的事,马蒂兰,你不能这么干,除非你存心要背着我的意愿。我对冒犯我的人不屑一顾。再说,孩子的根性不坏,决不能怪他。你们都感觉到了,他比他的长辈表现出更好的品位和判断力,至少我们可以指望他受到更好的教养。"

她和男孩、女孩们一一吻别,对每个都留下美好的祝愿:"而你呢?我的小努马,我希望另一个……"努马是她最喜欢的孩子,对他,她从没有说过一字英语。他此时一句话说不完整,只是在哽咽地说了些什么,对事情的变化他只能心情沉重地猜想着什么。

她锁了校门,向桥走去。那时,那个小卡迪人早已冲下道路,穿进并掠过栅栏,像兔子一样没影了。

第二天,圣·得尼斯·戈多尔夫小姐没有过桥架,再后来也没有。拉巴利尔处处留意她,因为他膨胀的心里开始难受,带着羞愧。而且,他心里后悔得像被针扎了似的,因为他做了件蠢事,让圣·得尼斯·戈多尔夫小姐丢了饭碗。

他回想起她那双果敢而傲慢的蓝眼睛怎样挑战他的双眼。他回想起她的可爱和魅力,在凝思中不断放大着直至美胜天仙。他真想把吉斯丁祖宗八代都废了。

或许吉斯丁感觉到了这股怨气,一天早上他把家人和东西统统弄上车走了,去一个被人们称为黑白混血儿的教区。

此外,拉巴利尔是个挺仗义的人,他的本性告诉他至少要向这个把他的怪念头当真的小姐道个歉。所以有一天他过了长沼,穿过一片荒野,到了圣·得尼斯·戈多尔夫夫人居住的地方。

在去的路上心中产生了一种诱人的浪漫情怀,他想象着道歉之后很可能发生些什么。当他离开他的种植园的时候他几乎已经爱上圣·得尼斯·戈多尔夫小姐了。当他到了她家时,他已经完全坠入爱河。

老夫人见了他,她的双眼依然柔媚,但人已如凋谢的花朵,岁月过早地抹去了青春的残红。房子绝对老化了,岁月侵蚀了里里外外。

"夫人,我来见您的女儿。"拉巴利尔开门见山地说,唐突得很,因为他绝对是个直性子。

"先生,她不在家。"夫人回答说,"现在她在新奥尔良有份责任挺大的工作,拉巴利尔先生。"

每次苏珊娜一想起新奥尔良,就会想到埃克托尔·桑蒂恩,因为他是她认识的人中唯一住在那里的人。她在一家纺织类商品大公司谋取了一个位子,但并不是他帮的忙。而她离家的事宜安排完毕之后倒是跟他通了信。

他没等她所乘的火车到城里,而是过了河到格雷蒂纳去见她。他要做的第一件事是吻她,就像八年以前他离开纳基托什县时那样。一小时之后,他想的不是吻她,而是拥抱这个东方皇后,因为那时他意识到她不再是十二岁,他也不再是二十四岁。

她几乎无法相信迎接她的人是有点年纪的埃克托尔。他的黑头发在太阳穴处已抹上了灰色,他蓄着短八字胡和带卷的络腮胡。

他的服装,从富有光泽的丝帽到整洁的鞋子都很考究。苏珊娜了解她的纳基托什老乡,也去过施里夫波特,甚至到过得克萨斯的马歇尔。但在所去的地方中,她从来没有遇到一个像他那么有风度的人。

他们进了马车,在街上走了好像是没完没了的一段路,大多数路面都是鹅卵石铺的,让人说话都很难受。不管怎样,他还是一直说着话,而她则时不时地从车窗向外张望,看看在这个大名鼎鼎的新奥尔良的夜晚能看到些什么。声音有点让人疑惑,连光线也是如此,而且很不均匀,使得交替出现的暗区更加神秘。

她没想着问他去哪儿。只是穿过了凯恩并且进了罗亚尔街道一条路时他才告诉她。他正把她带到一个朋友,恰范夫人的家里。她是这个镇子上最可爱的小妇人,她将负责食宿安排,收取一点少得可笑的报酬。

恰范夫人住在罗亚尔和查特斯之间一条窄窄的,挺有意思的街道,离卡纳尔很近,走路也不觉得远。她的房子很小,单层,尖顶屋子的两端的山形墙悬垂着,厚实的遮门和百叶窗关闭着,三级木头台阶通向人行道。一边是花园,由高高的栅栏遮蔽着,从栅栏上看去可以看到橙树和繁茂的灌木。

她正在等他们。她穿着黑色的衣服,挺可爱,有生气,白发黑眼,娇小丰腴。她不懂英语,但这无所谓。苏珊娜和埃克托尔只说法语。

埃克托尔把他年轻的朋友及其行李交给年龄大一些的女人照管,然后一刻也没久留便走了,甚至没想和她们吃口晚饭。恰范夫人看着他匆匆忙忙地下了梯子走进夜幕中。然后她对苏珊娜说:"小姐,这人挺和善可爱。"

"亲爱的恰范夫人,你们知道,关于妇女,我是怎么看的。我在心里画了一个圈,于是——非常长的范围,听清楚了——现在还没人钻进去。不论从上面翻过去还是从下面钻过去。"

"吹牛,拉倒吧。"恰范夫人笑起来,又把盛着索泰尔纳酒的瓶子酌满。

星期天的早上,他们一起在舒适的走廊吃早餐,在那儿下一个台阶就到花园了。埃克托尔每逢星期天上午都来,大约在晌午前一个钟头左右的时间,和她们共进早餐。他总是带着一瓶索泰尔纳酒来,还有小麦饼,或是一堆朝鲜蓟,或是一点诱人的熟肉。有的时候他得等到两个女人从教堂听完弥撒回来。他自己没去。为此她们俩连续祈祷九日,甚至得在圣约瑟夫面前连着烧一打的蜡烛以求其转变。当埃克托尔偶然知道了这事,他就主动提出付蜡烛的钱,人家不肯,他也挺不好意思。

苏珊娜到城里已经一个多月了。二月份快结束了,空气中充满了花香、雨水和温馨,令人心旷神怡。

"我说过,亲爱的恰范夫人,女士们——"

"拜托,别再'女士''女士'地叫了!"苏珊娜不耐烦地喊起来,"埃克托尔想烦人的时候是很烦人的,一个劲地说,最后说出了什么名堂来了?"

"对极了,表妹。今儿早我本来想说你很迷人的,可别说我没注意到。"他从容地看了她一眼,让她好不自在。她从口袋里拿出一封信递给他。

"看看,妈妈对你穷尽了溢美之词,还说你讨人喜欢了呢。"他从她手里接过写得密密麻麻的几张纸,开始浏览起来。

"啊,亲爱的姨妈!"当他看到谈及他的几段温柔的文字时笑了起来。他把葡萄酒推到一边去,等到开始吃早饭的时候他才倒了点酒,他还没怎么喝。恰范夫人又把自己的杯子斟满。她还点起一支烟。苏珊娜也点起烟,学着抽。埃克托尔没抽,他不以任何形式使用烟草,人家给他雪茄时他都这么说。

苏珊娜把肘靠在桌子上,整了一下手腕上的褶皱,嘴里很不老练地吐着一个烟圈,哼着一个小时前在教堂里听到的唱得很好听的启应祷文,而眼睛则凝视着花园里绿色的深处。恰范夫人悄悄把一块银章塞给她,同时做了个手势,她马上心领神会。然后轮到她悄悄地、熟练地把银章塞到埃克托尔的口袋里。他显然看到了这个动作,但假装着没看见。

"纳基托什没变,"他说道,"人们没完没了地跳康康舞,什么时候才会罢休呢?亚德奈斯·米谢尔还不结婚?邪门!见鬼!但是时过人老啊。还有老阿爸让·皮艾儿走了是不是?我觉得那是五年前的事,了却了炼狱的因缘。还有那个拉巴利尔是谁?圣·詹姆斯的拉巴利尔人之一。"

"圣·詹姆斯,我亲爱的。拉巴利尔先生是'金海岸'的贵族。但你要是信我的话,那是过去的事了。你想想,恰范夫人——你倒是想想吧,朋友——"香烟还是灭了,她接下去讲了她和拉巴利尔的事。

"不可能!"埃克托尔听到高潮时喊起来,但他的恼火要是再明显一点,她会高兴一些。

"这样冒犯了人家却逍遥自在。"恰范夫人更具同情地说道。

"哦,老师要是想体罚小安德烈的话,那是太有一套了,但我不允许,你知道的。你瞧,妈妈还被迷住,心思全转到他身上去了,天知道为什么。"

"是啊。"埃克托尔同意说,"我知道他一直给她送种子和禽肉牛奶香肠。"

"禽肉牛奶香肠,我的朋友!还有这事?可我这儿还有一大摞子的信,这么厚。我可以拿来给你们看看。为拉巴利尔溢美的言辞足足可以把人弄得意乱情迷的。他常到她那儿去。她说他是个有成就的人,有勇气,还很有心,是益友。他送她一只知更鸟,像桶那么大。"

"这里头有点名堂——大着呢,宝贝。"恰范夫人抽着烟,赞同地说道。

"还有禽肉牛奶香肠。她跟我说基督徒的责任之一就是原谅。啊,不,没用的,妈妈的方式让人琢磨不透。"

苏珊娜和埃克托尔在一起的时间只是在恰范夫人家里。除了星期天来访外,他有的时候会在天黑的时候来看她们,小叙一番。

他经常请她们去看戏,当生意火旺的时候甚至请他们去看歌剧。他口袋里放着一本小笔记本,有的时候他把乡下人订购的葡萄酒事宜记在上面,做这样的生意是为了赚取佣金。她们总是一起去,没带男伴,手挽手,喜气洋洋。

就在那个星期天下午,埃克托尔和她们一起走了一小段路去做晚祷。三个人并排走,把窄窄的人行道都占了。一个刚刚从罗亚尔饭店出来的绅士只好让到一边让他们过路。他向苏珊娜抬起帽子,飞快地瞥了一眼,对埃克托尔来说是一副又吃惊又恼火的神情。

"就是他!"女孩惊呼了起来,很夸张地抓住恰范夫人的手。
"谁啊?"
"拉巴利尔!"
"不会吧。"
"是他!"

"不管怎么说,长得还挺帅。"娇小的小姐赞许地点点头。埃克托尔也这么认为。话题又一次转向拉巴利尔,一路说着到了教堂的边门,埃克托尔就走了。

傍晚拉巴利尔去拜访苏珊娜。他进了小客厅后,恰范夫人小心翼翼地把前门关了起来,把边门打开,这样外面可以看到里面的情况。然后她点了一盏灯,出去了,这时候苏珊娜进来了。

女孩僵硬地弯了一下腰,也许可以说这时候她做什么事都僵硬得很。她所说的就是一句"拉巴利尔先生"。

他所说的也就一句"圣·得尼斯·戈多尔夫小姐",但是礼规没那么容易让他安分起来。

"小姐,"他坐下后开始说道,"你妈让我给你带话儿了,你得知道要不然我就不会来了。"

"先生,我确实知道,在我不在的时候,你和妈妈成了至交。"她回答道,语调慎重而传统。

他热情地回答说:"圣·得尼斯·戈多尔夫夫人和我是朋友,

这句话从你这里听到真的让我很高兴。"

苏珊娜不自然地咳嗽了一下,听起来不顺耳。她拍拍头发上光滑的饰带说:"拉巴利尔先生,如果可以的话,请说说妈妈捎的话。"

"那肯定得说说,"拉巴利尔定了定神,刚才想着她的事一下子慌了神,"噢,就是这么一回事:你得知道你妈妈真好,她把一块好地卖给我了——沿着长沼边延伸得很深的长条形土地。"

"不可能的!你大概是用了什么妖法把妈妈的东西弄到手,拉巴利尔先生?从老早开始,那块地就是我们家族的。"

"没有什么妖法,小姐,只是凭你妈妈的智慧和常识。这两点她老人家兼而有之。还有,她要我告诉你,她急着见你,要你马上回去。"

"我妈这人是个急性子。"苏珊娜冷漠而礼貌地说。

"小姐,能不能问一下,"他插话说,突然得让人吃惊,"今天下午和你一起走的那位男子的名字。"

她看着他,眼里流露出掩饰不住的惊讶,她告诉他:"你的问题我都听不懂了。那位绅士叫埃克托尔·桑蒂恩,他的家族是纳基托什县最早的家族之一,一个老朋友,也是远亲。"

"噢,就是那个埃克托尔·桑蒂恩吗?要是在新奥尔良的街上可别跟埃克托尔·桑蒂恩一起走。"

"你的话如果不是逗笑的话,那就等于侮辱,拉巴利尔先生。"

"如果听起来像侮辱的话,那么请原谅,我没想逗乐。"然后他控制不住地说:"当然,你在街上高兴和谁走那是你的事,"他脱口而出,控制不住感情,"但是,在公共场合,如果再让我碰到你和他在一起的话,我就把他的脖子拧下来,就像拧小鸡一样,然后再把他身上的骨头打断。"苏珊娜听了便站了起来。

"先生,你说够了吧。我甚至不想再听你的解释。"

"我没想解释。"他反驳到,被话中的话扎了一下。

"失陪。"她冷冷地说着,动身要走。

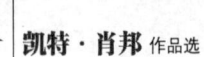

"不行,除非你原谅我。"他冲动地喊起来,不让她走,因为他很快后悔了。

她没有原谅他。"你不让路我可以等。"她说道。于是他走到一边去,她看都没看他第二眼就从他身边走过去。

第二天她捎话给埃克托尔,让他来一趟。那天下午很晚的时候他来了,两人走在爬藤覆盖的走廊里,空气中满是春天馥郁的花香。

"埃克托尔,"她过了一会儿开始说了,"有人说不想看见我和你一起走在新奥尔良的街上。"

他正用小刀修剪着长长的玫瑰茎,听了话既没停,也不惊,也不尴尬,总之没有任何反应。

"真有这事!"他说道。

"但是,你知道,"她接着说,"如果上苍有圣人来告诉我个所以然,我也不信。"

"你不会信的,我的小苏珊娜。"他把花刺很整齐地剪了下来,把低处的沉重的叶子也剥掉了。

"我要你看着我的脸,埃克托尔,告诉我为什么。"

他咔嚓一声把刀锋合上,把剪刀放回口袋,然后果敢地看着她的眼睛,她期望也相信眼睛里蕴藏着她会欣然接受的坦诚表白。但他只是漠然地说:"是啊,这里头有原因。"

"如果是这样,那我要说没有原因,"她激动地喊起来,"你觉得好玩是不是,在笑我是不是?你总是这样。我不想听,也不会信什么原因。埃克托尔,和我一起上街,好吗?——刚才你那样说话真是瞎话,瞎话!"

他用玫瑰长长的、茁壮的茎轻轻地、亲切地拂过她的前额、两腮、面颊、美丽的嘴,就好像情人的吻。他注意到红玫瑰过处留下的红晕。

她一直站着,但这一下跌坐在那里的板凳上,用手遮住了脸。脸部肌肉因强忍着不抽泣而抽搐着。

"哦，苏珊娜，苏珊娜，你不会因为像我这样一个一无是处的人而不开心吧，来，看着我，说你不会的。"他拉下她盖在脸上的手抓住一阵子，与她道了别。脸上揶揄的神情好像在笑她。

"在店铺里干活挺让你心烦的，宝贝。答应我回乡下去。这样最好。"

"好吧，我回去，埃克托尔。"

"这就对了，小表妹。"他善意地拍拍她的手，然后轻轻地把她的手放回她的腿上。

后来的一周，以及后来的星期天，他都没回来。后来苏珊娜告诉恰范夫人她要回家了。女孩爱埃克托尔爱得太深，但想象是一回事，而青春年华则是另一码事。

拉巴利尔和她在一班火车上。不知为什么她感觉到他会在车上。但她做梦也没想到上次分手后他每个早上都盯着她，等着她。

他向她走过去，没有客套，没有说话，便伸出手，她也毫不犹豫地伸出手。她弄不明白为什么，她觉得要弄明白也太累。看来他的意志力量能够让他完成他的意愿。

在一起的时候他没有让她费神，他没和她坐在一起，都是和他的朋友和熟人聊天，他们都属于一块甘蔗种植区的，那天比较早的时候他们都去过那地方。

她不明白为什么他要离开那块地到纳基托什去。然后她又想为什么他根本没想和她说话。他仿佛知道她的心思了，就过去坐在她的旁边。

火车离开了当地，他告诉她他母亲住在乡下什么地方，他的兄弟阿尔塞还有表妹克拉里塞。

星期天早上，恰范夫人想在埃克托尔内心深处唤起对苏珊娜的感情。他告诉她："亲爱的恰范夫人，你们知道，关于妇女，我是怎么想的？"说着他把盛着索泰尔纳酒的瓶子酌满。

"说笑话，得了吧！"恰范夫人笑了起来，她丰腴的肩膀在有白色褶边的衣服下抖动了起来。

一两天过后,下午四点钟的时候,埃克托尔走在卡纳尔街上。他穿着挺时髦,看起来可以做模特。他既不往左看,也不往右看,甚至不看身边过往的女人。有人转头看他。

当他走近罗亚尔的角落时,一个年轻人站在那儿用肘碰了一下他的伙伴。

"知道那是什么人吗?"他指着埃克托尔说。

"不晓得,什么人?"

"哇,你什么都不懂,那人是得柔斯坦,新奥尔良人人皆知的赌侠。"

阿卡迪亚之夜

待在农场里没什么事儿，于是泰莱斯福尔在口袋里揣了点儿钱，准备到附近的马克斯维尔去过星期天。

说实在的，在附近的马克斯维尔跟在自家的小农场一样无事可做。只是，那儿不会有埃尔文娜，不会有阿马兰瑟，也不会有瓦尔托太太的任何一个女儿。没有人让他费心猜度、踌躇不已，抑或心猿意马。

泰莱斯福尔二十八岁，早就想讨老婆了。家无娇妻就如一个教堂里没有祭坛和供品一般让人觉得空荡荡的。他太想娶个老婆了，去年一年里他差点儿向邻里的青年女子求婚，而且每次对象都不同。事情难就难在泰莱斯福尔总打不定主意。埃尔文娜那双美丽的眼睛常常迷得他想开口向她表白。可若要娶她的话，又觉得她的皮肤太黑了，走起路来既缓慢又笨重。再则他又疑心她是否有印第安人血统。众所周知，那代表着不忠。至于阿马兰瑟，她倒没有上述的种种缺陷，她的双眼也许没有埃尔文娜的那么动人，可是她的皮肤甚好。她轻巧自如地干着家务活或是穿过乡间小路去做礼拜或是去商店买东西时，看上去苗条极了。有一回泰莱斯福尔都已经认定要娶阿马兰瑟了，便出了门要去向她表白。可就那么凑巧，在路上让瓦尔托太太给撞上了，硬拉着他去她家一道喝咖啡，吃小面包。面对瓦尔托家这群魅力四射，多才多艺的姑娘们他要是无动于衷的话，那他真是个傻瓜了。最后，该讲讲加纳什那个手头颇丰的遗孀了。她长得不漂亮，但是很冶艳。泰莱斯福尔正盘算着娶了她会不会幸福。当他正想着能不能娶到她时，她嫁给了一个比她年轻的男子。

夹在这种种窘境当中，泰莱斯福尔常会有一种想要逃的感觉。他想出去一两天，换一换环境，多感受感受，看能不能豁然开朗起来。

他是星期六早上才决定要去附近的马克斯维尔过星期天的，同日下午，他便在乡间的车站等着踏上南下的列车了。

他是个身强体壮，容貌俊美的小伙子，脸上散发出一种刚毅之气，只是在择偶的那档儿事上犹犹豫豫的。泰莱斯福尔还是个衣服架子呢，穿什么都好看。这会儿他穿着件很合身的深蓝色成衣。他刚修剪过胡子，身边带着一把伞，头上戴的不是那种传统的毛毡，而是斜斜地扣上了一顶草帽，就因为换作是他叔叔老泰莱斯福尔的话，准会戴顶破毛毡的。他整个的行为方式都与他叔叔截然相反，虽然小的时候他认为自己跟他很像。叔叔目不识丁，于是读书认字成了泰莱斯福尔生活的目标。叔叔热衷于打猎，钓鱼，挖青苔，尽是些泰莱斯福尔讨厌的活儿。说到出门带伞的事儿，算了吧。老泰莱斯福尔总是在大雨中走到村口才想着该带把伞的。总之，经过一番前思后想，泰莱斯福尔走上的是一条与他叔叔背道而驰的生活道路。他活得体面、勤勉，而又有序。

这种天气在四月份有些过于和暖了。幸而车里不会拥挤不堪，泰莱斯福尔很幸运，他上车时背阳的一边只剩下一个靠窗的位置了。对于乘车旅行，他不甚熟悉，他出门一般都是骑马或坐马车，他对短途旅行比较感兴趣。

在车上，他没有和人讲话，因为他跟他们都不熟。车上坐着区里的律师，他只和他打过照面，一个纳基托什来的法国神父，还有几个人因为都是当地人，他觉得他们都很面善。

不过他也没有多大的兴致要跟人说话。田里的棉花、谷子长得挺不错的，泰莱斯福尔一边注视着它们，一边在心里同自家里的作物比较着，倒也怡然自得。

他快到站时上来了一位年轻姑娘。刚才一直有女孩子上上下下的，可能是这位姑娘上车后的那股忙乱劲儿引起了泰莱斯福尔的注意。

她站在月台上高声与她父亲道别，上车后，只能坐到向阳的那边去。阳光透过玻璃照进来,她又隔着那沾满尘埃的玻璃窗向父亲挥手作别。她看过去有些暗自激动又有点心事重重。上车的时候,她谨慎地拎着个大包,恭敬地把包放在前面的椅子上。

她长得不高也不矮,不胖也不瘦,不美也不丑。身上穿了件有花纹的薄麻布衣服,背后开得低低的露出一截浑圆柔滑的颈部,上面服服帖帖地垂着几缕柔软的棕色卷发。她头上戴着一顶白色的草帽,帽子旁边镶着一簇三色紫罗兰,手上戴着一副莱尔线织的灰手套。那个女孩一直不停地抹着脸,可能是觉得热。她找了半天找不着扇子,只好掏出手帕来扇风,接着她便要去开车窗。那车窗跟红河岸似的稳稳地在那儿,任她怎么也打不开。

从一开始泰莱斯福尔就情不自禁地把那个女孩的一举一动都看在眼里。这会儿瞧见她无奈地直起身子来,他就起身去帮她。他花了九牛二虎之力,弄得面红耳赤也还是没能把那扇窗打开。他只好说要把自己那个背阳的位置让给她。那女孩子迟疑了一下,说那儿没地方放包。他跟她说要不就把包放在老地方吧,他帮她看着就是了。于是那个女孩坐到了泰莱斯福尔位置上,而他则坐到她旁边去了。

他心里想着她会不会跟他说话,有点担心她会把他当成一个西部的旅行推销员,那样的话她就不会跟他搭话了,因为乡下的妇女总警告她们的女儿在火车上不要和陌生人说话。然而,这女孩可不是白白出生在阿沃伊勒斯村的,她才不会把一个阿卡迪亚的农民错当成西部的旅人呢。

"我可不希望那包发生什么意外。"她说。

她的眼光紧紧地锁定那个包。顺着她的方向看去,他向她保证:"那只包放在那儿没事的。"

"我跟你说,上次我来参加福什家的舞会,在去我堂哥家的路上,下起了一场雨。我那条裙子给淋得不堪入目。那样子好像是已经穿了很久都没有烫似的。再淋得湿一点,我看我也别想去什么舞会了。"

"今天不会下雨的,别担心。"他安慰她。他朝外望了望又说:

"要是真的下的话,你撑我的伞吧。要不,不管有没有雨你都把这伞拿去吧。"

"哦,不用了,我这回用漆布把裙子包起来。你也是去参加福什家的舞会吗?我是不是曾在长沼的德稗尼那儿见过你?你看过去很面善,一定是纳基托什村来的吧?"

"我的表兄们费德克鲁家族住在那儿。我从92年起就住在自己家了。我住在拉比得斯。"

他暗自决定要去参加那个舞会后,心里想着:她会不会再问一些有关福什家的舞会的事儿。她要是还问的话,他已经想好怎么回答了。可惜她早已转过头去,静静地凝望着窗外。很显然,她的思绪已经从这个话题跃到了其他一些与他无关的事儿上了。

他们下车了,那个地方不是什么村子,甚至不能称其为小村落。车站旁边是一片棉田,邮局和商店近在咫尺,附近还有监工塔。远处有几间草屋,那女孩远远地指着其中一间告诉他那就是她堂兄朱尔斯·特罗登的家。他们还得走好长一段路。泰莱斯福尔提出要帮她拎行李,她欣然接受了。

她迈着轻快的步伐,豪放得像个黑人姑娘。她身上找不出一丝矜持之态,却又不乏女性的妩媚之姿。她看过去是那种本身很有主见,也惯于帮人出谋划策的年轻人。

"你刚才说你叫费德尤是吗?"她边问边径直地看着他。她的目光很具穿透力,但并不很犀利,而是在坚定沉稳中透露出几分探询之色。他觉得她的眼睛长得很漂亮。虽然没埃尔文娜的那么大,但目光却更有神采。他们开始沿着小路往前走,然后朝通往特罗登家的那条巷子拐进去。夕阳西下,与火车上那种沉闷压抑的气氛相比,这下面的空气令人感觉神清气爽。

"你刚才说你叫费德尤是吗?"她又问。

"不,"他答道,"我叫泰莱斯福尔·巴凯特斯。"

"我叫泽达·特罗登。不知道为什么我觉得你应该是认识我的。"

"不知道为什么,我也有同感。"他答道,也不去深究其原因,他们俩都愉快地认同了这种感觉,对这种似曾相识的感觉几乎是深信不疑。

泰莱斯福尔跟她一样的不拘小节。这去往特罗登家的一路上他们就像老朋友一样聊得火热。他从她口中知道了她和父母,还有一大群兄弟姐妹住在长沼的格莱泽。他们的生活平淡无奇。因此,她堂嫂一围着家务活儿忙得不可开交时,她就过来帮忙,或者周六的时候费德家开什么盛大的舞会,她也会跑过来。她想着可能会碰上从马克斯维尔来的人。她常碰到亚历山德里娜来的先生。

这时候,特罗登老婆手里抱着个宝宝正站在门廊上盼着泽达的到来。四个打赤脚的孩子并肩坐在台阶上等着。一看到有陌生人来他们一个个都给吓愣在那儿。泰莱斯福尔帮泽达把大门打开,自己却站在门口。泽达郑重地把他介绍给了她堂嫂,她堂嫂便一直招呼他进屋坐。

"唉,好了。你还是进来吧。怎么说待会儿你也得到大老远的福什家哩。蒂·尤勒斯,去,快去把你爸叫来。"她说话的口气好像蒂·尤勒斯自己已经能动、能走、能跑了似的。

泰莱斯福尔还是没有进去。他掏出一块银表,一本正经地看了一下时间。他怀里总揣着一块表。他叔叔可就不同了,他总是像动物那样靠直觉或是根据太阳的位置来估量时间。泰莱斯福尔执意要步行到两三里远的福什家。他想在那儿吃晚饭,找个地方落脚再到舞会痛痛快快地玩一场。

"好了,我看我得跟你们大家说今晚见了。"他走的时候说了句话,满怀热切的期望。

"哦,是呀,你会见到泽达还有朱尔斯的。"特罗登的老婆愉快地高声回答,"跟你说吧,带着这群孩子,我是抽不开身去什么舞会了。"

"他长得挺帅的,"泰莱斯福尔走远了后她大声说道,"穿得还真有点像个王子。泽达,你什么时候认识了个巴凯特斯家族的人,我都不晓得哩。"

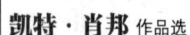

"嫂子,真奇怪你怎么会不认识。"特罗登的老婆没有再问什么了,泽达也就不再搭话了。

泰莱斯福尔想着自己为什么没有应邀进屋去坐坐。他倒不是在后悔,只是觉得很奇怪,是什么样一种力量使他谢绝了她们的邀请。他心里很清楚,让他坐在门廊上等着泽达打扮好,准备去参加舞会,同她们一家人一起吃饭,然后跟她们一道去福什家参加舞会也未尝不是件令人愉快的事儿。只是现在这境地对他来说既新奇又有些突兀。他希望自己真的能熟悉并适应过来。较之于其他,他想全面地斟酌眼下的处境。这个女孩给他留下了挺深的印象,让他有点动情了,但这种感情却是崭新的,不同寻常的,有别于以往的任何女孩子。他能够回想起阿马兰瑟、瓦尔托家的姑娘们还有其他姑娘性格中的某些细节,但对于她却没有一点概念。他想要回想一下,可就是怎么也想不起来。他有点被她吸引住了,可是内心里又不是真的那么全情投入。当然,毋庸置疑的是他那会儿正盼着那场舞会。那以后,他又在盼着些什么,连他自己也不知道。他倒无所谓,那没什么区别。假如他曾期盼过在福什家的舞会后发生些命中注定的事儿,那么,他该会微笑着感谢上苍那档事没提前发生。

每个周六福什家都是这番琳琅满目的光景,热闹得足以招来保安。这全都起因于那一锅正在沸腾的秋葵汤。那汤噗嗤噗嗤地四处飘香。福什长得胖胖的,满面红光。他没穿外套,正气急败坏地冲着老黑人杜泰破口大骂,骂她太奢侈了。他用尽了所能想到的各种畜生的名字骂她,每用一个新的字眼骂她,她统统骂了回去。她边骂边把那些鸡肉、一盆一盆绞火腿肉和一把一把红红绿绿的胡椒粉倒到锅里。他要是想让她煮给猪吃的话,只管说一声得了。她晓得怎么煮给猪吃,怎么煮给阿沃伊勒斯的人们吃。

秋葵汤的味道香极了。泰莱斯福尔很想尝一尝。杜泰从灶里把那根被多管闲事的福什塞到灶里的柴火抽了出来。她一边把那根柴火拖到一旁让它冒着闷烟,一边咕哝着:

"要不,他自己来这儿示范一下!"虽然她正色地告诉泰莱斯福尔说等不到午夜就先吃对一个基督徒或一个绅士来说都是很不应该的，但她在帮他把一个碟子拿去消毒时还是蛮客气的。

泰莱斯福尔红着脸，整了整衣冠，提了提精气神儿，在屋子四周溜了一圈。他东瞧瞧，西看看。这所饱经风霜的大房子上上下下是斑驳不一的廊台。院子里种着一排弯弯曲曲地向上生长的栋树。来参加舞会的人们都把车啊，马啊拴在那上头。

苍茫的暮色从四面八方袭向这黄昏时分的草原。举目远眺，依稀看到一行克里奥尔马儿疾驰而来。远远看去就像是一群木马。而那些骡车则像玩具车一般。夜色自那远方的林子不断地蔓延开去，人们骑着马儿飞奔而来。他真希望泽达也在其中。可是一转念，泰莱斯福尔又觉得不可能，因为要是那样的话，她恐怕连换衣服的时间都没了。

福什正骂骂咧咧地掌灯，一个看过去并不令人讨厌的黑白混血儿在一旁帮他。他一早就想象着要像那个科尔法克斯妇人对待年迈的丈夫那样，把这个小男孩给宰了，剁成块，包起来扔到桶里去腌了。这个黑白混血儿笨得跟只猪似的，该有这种下场。黑人乐师已经来了，两个小提琴手，一个手风琴师。他们这会儿正你一口我一口地喝着威士忌酒，手中的黑色夸脱瓶礼貌性地传来传去。乐师们喝完酒后才能演奏出自己的水平。

远道而来的姑娘们有的乘车，有的骑马。她们大多穿着花布裙，戴着太阳帽，漂亮衣服则藏在枕套、用毛巾、被单捆起来一同带来。她们一到便带着衣服躲到楼上的一个房间去。再出来时，只见得缎带飘飘，浑身挂满饰物，一脸涂得白白的，只是从不抹胭脂。

客人们都来得差不多了泽达才到——用"飞驰而来"或许表达得更确切。她堂兄朱尔斯驾着一辆无篷的双人四轮马车载她来。此时，天色已晚，屋前的台阶几乎快被夜色吞没了。为了给那群围在一起的人们留下深刻印象，他顽劣地把车一直开到台阶前才猛然勒住马。大多数的男士们都把车停在外头，然后让一同来的女伴们从栋树下进屋去。

门廊上几盏煤油灯强烈地照射着。泽达拾级而上,在亮光中把身上轻飘飘的披肩一挥,这才是真正令人惊艳的时刻。她从头到脚,简直是一身上下都是白的,连脚上的便鞋也是白的,没有人会相信,更不用说事先会知道她穿的是一双旧的黑拖鞋,被她用最早的圣餐饰带盖上。那条裙子篷篷的、松松的、绒绒的,美得真难以用言语来形容。难怪她那般地虔敬地放置。她在那把白扇子上缝满了饰片,看过去亮闪闪的,腰间和发际插着几枝黄橙色的花。

靠着栏杆的两名男子被她的美艳惹得不禁长长地吹了一个口哨。

"哎哟!泽达,你这个样子就像个快出闺房的新娘子似的。"一个怀里抱着宝宝的妇人嚷着。一些年轻的妇女偷偷地笑着,泽达则自顾扇扇子。女人们的声音一如既往的尖锐刺耳,男人们的噪音则温和而低沉。

像见到一位珍贵的老朋友一样,姑娘转身向泰莱斯福尔招呼道:"哎哟!是您呐!"他起先还在犹豫着是否该上前去,此刻见她认出他来的那股亲切的劲儿也就伸出一只手来,热切地迎了上来。男人们用猜疑的眼光瞅着他,打心底里厌恶他那时髦的外表。在他们看来这既招摇又不成体统。

此时泽达的双眸是那样的神采奕奕。啊!泽达笑起来时的口齿又是何等的可爱啊!她的双唇是一个启示,一份承诺,一种可以珍藏的记忆,在夜里可以拿出来品味,翌日又可以细细思量。严格地说,她可能并没有这般的羞花闭月,但不管怎么说,泰莱斯福尔当时是这么看的。他开始注意她的容貌了:她的鼻子,眼睛,头发。而当她从他身边走开,步入舞池去同堂兄朱尔斯跳第一支舞时,他便头靠在一根柱子上想着她的容颜:鼻子,眼睛,头发,耳朵,嘴唇还有那圆润柔滑的粉颈。

接着的情形就像个疯人院似的闹哄哄的。

乐师们把气氛调动起来后便跑到屋里猜拳去了。整个舞会都是脚步声砰砰作响,四处尘土飞扬。女人们的声音越来越高,七嘴八舌地混成一团,好似那苏醒中的群鸟叽叽喳喳地尖声乱叫。男人们则爆笑如雷,倘若有人想到把福什的嘴巴塞起来,那么声音可能会小多了。他的好心情像空气一样渗透到每个角落。一片喧哗中他的声音最大，尘土飞扬中他的身形最显豁。他叫那个年轻的黑白混血儿（那个该挨千刀的）"我的孩子！"然后让他忙得东奔西窜，他边尝着秋葵汤边冲着杜泰笑，并祝贺她道："在这儿认识你很高兴！"

泰莱斯福尔同泽达跳了一支舞后就靠在柱子上，然后再与她共舞，再靠到柱子上。其他女孩子的母亲都说他那样儿活像头猪。

又到了能与泽达共舞的时候了，他手里拿着她的披肩四处搜寻着她的身影。他那条披肩是她让他拿着的。

"几点了？"当他找到她并拖住她时，她问道。他掏出银表来，此时他们正站在廊台前面的一盏油灯下，她看上去还沉浸在一种压抑着的亢奋之中，他早就注意到这一点了。

"十二点十四分。"他把确切时间告诉她。

"但愿你能找到朱尔斯。到那边牌室去瞧瞧他有没有在那儿，再来告诉我吧。"朱尔斯已经同最漂亮的女孩们都跳过舞了，她知道这是他的习惯，一番偎傀风流后，他总是躲到牌室里去。

"你会在这儿等我回来吗？"他问。

"嗯，我在这儿等，你去吧。"她向后退了退，在一片阴影里等着。泰莱斯福尔很快就回来了。

"没错，他正同福什还有其他一些我不认识的人打牌呢。"在阴影里找到她后，他跟她汇报着。在刚才的那盏灯下没能一眼就看见她，他还心慌了一阵呢。

"他看上去是不是不想走？"

"他的外套脱下来了，看过去他像是要在那儿再舒舒服服地待上一两个小时了。"

"把披肩给我。"

"你冷了吗？"他意欲帮她披上。

"不，我不冷。"她把披肩自双肩拉了过来转身好像要离开他。可是，她好像又一下子变得很大方，又说了一句："跟我到这儿来。"

走下几级歪歪扭扭的台阶，他们向院子里去，他不是陪着她，

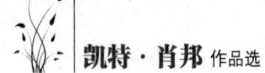

而是跟在她身后，踏过那块让人践踏得不成样的草地。瞧见她的人都想着他们应该是要去外面透透气。从屋里斜斜地透出几缕光来，摇曳不定，使得阴影处更加幽暗了。黑暗中，煮秋葵汤的锅下的余烬还在炉中泛着红光，树丛里万籁俱寂。

在泰莱斯福尔的殷殷相伴下，泽达走了出去，车马都拴在篱笆上，她提着裙子小心翼翼地踩着步子，生怕沾上一点儿露珠或尘埃。

"朱尔斯的车马都在那儿，请把它们掉个头到这儿来。"按她的吩咐，他把马车向后倒，然后再把马车牵到她面前，而她正站在一条修了一半的路上。

"你要回家了吗？"他问道，"最好是让我给马儿饮一下水吧。"

"不打紧，"她跨上马背，拽着缰绳又说了一句，"不，我还没打算回家去。"他也握着马缰，那缰绳横过马背，握在他的一只手里。

"那你去哪儿？"他问道。

"我去哪儿跟你无关。"

"这么晚了，你该不是一个人出去吧？"

"你觉得我该怕些什么吗？"她笑道，"把马松开。"边说着边策马前行。那匹小野驹一跃奔了出去，泰莱斯福尔也纵身一跃上了马车，坐到泽达身旁。

"这么晚了，你不会一个人出去的。"这句话现在已不是问句了，而是断言，没得商量了。意识到这一点，泽达也就不再争执什么，只是静静地驱车向前。

在这卡迪大草原上再没什么动物能像这种克里奥尔小马驹一般的身手敏捷了。它既不是一般的驰骋开去，也非小跑一气，而是风也似的飞驰而过。那马车也便跟着咯叽咯叽地上上下下，左右颠簸摇摆着。泽达紧紧抓着她的披肩，泰莱斯福尔使劲把草帽往右眼处一扯，说要驾车。可是泽达不肯，因为他不认识路。他们很快就到了林子里。

在这两旁郁郁葱葱的道上，倘若还有什么动物走得比这克里奥尔马驹更慢条斯理，那么这种动物至今还没有人在阿卡迪亚见过。仿佛是被这森林里的漆黑一片骇住似的,这只特别的动物快快地走着。它耷拉着脑袋,每迈出一步,那双蹄都似灌了千磅重的铅一般。任何一个对其特性不熟悉的人定会以为它是站在那儿一动不动了。可泽达和泰莱斯福尔都知道它在行走。泽达深深地叹了口气,握着马缰的手松了几许。泰莱斯福尔则把帽子一掀,任它在脑后摇过来晃过去。

"你干吗没问我上哪儿去?"她终于开口了。自从她拒绝让他驾马车那会儿起这是她第一次开口。

"哦,你上哪儿去对我来说都一个样。"

"既然我上哪儿去对你来说都一个样,那么我就跟你说了吧。"尽管如此,她还是犹豫了一下。他看上去一点好奇心也没有,也没催她。

"我就要结婚了。"她说道。

他惊呼一声,声调恰似一头突然遭刺的动物般凄厉。他此刻才感觉到森林里黑得多么可怕。就在前一刻,它看起来还像是一个甜蜜的黑色天堂,比起他耳闻过的任何一个天堂都要好。

"你干吗不在家里结婚?"这并不是他想要说的第一件事,但一开口,这却是第一句话。

"啊,对极了!带上一群骡子给丈人丈母娘!说起来真好!"

"他怎么不来接你?这么晚了让你独个儿闯森林,他到底是怎样的一个恶棍?"

"你最好还是等你知道他是谁后再做评论吧。他之所以没来接我是因为他知道我不会怕,还有就是自从上次让人给从朱尔斯·特罗登的屋里赶出来后,为了他的尊严,他再也不愿坐朱尔斯·特罗登的车了。"

"他叫什么?你又上哪儿找他去?"

"就在那边沃特·吉布森家里——他是个保安官还是什么的。反正他要为我们主婚。我们结婚后,格莱泽的长沼那边那群蠢货就可以说他们要什么了。"

"他叫什么?"

"安得烈·帕斯卡尔。"

名字对泰莱斯福尔来说毫无意义。在他看来,安得烈·帕斯卡尔可能是阿沃伊勒斯那儿的一个出色人物,可是他又拿不准。

"你还是回去吧。"他说道。他提出这一建议并非出于私心,而是因为想到这女孩要嫁给一个朱尔斯·特罗登连门都不让进的家伙。

"我不会食言的。"她答道。

"他怎么回事?为什么你父母不让你嫁给他?"

"为什么?还不是老调重弹!一个人倒霉了谁都想上去踏一脚。他们说他懒惰。一个人能从圣·兰德里一直走到拉比得斯去找活干,他们居然说他懒!还有,长沼那边有人传说他酗酒。我不信,我从没见他喝过酒。至少他娶了我后不会再喝酒。他爱我都还来不及,还会喝酒。他说要是我不嫁给他,他就拿把枪让脑袋开花。"

"我看你还是回去吧。"

"不,我不会食言的。"接着他们便默不作声地慢慢腾腾地穿行在林中。

"几点了?"过了一阵子后她发问。他划了根火柴看了看表。

"我跟他说大概一点钟会到。我想那个时候从舞会溜出来最好了。"

她本来想走得快点,可是那马就是怎么赶也走不快。它踟蹰而行,仿佛随时准备咽气了。可是一出林子它就加紧把失去的时间都补了回来。它狂飙似的再次飞奔在空旷的大草原上。也许是某种飞魔附在它身上吧。

他们在沃特·吉布森屋前停车时已经是一点过了几分了。这房子不仅仅十分简陋,而且在暗淡的星光下看上去孤零零的,仿佛只身置于这黑色苍茫遥远的大草原之中。他们的车刚在大门口停住,里面的一条狗便狂吠了起来。一个黑人老头向他们走来,这三更半夜的,他刚才一直在廊台上抽着烟斗。泰莱斯福尔下了车后便去扶他的同伴下来。

"我们想见吉布森先生。"泽达大声说道。老人家早已把门打开了。屋里没有灯。

"马瑟·吉布森,他上老博代尔先生那儿打牌去了。可是,他往常都是在一点以前就回来了。进来吧,小姐,进来吧,直接从那儿进来就行了。"对于他们的到来他已经在心里有了解释。于是,老人进屋去把灯点上,两人就在窄窄的走廊上等着。

这房子虽小,总共就只有一间屋,可单独说来这屋子已经相当大了。泰莱斯福尔和泽达进门时就觉得这屋子又大又幽暗,靠墙放着一桌子,上头摆着灯,还有一个爬满锈斑的墨水瓶,一把钢笔和一个空白的本子,墙角放着一张窄窄的床,砖砌的烟囱伸向屋里,突出的一块刚好当作壁炉台用。低压粗大的橡上挂了许多东西,钓具、一把枪、几件不要的衣物、一串红辣椒,地上铺着木板,宽宽大大的,表面粗糙,随随便便地拼凑在一起。

泰莱斯福尔和泽达在桌旁相对坐下,那黑人走了出去到柴火堆去拾些柴火好升一小堆火。

天气挺冷的,他想两人可能会想喝咖啡,他也知道沃特·吉布森回来第一件事就是要喝咖啡。

"他到底是让什么事儿给耽搁了?"泽达不耐烦地小声抱怨着。泰莱斯福尔看了看表。他一直在看表,每隔一分钟就看一次。

"一点十分了。"他说道,再没多说一句。

一点十二分。泽达又不安地开口了:"我真想不出安得烈到底是怎么了!他说了一点准到这儿的。"那黑人老头正蹲在火堆前,注视着那火焰融融。此时他把目光向泽达转去。

"你在说安得烈·帕斯卡尔先生吗?不用找了,安得烈先生一整天都在品特酒吧那儿闹事哩。"

"这是谎话。"泽达道。泰莱斯福尔一句话也没说。

"这不是谎话,小姐,他真的在闹事。"她盯着他,不屑一答。

从这黑人那平淡如水的口吻看来他是没有撒谎,只是他错估了安得烈·帕斯卡尔的能力。想想看他既然一整个下午,一整晚上在那儿兴风作浪,怎么还来得及在凌晨一点赴佳人之约。因为这会儿听到狗叫声,来势汹汹,咄咄逼人,便知道安得烈已经近在咫尺了。那黑人赶紧开门去请他进来。

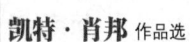

安得烈并没有马上进屋,他在外头待了一会儿,一边冲着那条狗骂骂咧咧的,一边跟那黑人说,当下还有要紧的事等着他,等他把事儿办好了,就出去一枪把那畜生给毙了。

他进门时泽达站了起来,有些慌乱又有些兴奋。泰莱斯福尔还是坐着。

帕斯卡尔已有七分醉意,身上的礼服很显然是昨天为了参加什么盛会而穿的,只是那副整洁相早已差不多荡然无存了。他的衣服脏兮兮的,一个人看上去就是那种一番放纵豪饮后费了好大劲才让自己脱身出来的样子。他比泰莱斯福尔高一点点,长得也更为潇洒。女人大半会说他更帅气。不难想象神志清醒时,他只要做出谈吐文雅,风度翩翩的样子,肯定让人认为他出身望族。

"安得烈,干吗让我等了那么久?你明明知道……"她没再说下去,只是向后靠在桌子上,惊异而又诚挚地看着他。

"让你等,泽达?我亲爱的小泽达,你怎能这么说!我一个钟头前就开始往这儿赶了,还有那……咦,那该死的老吉布森呢?"说话间他早已向她逼来,很明显是想抱她。可是她一把抓住他的手腕,同他保持一臂之遥。他双目搜索着老吉布森的身影时,目光落到了泰莱斯福尔身上。

看见一个卡迪人使他惊诧不已。他向后退了一步,盯着这小伙子,只管猜测揣度了起来,好像是对着一尊未贴标签的蜡人似的,然后扭头要向泽达讨个说法。

"嘿,泽达,你这是什么意思?上哪儿弄来这么一个呆瓜坐在这儿?谁让他进来的?你以为他在找什么?麻烦吗?"

泰莱斯福尔一句话也没说,他在等着看泽达叫他怎么做。

"安得烈·帕斯卡尔,"她说道,"你马上给我滚出去,有种的等到世界末日再来跪在我面前,一枪把你自己的脑袋打开花吧,我永远不会嫁给你的。"

"你不肯,真他妈的见鬼!"

他的话刚一落音就来了个仰面朝天倒了下去,是让泰莱斯福尔给打倒的。他本来已开始在清醒了,这一拳看来让他完全清醒了。他打起精神边站起来边伸手到身后掏枪。他的动作还不稳,于是枪便从手里滑落到地上。泽达把它拾了起来放在后面的桌上,她要看一场公平的决斗。

那种要将对方置于死地的野性在二人胸中升腾激荡。他们都把彼此当作眼中钉要扫除——必要的话就干掉。爱恨相交,使得两人拳头紧握,浑身肌肉紧绷,拳脚相交,你来我往。只是他们都不善打斗。

火光熊熊,刚才那黑人放在煤炉上的水壶正呜呜地冒着气。那人出去找他的主人了。泽达早已把灯放到高高的炉台架上安全的地方去了,她双手撑着斜靠在身后的桌子上。

面对着这场打斗她既不出声也不伸手去制止。她一动不动,面无血色,嘴唇苍白,只有那双眼依然鲜活地燃烧着,跳动着。有一下子她觉得安得烈肯定是把泰莱斯福尔掐死了,可是她一语未发,下一瞬她又确信泰莱斯福尔这一拳过来准让人丧命,可是她还是一动不动。

那不怎么牢靠的木地板在两人的厮打中咯吱咯吱地晃得多厉害啊!那老旧的橡子仿佛都在呻吟,她觉得整个房子都在颤抖着。

那场打斗再凶狠持续的时间也不长,最后,两人在走廊上停了下来。至于他们是摇摇晃晃地打出门去的,还是一个将另一个拖出门去的,这一点她也说不清。但结束时她是知道的,因为有好一阵子都寂然无声。接着,她听见他们中的一个下台阶,走了,大门在他身后砰的一声又关回来了。另一个跑到水池边,她站在那儿能听到锡桶溅起水花的声音。他一定是在使劲要把打斗的痕迹洗去。

不久泰莱斯福尔就进屋了。那楚楚的衣冠被弄得走了样,这会儿那些卡迪舞会上的男士该不会再对他的着装有所侧目了。

"安得烈呢?"女孩问道。

"他走了。"泰莱斯福尔答道。

她一直没有变换姿势地站着,这会儿收势站直了,双腕痛了起来,她用手去搓了搓。她的脸色不再苍白了,血色也回来了,使她双颊绯红,双唇点朱。她向他伸出手去,他欣喜地握住,可

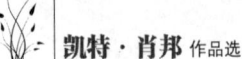

是他又不知道该把它怎么着好,也就是说他也搞不懂自己有没有胆子把它怎么样。于是,她轻轻地收回手,走到火炉旁。

"我看我们最好也走吧。"她说道。刚才那个黑人放在炉上的水壶里的水此时正咕噜咕噜地冒着泡泡,他弯腰倒了些水。

"我先沏点咖啡吧,"他提议,"不管怎么说,我们最好等到那个叫什么的老汉回来再走,把他的屋子弄得这样连句解释、道歉的话都没有,我看不大好。"

她没搭腔,顺从地在桌旁坐下。

她全没了原先那份桀骜不驯的气势,过去的几个小时中那么一折腾,她好像都麻木了。幻想破灭了,心中爱意也随之而去。胸中了无遗憾更向她证明了这一点。她也意识到那爱原本是从幻想中滋生而来的。她身心疲惫,喘了一口气,坐下,垂着头懒洋洋地看着泰莱斯福尔沏咖啡。

他沏的咖啡足够二人享用,要是沃特·吉布森来了,他也给留了一杯,还给那黑人也留了一杯,他猜想那杯子啦,糖呀还有调羹都放在墙角的橱子里。于是真的在那儿找到了。

最后,他终于对泽达说:"来,我带你回家。"说罢帮她把披肩围上,在下巴处用别针别住。她就像个孩子似的绝对信赖地跟在他身后。

回来的时候是泰莱斯福尔驾的车。他没有让小马驹乱蹦乱跳,而是让它乖乖地、稳稳地走着。女孩还是一声不吭。她一直在细细地想着——有些泪汪汪地想着长沼的格莱泽那儿的两匹老骡子。

他们在林子里走得多慢啊!林子里多黑啊!多么静啊!

"几点了?"泽达轻声问道。哎呀,他怎能告诉她他的表坏了。这大概也是泰莱斯福尔有生以来第一次不在乎时辰。

中篇小说

克里奥尔人的输家

第一节

深秋一个风和日丽的下午,两个年轻男子在卡纳尔街上谈话,话快说完了,显然,话题是在俱乐部里开始的,他们刚从那儿出来。

"奥弗丁,这里有大钱赚。"两人中比较年长的一个说,"没钱我就不会让你碰这事儿。当然了,他们告诉我说帕奇利已经从这挣了 10 万元。"

"可能吧。"奥弗丁回答说,他刚才出于礼貌认真地听着话,但现在的脸上已表现出近乎信服的表情。他拄着一根不好看的手杖,身子向后仰了一下,接着说道:"菲奇,我敢说,没错。但要我说的话,做出这样的决定对我来说所意味的并不是你想象的那么简单。我只有那么可怜兮兮的两万五。我至少还要把钱放到枕头下几个月,才会把这点子儿丢到这儿上头。"

"你就会把钱投到哈丁 & 奥弗丁的厂子,折腾出可怜兮兮的百分二半的佣金;这就是你最后所得。哥儿们——瞧,你保准会这么干!"

"也许我会干,但更可能不干。等我回来我们再谈。你知道我今儿早要去北路易斯安那。"

"哎呀,这是干什么去了嘛?"

"噢,公司的生意。"

"那你到了什里夫波特或什么地方给我捎封信。"

"没到那么远,但到下次见面前别指望有我的消息。我也说不准什么时候会回来。"

随后,他们握手道别。富态的菲奇上了普赖塔坦里亚街上的一部小车。华莱士·奥弗丁先生匆忙赶去银行取钱,他在俱乐部赌运不佳,钱袋轻了许多。

这个年轻的奥弗丁是个踏实的人,尽管偶尔倒运栽跟头。现在他26岁,有了继承权,需要的就是脚踏实地和头脑清醒。

年青伊始,他就隐约有一种过理性生活的意向。也就是说,他要有意识地、明智地运用自己的聪敏,这不是一下子能表现出来的。首先,他要避开风行一时的鄙庸之事,还有平庸的美国生意人时时说的那种实际上没什么意义的快感。那只能使人灵魂受染。

奥弗丁适度地做了一些恰巧属于社会层次不俗的人通常做的一些事,他们都有点钱和健康的思想。他上过大学,在国内外旅行了一阵子,参加集会或俱乐部,还在他舅舅的证券经纪公司做过事。这些活计费了他好些时间和精力。

但他一直感觉他才刚刚开始,以后要发展实在的、理性的东西,正像他总喜欢对自己说的。他继承了两万五千美元的财产,觉得这是人生的转折点。此时有利于作打算,调整一下状态,然后坚定不移地走自己的路。

当哈丁与奥弗丁先生决定要一个人管理他们所说的"红河边上的一块棘手的地方"时,华莱士·奥弗丁自告奋勇,接受了地方检查官的特殊委托。

这个幽静清凉、界限凌乱的地方是他所住的那个州中一处鲜为人知的地方。他希望这地方能成为他归隐之密处,可以在此修身养性。

第二节

哈丁与奥弗丁先生所说的"红河边上的一块地方"就是纳基托什县人们通常所说的"老桑蒂恩的领地"。

凯特·肖邦 作品选

在卢西恩·桑蒂恩拥有上百名奴隶的那个时代，这个地方因有良田千顷而出名。当然后来的内战当然把她变得满目疮痍。朱尔斯·桑蒂恩无法弥补战争造成的损失。庄园被毁了，他的三个儿子却没他那么能干，也担不起债务。新奥尔良的债主哈丁与奥弗丁先生免去了庄园主人招惹的债务，也解除了主人对这块地的责任，于是他们就此解脱了。

桑蒂恩家的老大赫克托和最小的格雷瓜尔各奔前程。只有普拉西德一味要立足于曾属于他和宗亲的土地发展。他也喜欢游历，当然范围不大，一个下午就到了老地方，这时候他觉得很高兴。

覆盖好几公顷的开阔地开垦得挺草率，但土地非常肥沃，棉花、玉米、杂草和可可草逮着机会就猛长。在这块开阔地的尽头是黑人居住区，有一长排老旧不堪的屋子。屋子后面就生长着茂密的树林，有点诡秘，声影蛊惑、魑魅魍魉，太阳照射时林子里也尽是幽光。原来有一个杜松子酒房现在也废弃了，但至多可以在冬季给十来头牛勉强当作棚子，前提是那些牛还得凑合着挤成一团。

采自红河岸上的一打或再多几根的竿子立在那儿支撑着住房，庄园里再没有什么地方比这更沧桑悲凄的了。又黑又陡的房顶爬满青苔，架在八个大屋子上看上去像个灭火器，一下雨就没什么用了，能住人的房子不到一半。四周榭木也许太厚太密。走廊又长又宽，倒也挺招人喜欢。但得知道在一个角落里砖做的柱子开始坍塌，另一边的栏杆也不安全，还有一边人们早说了不安全。但是，那不是华莱士·奥弗丁来后那天坐的那个角落。那个相对安全。一株花，叶子厚厚的，长得奶酪似的花，就像茁壮的爬藤一样从一个柱子延伸到另一个，花香袭人。奥弗丁身边的寂静正符合他好静的性情。接待他的是上了年纪的皮埃尔·曼顿，这块土地的管理人，坐在那儿和他说话，声调柔和，有节奏，但很单调，听起来倒像插入玫瑰花中蜜蜂嗡鸣声的声音。他在说：

"如果是我，我就不发牢骚。闲下来的时候，雇一两个伙计，把房子修起来。我们尽量修，把栅栏修起来，先修一个地方，然

后再修另一个,这样就轮不到拉克鲁瓦他妈的那个混球,去他的。我不想谈这个人。但是我是不会发牢骚的。厄弗拉西说,哈丁&奥弗丁那么有钱,要说他们缺一块那种地,才是胡诌。"

"厄弗拉西?"奥弗丁有点奇怪地问到,因为他还没有听说过这个人。

"厄弗拉西是我的小孩。稍等一下。"皮埃尔补充说道,他记起自己还穿着衬衫,起身去拿挂在附近一个钉子上的大衣。他长得五短三粗,面善,温和,被太阳晒成褐色的皮肤,显出他健康的体魄。他戴着一顶毡帽,下面是长长的灰色的头发。坐定后,奥弗丁问道:

"你小孩在哪儿?我没见过。"他心里在想着小孩怎么想出这么有头脑的话。

"她在迪普朗夫人那儿,在凯恩河。我从昨天起就在等她,还有普拉西德。"他的视线不经意地投向种植园的长路上。"但迪普朗夫人从来就没想让她走。要知道,自孩子的母亲死后,是她拉扯大了这孩子。她收养了孩子,养她,像养自己的亲生女儿奈蒂那样待她。但一年多前厄弗拉西就说我一个人跟那个黑奴过不是那么回事,普拉西德也时不时地这么说。所以她到这儿来管事!天啊!"老人笑起来,"给哈丁&奥弗丁公司的信都是她写的。要是就我一个人的话,那么……"

第三节

普拉西德一看到厄弗拉西对种植园的状况感兴趣就有一种不祥的预感。他说这个地方就是一无是处也跟她没关系,说话时这种情绪就表露了出来。他说:"让乔·迪普朗去摆阔就罢了,你还要去折腾,烦不烦?"

如果他愿意的话,普拉西德本可以靠自己把种植园整得好一点。因为无论什么事情对他来说都只是举手之劳而已。他站着一边吹口哨,一边就可以修好马鞍或马勒。如果马车需要一个支撑的或是垫的东西,他能到坊子弄出一个,跟巧匠做的似的,而且来得很轻松。任何一个看过他摆弄刨刀、尺子或凿子的人都会说他是个天生的木匠。如果要调漆给房子或马厩上色,那么在方圆之内他则是绝无仅有的,而且他的活计好看又耐久。

最后一项绝活他在自己的村子用得较少,但在邻村用得多。他很多时间都是在邻村过的,正是在那儿他作为一个漆匠而名声大震。在奥维尔村他有一个小屋,他利用零碎的时间装饰房间,觉得其乐无穷,而小屋日趋温馨迷人。以后这就成了他的宝贵财产,因为春天,他要把厄弗拉西娶到这儿。

也许因为他有才却无心施展本事,一些混出点名堂的人说他是克里奥尔人的输家。但赢家也好,输家也罢,漆匠、木工、铁匠或其他什么都行,他总是一个桑蒂恩,属于乡下最好的血统。当他和厄弗拉西订婚时,许多人觉得他低就了,因为她的父亲是老皮埃尔·芒东,母亲身体有问题,比一个废物好不了多少。

普拉西德几乎是想娶谁就可以娶谁,因为女孩总是很容易爱上他。他太棒了,帅气、开朗又洒脱。和他一起长大的同伴现在有的是律师、种植园主或莎士比亚俱乐部的成员,他似乎都没把这些人当一回事儿。谁也没想到桑蒂恩的后代居然如此不想出人头地。他们三兄弟小的时候都很让老师头痛。后来请了个家庭教师来管教他们,但老师的计划终究落空。一时,其父认定他们没什么出息,就把他们送到大科托学院。当时他们的反抗对纳基托什县人来说还是历历在目的事。

现在普拉西德要娶厄弗拉西为妻了。在他的记忆中,他从厄弗拉西初到这个世界时就爱上她了,而且自始至终如此。他觉得好像六岁时就爱上她了。皮埃尔是他父亲桑蒂恩雇来的监工,有一次看到他在玩,就叫他来认识一下,允许他抱她一阵子,他抱着她时没敢说话,俨然有神圣之感。他记得那是他看到的第一个白人婴孩,他马上就想到这个婴孩是他的生日礼物,是来做他的

中篇小说

小伙伴的。如果他爱上她,那没什么奇怪的,什么人都会爱上她,从她勇敢而优雅地走出不稳的头几步就开始了。

她是老纳基托什县有史以来最温文尔雅、快乐无忧的小姐。痛了她从来不哭闹,普拉西德不会,她怎么会呢?如果哭了,那要不是她干了坏事,要不就是他干了坏事,因为她觉得哭是胆小的表现。十岁那年,母亲去世,当地好心慷慨的迪普朗女士从自己的种植园谢尼埃赶到老皮埃尔的门前,收养这个难得的千金,把她带走了,用自己的方式养育她。

迪普朗女士对厄弗拉西的培养方式类似于自己的经历。厄弗拉西很快被送到修道院,学尽圣心堂所善授之女性诸艺,礼仪风度、言谈举止。她离开时,人们都已喜欢上她。其实,她这人走到哪儿,哪儿的人们都喜欢她。

普拉西德还是一段时间去看她一次,始终爱着她。有一天他忍不住向她倾诉衷肠。当时正值盛夏,她站在谢尼埃庄园的一棵橡胶树下,浑身披洒着金色的交晖。她在绚丽的阳光呵护之下,闪现一身动人的光辉。普拉西德目睹此情此景为之一颤,好像第一次看到如此的风采。他只能看着她,惊诧为何她的头发竟这么富有光泽,浓密的红棕色发浪徐徐地在耳际和脖颈轻拂着。以前他曾无数次地凝视她的眼睛,而现在才意识到那双略带眠意而微显思虑的双眼如此令人沉醉。以前怎么没注意?怎么也没注意到她红唇美丽而有力度的曲线?甚至没注意到她乳脂般的肌肤?天啊,她美如天仙。"厄弗拉西,"他抓住她的手说道,"厄弗拉西,我爱你!"

她有点惊讶地看着他,"噢,我知道,普拉西德。"她说话的语调有克里奥尔人的轻柔。

"不,厄弗拉西,你不知道,我自己也是这会儿才知道我爱得那么深。"

也许出于本能,他也问她,她爱他吗?此时他还抓着她的手。她若有所思地看向别处,没想回答。

203

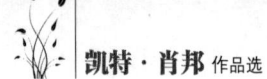

"你有更爱的人吗?"他醋意十足地问道:"或者对某某人有像对我一样的感觉?"

"你知道我更爱我爸,当然我也爱迪普朗夫人。"

但是,当他提出要娶她时,她还不能给自己想出个拒绝的理由。

就在这事前几个月,厄弗拉西回去和父亲一起住,这么一来,18岁女孩的快乐都没了。如果有一点遗憾的话,没人猜得出是什么。她常去看迪普朗夫人。就在奥弗丁来到种植园的那天,普拉西德已经去谢尼埃家的种植园把她接回家了。

他们乘火车到了纳基托什,皮埃尔的敞篷马车已经在等候他们,因为离种植园还要穿过五英里的松树林子。他们的行程走得差不多了,马车已经驶上那通往种植园深处的房屋之路,这时,厄弗拉西兴奋地喊起来:

"普拉西德,你瞧,什么人在走廊里和爸在一起。"

"对,我看见了。"

"好像是镇上的人,一定是格斯·亚当斯先生,不过怎么没看见他的马。"

"我不认识那人,一定是城里来的。"

"哎,普拉西德,我在想是不是哈丁 & 奥弗丁终于派人来看地方了。"她兴奋地喊了起来。

他们已经靠得很近了,看得出陌生人是一个挺帅气的小伙子。普拉西德一下子就有了一种莫名的、冷冷的压抑感。他对她说:"我不是一开始就告诉你别管那么多吗?"

第四节

华莱士·奥弗丁一下子记起在以前有一次马蒂格拉斯开舞会时,他曾把她弄到俱乐部包厢里一个较高的位子上。当时厄弗拉西还小,那时奥弗丁就觉得这孩子可爱,逗人喜欢,于是有那么一两天在想着这人是谁。虽然那时已经有了一定的印象,他自己中篇小说

意识到这一点,但是在皮埃尔介绍的时候,他没有谈到以前见过面。

奥弗丁给她一张椅子,她便坐下了,她简单地问了一下他什么时间到的,旅途顺不顺,还有是否觉得到纳基托什的路不好走。

"厄弗拉西,奥弗丁先生昨天刚到。"皮埃尔插话说,"就在这个地方我们聊了不少,我啥都说了。噢,对了,奥弗丁先生,不好意思,我得去帮普拉西德把马和车安置一下。"随后他慢慢地下了楼梯,哈着腰,懒洋洋地向下面的棚子走去。刚才普拉西德把厄弗拉西放下来之后,就把马车往棚子里赶。

"我敢说你一定觉得怪。"奥弗丁说话了,"这儿的主人怎么会荒着这个地方这么久,不像话。但你看得出,"他微笑地继续说,"种植园的管理跟代理商的义务不搭界。这地方他们不仅挣不了钱,还得赔钱,自然他们也不想再投资下去。"他自己也弄不清楚干吗要跟一个小丫头谈这些,但又接着说道:"要是有好价格,我有权把这地方卖了。"厄弗拉西笑了起来,笑得让他觉得不舒服,于是想就此打住,不管怎么说,以后多了解她一些再说。

她很肯定地说:"奥弗丁先生,我知道你会在镇子上找一两个人一个劲儿糟蹋这个地方的名声,直到送给人人家都不要,然后你再低价接手,到时候这块地只配做抵押。"

两个人都笑了起来,普拉西德过来一看就火了。但还没走到跟前,他的礼貌本能使他终究没在一个生人面前发作起来。他表现得坦诚而有风度,一脸帅气,皮肤略带深色而富有光泽,面容轻柔,就连边幅雅饰的奥弗丁和他握手时也为之一惊,钦羡不已。他知道自己现在要接管的种植园原属桑蒂恩家族,自然而然他也指望普拉西德在重建的事情上与他合作或能直接帮帮他。但普拉西德表示不愿意加入,极力对种植园的状况表现得很漠然,不屑搭理。

这会儿只要谈到奥弗丁在这儿的事,普拉西德大概就没话说了。要谈一些不着边际的事情时他可能还有话说。一吃完晚饭,他骑了马就走。他不愿等到早上,半夜月亮升起来也可以照亮道

路。其实他对道路很熟,白天晚上都一样。他知道在沼泽什么地方可以蹚水,过山哪条最安全,要过哪家的种植园或栅栏。因此,他高兴走哪条路就走哪条,高兴怎么过就怎么过。

他去马廊的时候,厄弗拉西和他一起走。她看到他一下子打定主意要走有点不解,于是问他为什么。他直截了当地说:"我懒得理那小子,受不了。他滚了你给我捎个信。"

小马和她挺熟,她拍拍揉揉它。一片浓黑之中依稀可见他们的身影。

她用法语说:"你怎么了?你还是留下来帮帮他好。这地方你最了解。"

"这地方不是我的,跟我无关。"他挺难受地说着,拉着她的手,热烈地吻了一下,又弯下身子,于是厄弗拉西吻了他的额头。

"啊哈,"他很兴奋地喊道:"你真的爱我,是吧?"他搂住她,狂吻她的头发和两颊,但她没什么反应。

"我当然爱你,春天我们不是要结婚了吗?傻样!"她说着从他的怀里挣脱出来。

普拉西德骑上马,弯下身说道:"回见,别太搭理那个北方佬。"

"可他不是北方人,他是南方人,跟你一样,还是克里奥尔人。"

"噢,是这样,但他看上去就是北方佬那副德性。" 普拉西德还是高兴地笑了起来,因为厄弗拉西刚才亲了他。然后吹着口哨,一拉马缰,小马慢跑起来,消失在夜幕中。

女孩两手抱着站了一会儿,轻轻叹了一口气,却弄不明白为什么,反正不是后悔。进了房间,她就直接回自己的屋里,随她老爹和奥弗丁在静谧而香气四溢的夜晚神侃。

第五节

两个星期过去,奥弗丁和皮埃尔父女在一起时会有种在家里的感觉。这趟乡下之行让他挺投入的,原来要解决的一些个人问题暂且就搁置一边去了。

老人驾着敞篷马车带他四处溜达，看看那些失修的栅栏和仓库。他切身体会到这些地方住人是危险的。晚上他们就坐在外面的走廊上，聊聊种植园的优劣，对此地已熟悉得就像自己的地方似的。

奥弗丁对那些摇摇欲坠的小屋有了一定的了解，因为他与厄弗拉西每天骑马到林子里去时都要经过这些屋子。闲逛到这里的黑人看到两人出双入对的总会议论几句。

一天，一个叫沙泰夫人的黑人妇女看着他们走远。她是个大块头，站在那儿两手插着腰，脑后的头发下面还掺着几缕白羊毛。她转过身对坐在小屋门里的一个年轻女人说道：

"嘿，我说，那个先生要是肯听我的，我就劝他算了，别再泡厄弗拉西了。"

门里的年轻女子笑了起来，捻着脖子上挂的蓝色珠子，表示只要是关于男人给女人献殷勤的事儿都感兴趣。

"老天爷，姐们，先生对小姐有意思，你该不会坏人家的事吧？"

"我就这意思。"沙泰夫人回答着，懒洋洋地一屁股坐在门前的台阶上，"我比谁都清楚桑蒂恩家的那个小子有多坏。我算是帮着把他养大的，对吧？可一说起这小子干的坏事我就气得毛发直竖。"

"我说，他怎么招你了？"

"太混了，知道吗？罗斯，这小子太混了。有一次他来过这间小屋，那时他还没多大，和普雷西登·阿依一般大，就是你看到的那个走在长路上，背着棉袋的那个。那天他来了就在门旁歇下脚，就坐在你现在坐的那个三条腿的椅子上。他手里拿着枪，然后说：'沙泰夫人，给我弄些小脆饼，快点。'我低声说：'算了，小家伙，你没看我在甩你妈妈的衬裙吗？'。他说：'别甩了。'然后就把枪指着我的头，说'老太婆，把面粉和黄油拿出来，把

桶放下。站一边去。'他要我把白桌布铺在桌上，再把脆饼放到桌上，还要一杯咖啡。他说话时还用枪指着我的头。我要是不听他的，他就真的会开枪。我把面弄出来时，他一声不吭就放了一枪。女主人打他时，我就像老挪亚大叔那样发起抖来。"

"天啊，要是他回来，一看那个城里人准跟他急，你猜他会怎样？"

"我不晓得，但我想他老子做过什么他也就会怎么做。"

"那他老子做过什么？"

"你管人家呢，你话太多了。"沙泰夫人慢慢站起身来，去收那些杂色的衣服，都挂在破日栅栏乱七八糟的尖顶上晾着。

可黑人们想错了，奥弗丁并不是来向厄弗拉西献殷勤的，奥弗丁此行纯粹是为了生意上的事。奥弗丁和临近的一个坊子定了做围墙的合同，用一些没加工过的木头作为交换。他得决定砍哪些树，并用樵夫的斧头做了记号。他的事做完了——当然厄弗拉西帮了忙。

如果他们有时忘了此行到林子的目的，那是因为说笑得太多了。常有这样的事，他用带在马鞍上的利斧在一棵树上做上明显的记号后就说："好木头！"，然后两个人就坐在被砍掉的败木上，听头顶上流泻而下的反舌鸟齐鸣，或者像小孩子一样互相说秘密。

厄弗拉西觉得跟谁说话都没有像和奥弗丁那样开心。她弄不清楚是因为他说话的样子，还是声调，抑或他那双深陷而黝黑的蓝眼睛里发出的真诚目光，使他说什么都显得意味深长，因为她发觉自己总在品味他的言语。

一个下午下了瓢泼大雨，罗斯不得不把一些瓶瓶罐罐搬到奥弗丁的房间里接流下来的水，要不然房间就要给淹了。厄弗拉西说她挺开心的，现在他可以亲自来看看了。

于是他和她一起去看看外面的情况，他们到了走廊的一个角落，厄弗拉西披着件斗篷，包得紧紧的，靠着墙站着。奥弗丁也靠着墙，于是两人便靠到一块儿，看着外面一片好不凄凉的光景。

透过瓢泼大雨，看到外面是一片灰色。可怜那些房子在水中愈陷愈深。头顶上橡木叶子被雨打得直往发黑的墙上甩，发出单调的噼啪声。院子里已经形成了几个大水洼，那里已经没有生命的迹象了，因为小黑人都跑到自己的屋子里去，狗儿也窜回窝，母鸡则可怜兮兮地喘着气躲到坍塌的马车下残存的一点点空间里。

对于一个习惯于每日漫步卡纳尔街，开开心心地在俱乐部度过午后时光的年轻人来说，这种情况会让他感到百无聊赖，可奥弗丁就觉得开心。他只是想着他怎么不知道，或者怎么没人告诉他：这个年久失修的种植园在下雨的时候多好玩。但喜欢归喜欢，他不能老在那儿逗留。生意上的事使他得快点回奥尔良，于是过几天他回去了。

但是，他对改进种植园的事自然产生了极大的兴趣，时不时地会想起来。他会想木头是不是都砍下来了，栅栏搞得怎么样了。他很迫切地要知道情况，于是和厄弗拉西频频通信。厄弗拉西在信中告诉他说她被木匠、砌砖工和做房顶的人弄得很烦，奥弗丁总是在盼望她的来信。但通信通了一半，奥弗丁突然对种植园的进展没兴趣了。凑巧得很，厄弗拉西来了一封信，附言中很庄重地说道她要和迪普朗夫人一起进城，到马蒂格拉斯。

第六节

当奥弗丁知道厄弗拉西要到新奥尔良来时，他想到有机会回报她父亲的款待挺高兴。于是，他马上决定要让她一饱眼福：白天和晚上的游行、舞会、杂耍和各种节目。他愿意安排一切，他跑到俱乐部求他们把指派他做的一些事免去，这样他便有充分的自由去办他要做的事。

厄弗拉西到的那天晚上，奥弗丁忙去埃斯普拉那德街拜访她。她和迪普朗一家都在那儿，还有年迈的卡兰特勒夫人，就是迪普朗夫人的母亲，她是一个保守的老太太，整日乐呵呵的，她已经

多年没有"走过卡纳尔街"了。

在又高又长的客厅里,他遇到许多人聚在那儿,老少都有,都说法语。有的人说话声很大,其实,就算卡兰特勒夫人的耳朵再不好使也没必要讲那么大声。奥弗丁进屋时,老太太正招呼着比他早到的什么人到她面前。那人是普拉西德,而老太太叫他格雷瓜尔,她想知道红河边的庄稼长势怎样。她遇到乡下的每个人都会问这个老一套的问题,这样她一下子就给人留下和蔼可亲的感觉,她喜欢这样。

奥弗丁才发觉已经有人为厄弗拉西安排了这么多好玩的东西。那天晚上好一段时间他都在说服自己这种场面应该让人高兴才对。但他搞不清楚普拉西德怎么会和她在一起,而怎么就一直坐在她旁边,而且在迪普朗夫人弹钢琴的时候一个劲儿地和她跳舞。他也搞不懂年轻的克里奥尔人怎的开起了这种变幻莫测的舞会,里面居然包含原本他要为厄弗拉西准备的所有活动。

他与要见的姑娘没单独说一句话就走了。那天晚上他的计划失败了。他没像往常一样到俱乐部去,而是回到自己屋里。他心情不好,于是翻了几页有时会对他有点影响的苦行哲学的书。但平时能助他摆脱困境的那些智慧话语今晚却没能奏效,他没能忘却那双褐色眼睛,而姑娘的话语则萦绕于心,久久不散。

普拉西德对这个城市并不熟悉,但只要他跟厄弗拉西在一起这便没关系了。他的兄弟住在这里一个偏僻的地方,总想让他多知道一些关于这个城市的东西,但普拉西德没什么兴趣。他要的就是和厄弗拉西去逛街,在她可爱的头顶优雅地打着把伞,或晚上去看戏,坐在她的旁边分享她喜露于表的情趣。

在马蒂格拉斯舞会之夜,他不得已没法和她在一起,这段时光他感觉失魂落魄。他在熙熙攘攘的人群中凝视着她,她坐在俱乐部包厢里,身旁是一群打扮得花枝招展的女人。此时要认出她还挺费事儿,但对他来说,最开心的事就是站在街上,两眼搜索群芳中的她。

在这段快乐的时光里,她就好像完全是他的。这么一来,普拉西德反倒想得很多,一想就受不了,但无论如何都没有必要了。她清楚他的近况和他们的关系。她经常暗自琢磨,就像订了婚的姑娘对未婚夫那样小心体贴地对待他。然而,当她与普拉西德走在街上时,那双褐色的眼睛时而露出思虑的神情,急切地扫视着过路行人的脸。

奥弗丁字斟句酌地给她写了封很正规的信。信中请求在什么时间见见她,说是要谈谈关于庄园的事,他说要和她说句话真难,于是不得已采用了这种办法。他觉得这不至于冒犯她。

这招对厄弗拉西果然奏效,她同意在一个下午见她,离开镇子的前一天,地点在长长的、堂皇的客厅,就他们俩。

那是一个令人恹恹欲睡的日子,暖得与季节不相称。阵阵带着湿气的风拂过长廊,把半开着的绿色百叶窗的板条弄得嘎嘎作响,庭院里也飘来馥郁的清香,老夏洛正在那儿给叶片宽大、枝干繁茂的树和漂亮的花坛浇水。窗下站着一群孩子,大声吵吵嚷嚷了一小阵子,随后便到街上去了,只留下一片寂然。

奥弗丁没等多久厄弗拉西就来了。她没了初次见面所特有的轻松感。当她在奥弗丁面前坐定时,奥弗丁就急不可待地直奔此行的话题。他当然愿意让这个话题发挥一点作用,因为那是他来的托词,但很快他就不谈这事了。当时他费了挺大的劲儿用这个话题来控制自己。他一个劲地盯着她的眼睛,让她为之微微一颤。奥弗丁接着埋怨说明天她就要走了,而他还没见上她多久。还有,他本来要在她来的时候做很多的事,而她为什么没给他机会。

"你别忘了我对这里很熟,"她告诉他,"熟人很多。经常我是和迪普朗夫人一起来的。其实,我也想多见见你,奥弗丁先生……"

"那你就应该安排一下,你本来做得到的,你知道当一个人全神贯注于什么事儿时,这,这就挺让人难受的。"他说话的苦闷腔调与谈的话题很不协调。"可这也没什么呀!"她插话了,

 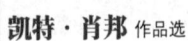

两个人都笑了起来，本来眼看快要陷入一场僵局，如若没什么大不了，也会挺让人尴尬的。这么一笑，却也烟消云散了。

那个下午令人软绵绵的，和自己心爱的男人坐在一块儿，幸福的感觉向姑娘的身心频频袭来。这会儿谈什么，或者谈不谈都不要紧，两人都已燃起感觉的火花。假如奥弗丁抓住姑娘的手，俯身吻她的双唇，两人的感受会是情感萌动的理性结果。但他没这么做，他知道自己已被情感冲动所左右，不可以再顺干柴烈火之势，于是就此停住。当环境需要的时候，年轻的他便绅士得可以。

但是，道别的时候，他却拉着她的手，迟迟不放。他支吾了一阵子，说他该回到种植园看看情况，一番东拉西扯后才把人家的手放开。

他离开时，她还坐在窗子边的一张大缎锦扶手椅上。她撩开花边窗帘来等他从街上走过。他看到她时抬起帽子向她笑了一下。她认识的其他任何人都会这么做，但这个简单的动作却让她双颊绯红。她让窗帘落了下来，如处梦境。她眼神灼灼，却闪着异样的光，茫然若失地凝眸空际，双唇微启，嘴角凝固着笑意。

过了好一阵子，普拉西德兴冲冲地来了，口袋揣装着当晚的戏票。到那时她还是那副神情，她吓了一跳，急切地迎了上去。

"你上哪儿去了？"她问的时候声音都抖了，把手搭在他肩膀上，这种奔放的感觉对他来说既新鲜又陌生。

她突然感觉他是自己的避风港，但不知在避什么。她将滚烫的面颊贴在他胸前。这使他一阵冲动，于是捧起她的娇容，热烈地吻了她的唇。

此后她从他怀里挣脱出来，回到自己的闺房后反锁起来。可怜的、未经风月的幼小灵魂被撕裂了，伤口隐隐作痛。她跪在床边，啜泣了一阵子，又祈祷了一会儿。她感觉自己有罪，但不知究竟是何罪。纯良的天性告诉她是因为普拉西德的吻。

第七节

春天无声无息、不知不觉地早早潜入了奥维尔。清晨,普拉西德的花园沐浴在阳光里,玫瑰的芳香特别浓郁,菜圃上黄豆、豌豆和草莓井然有序,翠绿繁盛。这时,不苟言笑的法官布朗特正骑着小马溜达过来,普拉西德禁不住快活地喊起来:"冬天过去了,法官!"

"桑蒂恩,就是还有许多老乡不知道呢!"法官回答说,他的话可能暗指长沼的什么债户还没有开耕。十分钟以后法官无意扫视到一群站着等着邮局开门的人,便显得若有所思。他边想着什么事儿边说道:"我瞧见桑蒂恩的栅栏新上了漆,挺漂亮的。"

"瞧,普拉西德还不只要给栅栏上漆,"做老鼠工的瘦子蒂特·爱德华鬼头鬼脑地笑着,"昨天下午我瞅见他在一块板上和漆。"

"知道,还不止呢,"阿布尼大叔用很肯定地语调说,"他还要漆房子,绝对的。是不是主人卢克·威廉斯让他干,还不是我自己把漆送到那儿的吗?"

法官看到大家对这种积极的事物还是接受的,接着又郑重其事地说到前一天晚卢克·威廉斯·德拉姆的牛在自家新牧场的沟里摔断了腿。这则消息对听众们很奏效,差点让他们的腿软了。

但是大多数人仍要见识一下普拉西德做的那些不同凡响的杰作。一到下午,村子里的姑娘们常三三两两,手挽手漫步过来。如果普拉西德碰巧看到,他就会停下来,隔着白色的栅栏递给她们一朵漂亮的玫瑰或一束天竺葵。但如果恰好来的是蒂特·爱德华、卢克·威廉或是来自奥维尔的小伙子,他就假装着没看见,或者没听见这帮优哉游哉过来的人讨好的咳嗽声。

普拉西德急着要把家装扮得温馨迷人,以迎接厄弗拉西的到来。所以,他远没有以前那么频繁地去纳基托什。他哼着小调,吹着口哨干活,而心里越来越迫切地要见心上人。夕阳西下,他

便收拾工具，翻身上马，踏着落日的余晖，翻山越岭、穿过田野、沼泽去见她。在普拉西德眼里，她从没有这么惹人怜爱。她变得越来越有女人味，为他考虑事情越来越周到。她的两颊已失色不少，两眸也不似往日那么熠熠生辉。但对情人变得含情脉脉，柔情似水，让他神魂颠倒。他急不可待地等着四月初的到来，以圆终生厮守之梦。

厄弗拉西告别新奥尔良后，奥弗丁心里再清楚不过：自己已爱上那姑娘了。但因为还没功成名就，他也觉得现在不是男女情长、谈婚论嫁的时候。像他这样一个年轻而老成的绅士，便下定决心把她给忘了。他知道这样不容易，但还不至于不可能，于是他就这么做了。

可是这么一来，他就老发火。在办公室他闷闷不乐，沉默寡言。到了俱乐部就变得性情暴躁。他邀去俱乐部的几个年轻小姐见他突然变得有些愤世嫉俗都吃了一惊，也都挺伤心的。

他的这种心态大概持续了一个多星期，尽迁怒他人，但他很快改变了初衷。他决定不再抑制爱欲。他不娶她——当然不，但要爱她爱个够，爱到情感消亡殆尽，但不能像原想的那样断然割爱。他完全放纵了情感，如脱缰的野马，朝思暮想，梦萦魂牵。那个雨天，在走廊上他们靠得那么近，贴得那么亲。她一头秀发多么清香宜人，她的呼吸多么具有温情，贴得很近的娇躯多么令人销魂，他回想起她美丽清纯的眼神，简直传递了万般的风情，于是他怦然心动了。他又想起了她说笑的声音，上哪儿去找这么动人的声音！上哪儿去找这样魅力非凡的女性！

他满脑都是这些美滋滋的东西，浑身热血沸腾，脾气也好了起来。可他总还是深深地叹息，无精打采地干活，兴味索然地寻开心。

一天他在房间里唉声叹气，喷云吐雾，房间里弥漫着浓浓的烟味。突然，他狂喜地发出一声大喊，看得出他产生了一种想法，一份灵感，一个正是来自上天的启示。他把雪茄弹出窗户，烟头打着转飞过街道的石头路面,然后他两手叠放在桌上,一头趴了下去。

山重水复疑无路,柳暗花明又一村。他开怀大笑起来,笑得有点歇斯底里。此时此刻他看到了幸运之神为他勾勒的一副美好前景:他凭继承的财产权买下红河千顷良田,精耕细作。一心钟爱的厄弗拉西成了他的结发妻子,终生相伴,这正是他追求的——一种耳鬓厮磨,心心相印的生活。

奥弗丁似乎感悟了天意,其实不是天意,而是爱意。如果现在担心的问题只是厄弗拉西会否应允,那么这已不是问题了。因为在郁郁葱葱的林子里,在星光沐浴、万籁俱寂的庄园里,他们已经一次次默契传情。而在埃斯普拉那德街那个堂皇的旧客厅里,无声胜有声,厄弗拉西明眸善睐,表露得明明白白。啊,他知道她爱他,对此他深信不疑,这使他急不可待地要告诉她:"你是我的唯一。"

第八节

在去种植园的路上,如果奥弗丁在纳基托什停一下,他至少会听到一些让他吃惊的事儿。因为整个镇子都在谈厄弗拉西的婚事,而且过几天就要办了。但他没在那里逗留。他从马厩里牵出一匹马,然后便心急火燎地飞奔而去。

种植园一片悄然,宽阔整洁的田野上如果有一只小鸟鸣唱也会听到。阳光下黑奴挥锄扶犁,散在田野里干活,远远看到老皮埃尔骑着马在他们中间。

普拉西德披星戴月,早上就到了。他已在自己的房子里歇一两个小时了。他把沙发拖近窗户,空气透过关闭的百叶窗,这样可以呼吸得舒服些。他正要睡着,这时候听到轻轻的脚步声:厄弗拉西到来了。她停下来坐在离他很近的地方,伸手可及,只是隔着窗户。这样一来,他睡意全无,于是只是心满意足地歇着,想着她。

厄弗拉西坐着的过道面向河,不在奥弗丁进屋要通过的地方。奥弗丁拴好马,拾级而上,穿过贯穿整个房子的大厅。当时门正敞开着,他看到厄弗拉西正在做针线活,直到坐到在她身边时她才意识到他来了。

她说不出话来,只是用惊恐的眼神看着他,好像看着一个幽灵。

"我来了你不高兴?"他问到,"我不该来吗?"他盯着她的眼睛说道,想读懂那种难以捉摸、以前没见过的神情。

"我高兴吗?"她支吾着说,"我也不知道。这有什么关系?当然你是来看看活儿干得怎么样的。干……干了一半,奥弗丁先生,他们既不听我的,也不听爸爸的,你好像也不在乎。"

"我不是来看活干得怎么样的,"他说着,脸上的笑带着爱意和信心,"我就是来看你的,来告诉你我多想你,要你,爱你。"

她站起来,胸部一起一伏地说不出话来。但他抓住她的手,拉住她。

"厄弗拉西,庄园是我的,或者说,只要你说愿意嫁给我,庄园就是我的了。"他又激动地说,"我知道你爱我。"

"不是的!"她猛喊了起来,"你这是要干什么?你怎么敢这么说话?"她喘着气说,"你又不是不知道过两天我就要嫁给普拉西德了。"最后一句话说得很小声,像是要哭出来似的。

"你要嫁给普拉西德了!"他应声说道,好像还没听懂似的,想着自己怎么就这么傻乎乎的,孤陋寡闻。"这事我一点也不知道,"他声音都哑了,"你就这么要嫁人了?相信我,我要是知道的话就不会这么说了。原谅我。"

他说话一停一顿的,而且每发出一个字都停顿得挺久的。

"噢,没什么好原谅的。你不过是弄错而已。奥弗丁先生,你走吧。要是你想和老爹聊天的话,他就在田里。普拉西德也在这儿附近。"

"我得上马,去看看活儿干得怎么样,"奥弗丁起身说道,脸色一反常态地煞白，嘴角痛苦地微微抽搐着。他又说，"傻跑了一趟，干点实在的去。"佯装的戏谑中掩不住伤感，他没再说什么就匆匆走了。

他的脚步声渐远。几个月来的心酸涌上心头，加上此情此景的刺痛，她啜泣了起来："天啊，我怎么办？"

可是，大白天的，什么人来一下都会看到她无法遮掩的悲伤，所以不能待在这儿了。

普拉西德听着她起身回房了。当他听到开锁的声音时就站起身来，暗自决定出去一趟。他套上靴子，然后穿上大衣，又从衣橱里拿出前一阵子放在那儿的手枪。他仔细检查了一下枪膛，然后揣入口袋里，夜晚到来前他要用一下枪。刚才那条狗（他这么叫奥弗丁）出现在窗子时如果不是厄弗拉西在场，那早就崩了他。他不想让她知道此事，于是悄悄出了房间，像奥弗丁那样也上了马。

"沙泰夫人，"普拉西德对一个站在自家院子盥洗盆旁边的老妇喊道，"那人哪儿去了？"

"哪个人？我可没注意。我自个儿活还干不完呢！真的，我不知道你说谁。"

"沙泰夫人，那个人往什么方向走了？快点说！"普拉西德一拿腔拿调就总能镇住她。

"你要是在问那个刚来的新奥尔良人的话，那我告诉你，他在去可可地的路上。"说话间黑乎乎的手用力插到盆里，弄得啪啦作响，其实这都是多余的动作。

"这就成了，我知道他到林子去了，沙泰夫人你嘴里没几句真话。"

"他自己还得当心点，耍嘴皮子的癞子。"老妇过了会儿自言自语道，"新奥尔良人可能没打个招呼就来找小姐了。"

此时普拉西德心里只有一个念头，也是一种冲动：把这个搅到他们中间的浑小子废了。情之所至时居然有人敢横刀夺爱，于是大开杀戒的念头已无异于野兽杀生掠食的欲望。

他已经听厄弗拉西对那人说她不爱他,可那又怎么样?难道他没听见她哭吗,猜不到她的苦痛吗?要猜到这点倒不需要多少脑子,而且以前没有注意到的多少迹象现在一下涌入脑海,妒忌、狂怒和绝望交织成一团乱麻。

奥弗丁正骑着马,寒心而沮丧;听到后面有马蹄声,于是就在狭窄的路上给人让道。

现在不是讲规矩的时候,普拉西德蛮可以从背后一枪结果了他,但必须让他死个明白。

"奥弗丁先生,"普拉西德马缰在手,拿着手枪直指着他说,"刚才我在屋里,什么都听见了。要不是她在旁边,我早就毙了你。刚才我到你身边的时候,也可以送你归西。"

"那怎么不早动手?"奥弗丁问到,定定神想着怎么对付眼前这个近乎疯狂的人。

"因为我要让你死个明白:是谁废了你,还有为什么。"

"桑蒂恩先生,我觉得就你现在的心态来说,你不会在乎我这会儿手无寸铁。但如果你真要算计我的话,那么我只好奉陪了。"

"那好,来吧!"

"你一定是疯了吧。"奥弗丁说着,眼神直逼普拉西德的双眼,"杀了人,你不就把自己的幸福毁了吗?我想克里奥尔人不至于不知道怎样去爱一个女人。"

"你是什么东西,还要教老子不成?"

"你搞错了,普拉西德。"奥弗丁急切地说道。此时两人竟缓慢地齐行并进。奥弗丁又说道:"你的良知会让你明白。爱一个女人,首先就要先为她的幸福着想。你要是爱厄弗拉西,就应该爱得坦荡清白。我爱她,所以告诉你这么做。明天我能走就走,离开这里。你再也见不到我了。够了吧?我就要在这里拐弯了。你要是还想从后面放冷枪,那么请便。但我知道你不会。"奥弗丁伸出了手。

"谁要和你握手?"普拉西德还在气头上,"你走吧。"

他一动不动地看着奥弗丁离开,然后看了看手中的枪,慢慢地放回口袋,又摘下头顶宽大的毡帽擦了擦前额渗出的汗珠。

奥弗丁的一席话触动了他的心弦,颇为之震撼,但对情敌的憎恨丝毫不减。

"爱一个女人首先要为她的幸福着想。"他若有所思地自言自语:"他觉得克里奥尔人知道如何去爱,他大概还想着怎么教另一个克里奥尔人呢!"

因为绝望,他脸色煞白而表情木然。但走入林子深处时,怒气却烟消云散。

第九节

奥弗丁起得很早,想搭早班的火车进城。厄弗拉西比他还早,她已在大厅里摆餐桌。老皮埃尔也在那儿,两手背着,低着头慢悠悠地踱步。

三个人都在克制着什么,僵在那儿。于是姑娘转向她父亲问他普拉西德起床没有,看上去倒像没话找话。老人一屁股坐在椅子上,满腹伤感地看着女儿。

"哎呀,乖女儿,苦孩子。奥弗丁先生,咱可是乡里乡亲的。"

"天啊!爹!"姑娘厉声喊道,隐约有一种莫名其妙的恐惧。她停下手中的活计,站在桌旁,担心要出什么事儿。

"我听人说普拉西德是个克里奥尔人的输家,我是压根儿没相信。现在知道了,果然如此。我说奥弗丁,咱都是自己人。"

奥弗丁吃惊地盯着老人。

"那天晚上,"皮埃尔接着说道:"那天晚上我听见窗户那儿有声响。我去把窗户打开,看到普拉西德在外头,蹬着一双大靴子,马鞍在马背上备好了,正把鞭子往窗子上猛抽。天啊,可怜的孩子!他说'皮埃尔,我听说卢克·威廉先生要拆他在奥维尔的房子。我想我得赶早把活儿接了。'我就问道'普拉西德你干完事儿就回来吗？'他说'别等我。'我问他怎么给厄弗拉西儿交代时，他对我说'告诉厄弗拉西我知道怎么让她幸福。'他说着准备上路，又折回来说'告诉那小子'——我真不知道他说些什么——'告诉他别指望教克里奥尔人什么东西。'天啊，什么乱七八糟的，我搞不懂。"

他搂着快晕过去了的女儿，抚摩着她的秀发。

"我听说了，这小子没用。我是没想信这话，可你瞧。"

"爹，别说了，"她小声地恳求他，用法语说道，"普拉西德救过我！"

"怎么回事？"他挺惊讶地问道。

"他让我没犯戒"，她用极低的声音耳语道。

"不懂，不懂，你们的事儿我搞不懂，"老人喃喃自语，懵懵地站起身来，向外面的走廊踱去。

奥弗丁在房里用过咖啡，也不想再等早餐了。当他去与厄弗拉西道别的时候，她坐在桌子旁，脸枕着手。他拉着她的手和她道别，但她没抬眼。

"厄弗拉西，"他很急切地问道，"我还可以回来吗？过一阵子行吗？"

她没吭声，奥弗丁俯身百般温柔地把脸贴到她的一头软发求她。

"可以吗？"他又央求说，"无声就是默许，对吧，亲爱的。"

她还是没有回答，但也没有说"不。"

她还那样趴在桌边，于是他吻了她的手和面颊可以碰得到的地方，然后走了。

一小时过后，当奥弗丁路经纳基托什的时候，老镇子上已经流传着一个令人吃惊的消息：普拉西德的未婚妻与他告吹，两人婚礼取消，年轻的克里奥尔人痛苦地放出话来，人走到哪儿消息就传到哪儿。

长篇小说

觉 醒

第一节

门口挂着个鸟笼,一只毛色黄绿相间的鹦鹉不厌其烦地反复叫着:"见鬼!到这儿来!到这儿来!没关系!"

它会讲几句西班牙语,还有一种除了那只反舌鸟外谁也听不懂的语言。那只反舌鸟关在挂在门口另一端的鸟笼里,叽叽喳喳地叫个不停,直让人心烦。

蓬泰莱先生被吵得实在没法看报纸了,于是他吐了口怨气,一脸嫌恶地站起身来,沿着走廊往下走,再穿过那连接一间间勒布伦的小屋的窄"桥"。他刚才一直坐在大宅门口。那只鹦鹉和那只反舌鸟都是勒布伦夫人的。它们有权爱怎么叫就怎么叫,而它们一旦招人嫌,蓬泰莱先生也有权选择离它们远远的。

他在自己的小屋门口止步了,那间屋子从主屋正数过来在第四间,倒数第二间。在一张柳条摇椅上坐下后他又专心致志地看起报纸来了。那天是星期天,报纸是前一天的。星期天的报纸还没发到格兰岛。他已经看过市场报道了,此时便随意浏览着社论以及几则他前一天离开奥尔良时没来得及看的新闻。

蓬泰莱先生戴着一副眼镜,四十岁了,中等身高,体形瘦削,有点伛偻,一头棕色侧分直发,胡子刮得很整洁。间或他也会从报纸中抬头环顾四周。今天宅子里比往常闹热多了。为了与其他的小屋区分开来,主要的房子称为"宅"。那两只鸟儿还在那儿或拉呱或高歌。法里瓦尔家的两个双胞胎姐妹在弹钢琴,"赞芭"

二重奏。勒布伦夫人正忙里忙外的,进了门就对一个男孩模样的庭院勤杂工高声发号施令,出了门又用同样的声调冲着饭厅的一个仆人指手画脚。这个妇人气色极佳,面容姣好,总是穿着白色的衣服戴着袖套。那身上了浆的裙子在她来回走着的当儿皱了起来。远些,在一间小屋前,一位女士正娴雅地边踱着步子边祈祷着。许多老人都乘着博德莱的四角纵帆帆船到谢尼埃尔·卡米纳达教堂去听弥撒了。一些年轻人在屋外的水橡树下玩槌球游戏。蓬泰莱先生的孩子也在那儿玩——两个壮实的小家伙,一个四岁,另一个五岁。一个夸德隆保姆,跟在他们身后神情恍惚,若有所思。她有四分之一的黑人血统,是黑白混血儿之后。

最后,蓬泰莱先生点了一根烟,吸了起来,任手中的报纸随意地垂着。他的目光定在海滩上缓缓飘来的一朵白色的阳伞上。透过水橡树的细枝,越过一片黄灿灿的菊花丛,他仍能清清楚楚地看见那把阳伞。那海湾看上去好像很遥远。在海平线处融入与天相接的那片黛青中,在粉红镶边的庇护下,是他的妻子蓬泰莱夫人和年轻的罗伯特·勒布伦。他们走到小屋后便坐到廊台最高的台阶上,各自靠着根柱子面对面坐着,面露倦色。

"这么热的天你们竟在这种时刻去游泳,真够荒唐的!"蓬泰莱先生叫着。他自己则在黎明时分就去畅游了一通。这就是为什么这个早上对他来说显得很长。

"你被太阳晒得我都快认不出来了,"他又加了一句,好像看着一件受损的个人贵重物品一般看着他妻子。她把那软洋纱袖口撩到手腕上去,曲起双手,一双结实匀称的手,她用审视的目光看着。看着自己的双手使她记起了她的戒指,去海滨前她让丈夫保管了。她默不作声地把手向他伸去,他马上会意了,从背心口袋中拿出戒指放到她手中,她接着就把戒指一个个套到指头上,然后双手抱膝,朝坐在对面的罗伯特看去,放声笑开了。那一个个戒指在她的手指上闪闪发光。他向她投来会心的一笑。

"什么事呀?"蓬泰莱先生问道,慵懒而又饶有兴趣地看着

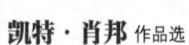

这个瞧瞧那个。那只不过是胡闹，一些在海中的惊险尝试而已。他们俩都竭力描述，可是一旦讲了出来，事情本身又索然无味了。他们俩都感觉到了这一点，蓬泰莱先生也意识到了。他打了个呵欠，伸了伸懒腰，然后起身说他有点想到克兰旅馆去打台球。

"勒布伦，走，一起去。"他向罗伯特建议着。可是罗伯特直言说他更乐意坐在那儿与蓬泰莱夫人聊天。

"那好吧，埃德娜，他要是叫你觉得烦了就让他干自己的事去。"她丈夫临走时交代了一句。

"嗨，把伞带上。"她叫着把伞伸过去给他。他接过那把阳伞，撑在头上，下了台阶走了。

"你会不会回来吃饭啊？"他妻子在后面冲着他叫。他顿了一下，耸了耸肩。接着伸手在背心的口袋里摸索着，里面有一张十美元的票子。回不回来吃饭他自己也不知道，他可能会回来吃午饭也可能不会。这全都取决于他在克兰的旅馆找到什么样的玩伴，还有"游戏"的规模有多大。这点他没说，可她明白，于是她笑着点头跟他说再见。

看见他们的父亲要出门去，两个孩子也想跟着去。他吻了吻他们，答应带糖果和花生回来给他们。

第二节

蓬泰莱夫人明眸善睐，双眼那褐黄的色泽与其头发的颜色相近。她有一个特点，就是会迅速地将目光投向某个东西，然后定神瞧着，仿佛陷入了深深的思索中一般。

她的双眉浓密，色泽较其头发的颜色显得更为深些，几乎呈两条直线，而这正突出她的双眼深邃。用俊俏来形容她会比美丽二字来得更为贴切。她仪态万千，脸上那种率直的神情与精致的五官构成一种矛盾的统一，这倒使得她的脸格外迷人。

罗伯特卷了一支烟。他说他抽纸烟是因为抽不起雪茄。他的兜里揣着一根蓬泰莱先生递给他的雪茄烟,他想把它留着,等吃过饭后再抽。

此举对他来说显得极为恰如其分而又自然而然。论肤色,他与蓬泰莱夫人相近,而他那张刮得干干净净的脸使得这种相似之处更为明显。他一脸不在乎的神情,双眼折射着夏日沉闷的光。

罗伯特一边吸着烟一边不紧不慢地吐着烟圈,而蓬泰莱夫人则伸手拿过放在廊台上的那把棕榈树叶子做成的扇子,自个儿扇了起来。他们俩不停地聊着,聊着他们身边的事物;聊着在海中他们那令人捧腹大笑的冒险——这个现在讲起来又很有趣了;聊着风呀,树呀,还有那些到谢尼埃尔去的人们;聊着在橡树下玩槌球的孩子们以及法里瓦尔家的那对双胞胎——她们现在正在弹奏《诗人与农夫》的序曲。

罗伯特讲了好些关于自己的故事。他很年轻,没有多少经历,所以也只有讲自己最拿手的。由于同样的原因,蓬泰莱夫人也讲了一些有关自己的事。他们彼此都对对方的话感兴趣。罗伯特讲到了他打算今年秋天到墨西哥去,他觉得他会在那儿交上好运。现在他仍保留他在奥尔良一家贸易场的卑微职位。他精通英语、法语和西班牙语,可在那儿他也只能当个职员或通讯员什么的。

和往常一样,这回他又到格兰岛和他母亲共度暑期。以前,就是罗伯特还不会记事的时候,"宅子"是勒布伦一家的夏日奢侈品。现在宅子两侧搭起了十二来间的小屋,小屋里总是住满了清一色的"法国人居住区"来的游客。这使得勒布伦夫人能够一直轻轻松松,舒舒服服地过日子,而这之于她好像是天经地义的一般。

蓬泰莱夫人讲到了她父亲在密西西比的种植园,她在肯塔基古老的水草丰美的乡间度过的少女时代。她是美国人,身上有些许的法国血统,但是几代人下来,到了她,这种血统已经稀释得差不多了。她念了一封妹妹的来信,她妹妹在东部,自己拿主意跟人订婚了。罗伯特很感兴趣,他想知道她的姐妹到底是些什么

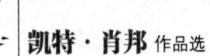

样的女孩,她的父亲又是什么样的,还有她母亲去世多久了。

当蓬泰莱夫人把信叠起来时,也到了她换衣服准备吃午餐的时候了。

"我看莱翁斯是不会回来了。"她瞥了一眼她丈夫离开的方向说道。罗伯特也觉得他不会回来了,因为在克兰那个地方有好些新奥尔良俱乐部的成员。

当蓬泰莱夫人走开,走进自己的房间时,这个年轻人便走下台阶,迈着优哉游哉的步子加入那些玩槌球的人当中。午饭前的半个小时他在那儿与蓬泰莱家的小孩子一起玩得不亦乐乎,孩子们也都很喜欢他。

第三节

蓬泰莱先生从克兰旅店回来时已经是晚上十一点了。他的心情好极了,话也很多。他走进房里时妻子已经在酣睡当中了,他一进门就把她吵醒了。他边脱衣服边告诉她白天里听来的趣闻轶事以及流言蜚语,又从口袋里抓出一把皱巴巴的钞票,还有一些银币,然后把它们连同钥匙呀,小刀呀,手绢呀,以及在口袋里能找到的任何其他东西一并胡乱地往桌子上堆。可她睡意正浓,只是嗯嗯啊啊地应着他。

见到他的妻子——他生活的唯一目标——对于他的事这样漠不关心,对他说的话这么不在意,他觉得很没劲。

蓬泰莱先生早把买糖果花生给孩子们吃的事给忘了。尽管如此,他还是非常的疼爱他们,他到隔壁他们的睡房里去瞧瞧他们,看看他们睡得舒适与否。一看,结果真不令人满意,他把趴着睡的小家伙一个个翻过来,他们中的一个便开始蹬腿说梦话,讲的是一个装满野苹果的篮子。

蓬泰莱回房告诉他妻子拉乌尔发高烧了,得去照看一下。接着,他点了根烟,坐到敞开的门旁抽了起来。

蓬泰莱夫人确定拉乌尔没有发烧。她说他上床的时候还好好的，而这一整天他也没有觉得哪儿不舒服。蓬泰莱先生则认为自己对发烧的症状种种再熟悉不过了，绝对不可能判断错误。他确切地告诉她孩子这会儿正发着烧地睡在隔壁。

他责备妻子粗枝大叶，说她老是忽略孩子。照顾孩子若不是母亲的职责，那会是谁的呢？他自个儿手头上做经纪人的活已经让他忙得不可开交了。他没法一心两用：一边要为了养家糊口在外奔波，一边还要待在家里看着他们，不让他们受到伤害。他在那儿自个儿起劲地讲着。

蓬泰莱夫人从床上蹦了起来，直奔隔壁的房间。她很快就回来了，坐在床沿，一头栽到枕头上去，丈夫问她话她也不回答。于是抽完一根雪茄他也上床了，不到一分钟，他就睡熟了。

那一刻蓬泰莱夫人完全醒了。她开始轻声哭着，然后又扯着身上睡袍的袖子去擦眼泪。她丈夫点着蜡烛就去睡了，她于是把它吹灭，光着的脚丫套上那双放在床边的无后帮缎鞋后就往外走，接着她坐在廊台上的那张柳条摇椅上前后摇着。

午夜很快就过了。小屋一片漆黑。只有大宅子的厅堂里透出一缕昏暗的光。四处寂然一片，耳边只有水橡树梢上一只老猫头鹰的叫声和大海那永不停歇的声音。这时候听来并不让人振奋，倒像夜里一支哀伤的摇篮曲。

蓬泰莱夫人不停地流着泪，泪水很快就打湿了她那睡袍的袖子。她一只手向后伸去握住椅背，那宽松的袖口便顺势滑下去，几乎滑至肩部。她转了个身，把那张湿漉漉的脸埋到臂弯里继续哭着，再也顾不上擦干脸上、眼睛、手臂上的泪水。她也讲不清她为什么要哭。上述种种在她的婚姻生活中已是屡见不鲜了。但以前这从不影响丈夫对她的善待和对婚姻的完全投入，这已逐渐为双方所默契与自明。

从她意识的某个幽僻之角滋长出一种难以形容的压迫感，使她整个人沉浸在一种说不清道不明的痛苦之中。那就像一个影子，

一层雾霭飘过她灵魂的夏日晴空。那是一种遥远而陌生的心绪。她并没有坐在那儿内心暗骂她的丈夫,并哀怨命运,而这正是驱使她走出房间来到这儿的力量。她此时只是自个儿在那儿狠狠地哭着。蚊子在她身边欢舞着,咬着她那结实浑圆的手臂,叮着她的光脚背。

那群嗡嗡嗡地围着人叮个不停的精灵鬼倒是把那原本会困扰她大半夜的情绪驱散了。

第二天早晨,蓬泰莱先生起得正是时候,刚好赶上四轮马车去码头搭汽船,他要回市区办他的事儿去了,要一直等到下周六才会重新在这儿露面。前一个晚上他显得略失镇定,而此刻又恢复了那副泰然自若的神情。他现在一心想着快点走,盼着在卡隆德莱街度过多姿多彩的一周。

蓬泰莱先生把前一夜从克兰旅馆赢回来的钱的半数交给妻子。和大多数的女人一样,她爱钱并心满意足地接了钱。

"这样我们就可以给珍妮特妹妹买上一大份结婚礼物了!"她叫着,边一张一张点着钱,边把票子上的皱纹抚平。

"哦,亲爱的,我们会对珍妮特妹妹更好的!"他笑着要与妻子吻别。

孩子们左右缠着,抱着他的两条腿,一会儿求他带这个回来,一会儿求他带那个回来。蓬泰莱先生可是个红人,总有一些女人、男人、孩子,甚至保姆在一边等着跟他道别。他坐在那辆旧马车上,沿着沙质的路面渐渐走远了,他妻子微笑着站在那儿向他挥手,孩子们大叫着。

几天以后,蓬泰莱夫人收到一个从新奥尔良寄来的盒子,是她丈夫寄来的。盒子里装满了各式各样的甜美可口的食物——各种精致的水果、馅饼,一两瓶美味的糖浆,以及许许多多的糖果。

蓬泰莱夫人早已习惯了在她丈夫不在家时收到这样的盒子,而且对于盒子里的东西她也总是很慷慨。她把馅饼和水果都放到餐厅去了,糖果则四处分。那些小姐们一边伸出纤纤玉指有点贪心地挑着食物，一边一致称蓬泰莱先生是世界上最好的丈夫。蓬泰莱夫人迫于无奈也只得承认她丈夫是最棒的。

第四节

　　讲到妻子未能尽照顾孩子的职责一事，蓬泰莱先生很难找到一个让自己满意的说法，更别提让别人信服了。那只不过是他的一种感觉而已，并非亲眼所见，而他每次一道出这种感觉后便后悔不已，罪恶感颇深。

　　蓬泰莱家的两个小家伙要是在玩的时候摔倒了，他们都不会哭着扑到母亲的怀里去寻求安慰，他们更可能自己爬起来，揩去眼角的泪水，抹掉嘴上的沙，然后接着玩。他们年纪虽小，可是在那些孩子间的打打闹闹中总是齐心协力、不屈不挠。凭着两双拳头和大嗓门，他们总能打赢妈妈护着的小家伙。混血保姆倒成了他们的绊脚石，她只会帮他们把衣服裤子的扣子扣上，还有帮他们梳头，并把头发分边。留分头好像是当时的时尚。

　　用一句话来说，蓬泰莱夫人不是那种良母型的女性。而这个夏日，格兰岛上随处可见到良母的身影。每当任何真实的或是想象中的伤害威胁到她们的心肝宝贝时，她们便张开双翼去庇护他们。她们宠爱子女，崇拜自己的丈夫，并把在生活中埋没自己而去扮演守护天使的角色视为一种殊荣。

　　她们中许多人都陶醉在自己所扮演的角色当中。其中有一位是所有女性优雅魅力的化身。她的丈夫若不爱她的话，那他真是个人面兽心、该挨千刀的家伙了。这个女子名叫阿黛尔·拉蒂尼奥尔。除了用些老套的、用来刻画昔日言情小说中的女主人公及我们理想中的窈窕淑女的言语来形容她外真不知该找什么更好的措辞。她是那种魅力天成、艳光四射的女性：一头如丝的金发流泻着，任你什么样的发夹也夹不住；一双蓝色的眸子，恰似两颗蓝宝石；不高兴时小嘴一噘，两片嘴唇鲜红鲜红的让人一看便

想起了樱桃或其他色泽深红可口美味的水果。她开始有发胖的趋势了，然而这一点对她举手投足间散发出来的魅力却没有丝毫的减损。她那白皙的颈项浑圆得体，美丽的双臂匀称适度。再也找不到一双比她更美的手了。看着她在缝睡裤，做胸衣、围裙的过程中停下来穿针或调整一下戴在修长的中指上的针箍时，你会觉得那是一种享受。

拉蒂尼奥尔夫人很喜欢蓬泰莱夫人，午后时分，她常常会带上针线活儿到蓬泰莱夫人那儿坐会儿。蓬泰莱收到由新奥尔良寄来的盒子的那天下午，拉蒂尼奥尔夫人也在那儿。那会儿她正坐在摇椅上，忙着缝一条小睡裤。

她把睡裤的样板带来请蓬泰莱夫人帮她裁剪——那设计可真够神奇的，像爱斯基摩人的衣服，做好后能把小娃娃一整个包得严严实实的只露出两只眼睛。这些都是冬衣，为的是抵御住从烟囱里溜进来的冷风以及从锁洞中偷偷袭来的阵阵寒流。

蓬泰莱夫人才不去理会孩子们，现在在物质上会有什么需求呢，她也想不通在这夏天里这么早就做冬天的睡袍到底有什么用。可她又不想表现得很不友好、很不感兴趣，于是她把摊开在廊台地板上的报纸带了过来，按拉蒂尼奥尔的意思，裁出了那种密闭式的衣裳的样式。

罗伯特也在那儿，像上星期天那样坐在那儿，而蓬泰莱夫人也像原先一样坐在廊台最高的台阶上，有气无力地靠在柱子上。她的身边放着一盒糖果，她时不时地把盒子伸过去，请拉蒂尼奥尔夫人吃糖。

拉蒂尼奥尔夫人对着那盒糖真不知该选哪一块，最后选定了一块杏仁糖棒，可还在思忖着那会不会太甜，会不会对身体有害。拉蒂尼奥尔夫人结婚已经有七年了，几乎每两年她就生一个孩子，已经生了三个了，她还在考虑要不要生第四个。她老是在讲她的"身体状况"。她的状况根本没什么异常的，要不是她在跟人说话时老挂在嘴边，压根儿就不会有人去注意。

罗伯特开始安慰她说，他认识一位女士，她一直吃杏仁糖，吃了一辈子——瞧见蓬泰莱夫人的脸红了起来，他一下子住嘴了，换了个话题。

虽说蓬泰莱夫人嫁了个克里奥尔人，可是在克里奥尔人的圈子里她还是觉得不怎么自在。她从未像现在这样与他们如此的亲近，而那年夏天，来勒布伦家租房的全是些克里奥尔人。他们彼此认识，就像一家人一样相处得极为融洽。他们身上给蓬泰莱夫人印象最深且与众不同的一个特点就是他们不拘小节。他们想说什么就说什么，刚开始的时候令她觉得难以理解，尽管她知道那是克里奥尔妇女身上与生俱来不容置疑的质朴。

埃德娜·蓬泰莱怎么也忘不了那次她听到拉蒂尼奥尔夫人跟法里瓦尔先生讲起她一次分娩的伤心故事时所受的震惊有多大。拉蒂尼奥尔讲得那么的露骨，甚至连一些最隐秘的细节也照讲不误。她开始慢慢习惯了这种种震惊，可是她还是会禁不住被羞得满脸通红。罗伯特常给一群已婚妇女讲好玩的故事逗乐她们，可是每次蓬泰莱夫人一来他就闭嘴，这种情形已经不止一次了。

有一本书在寓所范围内流传开了。传到蓬泰莱夫人手中时，她着实大吃一惊，她一个人偷偷地看那本书时受到了震撼，可没人像她那样看书——一听到有人朝她走来便把书藏起来。人们在饭桌上公开地批评着这本书，自由地讨论着。蓬泰莱也不再震惊了，她断定将不断有奇迹出现。

第五节

这个夏季的午后他们坐在那儿倒形成了一个志趣相投的组合——拉蒂尼奥尔夫人在做着针线活儿，时时停下来讲个故事或说个什么事儿，那双完美的手相应地做着手势。罗伯特和蓬泰莱夫人也无所事事地坐在那儿，有一搭没一搭地讲着话，偶尔交换一个眼神或一个微笑，看得出他们相当的亲密、友爱。

在过去的一个月里,他一直生活在她的阴影中。可人们都认为这没什么。老早就有许多人预言他一来就会跟上蓬泰莱夫人。从十五岁开始,那已经是十一年前了,每年夏天罗伯特到格兰岛来都会让自己成为某个漂亮夫人或小姐的忠实跟班儿。有时候是一个年轻的姑娘,有时候是个寡妇,但常常是某个有意思的已婚妇女。

一连两季他都生活在迪维涅小姐带来的阳光中,可惜她在下个夏季来临前过世了,罗伯特悲伤不已,于是拜倒在拉蒂尼奥尔足下,希望能从她那儿获得些许同情与慰藉。

蓬泰莱夫人喜欢坐在那儿像望着一尊完美无瑕的圣母玛利亚的塑像一般地盯着她这个靓伴儿。

"谁会知道那美丽的外表下隐藏着怎样的一种残酷啊?"罗伯特小声抱怨着,"她知道我以前很崇拜她,她也让我崇拜她。她就会说:'罗伯特,过来,过去;站起来,坐下;做这个,做那个;去看看宝宝睡了没;天晓得我们的针箍跑哪儿去了,去帮我找找。来来,我做针线活儿,你念都德的小说给我听。'"

"呸!我从来都不用开口,你就像只烦人的猫似的在我脚边。"

"你是说像只倾慕的狗。拉蒂尼奥尔一出现,就像条狗似的。'走开!再见!到这儿来!'"

"兴许我是怕阿尔丰斯吃醋吧。"她故作天真烂漫状地说了一句,惹得大家都笑了起来。右手妒忌左手,心脏嫉妒灵魂!但对于此事,克里奥尔的丈夫却从不醋意大发,情感的闸口尘封已久,对他而言,他已不知激情为何物了。

此时,罗伯特继续跟蓬泰莱讲着他曾一度如何无望地热恋着拉蒂尼奥尔夫人,如何为她夜不成眠,如何忍受着如火深情,就是每天跳入大海,大海也会升温至嘶嘶作响。拉蒂尼奥尔夫人则边飞针走线边不失时机地轻蔑地说道:

"调皮鬼,专戏弄人!大笨蛋,快滚!"

单独与蓬泰莱夫人在一起时他倒从不用这种一本正经又时带

诙谐的调子说话。她从来都搞不清那是怎么一回事,她猜不透他的话里有几成真儿成假。她只知道不管人家是否当真,他跟拉蒂尼奥尔夫人说话时老把爱挂在嘴边。蓬泰莱夫人倒庆幸他没这么对她,要真那样她会觉得难以接受而又很恼火。

蓬泰莱夫人把画素描所需的材料也带来了。她有时候会生硬地试着来几张素描,她喜欢这玩意儿,因为从中能获取一种做其他事无法获得的满足感。

她很早就想画一画拉蒂尼奥尔夫人了。此时她坐在那儿,落日的余辉映得她更加明艳动人,恍若那绝美的圣母玛利亚。再没有什么时候比此刻更令人有作画的冲动了。

罗伯特走了过去坐在蓬泰莱夫人下面的一级台阶上好看她画画。她握着画刷挥洒自如,那倒不是由于熟能生巧的缘故,而是一种天分使然。罗伯特认真地看着她画画,时不时用法语迸出两句赞美之辞:"真不错哇!她真的会画画,力道挺足的。"

他看着看着忘乎所以了,就静静地把头靠在蓬泰莱夫人的手臂上。她轻轻地推开他,可一会儿他又靠了上来,她只好相信他那么做是无心的,可是没有理由她就得忍受。于是她也不抗议,只是默不作声地坚决地把他推开,他也不道歉。

画画好了,但一点儿也不像拉蒂尼奥尔夫人,拉蒂尼奥尔夫人看到那幅画不像她,于是大失所望。尽管如此,那幅画还是挺好看的,有许多让人满意之处。

很显然蓬泰莱并不这么认为。她用批判的眼光审视着那幅画,然后大笔一挥,在画面上就是宽宽的一道,接着她就用双手把它揉成团。

蓬泰莱家的两个小家伙跌跌撞撞地登上台阶来了,混血保姆礼貌地跟在后面看着他们,按主人的要求保持了一定的距离。蓬泰莱让他们把颜料、面具什么的都搬进屋去。她想把他们留下来说说话儿逗逗乐儿,可是两个小家伙都一本正经的。他们是来看看糖果盒里都装了些什么东西的。他们各自伸出两只胖乎乎的小手凑到一起形成个瓢状,巴望着母亲把它填满。她给什么他们就拿什么,倒也不多说一句,拿了东西就走。

日头快要西沉了,南风轻柔,阵阵拂过,夹杂着大海诱人的气息。孩子们新换了衣服又聚到橡树下玩去了。他们的声音高扬而又具穿透力。

拉蒂尼奥尔夫人把缝制的衣物折起来,把针箍、剪刀、线都整整齐齐地放到一个卷包里去,然后仔细地别好。她说有点晕。蓬泰莱夫人飞身取来古龙水和一把扇子。她用古龙水给拉蒂尼奥尔夫人擦脸,罗伯特则在一边拼命扇扇子,他其实大可不必那么用劲。

拉蒂尼奥尔夫人很快就好了。这怎能不让蓬泰莱夫人疑心,她朋友的不舒服完全是心理作用使然,因为她的脸色始终都是粉红粉红的呀。

蓬泰莱夫人站在那儿看着这个美妇沿着长廊款款而去,她身上那份优雅与高贵是有时候在女皇身上才看得到的。她的孩子们跑过来迎接她,其中的两个粘着她的白裙子,还有那第三个,她心肝宝贝地从保姆手中抱过来爱怜地搂在怀里。尽管大家都知道医生不让她抱重物,就连根针都不要她去碰。

"去游泳吗?"罗伯特问蓬泰莱夫人。他其实不是在问她,只是提醒她而已。

"哦,不了,"她犹犹豫豫地应了声,"我累了,还是不去了。"她的目光从他的脸上溜向海湾去。海浪声阵阵传来,在她听来,那像阵阵亲切而又急迫的哀求声。

"咳,去吧!"他坚持道,"别错过游泳的机会了。走吧。水里很舒服的,对你不会有害处的。"

他伸手拿下她那顶挂在门口的粗大的草帽戴到她头上去。他们下了台阶一起朝海滩走去。太阳西沉,微风轻柔而温暖。

第六节

埃德娜·蓬泰莱也说不清为什么她会想跟罗伯特一道到海滩去。她原本该拒绝,但后来两种矛盾心态中的一种又驱使她跟他去了。

她的胸中开始升起一道微弱的光——这道光照亮了路却又不让人去走。

开始的时候它令她迷惑。在那些她恣意落泪的夜里它令她或进入梦境,或陷入深思,或产生一种不可名状的烦恼。

一句话,蓬泰莱夫人开始意识到作为一个人,她在这个世界上所处的位置,开始认识到作为一个个体,她与她的圈子里及圈子周围的人的关系。这对于一个二十八岁的少妇来说该说是一种大智慧,或许该说是圣灵不会赐予每个女子的大智慧。

万物的起源,特别是世界的起始一定是混混沌沌、纠缠不清,极让人困扰的。能有几人从这种困惑中解脱出来啊!而又有多少人不是在这种纷扰中走向死亡的啊!

海浪声声不绝,极具诱惑力。时而耳语,时而叫嚣,时而低吟,引诱着人向孤独的深渊走去,落入内省的迷宫。

海浪跟灵魂对话着,海水波动着,人的身体就落在它轻柔的怀抱中。

第七节

蓬泰莱夫人不是那种习惯与人掏心的人,那种习惯也与她的天性相悖,甚至还处在孩提时代时,她就什么事都藏在心里了。她很早就对人的两面性知之甚深了——虽外表顺从内心却疑问重重。

在格兰岛的那个夏季,她开始稍稍放松了长期以来紧裹着她的内蓄寡言的面纱。促使她这么做的原因也许该说是来自方方面面的影响，而这其中数阿黛尔·拉蒂尼奥尔对她的影响最明显。埃德娜是个爱美之人，因此，首先吸引她的是这个克里奥尔人的艳光照人。其次就是这个妇人身上那种人人都明了的坦率，这与她自身一贯的含蓄冷淡形成了鲜明的对比——这或许倒把她们联系在了一起。谁又知道那造物主是用了什么原料造就了这根我们称之为同情或是爱的玄妙之骨呢。

　　一天早上，两个妇人撑着一把白色的太阳伞到海滩去了。埃德娜说服了拉蒂尼奥尔，让她扔下孩子，可是她就是没法子让她放弃她的一小卷刺绣，拉蒂尼奥尔一直央求着让她把它放到口袋里头去。她们也不知怎么的竟能摆脱掉罗伯特。

　　通往海滩的一路上倒也令人感觉不错。长长的沙质路面零零星星的有丛生的植物点缀着两边，路的两旁各自延伸着几亩黄菊。再远些就到处都是菜园子了，其中夹杂着些橘园、柠檬树园子。阳光下远远看去尽是一片莹莹的绿意。

　　两个妇人都相当高，只是拉蒂尼奥尔太太的身材更有女人味。而埃德娜·蓬泰莱体形的迷人之处则需要人慢慢去体会。她的身形颀长匀称，偶尔会摆几个十分动人的姿势，但绝不是那种原始的时装图样式的姿态。粗枝大叶的观察者路过时瞥见她可能就不会再去看第二眼了，但若眼力好些的话就会发现她身上有一种高贵的美，举手投足间优雅极了，这使她与众不同。

　　那天早上她穿了件凉爽的细棉布衣服——白色的，胸前有两道竖直的棕色波浪花边。她还系了个白色亚麻布做的领饰，头上戴着那顶从门外钉子上取下来的大草帽。那帽子扣在她那微呈波浪状的黄褐色头发上嫌重了些，于是就那么在头上扣着。

　　拉蒂尼奥尔更注意保护皮肤，她戴了顶面纱。她戴着双狗皮手套，手套上有两个袖口刚好护着她的腕关节。她一身素白，衣服上的层层褶皱很适合她。这种有皱褶花边的衣服比起那种带竖条花边的衣物更能衬出她那种艳丽的美。

　　海滩旁有一些浴室，虽说建得粗糙了些，倒也还结实，朝海的方向还带有护廊。每间浴室都有两个小间。住在勒布伦家的每户人家都各自有一个小间，里头置有洗澡的必备设施或各间主人认为应有的设备。这两个妇人无意洗浴，她们只是到海边来散散步，来找寻一个独处的空间，只是想离海近一些。蓬泰莱家的浴室与拉蒂尼奥尔家的相连。

蓬泰莱夫人习惯性地摘下钥匙，打开她家浴室的门锁走了进去。她很快就出来了，拿了一条地毯摊开放在走廊的地板上，她还拿了两个装在粗麻布套里的毛织枕头放在浴室前。

她们俩并肩坐在廊台的荫凉处，背靠着枕头伸着脚。拉蒂尼奥尔夫人摘掉面纱，拿了条精致的手帕擦脸，又接着扇着扇子。那把扇子，她总是用一条细长的缎带系着挂在身上某处。埃德娜取下饰领并把领口开到咽喉处。她从拉蒂尼奥尔夫人手中拿过扇子开始对着自己以及身边的同伴扇了起来。很暖和的天气，有一阵子她们什么也不干，只是聊着高温、太阳及强光，一阵疾风吹过来吹过去的，吹得海水泛着泡沫，吹得两个妇人的裙裾啪啦啪啦作响，使她们好一会儿都忙着整理头发，固定发夹、帽夹什么的。不远处有几个人在海里嬉戏。这个时候海滩上人很少。邻近的一间浴室的门廊上有一个黑衣女子在做晨祷。一对情侣发现孩子们的帐篷里没人，于是就在那儿情话绵绵。

埃德娜·蓬泰莱的目光游移不定，最后终于落在了海上。天气晴朗、碧空万里，举目远眺，海天相接处飘着几朵白云。朝卡德岛的方向看去可以看到一艘大三角帆的影子，而南面的几艘船远远看去则像是一动不动地定在那儿似的。

"你在想谁？想什么呢？"阿黛尔问她的同伴。她脸上那专注的表情使得所有的脸部器官都犹如雕像雕出来的一般。阿黛尔被她的这种神情吸引住了，早已颇觉有意思地盯着她好一阵子了。

"没什么，"蓬泰莱夫人回答道，她吃了一惊，又马上补充道："真傻！我看碰到这么个问题我们本能的回答就是这样了。让我想想。"她接着说，头向后靠，那双好看的眼睛眯了起来，直眯

到它们像两盏灯似的闪闪发光。"让我想想。我真的不知道自己在想什么,不过我或许可以回想一下。"

"哦!没关系!"拉蒂尼奥尔夫人笑道:"我也没那么苛求。这次就饶了你。这种天太热了让人无法思考,特别是要去回想自己的思绪。"

"就当是好玩吧,"埃德娜坚持道。"首先是一望无际的海面,那些静止的帆船映衬着蓝色的天空构成了一幅美妙的画卷,令我只想这么坐着,望着。热浪袭上脸庞使我想起了——我真想不起这里面有什么相联系的——在肯塔基的一个夏日,一个小女孩走过一片广阔如海的草地,那片草地上的草长得高过她的腰,她边走着边像在游泳一样张着双臂,然后拨开那些草,就像是在划水一样。哦,我现在知道这其中的联系了。"

"在肯塔基的那天你穿过草地去哪儿?"

"我现在也想不起来了。我那会儿正穿过一大片田野。我的太阳帽遮住了我的视线。我只能看到我的眼前绿油油的一片,当时我想我得不停地走着,永远也到不了尽头。我记不起来我那会儿心里是害怕还是高兴了,我该是乐在其中的吧。"

"那好像是个星期天,"她笑着说,"我从祷告仪式中逃出来,从长老会的礼拜中逃出来。我父亲阴阴郁郁地给我念着,至今我回想起来心里还怕怕的。"

"亲爱的,你从那时起就在开始祷告的时候逃跑了吗?"拉蒂尼奥尔夫人问道,她觉得很好玩。

"不!哦,不!"埃德娜急忙说道,"我那时只是个毛孩子,毫无疑问,我只是在一种冲动的误导下才这么干的。相反的,有一段时间,宗教信仰对我的影响颇大。那是从我十二岁以后到……到……嗯,怎么说呢,我想是到现在吧。尽管说这方面我思考得并不多——只不过是随习惯行事罢了。可是你知道吗?"她停顿了一下,那双灵活的眼睛看向拉蒂尼奥尔夫人,身子向前微倾,脸向她的同伴凑近,"有时候,我觉得这个夏季,我又走在那片绿色的草地上，优哉游哉地，漫无目的地走着，没有思想，没有方向。"

拉蒂尼奥尔夫人把她的手搭在蓬泰莱夫人的手上，那只手就在旁边。瞧见她没把手缩回去，她便热烈地紧握着它。她用另一只手亲昵地轻拂着蓬泰莱夫人的那只手，轻声低呼着"我亲爱的小可怜"。

此举起先让埃德娜觉得有点迷惑，但她很快就适应了这种克里奥尔式的轻柔爱抚。不管是她自己或别人，她都不习惯那种直接表露爱的方式。很令人遗憾，她与妹妹珍妮特常常习惯性地大吵。她们还很小的时候，母亲就过世了，或许是由于过早担负起家庭担子的缘故，姐姐玛格丽特显得庄严而高贵。玛格丽特不是那种很热情如火的人，她做事很灵敏。埃德娜偶尔也会有一个女性朋友，但不知是巧合与否，她们仿佛总是那一类的——沉默寡言。她从来都没有意识到这从很大程度上来说，或者说全都是因为她自身性格中的含蓄之处。在学校时，她最亲密的一个朋友极具文学天赋，埃德娜很欣赏她写的那些优美的文章，也竭力去效仿。她们俩还一起热烈地谈论英国古典文学，有时候，也为一些宗教或政治问题争论不休。

埃德娜时常惊讶于某种习性，这有时候在她内心掀起轩然大波，而外表上看去却不露声色。很小的时候——可能是在她穿过那片草的海洋的那个年龄——她记得当一个骑兵军官到肯塔基拜访她父亲时，她狂热地恋上了高贵的、眼神忧郁的他。只要他在那儿，她就移不开步子，目光一刻也不愿从他脸上移开。一绺黑发横在额前，他的那张脸长得有点像拿破仑。可是后来，这个骑兵军官就悄无声息地从她的生命中消失了。

还有一次，那是在他们搬到密西西比去住以后，她的情感投注到一个来附近的种植园找一位姑娘的年轻先生身上去了。那个年轻人已经和那个姑娘订婚了。午后时分，他们有时候会驾着马车来拜访玛格丽特。那会儿埃德娜只不过是个十几岁的小姑娘。

当她意识到对那个小伙子来说她什么都不是的时候她感到痛苦万分。而他之于她最终也仍恍若一梦。

当她有了在她看来是人生高潮的经历时她成熟了。那一次,一个著名的悲剧演员的面貌和身形占据了她的心田,令她心驰神往。那种执着的疯狂迷恋使它有了一点真实性,而那份无望又赋予它一种高尚情操的色彩。

那个悲剧演员的相片装在镜框里放在她的桌上。任何人都可以拥有一个悲剧演员的照片而不遭到非议。(这是她的一个罪感动机)在人前,她对他的崇高天赋大加赞扬,她把那张相片给大家传阅,一个劲地说它有多逼真,而独处时,她常会拿起那张相片,热烈地吻着那冰冷的玻璃。

她嫁给莱翁斯·蓬泰莱纯属偶然。在这点上与其他许多的婚姻相似,可谓命运的安排。遇见他时她正沉浸在那种不为人知的高尚情怀中。正如男人惯常的那样,他坠入了爱河。他极认真极热心地把套装熨得妥妥帖帖。他讨好她,他的热情如火,让人觉得除此以外可以别无所求。她以为她和他在思想和品味上有共鸣之处,可她的想法是错误的。另外,她父亲和她姐姐玛格丽特强烈反对她嫁给一个天主教徒。而她接受蓬泰莱先生成为她的丈夫的动机如何我们亦无须再深究。

若能嫁给那个悲剧演员对她来说会是最大的快乐,而在这世上这种快乐不属于她。作为一个让丈夫仰慕的忠实的妻子,她觉得她该紧闭浪漫幻想国度的大门,在现实世界里体面过活。

在那个悲剧演员与那个骑兵军官,还有那个订了婚的青年男子以及其他什么人都差不多烟云眼过时,埃德娜发现现实就摆在眼前。她开始爱上她的丈夫了,她无比欣慰地意识到这份爱里没有任何会让激情之梦褪色的痕迹。

她爱她的孩子们,可是她的爱忽冷忽热。有时候她会为他们牵肠挂肚,有时候又将他们抛之脑后。去年夏天他们到伊贝维尔与孩子的奶奶共度了一些时日,她对他们的快乐安康很放心,一点都不会想念他们,只是偶尔想得紧罢了。他们不在对她来说是一种解脱,可是她不承认这一点,哪怕是在心底里她也不承认。孩子们不在仿佛使她摆脱了一种盲目承担的责任。而这种责任她无法胜任。

那个夏日,当埃德娜与拉蒂尼奥尔夫人面海而坐时她并未把这些全都告诉她,她略去了一大部分。她把头靠在拉蒂尼奥尔夫人肩上。她脸上发烫,陶醉在自己的嗓音以及这罕有的直率里。这像葡萄酒又像是第一次自由的呼吸一般使她迷醉。

有渐近的脚步声传来了。那是罗伯特,一大群孩子簇拥着,正在找寻她们呢。蓬泰莱家的两个小家伙也跟着他,他怀里抱着拉蒂尼奥尔夫人的小女儿。还有其他的孩子围着他,两个保姆跟在后面,一脸怏怏,看上去倒也顺从。

两个妇人立即站了起来,开始抖直衣服舒活筋骨。蓬泰莱夫人把垫子和毯子都扔进浴室去。孩子们都冲到帆布篷去了,他们站成一排盯着那对入侵的恋人,他们还在那儿海誓山盟呢。那对恋人站了起来,只是无声地抗议了一下便缓缓地走到别处去了。

孩子们进了帐篷,蓬泰莱夫人走了过去跟他们在一起。

拉蒂尼奥尔夫人央求罗伯特陪她回宅子去。她埋怨说四肢都快痉挛了,关节硬邦邦的。他们边走她边歪歪斜斜地靠着他的臂膀。

第八节

几乎是在他们刚开始缓步朝家走去的时候,罗伯特身旁这个美丽的妇人便开口对他说道:"罗伯特,帮我个忙。"罗伯特撑着一把伞,在圆形伞的荫下她倚着他的臂膀抬头望着他。

"当然,帮多少忙都可以。"他答道,低头看着她那双充满思虑的眸子。

"我只求你一件事,别去招惹蓬泰莱夫人。"

"天啊!"他叫了起来,突然像小男生似的笑了起来。"瞧呀,

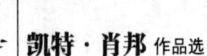

拉蒂尼奥尔夫人在吃醋呢！"

"胡说八道！我是认真的，我在跟你说正经话呢，别去招惹蓬泰莱夫人。"

"为什么？"他问道，开始认真对待同伴的恳求了。

"她不是我们一类的人，她和我们不一样。她可能会因为把你这人当真而犯一个可悲的错误。"

他恼得满脸通红，摘下头上那顶软帽开始不耐烦地边走边往腿上拍。"她干吗不该把我当真？"他尖锐地发问，"我是一个喜剧演员？一个小丑还是一个玩偶盒呢？她干吗不该把我当真？你们这些克里奥尔人！我真受不了你！难道我就只能老是充当搞笑片里的一个角儿？我倒希望蓬泰莱夫人真的把我当真了。我真希望她有好眼力，在我身上除了玩世不恭外还能发现些什么优点。要我觉得还有什么疑问的话……"

"哦，够了，罗伯特！"她打断了他的义愤填膺。"你根本不像你所说的这么想的。你说话就跟下面沙地上玩耍的那群孩子一样不经过大脑。你对任何已婚妇女大献殷勤时若有任何企图的话，那么你也就不是我们所认识的绅士了，也不配跟那些信任你的人们的妻女为友了。"

拉蒂尼奥尔夫人讲了她认为是原则与信条的事儿。那个年轻人不耐烦地耸了耸肩膀。

"哦，好了！不是这样的，"他啪的一声把帽子猛扣到头上。"你该感觉得到跟一个男人讲这些事儿可不令人愉快。"

"我们的交往就只能是相互吹捧吗？说真的！"

"这并不是件令人愉快的事儿，让一个女人来告诉你——"他不经意地继续着，但又突然停了下来："我要是像阿罗班那样——你记得阿尔塞·阿罗班和那个在比洛西领事的老婆的故事吗？"接着他讲了阿尔塞·阿罗班和那个领事的妻子的故事；讲了那个法国歌剧男高音歌手的事，人家给他写了些本不该写的信；他还讲了其他一些或庄或谐的故事，讲着讲着就把蓬泰莱夫人可能把一个年轻男子当真的倾向忘得一干二净了。

他们一回到拉蒂尼奥尔夫人的小屋她便去休息了,她觉得那管用。在离开之前,罗伯特请求她原谅他的不耐烦——他称之为无礼——在她好意相劝时他显得很不耐烦。

"阿黛尔,你犯了个错误,"他轻笑着说,"蓬泰莱夫人根本不可能把我当真。你该警告我别把自己当回事才对。这样你的劝告就会有一定的影响力,也让我有个反省的方向。再见了,可你看上去很累。"他关切地加了句,"你要不要来碗肉汤?要不要我给你调杯酒?让我给你调一杯加安戈士都拉苦味补药的酒吧。"

能来碗肉汤多惬意呀,她接受了他的建议。他自个儿到厨房去了,那是一处与小屋分离的建筑,在大宅的后面。他把那金棕色的肉汤装在一只精致的赛夫勒瓷杯里亲自给她端了过来,杯托上还放了几块薄饼。

她的门敞开着,由一块门帘遮着,她从门帘里伸出一只赤裸白皙的手臂,从他手里接过那只杯子。她说他是个好小伙子,她说的是真心话,罗伯特谢过她后便转身向"大宅"走去。

那对情侣正往庭园里走。他们相依相偎着,俨然是那背海弯曲生长的水橡树。他们的脚上丝尘未沾。他们大概是头脚倒置了,定是踩着苍穹一路走来的。一个身着黑衣的女子在他们身后慢慢走着,看上去比平日苍白些,疲乏些。罗伯特不见蓬泰莱夫人和那群孩子的踪影,举目远眺搜寻着他们的形迹。无疑,在午饭前他们是不会回来的。这个青年于是向上走,进了他母亲的房间。房间处于整座宅子的最高处,整个房间角度奇特,天花板起伏怪异。对着海湾是两扇宽敞的天窗,透过那窗子便可以尽情地远眺了。房里的摆设简单,清爽而又实用。

勒布伦夫人正坐在缝纫机旁忙得不可开交。一个黑人小女孩坐在地板上用手去摇那缝纫机的踏板。这个克里奥尔妇人总是尽一切可能不去干任何有损身体健康的事儿。

罗伯特走了过去,在其中一扇天窗宽宽的窗台上坐下。他从

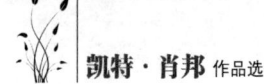

口袋里掏出一本书,开始读了起来,从他翻书的到位与频率可以看得出精力的旺盛。房间里回荡着缝纫机的辘辘声,那是台笨重的、老式的机子。机器停息的当儿罗伯特与他母亲也会闲扯上几句。

"蓬泰莱夫人上哪儿去了?"

"跟孩子们在下面的沙滩上呢。"

"我答应了把法国作家龚古尔的书给她。你走的时候别忘了带上。书就放在那张小桌子上方的书架上。"接下来的五到八分钟里又只有缝纫机的踢踏踢踏踢踏呼的声音。

"维克托坐着马车上哪儿去呢?"

"马车?维克托?"

"是呀,在下面,他在前头哩,看上去他是要驾着车上哪儿去呢。"

"叫住他。"又是踢踏,踢踏一片。

罗伯特吹了个尖锐刺耳的口哨,即便是在码头也能听见。

"他不肯往上瞧。"

勒布伦夫人冲到窗口,叫道:"维克托!"她挥着一条手绢又叫了一声。那个小伙子钻进车里策马疾驰而去了。

勒布伦夫人又回到缝纫机旁,气得一脸涨得通红。维克托是她的小儿子,罗伯特的弟弟——他性子很急,很容易与人大打出手,一副牛脾气倔得雷打不动。

"你说我得跟他讲多少道理他才听得进去呀。"

"要是你父亲还活着就好了!"踢踏,踢踏,踢踏,踢踏,呼!勒布伦夫人一直坚信要是勒布伦先生没有在他们婚后那么早就被带到另外一个世界的话,那么现在这个宇宙的动作及属于它的一切事物必将更为井然有序、有条不紊。

"蒙泰尔来信都跟你说了些什么?"蒙泰尔是一个中年绅士,在过去的二十年里,他一直徒劳地要填平勒布伦先生的去世给勒布伦一家留下的空虚感。踢踏,踢踏,呼,踢踏!

"我这儿有他的一封信,"她打开缝纫机的抽屉,在针线筐下找到了那封信。"他说让我告诉你下个月初他会到维拉克鲁斯"①——踢踏,踢踏!——"如果你还想和他一起去"——呼!踢踏,踢踏,踢踏!

"妈,你先前怎么不告诉我?你知道我想——"踢踏,踢踏,踢踏!

"你瞧见蓬泰莱夫人和孩子们动身回来没有?她回来吃午饭又晚了。她总是到最后一分钟才起身准备吃午饭。"踢踏,踢踏!"你上哪儿去?"

"你刚才说龚古尔的书在哪儿来着?"

第九节

大厅里的每一盏灯都亮了,每一盏都挂得高高的,未熏着烟囱也没有爆炸的危险。整个厅里的墙壁上每间隔一段就挂一盏灯。有人采集来了橘子枝和柠檬枝,把它们做成彩饰,那深绿色的枝叶特别明显,映衬着窗子上那白色的细棉布窗帘。海湾上劲风阵阵吹来,任意地让那窗帘拍打飘飞着。

这是罗伯特与拉蒂尼奥尔夫人从海滩回来的一席亲密谈话的几周后的星期六晚上。今天到这儿来准备过周日的丈夫们,父亲们,还有朋友们特别多。在勒布伦夫人的物质帮助下,他们的家人倒是将他们款待得很周到。所有的餐桌都被挪到大厅的一端,椅子或是被排成排,或是摆在一处。前半夜每个小家庭都参加了讨论,一起拉着家常。这会儿人们有了明显倾向,都想放松一下,想扩大倾诉的圈子,想和更多的人交谈。

许多家长都允许他们的孩子比平常晚些去睡觉。有一小群的孩子趴在地上看几张蓬泰莱先生带过来的连环画报。这是蓬泰莱家的小家伙允许他们看的,两个小家伙让其他的孩子感到了他们的权威。

---

① 墨西哥东部港市。——译者注

晚会上穿插着，或者说提供了音乐、舞蹈及一两个朗诵。但这些节目都没什么系统性，看来不是预先准备的，甚至也没有经过考虑。

夜晚伊始法里瓦尔家的双胞胎便独领风骚，在那儿弹琴。那是两个十四岁的女孩子，在受洗礼时献给了圣母玛利亚，于是她们弹了一曲"赞芭"的二重奏，然后考虑到大众的口味，于是又弹了《诗人与农民》的序曲。

"见鬼，到这儿来！"门外的那只鹦鹉尖叫着。这个夏季，它是第一个胆敢直率承认自己没有在听这些精彩表演的家伙。老法里瓦尔先生，两个双胞胎的爷爷对它的搅局愤愤不已，坚持要让它挪个地方，把它遣送到黑暗处去。可是维克托反对，他的话跟命运安排一样不容更改。所幸的是那只鹦鹉也没有再搅和，很显然它的一腔积怨都已在那顷刻的爆发间在那对双胞胎身上一吐为快了。

后来是一个小弟弟和一个小妹妹的朗诵表演，他们的朗诵在座的各位都在城里冬夜娱乐会上听了数遍了。

一个小女孩在大厅中央表演了长裙舞，她的母亲边给她伴奏既赞赏又担忧地看着她。她根本用不着为她担心，那小家伙能控制局面。她穿着适时的黑丝绸紧身衣，小小的脖项与手臂裸露着，一头经过人工卷曲的头发像黑色的羽绒一般竖在头上。她的姿势优雅，穿着黑鞋的脚趾在脚步迅猛的上踢中闪着，令人目眩。

人们没有理由不去跳舞。拉蒂尼奥尔夫人没法跳舞，因此她欣然同意为其他人弹琴。她弹得很好，华尔兹的拍子处理得恰到好处。在弹奏时她将自己的情感揉入音乐中，着实具有感染力。她说她没有放弃音乐都是为了孩子们，因为她和丈夫都认为这是给家庭带来欢欣和感动的方法。

除了那对双胞胎外几乎所有的人都在跳舞。她们不愿分开，哪怕就一小会儿在一个男子怀中旋舞于大厅她们都不乐意。她们本来可以一起跳舞的，可是她们不想。

孩子们被送回去睡觉了。有的乖乖地走了,有的则是让人拽着边走边尖叫反抗。父母们允许他们待到吃完冰淇淋再去睡觉,这已是纵容的极限了。

冰淇淋还有蛋糕轮番传到人们手中——金色、银色的蛋糕一片片交互摆在盘子上。这是下午在维克托的指导下两个黑人妇女做好并冷藏起来的。蛋糕做得很好——要是再少一点香精,多放一点糖,冻得再硬一些,盐巴少点那就更好了。维克托对自己的成果颇感自豪,他四处向人推荐,恳请每个人都尽情享用。

蓬泰莱夫人和她的丈夫跳了两支舞,和罗伯特跳了一支,又与拉蒂尼奥尔先生跳了一支。拉蒂尼奥尔先生又高又瘦,跳起舞来犹如一棵风中摇摆的芦苇。此后,蓬泰莱夫人便走出去,到廊台上坐在低低的窗台上,看着大厅里进行的一切,然后又向海湾望去。东方泛着微光。月亮升起来了,那神秘的光亮洒下万道光芒,落在那遥远的、波涛汹涌的海面上。

"想不想听雷兹小姐弹琴?"罗伯特走了出来,冲着走廊上的她问道。埃德娜当然想听雷兹小姐弹琴,只是她担心去求她她也不会答应。

"我去请她,"他说,"我去跟她说你想听她弹琴。她挺喜欢你,会肯来的。"说罢他转身匆匆忙忙地向远些的小屋走去。雷兹小姐拖着步子要走开,房里一张椅子被她拖进拖出的,隔壁屋里一个保姆正使着浑身解数哄一个婴儿睡觉。雷兹时不时对孩子的哭声嘟嘟哝哝。她是个坏脾气的小妇人,韶华已逝,总是自以为是,又爱侵犯别人的权利,因此她几乎跟每个人都吵过架。罗伯特没费多大劲便说服了她。

在舞曲间歇的空档里她随他进了大厅。进门时她傲慢而不自然地微微欠了欠身。她是个相貌平平的女子,面孔皱缩,身材干瘪,眼睛倒闪亮。她在穿着上一点品味都没有,扎着褪了色的黑色花边,发际别着一簇人造紫罗兰。

"去问问蓬泰莱夫人想听我弹什么曲子。"她向罗伯特招呼

着。在罗伯特把口信捎去给坐在窗台上的埃德娜时,她坐在钢琴前面一动也不动,连琴键都不去碰。当人们看见这位琴手走进来时真是又惊又喜。大家都静了下来,到处都充溢着希冀的气息。在这个骄横的小妇人那儿得到如此大的殊荣埃德娜真的颇觉尴尬。她不敢选择了,只求雷兹太太想弹什么就弹什么。

正如埃德娜自己说的那样,她很喜欢音乐。优美的乐曲总能在她心中唤醒种种场景。上午当拉蒂尼奥尔夫人弹奏时她有时候会喜欢待在房里听。埃德娜把夫人弹的一支曲子叫作"孤独"。那是支短而忧伤的小曲。曲名是别的什么的,但她管它叫"孤独"。每次她一听到这曲子,脑子里便会浮现出这么一幅画面,一个人站在海边一块荒凉的岩石旁,他赤身裸体,望着远处一只拍翅飞离他而去的鸟儿,一副无能为力的样子。

另一支曲子使她想起的是一个身着第一帝国流行长袍、身材小巧玲珑的年轻女子,踏着舞步,装模作样地沿着两边都围着高高树篱的大道往前走。还有一支曲子让她想起了孩子们在玩耍,另外有一支只让她想到了一个娴静的女子在抚摸着一只猫。

雷兹小姐的手一按琴键,蓬泰莱夫人便觉周身兴奋地战栗了一下。她并不是没有听过艺术家弹琴,或许这是她第一次做好准备,第一次被召唤着去体验永恒的真理。

她想着该会有画面在脑中出现进而大放异彩吧。于是她在那儿等着,徒劳地等着。她的眼前没有任何孤独、希冀、渴望抑或是绝望的影像出现。只是有一种激情,如同平日里打在她绝妙的肢体上的一波波浪潮般地在她的灵魂中升腾而起,震颤着她的整个灵魂。她哆嗦着,哽咽着,泪水模糊了她的视线。

小姐已经弹奏完了。她站起来,还是傲慢而僵硬地微微欠了欠身,不致谢,也不等人鼓掌便走了。经过门廊时,她拍了拍埃德娜的肩膀。

"咳,喜欢我弹的曲子吗?"她问道。那个年轻的少妇无法回答,她只是颤抖地紧紧握住这个钢琴家的手。雷兹小姐看到她是这么激动,甚至于泪眼婆娑,便又拍了拍她的肩膀说道:"只有你一个人值得我为你弹奏。其他人,呸!"说罢她不安地曳足而去了。

然而她把"其他那些人"都想偏了。事实上她的演奏激起了一种狂热。人们赞叹着"多么富有激情呀!""真是个了不起的艺术家!""我就说嘛没人能像雷兹小姐那样把肖邦的曲子弹得那么好!""最后的那个序曲,天呀,把一个大男人都打动了!"

时间渐晚了,大多数人都想散了。可是有一个人,或许是罗伯特吧,还想着在这个神秘的时刻到那神秘的月光下去畅游一番。

第十节

经常是罗伯特提议去做什么事儿,然后大家都一致同意了。他领着路,大伙儿都迫不及待地跟着。其实也不能说是他在领路,他只是指了个大方向而自己却跟一对恋人优哉游哉地在后面走着。那对恋人原本是想独个儿留下来的,他走在他们中间,没人知道他到底是出于恶意,抑或只是在恶作剧,就连他自己也说不清。

蓬泰莱和拉蒂尼奥尔两家人走在前头,两个妇人都靠着丈夫的臂膀走着。埃德娜听到身后罗伯特的声音,有时候她会听清他说话。她想着他干吗不跟他们在一起了。这不大像他一贯的作风。近来他常会一整天都离她远远的。然后在接下来的一两天里他都会加倍地对她好,好像是要补偿那些流逝的时光一般。在那些由于某些原因使他不能待在她身旁的日子里她会想念他。这就好比一个人在阳光普照时觉得没什么,而哪天阴天了,他又会思念起太阳来了。

人们三五成群地朝海滩走去。他们有说有笑的,有些人甚至唱着歌。下面克兰旅馆的一支乐队正在奏乐,远远的乐声隐约可辨。四处弥漫着一种奇异的气味——海洋的味道、野草的味道、新翻的泛着湿气的泥土味夹杂着附近白色花丛芬芳馥郁的味道。夜轻轻地罩在海上、大地上。夜色并不太黑，没有什么倒影。月光的清辉洒落，一如睡眠的神秘与轻柔。

　　许多人都走进海中如鱼得水。此刻的海面平静，海浪慵懒地一波盖过一波，源源不断一直到了海滩处才撞击成浪沫点点，然后又如一条白蛇似的缓缓地蜿蜒着往回爬。

　　埃德娜一整个夏季都在学游泳。男的，女的，有时候甚至是小孩子都教过她。罗伯特更是天天给她上游泳课，可现在看到自己的付出毫无成果他差不多要泄气了。一到水里她总要确保有一只手在身旁伸手可及，并能给她慰藉，要不然她就会难以自主地感到恐慌。

　　然而那天夜里，她如一个蹒跚学步的孩童一般猛然间发现自己有那么一种力量，于是大胆而又超乎自信地迈出了第一步。她欣喜得直想大叫。而当她在水中轻划了一两下以后身体便浮到水面上来时，她真的欢喜得叫出声来了。

　　一阵狂喜之绪席卷而来，她仿佛在顷刻获得了一种控制自己身体与灵魂活动的能力。她变得大胆、莽撞，完全高估了自己的力量。她竟然想游得远远的，游到任何一个女子都不曾企及的地方。

　　她这一令人意外的成就一下了成了人们惊叹、赞扬、喝彩的对象。每个人都暗自称庆，因为自己的特殊教导终于取得了令人满意的结果。

　　"这多么容易啊！"她想着。"这没什么嘛，"她自言自语着，"我以前怎么就没发现这其实没什么。想想看我那时居然学不来，还像小孩子一样四处溅水！"她不愿意与大家一同嬉戏玩耍，而是陶醉在新学会的技能上，独个儿游了出去。

　　浩瀚的海面与月空连接融合为一体，使她兴奋得遐想无限。她把头往海水里埋，想要获取一种空间感、一种孤独感。她游着游着，真想把自己迷失在那种无边无际中去。

　　有一下子她回头望向她游离的海岸与人群。她并未游得很远——也就是说在一个游泳高手眼中这段距离并不太远。但以她那不寻常的眼光看来,身后这片汪洋已形成了一道屏障,而这一屏障是势单力薄的她所无法逾越的。

死亡的幻象陡然敲击着她的灵魂,有一刻她感到惊骇,感到无力,但她还是用力挣扎着双脚着地了。

对于邂逅死神以及那片刻的恐惧感她只字未提,她只是对丈夫说:"我还想着我要一个人死在那外头了哩。"

"亲爱的,你游得并不是很远。我一直看着你呢。"他对她说。

埃德娜立即走到浴室去,把干衣服换上,打算在其他人上来前先回家去,他们在她身后嚷嚷着叫她,她向他们摆摆手,又继续往前走,他们又喊她,想把她留住,可她再也不去理会他们了。

"有时候我真的觉得蓬泰莱太太有点反复无常。"勒布伦夫人说道。她方才一直玩得很开心,真担心埃德娜突然这么一走让人扫兴。

"我知道她是挺反复无常的,"蓬泰莱先生附和着说,"但她只是偶尔那样,并不经常。"

埃德娜往回走,还没走四分之一的路程罗伯特就赶上她了。

"你以为我会害怕吗?"她问他,一点也不气恼。

"不,我知道你不会害怕。"

"那你跟来干嘛?为什么不和其他人待在那儿。"

"我从未想过。"

"想什么?"

"任何事。那又有什么区别呢?"

"我很累了。"她幽怨地说道。

"我知道你累了。"

"你什么也不知道。你凭什么要知道呢?我从没有这么累过,但并不会让人不快。今晚我经历了千万种情绪的波动,可我却无法将它们一一理清。你别介意我说的话,我只是在自言自语罢了。我在想我是否还会像今晚被雷兹小姐的琴声感动一样再如此的情绪激动。我在想这样的一个夜晚是否还会重来。这真是个梦一样

251

的夜晚。我身边的人都像些离奇的半人半鬼。今晚肯定是四处都有精灵。"

"是的,有精灵,"罗伯特低声道,"难道你不知道今天是八月二十八吗?"

"八月二十八?"

"对,在八月二十八日的午夜时分,如果有月光照耀——一定是有月光照耀着的——一只常年出没于这些海岸的精灵便会从海湾升起来。他会用他那敏锐的目光找寻一个该死的人,一个值得被升到半空中几个小时的人与他为伴。迄今为止,他总是寻而无果,于是便又垂头丧气地沉入海中去。然而今晚他找到了蓬泰莱夫人。或许他再也不会让她完全从魔咒中走出来。而她或许再也用不着如此这般可怜不堪地形影相吊了。"

"别拿我开玩笑了。"她说道,被他的无礼伤害到了。他没注意到她恳求的口气,倒是她那轻柔得恰到好处的哀婉动人的调子听来好像在责备人。他无法解释,他无法告诉她自己早就看透了她的心思,并且能够理解。他什么也没说,只是把手臂伸给她,因为她自己说她已经精疲力竭了。她刚才一直是耷拉着两条胳膊,任凭白色的裙裾在洒满露珠的小路上拖着。她握着他的手臂但并没有靠上去。她任由自己的手无精打采地垂着,思绪好像飘到别处去了——飘到了她身体的前头去了,而她正拼命地要赶上它们。

她在门前的一根柱子与树干间拉了一张吊床,罗伯特帮着她爬上那张吊床。

"你要在这外头等蓬泰莱先生回来吗?"他问。

"我就待在这外头,晚安。"

"要不要我去给你拿个枕头。"

"这儿有一个。"她边说边四处摸索着,因为他们那会儿是在暗处。

"这个枕头肯定脏了,小孩子们一直拿它扔来扔去的。"

"没关系。"找到那个枕头后她就把它枕在头底下。她轻轻松松地呼了一口气,在吊床上舒展四肢。她并不是个傲慢或过于挑剔的女子。她不太喜欢躺在吊床上。当她躺上去时,在她身上找不到一种猫似的安逸之姿,倒是周身一副仁慈和善之态。

"要不要我在这儿陪你,等蓬泰莱先生回来再走?"罗伯特边问边坐在一级台阶的外沿,一手抓住系在柱子上的吊床的绳子。

"你要是愿意就待着吧。别摇吊床。能不能把我那条放在屋里窗台上的白围巾拿来?"

"你冷了吗?"

"不,但不久就会感觉冷了。"

"不久?"他笑了,"你知不知道现在几点了?你要在这外头待多久?"

"我不知道。你能不能去拿一下围巾?"

"当然可以!"他说着站起身来。他沿着草地走到屋里。她望着他的身影在月光稀疏的暗影里穿行。午夜已过,四处静谧一片。

他把围巾拿来后她就把它拿在手上,并不围上。

"你刚才是说我得在这儿等到蓬泰莱先生回来再走吗?"

"我是说你要是愿意的话就待着吧。"

他又坐了下来,卷了根烟静静地抽了起来。蓬泰莱夫人也一声不吭。再多的话也不及这些静默的时刻来得有意义,也不像这些时刻这样满溢着阵阵令人悸动的欲望。

罗伯特听到去游泳的人回来的声音就道了晚安。她没搭腔。他想着她是睡着了。然后,她又一次望着他的身影穿行在月影的明暗交替中。

第十一节

"埃德娜,你在这外头干什么呢?我还想着该在床上看到你才对。"她丈夫见她躺在那儿时说道。他刚才是和勒布伦太太一同走上来的,在大宅前与她分开。他妻子并不搭腔。

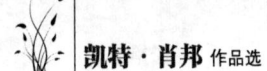

"你睡着了?"他问道,弯腰凑近去看她。

"没有。"她与他对视,目光闪烁,毫无睡意。

"你知不知道现在已经过一点了? 走吧。"他登上台阶,走进他们房里。

"埃德娜!"过了一会儿蓬泰莱先生在房里唤她。

"别等我了。"她答道。于是他从门口探出了头。

"你在那外头会着凉的。"他愤愤地道,"发什么傻? 干吗不进来?"

"不会冷,我有围巾呢。"

"蚊子会把你给吞了的。"

"这儿没有蚊子。"

她听见他在房里走动的声音,每一个声响都显得那么不耐烦,那么躁动不安。换作是其他时候,他一叫她就会进去。她会习惯性地顺从他的意思。倒不是屈从他的意愿,而是像日常生活中那样不加思索地或走,或动,或坐,或站,该做什么就做什么。

"埃德娜,亲爱的,你不那么快进来了吗?"他又问了一次,这次话语里充满了爱意,又有一种恳求的调子。

"不了,我要待在这儿。"

"这真是蠢透了。"他脱口而出,"我不能允许你一整晚都待在外头。你马上给我进来。"

她扭动了一下身躯,在吊床上躺得更安稳了。她发觉自己的意志坚强了起来,固执而敌对。她在想她丈夫以前是否也曾这样对她说过话,而她是否也听从他。当然,她顺从过他,她记得她顺从过。但是这会儿她不知道自己凭什么或者说该怎么去顺从他。

"莱翁斯,你去睡觉吧,"她说道,"我要待在这外头。我不想进去,也不打算进去。你别再用这种口气跟我说话了,我不会应你的。"

蓬泰莱先生原本已经打算上床睡觉去了,这会儿他又套了件衣服,开了瓶葡萄酒。他精心挑了几瓶葡萄酒放在自己的柜子里。

他喝了杯酒后走到廊台外也给了妻子一杯,她不想喝。于是他把摇椅拉过来,把穿着拖鞋的双脚架到栏杆上去,然后开始抽起了雪茄。他抽了两根雪茄后就跑进房里又喝了杯酒。他又给妻子倒了杯酒,她还是不想喝。蓬泰莱先生便又光着脚坐到椅子上去,过了一阵子他又抽了几根雪茄。

埃德娜开始觉得自己像一个从梦中渐渐苏醒的人。一个有趣、奇特且不真实的梦。她开始觉得自己的灵魂又飘回到现实中了。睡意袭来,方才那让她一直兴奋不已的旺盛精力已衰退,只让她觉得疲倦不堪。

这是夜里最静的时刻,黎明即将到来,整个世界仿佛都屏住了呼吸。月亮低低地悬在沉睡的夜空上,开始由银白色变成了铜色。那只老猫头鹰也不叫了,水橡树亦不再摆着头沙沙作响了。

埃德娜起身来,在吊床上一动不动地躺了那么久,她浑身都麻了。她摇摇晃晃地上了台阶,进屋前手无力地抓着那根柱子。

"莱翁斯,你要不要进来?"她转头问她丈夫。

"好的,亲爱的,"他吐了口烟看了她一眼答道,"我抽完这根烟就来。"

第十二节

她只睡了几个小时,那是躁动不安的几个小时。她做了好些虚无缥缈的梦,半梦半醒间她只知道那都是些不可企及的东西。她起床了,在凌晨凉爽的空气中穿衣服。那空气令人心旷神怡,使她也清醒了不少。然而她并不是在寻找什么能帮她提神的东西,不论是外在或内在的。她只是盲目地跟着感觉走。她好像是把自己交到了别人的手中,让人为她指导方向,让自己的灵魂不受责任感的羁绊。

大多数人在这么早的时候都还在床上睡觉,有几个要去谢尼埃尔做弥撒的人已经活动开了。那对恋人前夜就做好了活动安排,

现在已慢慢地向码头踱去。那个黑衣女子带着天鹅绒面镶金扣环的祈祷书和星期天的银念珠在他们的身后不远处走着。老法里瓦尔先生也起来了,看到什么就忙什么。他戴上大草帽,从厅里的伞架上拿下伞跟着那个黑衣女子,但始终不去超过她。

那个给勒布伦夫人踩缝纫机的黑人小女孩正心不在焉地拿着把扫把挥来挥去扫廊台,埃德娜让她到宅子里去把罗伯特叫醒。

"跟他说我要去谢尼埃尔。船已经备好了,让他快点。"

他很快便来与她会合了。她以前从没让人去请过他,也不曾邀过他。她从前好像从来都不需要他。此时让人去请他来她也不觉得有什么不同寻常的。他看来对此也不以为然。但当他见着她时还是满脸发烫。

他们一起往后走到厨房去。没时间等人来周全地服务了,他们就站在窗口,厨子把咖啡和小圆面包递过来,他们就在窗台旁喝咖啡和吃面包。埃德娜说味道很好。她其实心里想的不是咖啡,她什么也没想。他告诉她他发现她常常做事不先打草稿。

"想到要去谢尼埃尔就去把你叫起来还不够吗?"她笑道:"我什么事都得考虑到吗?——莱翁斯心情不好时也这么说。我不怪他,要不是因为我他可从来都不会心情不好。"

他们选了条沙地上的捷径。不远处他们看到了那一队向码头走去的奇怪的人马——那对恋人肩并肩缓缓地蠕着步子,那个黑衣女子慢慢地赶上了他们,老法里瓦尔先生渐渐地落后了,一个赤脚的西班牙小姑娘垫后,她头上扎着红头巾,胳膊上挎着个篮子。

罗伯特认识那个女孩子,他还同她讲了几句话。在座的没人听得懂他们在说什么。她叫玛丽基塔,长着一张狡黠有趣的圆脸和一双好看的黑眼睛。她的手很小,在篮子的提手处她把双手交叠在一起。她的脚板又宽又粗糙。她也懒得去掩藏。埃德娜盯着她的脚,她发现那些棕色趾头的夹缝里有沙和泥。

博德莱抱怨说玛丽基塔在那儿占了好大地方,事实上他是因为老法里瓦尔先生在那儿而发火。法里瓦尔先生老觉得他俩比起来自己是个更好的水手。博德莱不想跟法里瓦尔先生那么个老头吵,于是他就和玛丽基塔吵。那女孩儿一会儿觉得很不平,便向罗伯特求援,一会儿又变得很放肆。她上下摆着头,一边向罗伯特抛媚眼,一边又向博德莱瘪瘪嘴。

那对恋人独自在一旁,好像什么也没看见,什么也没听见似的。那黑衣女子已经是第三次在数念珠了。老法里瓦尔先生不停地讲着怎样驾船,这些博德莱都不懂。

埃德娜喜欢这一切。她上下打量着玛丽基塔,从难看的棕色脚趾到漂亮的黑眼睛,然后再从上往下看。

"她干吗这么看着我?"女孩儿问罗伯特。

"或许她觉得你漂亮吧。要不要我帮你问问看。"

"不用了。她是你的情人吗?"

"她已经结婚了,并且有两个孩子了。"

"哦,得了吧!弗朗西斯科还不是跟西尔瓦诺的老婆跑了。她有四个孩子呢。他们把他所有的钱和他的一个孩子带走了,还偷了他的小船。"

"闭嘴!"

"她听得懂吗?"

"哦,别说了!"

"那边那两个结婚了没有?——靠在一起的那一对。"

"当然没有。"罗伯特笑道。

"当然没有。"玛丽基塔重复了一遍,严肃而肯定地点点头。

太阳升高了,开始让人觉得火辣辣的,微风徐来,埃德娜觉得风儿好像把一种刺痛感埋进了她脸和手上的毛孔里去了。罗伯特把伞撑在她头上。

他们的船在水上斜行着,风吹过来,把船帆都吹得鼓鼓的,紧紧的。老法里瓦尔先生看着那帆嘲弄地笑着。博德莱低声地咒骂着这个老头。

坐船经由海湾到谢尼埃尔去让埃德娜觉得她仿佛是从某个牢

牢地拴着她的停泊点给放了出来，扣住她的锁链松开了，——在前一夜里精灵四处飞的时候断开了，使她想往哪儿行驶就往哪儿行驶。罗伯特不停地跟她说话，他再也不去睬玛丽基塔。那女孩儿的竹篮里装了些虾，上头粘了许多西班牙苔藓。她不耐烦地把苔藓拍掉，自个儿在那儿恨恨地咕哝着。

"咱们明天到格兰德特尔岛①去怎么样？"罗伯特低声问道。

"去那儿做什么？"

"爬到山上的城堡去看小金蛇爬行，看蜥蜴晒太阳。"

她朝格兰德特尔望去，心里想着她倒乐意与罗伯特单独到那儿去，在阳光下听着海潮咆哮，看着那滑溜溜的蜥蜴在残存的城堡中穿行。

"然后，后天或大后天我们可以坐船到布鲁罗海湾。"他又接着说。

"去那儿干嘛？"

"做什么都可以——抛鱼饵。"

"不，我们还是回格兰德特尔吧，别去管那些鱼了。"

"你想去哪儿咱们就去哪儿，"他说，"我会让人把托尼叫来帮我整修一下船，这样我们就不需要博德莱了，谁也不需要了。你怕独木舟吗？"

"哦，不。"

"然后在月华如练的夜里我就带你乘坐独木舟。你的海湾精灵兴许还会对你耳语，告诉你这些岛上的宝藏在哪儿——或许还会带你到现场去呢。"

"这样子我们一天就发了！"她笑道，"我会把我们挖出来的所有东西，包括海盗的金子还有所有的财宝都给你。我想你会知道怎么花费的。海盗的金子藏不得也用不得，是用来挥霍的，用来四处扔的，只为了看着金光四溢好玩。"

"那我们就一起享用一起扔这些金子吧。"他说着，脸色赤红。

---

① 位于加勒比海小安的列斯群岛。——译者注

大家一同走上了那古老的哥特式小教堂。棕黄的油漆在阳光的照耀下闪闪发亮。

只有博德莱落在后头摆弄他的船,玛丽基塔挎着篮虾走着,一脸孩子气的快快不乐,从眼角里发出的怒光斜瞅着罗伯特。

第十三节

做弥撒的时候埃德娜觉得又困又压抑。她开始头痛,祭坛上的灯在她眼前晃来晃去的。换作其他时候她会尽力保持平静,可是这会儿她一心只想着逃离教堂这令人窒息的氛围,跑到露天去。她起身,从罗伯特的脚上爬过去,低低说了声抱歉。老法里瓦尔先生又惊又奇地站起来,但当他看到罗伯特跟在蓬泰莱太太身后时便又坐到位子上去了。他忧心忡忡地问了那个黑衣女子一声,她没睬他,也没搭腔,只是把目光锁定在那天鹅绒的祈祷书上。

"我觉得很晕,浑身无力。"埃德娜说着本能地把双手举到头上,在额前处把草帽掀掉。"我没办法待到弥撒结束。"他们些时走到了外面,站在教堂的阴影里。罗伯特非常关切。

"首先想到那儿去就已经够傻了,更别说待在那儿了。我们到安托伊纳夫人家去吧,你可以在那儿休息一下。"他挽着她的胳膊,不停地低头担忧地看着她的脸。

这个夜晚是多么的静谧呀!耳畔只有渗过盐水湖上的芦苇丛飘来的大海的呢喃。在橘树丛的掩映下安详地坐落着一长排青灰色、饱经风霜的小房子。埃德娜心里想着在这个令人昏昏欲睡的低岛上,定然天天都是安息日。他们俩在一处海上漂流物做成的参差不齐的篱前停下来讨水。一个面善的阿卡迪亚年轻人从蓄水箱里取水。那只不过是个深陷于地面的生锈的浮筒而已,一端有个孔。那个年轻人递过来的锡桶里的水喝起来并不太凉,但她那火热热的脸凑上去便觉冰凉冰凉的,使她一下子清醒了过来。

安托伊纳太太的小屋在村子的尽头。她像开门迎接阳光一样拿出所有的土特产来招待他们。她身材肥胖，走起路来很笨拙。她不会讲英语。但当罗伯特让她明白同他一起来的这位女士病了，想休息一下，她一心便想着让埃德娜感到舒适自在。

整个居所一尘不染，一间小偏房里放着一张有四个床柱的大床。床铺雪白雪白的让人直想往上躺。一个棚子隔着块窄窄的草地与这间偏房两两相望，棚子里侧放着一条废船。

安托伊纳夫人没去做弥撒，她儿子托尼去了。她猜想着他可能很快就会回来，于是便请罗伯特坐下来等他。可是罗伯特却跑去坐在门口抽烟。安托伊纳夫人自个儿正忙着做饭。大大的墙炉里煤块正泛着光，安托伊纳夫人正在煮刀鱼哩。

埃德娜独自一人待在小偏房里，解开衣服，褪去身上大部分衣物。她在靠窗的脸盆里洗了脸、脖颈和手。她脱了鞋、袜，躺到那高高的洁白的床铺中央去伸展四肢。躺在这么一张飘着月桂的馨香的床上休息有多舒服呀！她觉得四肢有点疼，于是便伸了伸修长的四肢。她用手指穿过头发撩了一会儿。她在双臂向上举交替搓揉的时候，仔细地审度着自己那细腻而有弹性的肌肤，仿佛是第一次看到似的，然后她把双手交叉放在头上，就这么睡了过去。

起先她的睡眠很浅，半梦半醒地感知身边的一切。她能听见安托伊纳夫人重重的步子在沙质地板上走来走去时发出的嚓嚓声。窗外有几只鸡咯咯地叫着，在翻啄草地上的沙粒。后来她又隐约听见罗伯特和托尼坐在棚子下讲话的声音。她躺着一动不动。合着双眼觉得眼皮沉重。两个人还在讲着话——托尼慢条斯理的阿卡迪亚调子，罗伯特轻柔、快畅的法语。她听不大懂法语，转个弯讲话她就完全听不懂了。于是这阿阿的话音倒令她困意更甚了。

一觉醒来埃德娜知道自己已沉沉地睡了许久。棚子下的谈天声已没了，也听不到隔壁安托伊纳夫人走动的声音了。就连那些鸡也跑到别处去咯咯啄食了。她身边罩着个蚊帐，那是她睡着时那个老妇人进来帮她放下的。埃德娜静静地起身，从窗帘间的缝隙看去太阳的射线偏斜，下午将尽。罗伯特在棚子里靠着那侧翻船的龙骨斜倚在阴影里。他在看书，托尼已不知去向，她真想知道他去哪儿了。她站在窗间的小脸盆前洗脸的时候偷偷抬头看了他两三回。

安托伊纳夫人在椅子上搁了几条干净的粗毛巾，并把搽面粉放在伸手可及之处。脸盆上方的墙上挂着一面扭曲变形的小镜子，埃德娜边凑近去照镜子边往鼻子上、脸颊上扑粉，她的双眸明亮有神，脸色红粉。

梳妆打扮好后她便到隔壁屋里去，屋里没人，靠墙的地方放着一张桌子，铺了桌布，桌上摆着一套供一人使用的餐具，餐碟上放着一条棕色的硬壳面包，碟子旁是一瓶葡萄酒。埃德娜咬了一块面包，然后用她那坚实的白牙齿撕了起来。她往玻璃杯里倒了些酒，一口气把它喝光。接着她轻轻地踏出了门，从一棵树低压压的枝头上摘了颗橘子，便往罗伯特身上扔。他还不知道她已经醒了并起来了。

他一看见她便一脸灿烂，到橘子树下与她会合来了。

"我睡了几十年了？"她问道，"整个岛仿佛都变了样，肯定是有一个新人种冒出来了，而我和你都成了老古董了。安托伊纳夫人和托尼死了几个世纪了？我们格兰岛上的人们从地球上消失了多久了？"

他亲密地摩挲着她的肩。

"你已经睡了整整一百年了，我被留下来守护你，让你安心睡觉。我已经在这外头的棚子里看了一百年的书了。我唯一挡不住的灾就是没法让这烧鸡不干掉。"

"就算它硬得跟石头似的，我也会吃的。"埃德娜说着跟他进屋了。"哎，说真的，法里瓦尔先生还有其他人怎么样了？"

"几个小时前就走了。他们见你在睡觉就说最好不要把你叫醒。不管怎样，我也不会让他们把你吵醒的。要不我在这儿干吗的？"

"我想莱翁斯会不会担心我。"她猜测着坐在桌旁。

"当然不会,他知道你跟我在一起的。"罗伯特边答边在炉旁各式锅具中忙碌着,那上头放了盖了盖子的各种菜肴。

"安托伊纳夫人和她儿子上哪儿去了?"埃德娜问道。

"我想是去维斯珀斯拜访些朋友去了。你什么时候想走我就用托尼的小船载你去。"

他挑了挑火,那烤鸡便嘶嘶作响。他给她准备了顿丰盛的晚餐,又倒了些咖啡与她分享。安托伊纳夫人只煮了些刀鱼,可在埃德娜睡觉的时候罗伯特翻遍了整个小岛找食物。看见她胃口大好,津津有味地吃着自己为她准备的食物,他竟像小孩子一样欢欣不已。

喝干了杯里的酒,把硬壳面包的碎屑也扫到一起后,她问道:"我们现在就走吗?"

"两个小时后太阳还不会落山。"他答道。

"两个小时后太阳就落山了。"

"落山就落山吧,管他的。"

他们在橘树下待了好一阵子,安托伊纳夫人才喘着粗气,摇摇摆摆地回来了,为自己不在家千道歉万道歉。托尼不敢回来,他很害羞,除了他母亲外他什么女人也不愿见。

太阳正慢慢地西沉,把西边的天空点染成金灿灿的一片,此时站在橘树下真好。阴影好似怪兽一般拉长了身子偷偷摸摸地爬过草地。

埃德娜和罗伯特都坐在地上——事实上他是躺在她身边的地上,时不时摆玩着她那棉布长袍的边缘。

安托伊纳夫人将那矮胖宽厚的身子往门边的一条长凳上一坐,便一整个下午不停地讲开了。她兴奋得好像在讲故事似的。

她给他们讲的又是怎样的故事呀!她这一生中就离开过谢尼埃尔·卡米纳达两回,并且时间都奇短无比。她长年的活动或坐或走,都在这个岛上。听着巴拉塔利亚与海的传说,夜幕降临了,月色照亮了整个夜空。埃德娜能听到死人的低吟与蒙住的金器发出的低沉的喀嗒声。

当她和罗伯特踏上托尼的那条红色大三角帆船时,那些魍魉之形或伏在暗影里或穿行在芦苇丛中。

第十四节

拉蒂尼奥尔夫人把埃德娜最小的男孩子埃蒂埃恩交到他母亲手中时说他可顽皮啦。他一直大吵大闹不肯上床睡觉,而她只得尽力照看他、安抚他。拉乌尔早就上床睡了两个多小时了。

拉蒂尼奥尔夫人牵着那小男孩一路走来,他身上那长长的白色睡袍不停地绊着他,他用另一边的拳头揉着双眼,睡意蒙胧加上心情不好,他的眼皮都快耷上了。埃德娜把他抱在怀里坐到摇椅上开始爱抚着他,心肝宝贝地叫着哄他睡觉。

还不到九点钟,除了孩子们其他人都还没睡下。

拉蒂尼奥尔夫人说莱翁斯起先的时候很担心,很想马上到谢尼埃尔去。但法里瓦尔先生说服他不要过海去,他安慰他说他妻子只是又累又困而已,托尼晚些时候会把她送回来。他于是到克兰旅馆去找某个棉花经纪人谈谈关于证券、兑换率、股票契约什么的,拉蒂尼奥尔夫人说她也记不起来了。他说了不会很晚回来,而拉蒂尼奥尔夫人说她又热又压抑。她带了一瓶盐和一把扇子。她不想再跟埃德娜待在一起了,因为拉蒂尼奥尔先生一个人在家,他最讨厌的就是一个人被撂在一边。

埃蒂埃恩睡着后埃德娜就把他抱进后房去,罗伯特走过去帮她把蚊帐撩开,好让她把孩子安稳地放上床,混血保姆早已没了踪影。从屋里出来后罗伯特便跟埃德娜道晚安。

"罗伯特,你知不知道我们今天一整天都待在一起——从一早开始就在一起了?"临别时她道。

"对,一直在一起,除了你沉睡的那个百年。晚安。"

他紧握了一下她的手,然后向海边走去,他没有与其他任何

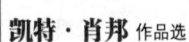

人为伴，只是独个儿朝海湾走去。

埃德娜待在外面等着她丈夫回来。她一点也不想去休息睡觉，也无意到拉蒂尼奥尔家去坐坐，或加入勒布伦夫人一帮人，她们正坐在屋前聊着，热烈的讨论声传到她耳中。她只是任思绪飘回待在格兰岛上的时光。她竭力想要弄清楚这个夏日到底与她生命中的其他夏日有什么不同。她并未意识到她自己——现在的自己——从某个方面来说与以往的自己有所不同。她也没有想到她正渐渐改变观点，渐渐熟悉了这改变与丰富了自己所处环境的新情形。

她想知道罗伯特干吗就撇下她走了。她并没有想到他一整天跟她在一块儿或许是烦了。她并不觉得烦，她认为罗伯特也不会这样感觉。他走了她觉得很遗憾，她并没有执意要他走，他若留下来会更自然些。

埃德娜边等着她丈夫边轻哼着一支小曲，那是过海时罗伯特哼的，曲子是这么开头的："啊！如果你知道……"，然后每一段都以"如果你知道"收尾。

罗伯特的嗓音并不矫揉空泛，相反，很好听也很真实。那声音，那调子，以及那首歌会一直萦绕在她脑中。

第十五节

有一天晚上，埃德娜照例迟迟才走进餐厅，人们正异常热烈地谈论着什么。好多个人同时讲话，维克托的声音最大，比他母亲还大声。埃德娜游个泳来迟了，匆匆套了件衣服，脸上一片绯红。衬着身上那件考究的白色长袍，她的头显得很美，她在法里瓦尔先生与拉蒂尼奥尔夫人中间坐下。

她一进门就有人给她盛了一碗汤，她坐定后刚要喝就有好几个人异口同声地跟她说罗伯特要到墨西哥去，她放下调羹迷惑地左顾右盼。他今天一个早上都跟她在一起，念书给她听，他连提都没提到墨西哥这个地方，下午她倒是没看见他，听说他在大宅里，和他母亲在楼上。她也没觉得怎么着,虽说挺晚时她到海边去时他没有去找她,她也觉得有点奇怪。

她朝对面看去,他正坐在勒布伦夫人身旁,勒布伦夫人主持今天的晚餐。埃德娜一脸迷惘,但她也不刻意去掩饰,知道她在看自己,他挑了挑眉毛只是笑了一下。他有些窘,有些不自在。

"他什么时候走?"她泛泛地问着大家,只当罗伯特不存在,无法亲自回答她的问题。

"今晚!""就今天晚上!""不会吧!""他肯定是中邪了!"好几个人或用英语,或用法语同时应着她。

"不可能!"她叫道,"一个人怎么可能像去克兰旅馆、去码头或沙滩一样,随随便便地一下子就说要离开格兰岛到墨西哥去呢?"

"我过去就一直说要去墨西哥了,说了好些年了!"罗伯特激愤地叫着,那样子就像是一个人在招架向他叮过来的一群飞虫。

勒布伦夫人用刀柄敲着桌子。

"你们就让罗伯特说说他干吗要走,为什么今晚就走吧,"她嚷嚷着,"说真的,这儿越来越像疯人院了,每个人都争着讲话。有时候——我希望上帝能宽恕我——确切地说有时候我希望维克托失去说话的能力。"

维克托嘲讽地笑着谢谢他妈妈的这个神圣愿望。他说除了让她自己有更多的机会与权力讲话外,他看不出这对其他人有任何益处。

法里瓦尔先生认为该在维克托小的时候把他带到大洋中央淹死他,维克托则认为这些老头老太更该这么被丢掉,让他们被世人唾弃。勒布伦夫人气得有点歇斯底里了,罗伯特用一些尖刻的脏话骂着他弟弟。

"没有什么好解释的,妈妈。"话虽这么说,他还是解释着——眼睛盯着埃德娜——有一艘汽船在某天离开新奥尔良,他只有搭上那艘船才赶得及到维拉克鲁斯去与一个人碰面。今晚博德

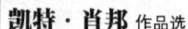

莱的四角纵帆船会运菜出航,这样他可以跟着他的船到城里去,搭上那艘汽船。

"那你是什么时候做这决定的?"法里瓦尔先生问道。

"今天下午。"罗伯特有点气恼地答道。

"下午什么时候?"老人纠缠不休,好像在法庭上作交叉盘问一样。

"下午四点,法里瓦尔先生。"罗伯特高声答着。那副傲慢样儿让埃德娜想起了高台上的绅士。

她强迫自己喝掉了一大半的汤,这会儿正拿着根叉子在挑浓汤里的渣。

大家都在讲着墨西哥,那对恋人得益于此也在一边窃窃私语,讲着一些他们认为只有他们自己才感兴趣的话题。那个黑衣女子曾收到这一条精工琢磨的墨西哥念珠,上头有特殊的赦罪符。她不知道那赦罪符出了墨西哥还有没有用。教堂里的福谢尔神父曾给她解释过,可是未能让她满意。她央求罗伯特帮她留心一下,如果有可能的话帮她弄清楚那条精致的念珠与赦罪符是不是该属于她。

拉蒂尼奥尔夫人嘱咐罗伯特在和墨西哥人打交道的时候要特别小心,她认为墨西哥人很虚伪很无耻,报复心很重。她相信她这么说一点也不冤枉他们。她自己只认识一个墨西哥人,那人做了很好的玉米粉蒸肉,一种辣味墨西哥食品来卖。他说话语气很柔和,她也非常信任他。可是有一天他被逮捕了,原因竟是他刺死了自己的老婆。她也不知道后来他是不是被绞死了。

维克托乐了,老要跟人说一个冬天一个墨西哥的女孩子在多芬街的一家餐馆给人端咖啡的轶事。除了老法里瓦尔先生外没人听他的。老法里瓦尔听着这些有趣的事儿捧腹大笑。

埃德娜想着他们是不是都疯了,那样火热地讲着、闹着。她自己一点都想不出该讲些关于墨西哥或墨西哥人的什么事儿。

"你什么时候走?"她问罗伯特。

"十点。"他告诉她,"博德莱想等月亮出来后再走。"

"你都打点好了吗?"

"都好了。我只要带个手提袋,到了城里再整理衣箱。"

他转身去回答他母亲的几个问题。埃德娜喝完那杯不加糖的咖啡后便离开了餐桌。

她直接进了自己屋里。刚从户外走进去,小屋里闷极了,可她不在意,屋里好像有上百件事儿等着她去照料。她一边把梳妆台放好,一边抱怨着混血保姆粗枝大叶。混血保姆正在隔壁照料孩子们上床睡觉。她把零散挂在椅背上的衣服收起来,该放在壁橱里的放壁橱,该放抽屉的放抽屉。她脱下袍子换了件更宽松舒适的衣服,她重整了一下头发,使劲地梳理着。然后她便进了隔壁屋里,帮混血保姆把孩子们弄上床睡觉。

他们很顽皮也很爱说话——闹过来闹过去就是不肯安安静静躺下睡觉。埃德娜打发混血保姆去吃晚饭,告诉她不必回来了,接着埃德娜就坐下给孩子们讲故事。这个故事非但没让他们安静下来,反而使他们兴奋了起来,更没有睡意了。她走出门时,他们正热烈地讨论着,猜着故事的结局。他们的母亲答应第二天晚上把故事讲完。

黑人小女孩进来说勒布伦夫人想请蓬泰莱夫人在罗伯特走前到大宅去和他们坐坐。埃德娜让她回话说她已经卸妆了,身体又不大舒服,看看晚点能不能过去,她于是又开始穿衣服,把浴袍都脱了后突然改变主意了,索性又把它套上,走出房间坐在门口。她又热又躁,用力摇了好一会儿扇子,拉蒂尼奥尔夫人下来看看到底是怎么一回事。

"应该是餐厅里的吵吵嚷嚷让我难受的吧。"埃德娜道,"加上,我很讨厌震惊与意外,罗伯特居然这么滑稽地突然要走,走得又这么戏剧化!好像是件什么生死攸关的大事似的!他一整个早上跟我在一起连一个字都没提。"

"对呀,"拉蒂尼奥尔赞同道,"这太不顾及我们——特别

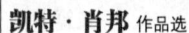

是你的感情了。换了是其他人我决不会吃惊,勒布伦家其他人就爱夸夸其谈。可是我得说我从没想过罗伯特会这样。你不下来吗?算了吧,亲爱的,这可不大友好噢。"

"不了,"埃德娜有点愠怒地道,"我不想再穿衣服了,麻烦死了。"

"不用再穿衣服了,你这样可以。在腰上系条皮带就成了,看,就像我这样。"

"不了,"埃德娜坚持道,"你去吧。要是我们俩都不去,勒布伦夫人会生气的。"

于是拉蒂尼奥尔夫人与埃德娜交换了一吻道晚安。大宅那边人们还在热烈地讨论着墨西哥与墨西哥人。她真的很想加入他们。

过了一阵子罗伯特拎着他的手提包上来了。

"你不舒服吗?"他问道。

"哦,好了。你现在就走吗?"

他划了根火柴看了看表说:"再过二十八分钟。"火柴瞬间发出的亮光倒更衬出了夜的黑。孩子们在门廊上落了条凳子,他就坐在那上头了。

"搬张椅子吧。"埃德娜说。

"这张就行了。"他答道。戴上顶软帽后又急急地脱下来,用手绢抹着脸,抱怨天太热了。

"扇子给你,"埃德娜说着把扇子递给罗伯特。

"哦,不!谢谢。这没什么用。你又不能一直扇个不停,一停下来就更不舒服了。"

"这是男人的滑稽之谈之一,我还从未听过对扇扇子有异议。你要去多久?"

"或许是永远吧,我不知道。这取决于方方面面的事儿。"

"好吧,假如不是永远的话,要多久?"

"我也不知道。"

"这在我看来简直是荒谬绝伦,毫无必要,我讨厌这样。你早上跟我在一起时一个字都没提，我不知道你这样神神秘秘一声不吭到底出于什么动机。"他还是一声不吭，也不为自己辩护。过了一会他才说："跟我告别，情绪别这样，以前我从没见过你对我这么不耐烦。"

"我也想开开心心地跟你道别。"她道，"可是难道你不明白吗？我已经习惯了看着你，习惯了整天都有你作陪，可你这么做看来很不友善，甚至不能算厚道。你连解释都不解释。哎，我还计划着我们在一起。想着下个冬季在城里见着你有多么的愉快。"

"我也这么想，"他突然迸出一句，"或许……"他突然噌地一下站起来伸出手。"再见，亲爱的蓬泰莱夫人，再见。你不会——我希望你不会把我忘得一干二净。"她紧抓住他的手想要留住他。

"你一到那儿就写信给我好吗，罗伯特？"她恳求着。

"我会的。谢谢。再见。"

这多不像罗伯特的作风啊！就算仅仅是一个认识的人对于这么一个请求也不会只说"我会的，谢谢，再见"。

他显然早已跟大宅里的人们道过别了，因为他径直下了台阶去与博德莱碰头。博德莱肩上扛着根桨在外头等他。他们一同消失在夜幕中了。她只听见博德莱的声音，很明显，罗伯特连招呼都没跟他的同伴打。

埃德娜狠狠地咬着手绢，拼命控制住自己，就像对待别人一样，她甚至对自己也要拼命地掩饰住那份……那份困扰并撕扯着她的情感。她的眼中泪光盈盈。

她第一次体验了那种在她孩提时代、少女时期，乃至后来的少妇阶段便初初品尝过的疯狂迷恋某人的滋味。然而这种体验并未因其不稳定性而使现实变得没么残酷，使这一启示显得没那么痛切。过去对她来说没什么，她无心从中吸取任何教训。而将来则是个她不愿去刺探的谜。现在才有意义，才属于她。认识到她失去了她曾经所拥有的，认识到自我的需求，充满热情，方才

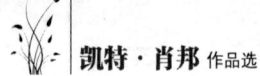

觉醒,因内心无法满足而使她倍受煎熬。

第十六节

有一天早上,当埃德娜离开她的小屋向海滩走去时,雷兹小姐悄悄地从后面赶上她问道:"你很想你的朋友吧?"自从她终于学会游泳后她大部分时间都泡在水里。他们在格兰岛的日子快结束时她才觉得她不能花太多时间停留在这项唯一给她带来快乐的娱乐上。当雷兹小姐走过来搭着她的肩膀同她说话时,她仿佛说出了埃德娜一直以来的心声,或者更确切地道出了一直占据她心田的情绪。

罗伯特的离开带走了所有的快乐、色彩与意义。她的生活环境毫无变化,但她生活一整天变得枯燥无味,就像一件褪了色的衣服再也不经穿了。她到处找寻他的信息——她跟人讲话总是有意提起他引起话题。她每天都迎着旧缝纫机的踢踏踢踏声到勒布伦夫人房里去。她坐在那儿,像罗伯特以前一样有一茬没一茬地跟勒布伦夫人聊着。她双眼滴溜溜地瞅着挂在墙上的图画、相片,在一个角落,她发现了一本陈年的家庭相册。她兴趣十足地翻看着那些相片,指着某个人某张脸向勒布伦夫人问东问西的。

有一张相片是勒布伦夫人与罗伯特的合照,那时候的罗伯特还是个圆脸的娃娃,一个拳头塞在嘴里坐在他妈腿上。单看那双眼睛就知道是罗伯特。还有一张是他五岁时的相片,穿着褶皱短裙式童装,一头长长的卷发,手里拿着根鞭子。埃德娜一看到这一张就大笑,还有一张他第一次穿长裤的相片也让她发笑。另外一张令她感兴趣的是他去上大学之前照的,长长的瘦削的脸,眼中充满憧憬与抱负。但是没有近照,没有这个五天前离开这儿而留给她一个空虚荒芜的世界的罗伯特的相片。

勒布伦夫人解释道:"哦,罗伯特一到要自个儿掏腰包去照相的年纪他就再不照相了,他说他的钱有更明智的用途。"勒布伦夫人收到了他的一封信，是他离开新奥尔良前写的。埃德娜想看看信，勒布伦夫人让她在桌上、梳妆台或者是壁炉架上找找看。

那封信在书架上。这是最令埃德娜感兴趣、最吸引她的东西：那个信封，它的大小、形状、邮戳以及书写。她先把信的外壳详详细细地看了一遍才去拆信。只有寥寥数行，信中说他当天下午要离开市里。他已经把衣箱整好，还说他很好。他说让她代他向所有的人问好，信中没有特别的信息给埃德娜，只是在附言中提到蓬泰莱夫人若想看完他给她念的书，他母亲可以到他房里去找。那本书跟其他的一道放在桌上。埃德娜觉得很嫉妒，因为他是给她母亲写信而不是给她写。

每个人对她很想念罗伯特都觉得理所当然，就连她丈夫在罗伯特走的那周的周六下来时也为他不在而遗憾。

"埃德娜，没有他作陪，你这日子是怎么过的？"

"没有他生活真的是太枯燥了。"她承认。蓬泰莱先生在城里碰到过罗伯特。埃德娜便问了他十几个问题。他们在哪儿碰到的？一天早上在卡隆德莱街。他们又进入了这个话题，一同抽了雪茄，喝了饮料。他们都谈了些什么？主要是讲罗伯特在墨西哥的前景。蓬泰莱先生觉得他在那儿挺有前途的。他看起来怎么样？看上去到底是——严肃，快乐或是怎样？他看上去很高兴，一心扑在他的行程上。在蓬泰莱先生看来，一个年轻人想在异地闯闯财路是再自然不过了。

埃德娜不耐烦地用脚叩击着地板。她想不通孩子们明明可以在树底下玩耍干吗要跑到太阳底下去。她走下去，把他们带到没有太阳的地方，并责备混血保姆不够细心。

她竟然会把罗伯特当作谈话的对象，并引她丈夫谈他的事情。她自己一点儿也不觉得惊奇。她对罗伯特所怀的那种情感无论是在现在还是过去，甚至是期望中都与她对丈夫所有的那种情感截然不同。一直以来她都习惯了把自己的所有想法，所有情感波澜都深压在胸中。它们从未有过任何挣扎。它们属于她，是她自己的。

她深信她有权拥有它们，除了她，它们与其他任何人都没有关系。埃德娜曾告诉过拉蒂尼奥尔夫人她不会为孩子们或任何人而牺牲自我。接着两个妇人便激烈地争辩了一番。两个人无法相互理解，仿佛她们说的不是同一种语言。埃德娜则尽力解释，尽力安抚她的朋友。

"我要摆脱无足轻重的角色。为了孩子，我可以花钱，甚至可以豁出命来，但我不愿出卖我自己。我只能这么解释了。这是一种我刚刚开始理解的感觉，而它也正向我揭示自己。"

"我不知道什么东西你会称之为重要的，或者说你说的不重要是什么意思。"拉蒂尼奥尔夫人高兴地道，"可是一个女人所能做的极限也就是把自己的生命给孩子了——圣经上是这么说的。我相信我能做的最多也不过如此了。"

"哦，不，你能做比这更多的事！"埃德娜笑着说。

那天早上，雷兹小姐跟着她到海滩上去，拍着她的肩问她是否很想念她的年轻朋友时她一点也不觉得惊奇。

"哦，早上好，雷兹小姐。是你呀？唔，我当然想念罗伯特咯。你下去游泳吗？"

"我一整个夏天都没下过水，这季末了干吗还去游泳？"那女人挺让人不舒服地答着。

"实在对不起，雷兹小姐。"埃德娜有点尴尬地说。她本该记着雷兹的滴水不沾早已成了大伙儿插科打诨的一个话题了。有的人认为她不下水不是因为戴着假发就是因为怕把头上那簇紫罗兰假花给打湿了，另一些人则把这归因于有艺术气质的人天生讨厌水。为了表示自己并无恶感，雷兹小姐从口袋里掏出一个装着巧克力的纸袋子给埃德娜。她说她常吃巧克力，因为它们能维持体力，一小块就很有营养。要不是有这些巧克力，她早饿死了。勒布伦夫人的那餐饭简直让人受不了，也只有她那种厚颜无耻的人才会想出那么个点子，给人吃那么一顿饭，再让人付钱。

"她儿子不在她一定很寂寞。"埃德娜说，她想改个话题。"他是她最心爱的儿子。要让他出门对她来说也不容易呀。"

雷兹小姐恶毒地笑了。

"她最心爱的儿子！哦，天啊！到底是谁在跟你乱扯。阿琳娜·勒布伦是为维克托而活的，她只为维克托一个人而活，都是她把他宠成个废物的。她崇拜他，崇拜他的每一举手投足。从某方面来说，罗伯特很好。他把钱全给了家里人，自己只留了一点，真的该是最心爱的儿子呀！天啊，我自己也很想念这个可怜的家伙。我喜欢看着他四处走动，听他说话——他是勒布伦一家中唯一值得尊敬的人。在城里他常来看我，我喜欢给他弹琴，那个维克托绞死他都算便宜他了。罗伯特没早揍死他真是个奇迹。"

"我看他对他弟弟很有耐性。"埃德娜道。不管讲什么，反正谈到罗伯特她就是很高兴。

"哦，一年或两年前，他曾狠狠地抽了他一顿。"雷兹小姐道，"那起因于一个西班牙女孩。维克托认为她是他的。有一天他碰到罗伯特跟那个女孩讲话，或是走在一起，还是跟她一道去游泳，抑或是帮她提篮子——具体的事我也记不清了——他于是就开始粗言野语，罗伯特忍无可忍了，就当场抽了他一顿，让他着实乖了好一阵子。我看差不多又是该抽他一顿的时候了。"

"那个女孩是不是叫玛丽基塔？"埃德娜问。

"玛丽基塔——对，就叫玛丽基塔。我都忘了。那个玛丽基塔是个又坏又奸猾的女孩。"

埃德娜低头看着雷兹小姐，奇怪自己怎么会听她那番恶言恶语听了那么久。出于某种原因，她觉得很沮丧，几乎可以说不高兴。她都不想下水了，但是她还是穿上泳衣，让雷兹小姐一个人坐在孩子们的帐篷的阴影里。季节深了，水也越来越凉。埃德娜猛地往水里一扎，尽情地游着，整个人神气活现。她在水里待了好久，有些希望雷兹小姐不要等她。

可是雷兹小姐还是在那儿等着她。埃德娜走回来时她倒很友好，直夸埃德娜穿泳衣看起来漂亮。她谈起了音乐。她希望埃德

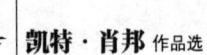

娜到城里会去看她。她从口袋里摸出一张纸片,用一根铅笔头把地址写下。

"你什么时候走?"埃德娜问道。

"下周一。你呢?"

"再过一周。"埃德娜答着又补充了一句,"这真是令人愉快的夏季,你说是吗,雷兹小姐?"

"对呀。"雷兹小姐赞同,耸了一下肩又道,"很令人愉快,要是没有蚊子和法里瓦尔家的双胞胎的话。"

第十七节

蓬泰莱一家在新奥尔良的埃斯普拉那德街有一个很迷人的家宅。那是一幢拥有一个宽阔的前阳台的复式大别墅,刻有凹槽的圆柱支撑着斜线型屋顶。整幢房子粉刷得洁白一片,令人目眩。外面的百叶窗或窗帘是绿色的。井然有序的庭院里种着各种各样的繁茂于南路易斯安那的花卉植物。室内的家具完全是传统的式样。地板上铺着柔软的地毯,门窗上挂着华丽雅致的帏帘。墙上是精挑细选出来的画。餐桌上每日的印花桌布、银餐具和精琢细刻的玻璃杯则是许多妇女羡慕的对象,她们的老公并没有蓬泰莱先生那么慷慨。

蓬泰莱先生很喜欢在房子里走来走去,审视各式各样的家具什锦以确保万无一失。他非常珍爱自己的财产,主要是因为它们是他的。他常凝视着一幅画、一尊小雕像、一条罕见的窗帘而由衷地感到满足——不管是一样什么东西,只要是他买来后置入家中那一大堆宝物中他都会这样。

每个周二下午——周二是蓬泰莱夫人的会客日——来访者总是络绎不绝——女士们或坐四轮马车,或乘有轨电车,气候宜人,家近的话也有人步行来。一个肤色没那么暗的黑白混血男孩穿着燕尾服端着个小银盘在门口收名片迎接她们进门。一个戴着顶有凹槽的白帽的女仆根据客人的意愿，送上酒、咖啡或巧克力。一整个下午蓬泰莱夫人穿着件华贵的宴会装在客厅里会客，男人们有时候会在晚上带着他们的妻子来访。

这在结婚六年来一直是蓬泰莱夫人分内的事。每周都有几个晚上她会和丈夫一起去听歌剧，有时也看戏。

蓬泰莱先生早上九点到十点间出门，一般都要到晚上六点半到七点才回来——晚饭时间是七点半。

从格兰岛回来几周后的一个周二晚上，他和妻子坐在桌前吃饭，只有他们两个人。孩子们已经被送上床去了，偶尔会听见他们偷偷伸到被子外的光脚丫啪的被揍了一巴掌，接着就是混血保姆又骂又哄的声音。蓬泰莱夫人今天没着宴会装，只穿了件普通的家居便服。对此，观察敏锐的蓬泰莱先生在舀了汤后，把剩下的汤递给那个在一旁候着的男孩子时注意到了。

"很累吗，埃德娜？今天接待谁了？很多人来吗？"他问。他尝了一口汤，便开始加调料，胡椒粉，盐巴，醋，芥末——所有伸手拿得到的东西他都加。

"好多人来。"埃德娜答着。她正心满意足地喝着汤。"我回来的时候看了他们留下的卡，我今天出去了。"

"出去了！"她丈夫惊叫着放下手中的醋瓶子，透过眼镜镜片看着她。"怎么了，到底是什么事能让你周二出门？你有什么事要做？"

"没什么，我只是想出去，于是就出去了。"

"哦，希望你在出门前有留下恰当的解释。"她丈夫一边往汤里加红辣椒粉一面安抚道。

"不，我没留下任何解释。我让乔对人说我出去了，就这么简单。"

"咳，亲爱的，我想你得知道做人不是这样的，如果我们要发展，要入流，那我们就得遵守礼节。如果你觉得你下午实在要出门，你也应该为你的缺席留个合理的解释。"

"这汤简直没法喝。真是奇了,一个女人连个像样的汤怎么做都没学会。镇上任何一个免费午餐摊上的汤都比这好喝。贝尔思罗普太太来过这儿啦?"

"乔,把那个放卡片的盘子拿来。我记不清谁来过这儿了。"

那个男孩退下了,过了一会儿拿着那个小银托盘回来了。上面放着女士们的名片。他把盘子呈给蓬泰莱夫人。

"给先生吧。"她说。

乔于是把盘子给了蓬泰莱先生,然后把汤碗拿走。

蓬泰莱先生浏览了一下他妻子的访客的姓名,有的他一边读出声一边做着评论。

"德拉西达家的小姐们,今天早上我和她们的父亲谈了好多将来的事儿,是群好姑娘,婚龄也都到了。贝尔思罗普夫人。我告诉你,埃德娜,贝尔思罗普夫人可是冷落不得的。为什么,贝尔思罗普先生能把我们买了卖,买了卖十来次。他的生意对我来说可是大宗买卖。你最好给她去张条子。詹姆斯·海坎普夫人。呸!你越少跟这个海坎普太太打交道越好。拉福塞夫人,从卡福尔顿一路而来,真是个可怜的人。威格斯小姐,埃莉纳·博尔斯顿夫人。"他把那些卡片推到一边去。

"天啊!"埃德娜嚷着,她已经生气了,"你干吗把这种事看得那么重,干吗这样大惊小怪的。"

"我不是在小题大做,可我们要看重的就恰恰是这些看起来鸡毛蒜皮的小事。这些事有用。"

鱼给烧焦了。蓬泰莱先生不肯吃。埃德娜说有一点焦味她不在意。他不爱吃烤肉,上桌的青菜那么煮也不合他的意。

"我看呀,"他说道,"我们在这屋里花了那么些钱也该至少一天享受上那么一餐饭,让人吃了有尊严感。"

"你以前不是认为厨子是块宝。"埃德娜冷冷地搭腔。

"她刚来的时候可能真是那么回事,可是厨子到底是凡人呐。就像你雇的其他阶层的人一样,他们也要看管呀。想想看,我要是不去管我办公室的那些职员,让他们自行其是,他们还不立马把我连同我的生意搞个一团糟。"

看见她丈夫一口菜都没吃只尝了口那调得很浓的汤后便从桌旁起身时,埃德娜问道:"你上哪儿去?"

"我上俱乐部去吃晚饭。晚安。"他走进大厅,从架上拿了帽子、手杖出门去了。

这种情况对她来说并不陌生。过去这常令她不快,有几次还令她胃口全无。有时候她还会跑到厨房给厨子来一顿迟来的臭骂。有一回她进了自己的房间研究菜谱研究了一整个晚上,最后开出了一周的菜单。可这又让她苦恼万分,她觉得她这么做谁都不愿领她的情。

然而那天晚上,埃德娜强迫自己吃完饭。她满脸通红,胸中怒火熊熊使她的双眸闪着光。吃完饭后,她跟那个男孩子说不管任何客人来都告诉他们她身体不舒服,然后就进自己房间去了。

房里女仆早已把灯调得昏暗,在那柔和昏暗的灯光中,那间宽敞漂亮的房子看上去华美如画。她走进去伫立在一扇开着的窗旁望着底下幽深的花园。夜晚所有神秘迷人的气息都集中在了那些花朵树叶昏暗曲折的轮廓里与幽幽芬芳之中。她在找寻着自我,发现自己正处在与自己心境相符的甜美的朦胧夜色中。可是那来自暗夜,来自头顶上方天宇星际的声响却难以使人平静。它们仿佛在嘲弄她,悲哀的调子里没有任何期盼,甚至无望。她转身走进房间,开始无休止地在房里踱开了步子。她手上原本是一条薄薄的手绢,被她撕成了碎条,卷成个球使劲往自己身上打。有一阵子她停了下来,把结婚戒指脱下来扔在地上。看见它躺在那儿她就一脚踏上去,想把它踩扁。可是她那双小靴子的跟并未在那上头踩个洞,甚至连一点痕迹都没在那个发着光的小圈上留下。

胸中一阵波涛汹涌,她从桌上操起一只花瓶就往壁炉上的瓷砖摔去。她有种破坏某物的欲望。这种破碎声正是她想听的。

一个女仆听见玻璃破碎的声音吓了一跳,进房来看看到底怎

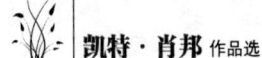

么回事。

"一只花瓶掉在壁炉上了。"埃德娜说道,"不管它,明天再说。"

"哦!玻璃片会伤着您的脚的,夫人。"那年轻女子坚持着把散落在地毯上的碎片捡起来。"夫人,这是您的戒指。在椅子底下哩。"

埃德娜伸出手接过那枚戒指套在手指上。

第十八节

次日早晨,蓬泰莱先生在要出门上班去时问埃德娜是否愿意在镇上与他会合,然后一同去看看书房的一些新装置。

"我看我们不需要什么新装置了,莱翁斯。不要再买新东西了,你太奢侈了。我看你压根就没想过要攒钱。"

"致富是通过赚钱来实现而不是通过省钱,亲爱的埃德娜。"他答道。她不想和他一起去挑选新装置,他觉得很遗憾。他同她吻别,告诉她她看起来气色不好,要好好照顾自己。她显得异常的苍白而且非常平静。

他出门时她正站在前阳台,漫不经心地摘着几根长在身边一个架子棚上的茉莉花。她吸了一口花的馨香,然后把它们插在她那白色晨袍的胸前。孩子们在小宴会厅里拖着一辆小玩具手推快车,车里头装满了小木块、小树枝。混血保姆踩着碎步紧紧跟在后头,对他们的游戏装出一副热心的样子。一个水果贩子在街上叫卖着。

埃德娜直直地望着前方,脸上一副自我沉醉的表情。她对身旁的一切一点儿也不感兴趣。街道,孩子们,水果贩子,在眼皮底下长着的花儿对她来说全属于另一个世界。而这一切在顷刻间都与她敌对了。

她回到屋里。刚才她还想着要跟厨子讲讲她前夜的疏忽,所幸蓬泰莱先生已经替她省去了这等讨厌的事了。她干这种事一点都不得心应手。蓬泰莱先生的话对那些受雇于他的人来说通常都很令人信服。出门时他已很确定当晚或者可能是接下来的几个晚上他和埃德娜都能坐下来吃一顿像样的晚餐。

埃德娜花了一两个小时翻看一些旧的素描。她看出了很多明显的缺陷。她想做点儿事，可最终发觉没那份心情。最后她把几张素描收在一起——那些她认为最好看的。过了一会儿她换了衣服出门时便把它们带在身上。她穿着上街穿的袍子显得美丽而出众。在海边被晒黑的脸又白皙如前，浓密的黄褐色头发下她的前额光滑白嫩。她的脸上有几颗雀斑，下唇附近有颗痣，太阳穴上也有一颗半遮在头发里。

走在街上埃德娜想着罗伯特。她仍痴痴迷恋他。她意识到记着他也没用时也曾试着忘掉他。可是对他的思念就像生了根一样时时萦绕着她。她并没有一直想着两人相识的种种细枝末节，也没有想着他个性中的某种特点，占据她心田的是他这个人。有时候她也会让他融入记忆的雾霭里，将他淡忘。可是不久他又在她的记忆中复活，使她的胸中充满一种难解的渴望。

埃德娜正在去拉蒂尼奥尔夫人家的路上。她们那股始于格兰岛的亲热劲儿还未降温。回到城里后她们还时常见面。拉蒂尼奥尔家离埃德娜家不远，在一条小街的一角。在那儿拉蒂尼奥尔先生经营自家的药店，生意一直兴隆。他父亲以前是做这一行的。拉蒂尼奥尔在社区里地位顶高，因为他为人正直，头脑清晰，享有令人羡慕的好声誉。他们一家子住在药店上面宽敞的套房里，入口处在能通车辆的大门的一侧。他们整个的生活方式在埃德娜看来很不一样，很法国化。每两周拉蒂尼奥尔家就在自家宽敞宜人、贯穿整个房子的大厅里开音乐晚会，招待朋友。有时候也换换花样打牌。有一个朋友会拉大提琴，一个带了长笛来，另一个则带着小提琴，有些人唱歌，许多人弹钢琴。当然他们每个人的品位以及熟练程度又各不相同了。拉蒂尼奥尔家的音乐晚会很有名，大家都把他们的邀请视作殊荣。

仆人没有拘礼，把埃德娜直接带到拉蒂尼奥尔夫人面前。埃德娜见她的朋友正忙着整理早上洗衣房送回来的衣物。一看见埃德娜，拉蒂尼奥尔夫人立即停下手头的活儿。

"这些事西泰也会做，这实际上是她的活儿。"当埃德娜为打扰了她而感到抱歉时她这么解释着。她召来了一个年轻的黑人妇女，递给她一张单子让她仔细核对。她让她特别留心看看上周没送来的亚麻布手帕这周送回来了没有，那手帕是拉蒂尼奥尔先生的，质地很好。还有就是把那些需要缝补的衣物放在一边。

然后她就一手揽着埃德娜的腰，领她到屋前的客厅里。那儿很凉爽，壁炉上的花坛里朵朵玫瑰散发着馨香。

拉蒂尼奥尔夫人在家里看上去比其他任何时候都漂亮，套着件宽松的家居便服，两条手臂几乎是全裸在外面，洁白的脖颈优美柔和的曲线也暴露在外。

"或许有朝一日我能给你画张画。"她坐下时埃德娜微笑着说。她拿出那一卷素描摊开来。"我看我得再做点事儿了。我觉得想做点什么。你看这些画怎么样？你说开始再画画，再学点东西怎么样？我可能要跟莱德波尔学一阵子。"

她其实知道拉蒂尼奥尔夫人的意见一点儿用处也没有，而她自己并不是在做决定，而是下了决心，可她就是想让人称赞她一下，鼓励她一下，好助她全心投入其中。

"亲爱的，你太有才华了！"

"乱讲！"埃德娜抗议着，心里却很欢喜。

"跟你说，你真的很有才华。"拉蒂尼奥尔坚持着。她凑近去审视着那一张张素描，然后又伸直了双手眯着眼睛，歪着脑袋瞧着。"不用说，这张巴瓦里亚农民值得裱上了。还有这篮苹果多漂亮啊！我从没见过画得这么逼真的苹果。都让人想伸手去拿一个了。"

尽管自己知道那些画的真正价值，听着朋友的赞美，埃德娜还是忍不住高兴得几乎得意起来了。她自己留了几张，其余的画就都给拉蒂尼奥尔夫人了。拉蒂尼奥尔夫人对那些画的珍惜程度远远超过了其真实价值。过了一会儿拉蒂尼奥尔先生从店里回来吃午饭时她还自豪地把那些画给他看。

拉蒂尼奥尔先生可谓一名社会中坚分子。他总是乐哈哈的，这与他的心地善良、厚道而富有常识相符。他和他妻子讲英语时有种腔，这种腔体现在他们很不地道的重读以及小心翼翼的咬文嚼字上。埃德娜的丈夫讲英语倒没有腔。拉蒂尼奥尔夫妇俩心心相印。若要说有两个人在这方面真融为一体了，那非他们俩莫属了。

埃德娜同他们夫妇俩一道在餐桌旁坐下时，她心里想着最好上来的食物是素食。很快她就发现不是素食了，而是一顿可口美味的午餐，简单、精致，从各方面来说都令人满意。

拉蒂尼奥尔先生见到埃德娜很高兴，尽管她看上去没有在格兰岛健康，他建议她来点补品。他海阔天空地聊了许多，谈了点政治，讲了些城里的新闻，还有邻里的小道消息。他认真而热烈地讲着，每吐一个音都夸张地重读。他妻子对他讲的任何事都兴趣甚浓，放下了叉子好听他讲话，不时插句话，替他说出要说的话。

从他们家出来后埃德娜觉得很沮丧而不是安慰。在她面前展示的那幅家庭和睦的画面并未使她觉得遗憾，也未激起她的渴望。这种生活并不适合她。这只能使她感到一种可怕而无望的无聊。她心里对拉蒂尼奥尔夫人充满同情——她觉得她很可怜，过着这么一种平淡无奇的生活，从未跨越那盲目满足的界限。她从没有机会有烦心的时刻，也从没机会体验生活的疯狂之处。埃德娜朦朦胧胧地想知道"生活的疯狂之处"是什么意思。这在她脑中只是一种遥远的未探及的影像。

第十九节

埃德娜禁不住觉得自己那样践踏结婚戒指，还把水晶花瓶往瓷砖上摔个粉碎实在是很蠢、很幼稚的事情。她再没有那么火山爆发式的胡乱发泄一通了。她开始爱做什么就做什么，爱怎么想就怎么想。她周二再也不在家会客了，也不回访那些拜访过她的人。她也不徒劳地要把家打理得井井有条了，索性随心所欲地来来去去，一有机会就去做她突发奇想的事儿。

蓬泰莱一直都是个彬彬有礼的丈夫，只要妻子默默顺服就行了。可她突然来这么些新举措使他迷惑而且震惊。接着，她完全无视自己作为妻子的职责的行为激怒了他。蓬泰莱先生一粗鲁起来埃德娜也跟着无礼。她早已打定主意一步也不退让。

"在我看来，作为一家的主妇、孩子的妈，把该花在考虑如何使家庭舒适的时间都花在画室里是极蠢的事。"

"我现在想画画。"埃德娜答道，"没准哪天我还没心情画呢。"

"那看在上帝的份上你就画吧！可是你也别把家丢在脑后。看看人家拉蒂尼奥尔夫人。她一直没有放弃音乐，可她并没有让一切都一团糟，比起你这个画家来她更像个音乐家。"

"她不是音乐家，我也不是画家，我放任一切并不是因为画画的缘故。"

"那是为什么？"

"哦，我也不知道。让我一个人待着，你真烦人。"

蓬泰莱先生有时候会想他妻子是不是头脑不清楚了。他看得很明白，她已经不是原来的她了。也就是说他没有意识到她正回归自我，正把平时在人前的虚饰像扔一件衣服一样抛到一边去。

如她所求，她丈夫让她一个人待着，自己上办公室去了。埃德娜上楼进了画室——顶层一间亮堂堂的屋子。她劲味十足地画着。一点点让自己满意的成果都没有。这一次她是把整个家都放到艺术上去了。孩子们为她摆姿势做模特儿。刚开始他们觉得好玩，可是当他们发现这并不是特别为他们准备的乐子时，便没了兴趣。混血保姆在埃德娜的调色板前一坐就是几个小时，耐心得像植物，孩子们就交给女佣管了，于是客厅就没人打扫了。可是埃德娜又发现那年轻女子的背和肩长得非常古典，头发从扣着的帽子上垂下来时,这很能激发灵感,于是她也当即被抓去当模特儿了。有时候埃德娜会边画边低声哼唱着"啊!如果你知道的话!"

这使她想起了许多往事。她又能听见水的涟漪、船帆的啪啪啦啪啪啦声。她又看见了那月光洒在海湾上,感觉到那温热的阵阵南风轻柔拂面。一种微妙的欲望之流袭遍周身,令她握着画笔的手松了,令她的双眸熠熠。

有时候她会莫名地心情很好。当她把自己整个人融入阳光、色彩、气息以及一些典型的南方才有的温暖气候中去时她觉得能够活着、呼吸着是件乐事。这种时候,她总喜欢一个人漫步在陌生的地方。她发现了好些个洒满阳光、令人恹恹欲睡的角落,很适合梦想。她觉得能一个人不受干扰地幻想是件很好的事。

有时候她又会莫名地不快——这时候生或死,喜或哀好像都没什么意义。这时候,生命之于她也不过是一片奇异的嘈杂,人类之于她不过是些盲目地挣扎着走向毁灭这个不可避免的结局的爬虫而已。这种日子,她总是无法作画,无法编织梦想来刺激自己的脉搏,温暖自己的血液。

第二十节

正是处在这么一种情绪中埃德娜去找雷兹小姐。她还没忘记上次见面时她给她留下的不良印象。可她就是想见见她——最重要的是她想听她弹琴。下午她一大早就开始行动,要去找这个钢琴家。不幸的是,她不知把雷兹小姐的地址放哪儿去了还是弄丢了。在城里的姓名地址簿上查找一下,她发现她住在比安维尔大街,挺远的。她手上的那本姓名地址簿已经编了一年多了,当她按上面的地址找上门才发现那儿住着一户挺体面的黑白混血儿。他们有带家具的房子要出租。他们是六个月前搬来的,对雷兹小姐这个人一无所知。事实上他们对其他邻居们都一无所知。他们向埃德娜保证他们的房客都是很有身份的。埃德娜没有逗留在那儿跟普波纳夫人探讨等级差别,就匆匆赶往附近一家杂货店去。她相信雷兹小姐一定会把地址留在店铺主那儿的。

店主告诉问话者说他倒不希望知道雷兹小姐的情况。事实上,他根本不想知道,哪怕是一点点跟她有关的事儿——她是在比安维尔街住过的最讨人厌、最不受欢迎的女人。谢天谢地她到底是离开了这邻里。他也同样谢天谢地他不知道她的去向。

没想到要见雷兹小姐一面还如此困难重重。这倒使得埃德娜更心急火燎地要见她了。她一直在琢磨着到底谁能告诉她她想知道的事儿呢。她猛地想起了勒布伦夫人。她最有可能知道了。埃德娜知道去问拉蒂尼奥尔夫人也是白搭。她跟这个音乐家最疏远了,她巴不得对她的事一无所知。对此她也曾说过像街角那个杂货店老板那样的话。

现在已经是十一月中旬,埃德娜知道勒布伦夫人早已回到城里了。她还知道他们家住在哪儿,在夏特雷大街。

他们家从外面看就像一座监牢,门前、下排的窗上都装着铁条。那些铁条是以前一个团体留下来的,可谁也没想过要把它们拆掉。一侧是高高的篱墙围着的花园。临街的大门是锁着的。埃德娜拉了一下花园一侧的大门门铃,然后站在人行道等着人来开门。

为她开门的是维克托。一个黑人妇女边在围裙上擦着手边紧跟在他身后。埃德娜还没看见他们就先听到拌嘴的声音,那个妇女——整个一个怪胎——嚷嚷着维克托让她自己做她分内的事,比如说应门。

维克托见到蓬泰莱夫人真是又惊又喜。他也不刻意去掩饰自己的情绪。他是个十九岁眉毛浓黑的帅小伙子,长得很像他母亲,可是比她鲁莽上十倍八倍的。他命那个黑人妇女赶紧去通报勒布伦夫人说蓬泰莱夫人想见她。那个妇人唠叨着说这本来是她的事,被他抢了去,这会儿让她去叫人她才不干呢,说着她又回到花园继续除她的草去了。维克托一听就破口大骂了起来,骂得太急又语无伦次的,埃德娜一个字儿也听不懂。不管他骂些什么,还挺管用的,那个妇人扔了锄头,咕咕哝哝地进屋去了。

埃德娜不愿进屋去。待在那个侧廊上很舒服。那儿有椅子,有一张柳条躺椅,还有一张小桌子。她自个儿坐了下来,走了那么久她也累了。她开始轻柔地晃晃她的丝绸阳伞,将伞抚平。维克托拉了一张椅子过来坐在她身旁。一坐下他马上就解释说那个黑人妇女的无礼举止全都是因为缺乏良好的调教,因为他没空去管教她。他前一天才刚从岛上回来,明天又得回去了。他一整个冬天都待在岛上,他住那儿打理那个地方,把一切都准备好以迎接夏季的客人。

可一个人偶尔也要休息一下,他告诉蓬泰莱夫人,他时不时都会找个借口回趟城里。天啊!他昨晚过得多开心!不想让他妈妈知道,于是他开始压低嗓音,神采飞扬地忆述着。当然他不会什么都跟蓬泰莱夫人讲,她毕竟是个女人,无法理解这档子事。他开始讲了,一个女孩在他经过时从百叶窗里偷偷瞄他,并冲他笑。啊!她可是个美女!他当然也朝她笑了,然后就走上前去跟她说话。蓬泰莱夫人太了解他了,他这种人才不会让机会白白溜走哩。这个年轻人把她逗乐了,她脸上一定是流露出颇感兴趣的神情了,那个小伙子变得更大胆了,再过一会儿就要听到精彩片段,勒布伦夫人恰恰在这时候出现。

夫人还是依夏天的习惯穿着白色的衣服,她的眼里写满了欢迎。蓬泰莱夫人干吗不进去?要不要来点点心?干吗老不来看她?亲爱的蓬泰莱先生和可爱的孩子们怎么样了?蓬泰莱夫人可曾度过这么和暖的十一月?

维克托走过去躺在他母亲椅子后头的柳条躺椅上,在那儿他可以看见埃德娜的脸。刚才她谈话时他已经从她手里接过了阳伞,此时他撑着那把伞躺在那儿旋转着。勒布伦夫人在那边抱怨着回到城里真是无聊死了,她现在见的人好少,维克托从岛上回来一两天,时间总是排得满满的,有好些事情要做。这时候,维克托就弓着身子在躺椅上冲她挤眉弄眼。她一下子觉得自己成了

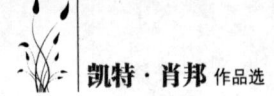

同谋共犯了,竭力对他不以为然,俨然一副严厉的样子。

他们告诉她罗伯特只来过两封信,信都写得很短。当他母亲央他去把那两封信找出来时他说那信根本用不着再去看,内容他都记着呢。她们考他时他还真的滚瓜烂熟地背了出来。

一封信是从维拉克鲁斯写来的,另一封是从墨西哥市寄来。他说他见着蒙泰尔了,那家伙正使尽浑身解数往上爬。他的经济状况还跟在新奥尔良时差不多,当然前景会好得多了。他在信中写了墨西哥城,那儿的建筑物、人们、人们的生活习惯、生活环境。他随信捎来对家里人的爱。还有信中附了一张支票给他母亲,希望她代他向所有的朋友问好。这就是那两封信的全部内容。埃德娜想着要是有给她的口信她该会听到的。她出门时那份沮丧劲儿已回来了。她想起了她要找的是雷兹小姐。

勒布伦夫人知道雷兹小姐的处所。她把地址给了埃德娜。埃德娜不肯一个下午都待在这儿,她不愿改天再去找雷兹小姐。对此,勒布伦夫人感到很遗憾。那时下午已经过得差不多了。

维克托拿着她的阳伞陪她走出人行道,走到车前他都一直替她撑着伞。他恳求她下午的事要绝对保密。她笑着戏谑了他一番后才想起她本该显得尊贵而矜持的。

"蓬泰莱夫人看上去真美!"勒布伦夫人对她儿子说。

"太迷人了!"他赞同,"城里的氛围使她更美了。她好像变了一个人。"

第二十一节

有些人断言说雷兹小姐总是选择住在套房里是为避开乞丐、小贩还有来访者。她前面那个小小的房间里有好多个窗户。它们大多都很脏,不过老是开着也没什么关系啦。窗子开着就会有许多煤烟飘进来,可是整个房子也因此亮堂而通风,站在窗前可眺见河流的蜿蜒、大船的桅,还有密西西比河上汽船的烟囱。套房里放了一架钢琴，使整个房子变得拥挤了起来。雷兹小姐睡在隔壁的房间，另外两间里她放了个汽油炉子。有时候她要是不想下楼到附近的餐厅吃饭就在那儿煮饭。她也在那儿吃饭，把东西放在一个用了几百年的、肮脏破旧的稀罕柜子里。

埃德娜敲了一下雷兹小姐前面那个房子的门就走了进去，看见她正站在窗旁专心致志地缝补着一副旧的普鲁涅拉呢裹腿。那个小音乐家一见到埃德娜便笑开了，笑得脸上、身上的肌肉都有些扭曲。站在午后的阳光中她的容颜看上去太平常了。她一侧的发际还扎着那寒碜的丝带与那簇人造紫罗兰。

"哦，你终于想起我了。"雷兹小姐道，"我曾对自己说：'哼，呸！她永远都不会来这儿。'"

"你希望我来吗？"埃德娜笑着问。

"我可不敢奢望。"雷兹小姐答道。她们俩坐在靠墙的一张坑坑洼洼的沙发上。"不管怎么样，你来了我还是很高兴。我正在那后头烧着水哩，正想沏咖啡。你跟我一块儿喝吧。我们美丽的夫人最近如何？永远都那么美！永远都那么健康！永远都那么满足！"她把埃德娜的手拉到自己瘦壮的手指尖，两手掌松松垮垮地合盖着，却没有多少热量。

"对呀，"她接着说道，"我有时候想'她永远也不会来这儿。她只是像涉交圈里的那些夫人一样应承而已，根本不是真心的，她不会来的。'我真的不相信你会像我一样，蓬泰莱夫人。"

"我也不知道我是否像你。"埃德娜答着，低头看了看这个小妇人揶揄的神情。

蓬泰莱夫人的坦诚相告令雷兹小姐很满意，为了表示她的欣喜，她立即跑到汽炉旁拿了一杯刚才应承的咖啡回报她的客人，埃德娜一定是很喜欢那咖啡以及一同送来的饼干，她先前还谢绝了勒布伦夫人的点心，这会儿倒开始觉得饿了。雷兹小姐把她拿进来的托盘放在近在咫尺的一张小桌子上后，自己又坐回那张坑坑洼洼的沙发上去。

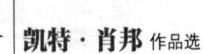

"我收到了一封你朋友的来信。"她说着往埃德娜杯里加了点奶油递给她。

"我的朋友?"

"对,你的朋友罗伯特。他从墨西哥市写信给我了。"

"写信给你?"她惊愕地重复了一遍,心不在焉地搅拌着咖啡。

"对,写给我。为什么不行呢?别那样一直搅拌,咖啡都让你搅凉了,喝吧。那封信还不如寄给你得了,从头到尾写的都是蓬泰莱夫人。"

"让我看看那信。"年轻的妇人恳求着。

"不行,信只关系到收信人与写信人,跟其他人都无关。"

"你刚才不是说信里从头到尾写的都是我吗?"

"写的是你,可不是写给你的。'你见过蓬泰莱夫人吗?她看上去怎样?'他在信里问我。'正像蓬泰莱说的'或'蓬泰莱夫人曾说过','要是蓬泰莱夫人哪天来找你的话,就弹肖邦的《即兴曲》给她听,那是我最喜欢的。一两天前我在这儿听人弹起,可没你弹得好。我想知道她听了感觉如何'等等。他说得好像我们常常联系一样。"

"让我看看那封信。"

"哦,不行。"

"你回信了没?"

"还没有。"

"让我看看那信。"

"不行,我还是说不行。"

"那给我弹弹那曲《即兴曲》。"

"天晚了,你什么时候得回去?"

"什么时候了跟我无关。你这么问很无礼。去弹那曲《即兴曲》吧。"

"你自己的事怎么只字不提。你在干什么?"

"画画!"埃德娜笑道,"我要成为一个艺术家了。想想看!"

"啊！一个艺术家！你很自负嘛，夫人。"

"为什么说自负？你觉得我不能成为一个艺术家吗？"

"我了解你并不多，不好说。我还不了解你的才华或性情。要成为一个艺术家要具备许多条件，要有许多方面的才能——绝对的才能——那不是个人努力就能得到的。再者，要成功，一个艺术家要有无畏的灵魂。"

"你说的无畏的灵魂指什么？"

"无畏，天啊！就是勇敢，就是坚定不屈。"

"给我看看那封信，再弹那曲《即兴曲》来听听。你瞧，我有恒心。这种品质在艺术上有价值吗？"

"这对一个被你征服了的老妇女管用。"雷兹涩涩地笑着答道。

那封信就放在埃德娜方才搁咖啡的那张小桌的抽屉里。雷兹小姐打开抽屉取出信，那信放在最上头。她把信交到埃德娜手中后再不多说一句话就走到钢琴边去了。

雷兹小姐先随意来了段轻柔的间奏。她把钢琴调低，身子坐得歪歪扭扭的，看上去像畸形了似的。渐渐地，那演奏不知何时已切换成了肖邦的《即兴曲》开头的小调了。

埃德娜全然不知那《即兴曲》是什么时候开始，什么时候结束的。她坐在沙发的一角就着渐暗的光线读着罗伯特的信。雷兹小姐早已从肖邦的曲子转而奏出伊索尔达那颤抖的爱之旋律，现在又带着热切的渴望重新弹起《即兴曲》。

小屋里渐渐暗了下来。此时的乐声变得极为奇妙，时而激烈、急迫而哀伤，时而又轻柔而恳切。天色更暗了，整个小屋里都是乐声流淌，那乐声飘向夜空，飘过房顶，飘向那蜿蜒的河流，最后弥散在夜空中。

埃德娜轻轻啜泣着，一如在格兰岛上一个半夜里她听见心里有种新奇的呼声时那般哭泣着。她心烦意乱地起身告辞。"雷兹小姐，我下回能不能再来？"走到门口时她这么问着。

"你什么时候想来就来吧。楼梯和平台都很暗，你小心点，别绊了。"

雷兹小姐回到屋里点了根蜡烛。罗伯特的信丢在地板上。她俯下身将它拾起来。那封信被揉皱了，上头泪迹斑斑。雷兹小姐把它抹平了放回信封里，再把它放回小桌的抽屉里。

第二十二节

有一天早上，蓬泰莱先生在去镇里的路上在他的老朋友，也是他的家庭医生芒德莱医生家门前停了一下。医生已经半退休了，俗话说功成名就了。他的声名倒不是因为他医术高明而是因为他的睿智——行医的事都交给他的助手和后辈们——会诊的时候都找他。有几户人家是他的朋友，需要医生时他倒也还去给他们看病。蓬泰莱家就是这其中的一户。

蓬泰莱先生找到医生时他正在书房开敞的窗前看书。他的房子离街很远，在一个可爱的花园中间，因此在老先生书房的窗前安静又祥和。他读的书很多。蓬泰莱进门时他不悦地抬头从镜片中瞪视来人，看看到底谁这么鲁莽，居然在早上这个时候来打扰他。

"啊，蓬泰莱！希望你没生病。过来坐吧。今天早上带什么消息来啦？"他身材肥胖，满头银发，小小的蓝眼睛因为年龄的缘故已失去了光泽，但仍不乏敏锐。

"哦，医生，我从不生病。你知道我是有难事才来的——为了我们蓬泰莱家干枯殆尽的克里奥尔气息。我是来咨询一下——不，确切地说不是咨询——是来跟您谈谈埃德娜。我不知道她得了哪门子病。"

"蓬泰莱夫人不舒服？"医生感到很惊奇，"怎么？我见过她——我想是一周前吧——一个人在卡纳尔大街走着，看上去很健康嘛。"

"对，对，她身体是很健康。"蓬泰莱先生说着，身子向前倾，两手旋着那根手杖，"可她的行为不太对劲。她很奇怪，都不像她了。

我不知道她葫芦里卖的什么药,我想你或许能帮帮我。"

"她怎么样行为啦?"

"唉,这不好说。"蓬泰莱先生说着,身子向后往椅子上倒,"她让家里乱七八糟的。"

"嗨,嗨,亲爱的蓬泰莱先生,女人们并不都一样。我们得想想——"

"我知道,我都跟您说了不知怎讲好。她的整个态度——对我,对每个人,每件事——都变了。您知道我这人脾气急,可我也不想跟一个女人吵架或对她动粗,特别是我的妻子。可是我又没办法不那么做,而每次做完蠢事后我又觉很好难受好难受。她让我觉得极不舒服。"他神经质地接着道,"她脑子里一直有一个念头,要什么妇女的权利,而——您知道——我们在早餐桌上是要碰面的。"

老人扬起那粗浓的眉毛,伸伸那厚厚的下唇,用加垫的指尖套轻敲着椅子的扶手。

"蓬泰莱,你对她怎么着了?"

"怎么着?当然!"

"她是不是,"医生微笑着问道,"是不是最近跟一群假智慧、精神膨胀的妇女来往?我妻子一直跟我说起这类人。"

"这就是症结之所在。"蓬泰莱先生插话,"她跟谁都不交往了。星期二她也不在家会客了,把所有的熟人都抛开了,独自一人到处闯,憋在有轨电车里闷闷不乐,天黑了才回家。跟您说她古里古怪的。我不喜欢这样子。我很担心。"

这对医生来说倒是个新鲜事儿。"该不会是遗传吧?"他郑重其事地问道:"她的祖辈先该没有什么病吧?"

"哦,不,确实没有。她来自一个健康、古老的肯塔基长老会血统的家庭。她父亲,我听说那个老人以前总在周日祈祷以补赎一周的罪过。他的赛马是我所见过的肯塔基农场上跑得最快最猛的。这是真的。玛格丽特——你认识的,玛格丽特——她身上具有所有长老会人的特性。那小妮子真可以说是个悍妇。对了，再过一两个礼拜她就要嫁人了。"

"送你老婆去参加婚礼。"医生叫着，预见到一个圆满的解决办法，"让她在族人中待一阵子，这对她有好处。"

"我也想让她这么做。可她不肯去参加婚礼，说什么婚礼是人间最可悲的一景。一个女人对自己的丈夫说这等话也真够损的！"蓬泰莱先生叫着，一想起来就气得冒烟。

"蓬泰莱，"医生想了一会说，"先不去管你老婆。别去烦她，也别让她来烦你。我亲爱的朋友，女人是一种奇异而细腻的动物——敏感而有条不紊，就我所了解的，蓬泰莱夫人是非常特别、典型的一个，要有一个有灵感的心理医生才能摆平她们。像你我这类普通的家伙要去应付她们的话结果只会一团糟。女人大多都是反复无常、阴晴不定的。你老婆只是一时想法而已。这其中原因我俩就无须去探索了。不过一切都会过去的，会好的，特别是你别去理她。什么时候让她来见见我。"

"哦，我不能这么做，没有理由这么干。"蓬泰莱先生反对。

"那我去看她。"医生道，"哪天晚上我就到好朋友家吃晚饭。"

"来吧！一定来呀。"蓬泰莱先生赶紧问，"哪天晚上来呀？星期四吧。星期四您来吗？"他边问边起身告辞。

"很好，星期四。我老婆可能都给我排好周四的事儿了。她要是有安排的话我会通知你，不然的话你就等我吧。"

蓬泰莱先生要离开时又扭头道："我很快就要去纽约出差了。我手头上现在有一个大项目，很快就纳入正轨了。您只要打声招呼我们就让您入股，医生。"说完他笑了。

"不了，我谢谢你了，亲爱的先生。"医生答道，"你们年轻人对生活还充满激情，这些风险该留给你们去闯了。"

"我想说的是，"蓬泰莱先生一手放在门把上一边继续道，"我可能要离开好长一段时间。您说我要不要带上埃德娜？"

"那当然，如果她肯的话。要是不肯的话，就让她待在这儿吧。

别跟她争,那种情绪很快会过去的,你要有点耐心。"

"好,那再见,周四见。"蓬泰莱先生说着走了出去。

两人在谈话时医生本想问一句:"是不是惹上哪个男人了?"可他太了解克里奥尔人了,还不至于犯这种大错。

他并没有马上回到书上去,而是若有所思地坐在那儿往外望着花园。

第二十三节

埃德娜的父亲到城里来和他们待了好几天了。她对他并没有什么深的感情,但他们在某些方面趣味相投,在一起时倒也友善。他的到来该算是一种挺令人欢喜的打扰,这看来像是给埃德娜的情感找到一个新的出口。

他是来给女儿珍妮特买结婚礼物的,也是为自己购置一套像样的衣服,好穿了去参加婚礼。蓬泰莱先生已经选好结婚礼物了,跟他亲近的人在这类事上都遵从他的品位。而他在服装上所给的建议——常常是讲到点子上去了——对他岳父来说价值无限。但在过去的几天里,老人一切都听从埃德娜的,在他的陪伴下她逐渐习惯了一种新的情感模式。他以前是联盟军的陆军上校,现在头衔啊,与之相伴的军内关系啊都还在。他的头发及嘴上的髭须都已变白,亮亮的,刚好突出了他那不平整的古铜色的脸。他又高又瘦,穿着垫肩的大衣,让人觉得他的肩和胸又宽又厚。埃德娜与她父亲在一起时看上去非常的不同寻常,两人一道去漫步总惹得人们频频行注目礼。他一来埃德娜就带他上画室,给他画了张素描。他对待此事非常认真。她的才能若再高十倍对他来说也不足为奇。他深信自己早已把成为大师的细胞传给女儿们了,至于她们是否成就事业就在于她们自身的努力了。

在她的画笔前他坐得笔挺笔挺的,就跟以往面对着炮口一样。他很讨厌孩子们的侵扰。他那么僵直地坐在妈妈那明亮的画室里

真让他们目瞪口呆。见他们走近，他抬了抬脚做了个形象的动作让他们走开。他不愿变换自己脸部、手臂以及僵直的肩膀的线条。

埃德娜急着想款待他一番，于是便邀了雷兹小姐，说好一定让小姐弹琴给他听。可是雷兹小姐谢绝了她的邀请。因此他俩便一同去了拉蒂尼奥尔家的音乐晚会。拉蒂尼奥尔夫妇俩十分重视这位上校，把他奉为贵宾，并当即邀他下周日或让他选一天共进晚餐。拉蒂尼奥尔夫人以最迷人、最天真的方式比如眼波的流转、各种姿态以及一大串的恭维话来取悦这个老人，逗得上校那颗苍老的心好像一下子年轻了三十岁。埃德娜对此惊异不已。她无法理解，她自己几乎是不懂卖弄风情到底是怎么一回事。

在音乐晚会上她也会仔细观察那么一两个男子，可她从不会想要矫揉造作，搔首弄姿一番以引起他们的注意。他们的个性吸引了她，她喜欢那一类型的人。她很高兴片刻乐声的沉寂给了他们机会上前来同她讲话。走在街上经常有陌生人投来的一瞥都会影映在她脑海中，时而在她心中泛起涟漪。

蓬泰莱先生向来不参加这些音乐晚会。他反而觉得它们太资产阶级化了，他在俱乐部玩得更开心。他对拉蒂尼奥尔夫人说她晚会上的音乐都太严肃了。他这个人没什么音乐素养不会欣赏。这个托词倒使她觉得受到了抬举很高兴，不过她也不怕坦诚地告诉埃德娜她不喜欢蓬泰莱先生的俱乐部。

"真遗憾，蓬泰莱先生晚上没有多待在家里。他要是多待在家里的话，你们会——哎，如果你不介意我这么说的话——会更和谐的。"

"哦！天啊，不！"埃德娜眼中一片茫然地说道，"他要是待在家里我该怎么办呀？我们俩会彼此都无话可说的。"

对此她同父亲讲得不多，但他并未与她起什么争执。她发觉自己对他挺感兴趣的，虽说她知道这种兴趣可能不会持续太久。有生以来第一次她觉得她彻底地了解了他。为了侍候他，满足他的需求，她忙得团团转。自己能办到的事她从不让佣人或任何一个孩子为他做。她丈夫注意到了这一点,而他也认为尽孝道是件天经地义的事。

上校一天要喝好多烈酒,喝了酒后却也若无其事。他是个调酒的高手,自酿了许多酒,又给它们取了好些奇妙的名字。至于酿酒所需的各种原料就全靠埃德娜了。

周四,芒德莱医生与蓬泰莱一家人共进晚餐时他在蓬泰莱夫人身上根本看不出她丈夫所说的那种病态。她很兴奋,可以说容光焕发。她和她父亲去过了跑马场。到了餐桌上他们的心思还停留在下午的各种事上。医生对现在的赛马业不大了解。他所有的只是对勒孔普特马业发达的那个时期的一些记忆,那被他称为"过去的好时光"。为了不让自己被撇在一旁看起来与现代气息格格不入,他尽力地讲着过去的事儿。可这些对于过去的信口开河上校并不爱听,更别提印象深刻了。埃德娜下注她爹最后一场马赛一定赢,这一结果对他们来说皆大欢喜,另外,据上校说他们还碰上了些很有魅力的人。同阿尔塞·阿罗班一起在那儿的莫尔蒂梅·梅里曼夫人和詹姆斯·海坎普夫人加入了他们,使那段时光非常美好活泼。这使他一想起来,便觉得很温暖。

蓬泰莱先生自己并不怎么喜欢赛马。特别是一想到肯塔基那水草丰美的农场时他就更反对将此作为一种消遣了。他泛泛地表达了自己对此的不以为然,却只落得他岳父一阵愤愤的反驳。紧接着就是一场激烈的争论。埃德娜热烈拥护父亲的论点,医生则保持中立。

他用那粗浓眉毛下的双眼细心观察着这个女主人。他注意到了她身上起了种微妙的变化,使她从以往那个无精打采的女子变成了眼前这个充满活力的人。她的言辞热烈有力,眼神、手势自然顺畅。她令他想起了在太阳底下慢慢苏醒过来的某种漂亮的、有着光滑发亮毛发的动物。

这一顿晚餐真是好极了。红葡萄酒该热的够热,香槟该冷的也够冷。在他们的和颜悦色中,那原本的不愉快也随着酒的泡沫

 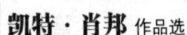

消融而去了。

蓬泰莱先生感到亲切而激动，他开始怀旧了。他讲述了农场上一些有趣的经历，回忆了年少时与一些友善的黑人一起去猎负鼠、打山核桃、射松雀，顽皮地到林子里田里漫无目的地瞎逛。

上校没什么幽默感，也没什么合时宜的事好讲，于是他就来了段关于那些黑暗痛苦的日子的晦色插曲。故事中他总是挑大梁的人，总是主角。医生的选材也不见得让人乐多少。他讲的是那种古老又新奇的故事，讲的是一个女子爱意渐褪，于是就红杏出墙了，一番放荡形骸后最终又归家了。这只是医生在他漫长的行医生涯中所见的许多反映人性的事件之一。这个故事并不见得给埃德娜留下了什么深刻印象。她有自己的故事要讲：一个女子一天晚上划着独木舟与情人私奔就再也没回来了。他们迷失在巴拉塔利亚岛中了，从那天起至今都杳无音讯。这个故事完全是虚构的，她说安托伊纳夫人曾给她讲过。不过那也是虚构的。或许这只是她做过的一个梦吧。可是那动情的言语在听众听来却字字句句都真切。他们可以感觉到南方夜晚热热的风；他们能听见独木舟那长长的桨划过洒满银色月光的水面时的声响以及盐水湖的芦苇丛里被惊飞而起的鸟儿拍翅的声音；他们可以看见那对恋人苍白的脸，看到他们忘情地紧偎在一起，漂向那未知的世界。

香槟是冷的，当晚那细腻的泡沫使埃德娜回忆无限。

远离了炽热的火光与柔和的灯光的户外夜色浓浓，寒意阵阵。在暗夜里大步往家走时，医生把那件老式的风衣放在胸前折合在一起。他比大多数人都了解他的同类人，他知道他们从不轻意向俗人透露心事。他觉得他不该接受蓬泰莱先生的邀请。他老了，需要修身养性了。他不想去窥探别人的秘密。

"希望不是阿罗班。"他边走边喃喃自语，"老天保佑不要是阿尔塞·阿罗班。"

第二十四节

　　为了她不去参加婚礼的事儿，埃德娜和她父亲进行了一场热烈，几乎可以说是激烈的争辩。蓬泰莱先生不愿插手这件事，既不动用他的影响力也不用他的威信。他听从芒德莱医生的劝告，随她爱怎么着怎么着。上校责备女儿缺乏妇人应有的体贴入微，没有手足之情。他的话都是徒劳，一点作用都没有。他想珍妮特一定不会接受什么借口的——他忘了埃德娜什么托词也没找。他想珍妮特往后大概不会再跟埃德娜讲话了，他确信玛格丽特也不会再同她讲话了。

　　当父亲最后终于带着结婚礼物和参加婚礼的服装，连同他穿夹袍的背影，读圣经、喝烈酒以及沉闷起誓的习惯回去时，埃德娜很高兴终于摆脱他了。

　　蓬泰莱先生紧跟在老人身后。他想在去纽约的途中停下来去参加婚礼。他想尽了用钱与爱心能做到的一切办法来为埃德娜那令人难以理解的行为稍做补赎。

　　"你太宽厚，太宽厚了，莱翁斯。"上校道，"这时候需要用你的威信，用强制手段。要应付老婆就得立场坚定。相信我没错的。"

　　上校可能没想到或许自己的老婆就是这么被他逼进坟墓去的。蓬泰莱先生对此也有所怀疑，不过他觉得都到这时候了也没必要再提此事了。

　　丈夫要出远门去，埃德娜倒没有像父亲走时那样心里很高兴。他这次要离开相当长一段时间，行程渐近了，她变得柔情似水、情意绵绵，记着他的种种体贴入微之举，也记着他的情深切切。她担心起了他的安康，开始忙着给他张罗衣物，考虑要不要让他带上厚的内衣。这倒跟拉蒂尼奥尔夫人在同一情形下的作为很像。丈夫走后埃德娜哭着称他为亲爱的好朋友，她确信她很快会觉得

寂寞然后就会到纽约去找他。

可当她真的一个人待着时她发觉她无比的宁静。连孩子们都走了。老蓬泰莱夫人亲自来了一趟把他们连同混血保姆一起带走了。老太太不敢说她怕莱翁斯不在时孩子们可能得不到好的照顾,她连想都不敢想。她只是很渴望和他们在一起——她甚至爱他们爱得有点过火了。每次她想带他们走时她总会说她不想让他们成为完完全全的"街头仔",她想让他们了解一下乡下。那儿有溪流,有田野,有树林,有自由,对年轻人来说真是太棒了。她想让他们体验一下他们的父亲小时候过的那种为他所深爱的生活。

最后当埃德娜终于得以独处时,她大大地舒了一口气。一种不熟悉但美好的感觉向她袭来。她走遍了整座房子,一个房间接一个房间细细地看,仿佛她以前从未见识过一样。她试坐上各式椅子,躺椅中好像她以往从未在那上头坐卧过一般。她在房子周围徘徊着,查看窗子,看窗户是否安全完好。花丛就像是她的新朋友一样,她步入其中逍遥自在。花园里的小径很潮湿,埃德娜命女仆把她的胶鞋拿出来。她就待在那儿,俯身给花草树木翻土修整,把一些干枯的叶子摘掉。孩子们的小狗跑出来,碍手碍脚地挡她的道。她就训斥它,冲它大笑,逗它玩。午后的阳光中花园里芬芳迷人。埃德娜把所有她能找着的盛开的花儿都摘了,然后带着那条小狗还有花进屋去了。

就连厨房在她看来也突然变得别有一番情致了,她走了进去指示厨子说让屠夫少带些肉来,她们现在所需的面包呀、杂货呀都只要平常的一半数量就可以了。她告诉厨子蓬泰莱先生不在时自己也很忙,请求她全权负责伙食房。

当晚埃德娜独自一人进餐。放在桌子中央的烛台上燃着几根蜡烛,够亮了。在她所坐的那圈烛光外,宽敞的餐厅阴沉肃穆。那个厨子竭尽全力,做了顿可口美味的晚餐——一盘烹饪合度的嫩腰肉。葡萄酒的味道很好,冰糖栗子正合她的胃口。再则穿着浴袍用餐真是自在又舒服。

想着莱翁斯和孩子们此时不知在干什么,她心中不觉染了点淡淡的思念的愁绪。她边扔了一两块残食给小狗吃边亲热地跟它谈起了埃蒂埃恩和拉乌尔。那小狗对她突然如此友善真是惊喜有加,感激得急急地轻吠了两声,快活地抖了抖身子。

饭后埃德娜便坐到书房里去读爱默生的书了。读着读着就困了。她发现自己很久没怎么读书了,于是决定再给自己充充电,反正现在她的时间完全可以凭她爱怎么支配就怎么支配了。

洗了个澡后,整个人神情气爽,于是便上床去。埃德娜倦在鸭绒被里,一种从未有过的安逸感向她袭来。

第二十五节

每当天气阴沉乌云密布时埃德娜就无法作画。她需要有太阳来给她持之以恒的力量。她已不再像以往那样拘拘谨谨的,一有心情她便自信自在地挥笔作画。她没什么抱负,也不想成就什么,只是单纯的绘画以怡情。

碰到阴雨天埃德娜就会出门去找她那圈在格兰岛认识的朋友。或者她就待在家里任一种她再熟悉不过的,能令自己心神安宁的心绪滋长。那并不是一种绝望的情绪,只是在她看来生命如过眼云烟,希望破灭壮志未酬。当然,有时候年少时的梦想,也会虚虚实实地左右她几天。

她又去了跑马场一回。后来又去了一回。阿尔塞·阿罗班和海坎普夫人在一个阳光明媚的午后乘着阿罗班的车来接她。海坎普夫人四十多岁,世故但并不做作。她聪明、高挑、苗条,有着金色的头发。她态度冷淡,一双蓝眼睛老是睁得大大的。她有一个女儿,女儿只是她交游于一群年轻人流者的一个渠道而已。阿尔塞·阿罗班便是其中之一。他时常出没于跑马场、歌剧院、各种时兴的俱乐部。他的双眼总是含着笑意,大多数人看着他的双眼,听着他那轻松的语调,都会跟着心情愉快。他很温文但有时候也会有点无礼。他的体形很好，相貌也好看，不会显得老成持重。他的衣着也是那种时髦人的派头。

自从在跑马场碰到埃德娜和她父亲后他就非常仰慕她。在这之前，他也曾在其他场合见过她，可那会儿总觉得她难以接近。正是在他的鼓动下，海坎普夫人才会去邀她同他们一道去赛马俱乐部看这一季的赛事。

对于赛马可能会有几个赛手了解得与埃德娜一样多，但绝对不会有人比她更精了。坐在两个同伴间，她是最有发言权的。她笑话阿罗班下的注，同时她又为海坎普夫人的无知而感到可悲。赛马是她孩提时代的朋友，是她亲密的伙伴。马厩的气氛至今还活在她的记忆中，而她甚至还能闻到小牧场那油油绿草的气息。她没有发觉当那些皮毛柔软发亮的马匹在他们面前走过时，她说话的架势酷似她父亲。她赌马下注非常高，并且很幸运一直赢。她兴奋得双颊泛红，目光闪闪，这种兴奋之情就如酒精一般使她头脑发热，热血沸腾。人们都扭头看她，许多人都竖起耳朵听她说话，指望能隐约听到些"讯息"。阿罗班被她感染了，也异常兴奋，这就如磁铁一般，将他向她吸引而去。海坎普夫人还是像平常一样无动于衷，高扬着眉毛，眼神冷漠。

在海坎普夫人的盛情挽留下埃德娜留下来吃晚饭。阿罗班也留了下来，并且先把他的车打发走了。

阿罗班一直想把气氛搞活，可这顿饭还是吃得安静且无趣。海坎普夫人为女儿没去跑马场而感到惋惜，她使劲想向她表明她没加入他们，而去读什么但丁损失有多大。那女孩儿拿着一片天竺葵的叶子遮着鼻子以下部分半句话不说，一副狡黠、无所谓的样子。海坎普先生是一个相貌平平的秃顶男子，非到不得已不会开口说话，反应显得很迟钝。海坎普夫人对丈夫恭恭敬敬体贴入微。餐桌上她大多是同丈夫讲话。晚饭后他们坐到书房里，在吊灯下面看晚报，年轻人们则跑到客厅里去聊天。海坎普小姐坐在钢琴前弹了几支格列格的曲子。她看来是完全体会了作曲者冷酷的一面，而对其诗意的一面的理解就不敢恭维了。埃德娜听着这乐声不禁疑心起自己是否失去了欣赏音乐的能力。

埃德娜要回家了，海坎普先生假意提出要送她回去，结果又拙拙地看了一下自己脚上的拖鞋。最后还是阿罗班送她回去。车程很长，他们到埃斯普拉那德大街的时候已经很晚了。阿罗班请求埃德娜让他进屋去借个火，点根烟——他的火柴盒已经空了。他把火柴盒装满，可一直到埃德娜表示她下回还愿意同他一道去跑马场，他向她道别后出了门他才点烟。

埃德娜不累也不困。她又饿了。海坎普家的晚餐吃是挺好吃的，可就是量太少。她从食橱里翻出一片干酪、几块薄饼。又开了一瓶在冰箱里找到的啤酒。她觉得异常的躁动不安与兴奋。她嘴里嚼着薄饼，边翻动着火炉里的柴块边随兴哼着一支美妙的调子。

她希望能发生点什么——具体什么她也不知道，反正什么都行。她开始后悔没让阿罗班多待半个小时，跟他讲讲赛马。她点了点赢来的钱，就没什么事做了，于是她就上床去了。在床上却辗转反侧了半天睡不着。

半夜里她突然想起又该给丈夫写信了，可她还没动笔。她决定第二天写信告诉他她下午去赛马俱乐部了。她毫无睡意地躺在那儿考虑着这信该怎么写。结果第二天所写的又全然不同了。早晨女仆把她唤醒时她正在做梦呢。她梦见海坎普先生在卡纳尔街一家乐器店门口弹琴，他们正要登上埃斯普拉那德大街的有轨电车时他老婆对阿罗班说："真可惜呀，如此才华居然被忽略了。可我得走了。"

几天后阿尔塞·阿罗班乘着他的车来找埃德娜时，海坎普夫人并没有和他一道。他说他们等会儿去载她。可是他没先通知她，所以夫人也就不在家了。她女儿正要出门去参加一个民俗协会分点的会议，她很遗憾不能陪他们了。阿罗班狼狈极了，他问埃德娜是否想请别的什么人。

她觉得不必请什么时髦的朋友，她自己就是从那个圈子里跳出来的。她想到了拉蒂尼奥尔夫人。可是她知道她这位美丽的朋友除了在夜幕降临时同丈夫一起在街上散散步外是不会出门的。而她若是去邀雷兹小姐的话定会让她笑话的。勒布伦夫人可能会想出门,可是由于某种原因她没有去邀她,就这样他们俩自个儿去了,就她和阿罗班两人。

那个下午对她来说非常有趣。那种兴奋像热病一样又回到了她身上。她讲起话来开始变得亲切而信任人了。要与阿罗班亲近是件极容易的事儿。他的态度很容易让人信任他。牵扯到一个美丽迷人的女性时,他总是刻意把大家变得熟稔的阶段过渡得不着痕迹。

他留下来与埃德娜一起吃晚饭,他坐在炉火旁,两人谈笑风生。快走的时候他告诉她要是早几年碰到她的话他的生活可能就会完全不同了。他坦诚地告诉她小时候他有多坏,如何不听管束。一激动,他便撩起了袖口让她看手腕上一处刀口砍的疤。那是他十九岁时在巴黎外边跟人决斗时留下的红色伤疤。时不时的一阵激动使她的手指紧了起来,握住他的手。他感到了她那尖尖的指甲掐进他的手掌。

她慌忙站起来往壁炉台走去。

"我一看到伤口、伤疤什么的常会恶心。"她说,"我本不该看的。"

"请原谅,"他跟在她身后恳求着,"我从未想过这伤疤会讨人厌。"

他站得离她很近,眼中的大胆驱走了她心中正消亡的老我,但激发起了她的情欲。他盯着她的脸,对此看得清清楚楚,于是抓过她的手握着,依依不舍地跟她道晚安。

"你还会再去赛马吗?"

"不了,"她道,"我已经玩够了,不想把赢回来的钱都输掉。天气一好起来,我就要去画画了,而不去……"

"对,当然了,画画。你答应过要把画给我看的。我哪天早上来你的画室呢？明天如何？"

"不！"

"后天？"

"不，不。"

"哦，请别拒绝我！我对绘画略知一二。我偶尔一两点建议可能会对你有帮助的。"

"不了。晚安。你已经说晚安了，干吗还不走？我讨厌你。"她高声继续说着，想要抽回自己的手。她觉得自己的话语缺乏尊严与真诚，她也知道他感觉到了。

"你讨厌我，我真伤心。对不起，冒犯你了。可我哪儿冒犯你了？我做什么了？你就不能原谅我吗？"说罢他弯下腰将唇印在她手上，仿佛永远也不想放开了。

"阿罗班先生。"她抱怨着，"今天下午如此兴奋我觉得非常不安。可能是我的态度使你产生了误解。你走吧，求你了。"她冷冷地道。他从桌上抓过帽子，站在那儿目光从她身上转向那渐渐熄灭的炉火，好一会儿他静得吓人。

"蓬泰莱夫人，你的态度并没有使我产生误解。"他最后开口道，"是我情不自禁，我无法控制自己。在你身边我又如何能不情不自禁呢？请别为此事烦心，什么也别想。你瞧，你让我走我就走了。如果你要让我离得远远的，那我就离得远远的。如果你肯让我再来，我……哦！你会让我再来吗？"

他恳切地看了她一眼，可她没反应。阿尔塞·阿罗班表现得那么逼真连自己都给骗了。

埃德娜并不在乎，也没去想那是真是假。一个人时她机械地看着方才他热烈地吻过的那只手的手背。然后她垂下头靠在壁炉架上，觉得自己有点像那种一时冲动出了轨的女子。她意识到了这事的严重性，尽管她还未从那种魔力下完全走出来。一个模糊的念头闪过："他会怎么想？"

她指的并不是她丈夫，而是罗伯特·勒布伦。丈夫此时对她

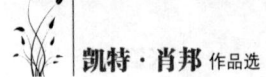

来说只不过是一个她不是出于爱而委身的人而已。

她点了根蜡烛上楼进了房间,阿尔塞·阿罗班对她来说根本没什么。然而他的容貌,他的态度,他那热情的眼神,尤其是他那吻过她的手的唇都像麻醉药一样在她身上起了作用。

她沉沉地睡下了,有一茬没一茬地做着梦。

第二十六节

阿尔塞·阿罗班仔仔细细地给埃德娜写了封道歉信,语气真诚得令人发抖。这令她很尴尬,冷静下来仔细一想,她居然会对他的举动如此当真如此紧张真是可笑。她觉得整件事情的深长意味全都在于自己的自我意识。若是她不去理睬这封信,那么未免也太将这么件小事夸张化了。可若是一本正经地给他回了信,那还是会让他觉得她在某个多情的时刻的确受制于他了。毕竟吻一下手,并没什么大不了的。他写的道歉信惹火了她,权衡了一下轻重后她用谐谑的调子给他回了封信。信上说他随便什么时候想来看看她画画,而事务上也刚好抽得开身的话,她随时恭迎大驾。

一收到信他立即就来找她了,一脸令人气都气不起来的朴实相。接下来的日子里,他天天来,要不就是天天让她想起他。他要来总是借口无数。他变得总是鞍前马后地对她传达无声的仰慕之情。他时时都能顺应她那冷热参半的心境。他们不知不觉地友好亲密了起来,然后就突飞猛进了。有时候他的话会让她先是吃了一惊,满面通红,最终还是讨了她的欢心,迎合了她那躁动不安的活泼天性。

再没有什么可以像拜访雷兹小姐那样使她的情感漩涡平静下来了。就是在那个时候,这个很冲的人,以她神奇的技巧走进了她的灵魂深处,将她释放出来。

那天下午雾蒙蒙的,天际显得低矮而凝重。埃德娜蹬上通往钢琴师公寓的台阶,就在屋檐下。她的衣服被水汽弄得湿漉漉的。

进门时觉得很冷也很难受。小姐正戳着个生锈的炉子，炉里冒出些许烟来，压根儿没起到升温作用。她正使劲给放在炉上的一罐巧克力加热。埃德娜进屋时觉得这屋子又阴郁又昏暗。壁炉台上那尊落满灰的贝多芬半身雕像冲着来客怒目而视。

"啊，阳光来了！"小姐欢叫着从炉前站起身来，"这屋里现在就会温暖明亮了。我也不用理这炉子了。"

她呼的一声把炉子的门关上，走过来帮埃德娜把滴水的雨衣脱下来。

"你很冷吧，看上去可怜兮兮的。巧克力马上就热了。或者来点白兰地怎么样？我受凉的时候你拿来的那瓶还没怎么碰哩。"小姐的脖子上裹着红色的法兰绒布，脖颈僵硬使她不得不歪着头。

"我还是来点白兰地吧。"埃德娜说着边脱下手套和套鞋边发抖。她像男人一样喝光了杯里的酒，然后猛地把自己扔进那张不太令人舒服的沙发里。"雷兹小姐，我要从埃斯普拉那德大街上的家搬走了。"

"啊！"乐师大声应了一声，仿佛既不惊讶也不表现出特别的兴趣，仿佛没什么事能令她吃惊。她正把插在头上那束松动了的紫罗兰摆正。埃德娜拉她坐在沙发上，从自己头发上摘下一个夹子，把那簇寒碜的假花固定在原处。

"你一点都不吃惊吗？"

"还可以吧。你去哪儿？纽约？伊贝维尔？到密西西比你父亲那儿去？上哪儿？"

"就两步路而已。"埃德娜笑道，"在拐角处的一座四间屋的房子。每次我从那儿经过都觉得那房子很温馨，很诱人，很闲适。现在那房子挂出招租牌子了。照管那所大房子我都累了。不管怎么说它好像从来都不属于我——都不像一个家。太麻烦了。我又得养着那么多佣人。真让他们折腾够了。"

"这不是你真正的理由，我的美人儿。你是骗不过我的。我不知道你是什么原因，但你没把实情告诉我。"埃德娜既不反驳

也不为自己辩解。

"房子,还有用在房子上的钱都不是我的。这个理由够充分吧?"

"是你丈夫的。"雷兹答道,耸耸肩,又不怀好意地扬了扬眉。

"哎呀!我知道骗不了你啦。告诉你吧,这只是我的突发奇想而已。我从我妈的房产那边得了不少钱,是我爸一点一点寄给我的。今年冬天我去赌马赚了一大笔,还有,我开始卖画了。莱德波尔对我的画越来越满意了,他说我的画越来越有力量与个性了。我自己也说不准,但我觉得愈发的从容与自信了。我刚才说了,再怎么样我也通过莱德波尔卖了好些画。我可以一个人住在小房子里,不需要多少东西,什么都不要也可以,就带一个佣人。那个时不时来帮我干活的瑟莱斯蒂娜说她愿意搬来和我一起住,帮我做事。我知道我会喜欢这样的,喜欢这种自由与独立的感觉。"

"你丈夫怎么说来着?"

"我还没跟他说。我是今天早上才想起的。他肯定会以为我神经错乱了。你大概也这么想吧。"

小姐慢慢地摇摇头说:"你的理由我还是没搞清楚。"

埃德娜自己也不清楚这是怎么回事。但她静静坐在那儿想了一会儿也就开始明白了。在放弃对丈夫的忠诚,她同时也将他的厚道置之脑后了。她不知道他回来后会怎样。得有个谅解,有个解释。她觉得事情总有个变通的办法。但无论发生什么事,她已下定决心再不附属于他人,她只属于自己。

"离开老屋前我要大宴宾客一番。"埃德娜嚷嚷着,"你得来,小姐。你想吃什么,喝什么,我那儿都会有。我们要又笑又唱地痛快一回。"说完她从心底里发出一声叹息。

要是埃德娜去拜访雷兹小姐时刚巧有收到罗伯特的信,雷兹小姐就会毫不吝惜地把信给她看。然后,在埃德娜看信的时候她就坐到钢琴前随兴弹着曲子。

那个小小的炉子开始发出声响了,炽热炽热的炉上锡壶里的巧克力发出了咝咝啪啪的声响。埃德娜走上前打开炉子的门。小姐也站起来,从那尊贝多芬的半身雕像下拿出一封信给埃德娜。

"又一封!这么快!"她叫着,眼中充满欢欣,"告诉我,小姐,他知不知道我看了信?"

"当然不知道!他要是知道我给你看了信肯定会生气,而且再也不会写信给我了。他给你写过信吗?一行都没有。给你捎过话吗?一个字儿也没有。为什么?他爱你!可怜的傻家伙。可你无法自由地倾听他的心声,你也不属于他,于是他使劲想忘记你。"

"那你为什么还把信给我看?"

"你没求过要看吗?我能拒绝你什么吗?哦!你是骗不了我的。"小姐走向她心爱的乐器又开始弹了起来。埃德娜并没有马上看信。她坐在那儿手中攥着信,乐声像一道亮光射进她的躯体,照亮也温暖了她心中阴暗的地方。

"哦!"她叫着,手中的信滑落到地上,"你干吗不告诉我?"她走过去从琴键上抓起小姐的手。"哦!你太坏了!太恶毒了!你为什么不告诉我?"

"你是说他就要回来的事儿?老天,又不是什么大不了的事。我还在想他会不会回来呢。"

"可什么时候回来呀?到底什么时候?"埃德娜不耐烦地嚷着。"他没说什么时候。"

"他说了'很快'。信上不都写了。我跟你一样知道的也就那么多。"

"可为什么?为什么他要来?哦,我想如果——"她从地板上抓起那封信,几页信纸翻来翻去地找原因。可信上就是什么也没说。

"如果我还年轻,爱上一个人的话,"小姐从凳子上转过身,把那瘦而结实的手插进双膝间说,"那么那个人一定是个英雄,一个有志向高远且有能力将之兑现的人,一个鹤立鸡群的人。要是我还年轻要爱什么人的话,那种平庸之辈才不在我的考虑范围

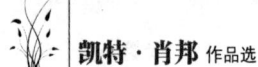

内。"

"小姐,现在就是你没讲实话,在哄我了。要不就是你压根就没谈过恋爱,不知道什么是爱。哎!"埃德娜抱着她的膝抬头看着雷兹小姐那张扭曲的脸。"你以为女人都知道自己为什么会去爱吗?她有选择的余地吗?她都会跟自个儿说:'去呀!这是一个卓越的政治家,有成为总统的可能,我要去和他谈恋爱。'或者说:'我要倾心于这个家喻户晓的音乐家?'或者'我要爱这个掌握世界货币市场的金融家'吗?"

"你故意曲解我的意思了,我的大小姐。你是不是爱上罗伯特了?"

"是的,"埃德娜道。这是她第一次承认。她脸上发烫,绯红一片。

"为什么?"她的同伴问道,"你为什么在你不该爱的时候爱上他?"

埃德娜动了一下,双膝着地跪了下来,雷兹小姐双手捧起她那张发烫的脸。

"为什么?因为他头上长着棕色的头发,因为他的睁眼闭眼,因为他的鼻子有点歪,因为他有两片嘴唇一个宽宽的下巴,还有他的一个小拇指小时候打棒球打得太用劲了直不起来。因为……"

"总之一句话,因为你爱上他了。"小姐笑了。"他回来后你打算怎么办。"她问。

"怎么办?没怎么办,就为自己还活着而高兴。"

一想到他要回来已经让她心情灿烂一片了。几个小时前令她倍感压抑的阴沉低压的天空此时在她踏着雨水回家的路上倒令她精神爽快,活力十足。

她在一个糖果商店里停了下来,给在伊贝维尔的孩子们订了一盒糖果。她在盒子里放了一张条,上面满是亲切的问候与许许多多的吻。

吃晚饭前她给丈夫写了封动情的信,告诉他她想搬到街角的一幢小房子里去小住一阵,在离开之前她想开一个告别餐会。她很遗憾他不在,他不能同她一起分享,不能帮她制定菜单,帮她招呼客人。她的信里字句充满欢愉。

第二十七节

"你怎么了?"那天晚上阿罗班问她,"我从没见你心情这么好过。"埃德娜那会儿已经累了,正靠在火炉前的一张躺椅上。

"你不知道预报天气的人说了,我们很快就可以看见太阳了吗?"

"哦,这就算是个理由吧。"他勉强同意,"就算我一整个晚上都在这儿求你,你也不会给我其他理由的。"他坐在一把离她很近的小凳上,边说话边用手指轻轻地撩着她那有点散落在额前的头发。她喜欢他的手指穿过她的头发的那种感觉,于是她敏感地闭上了眼睛。

"有一天,"她道,"我要鼓起勇气想一想——判断一下我到底是个什么样的女子。坦白说,我也摸不清。按我所熟谙的道德准则来讲我是一个很坏的女人。可是从某个方面来说我又不承认自己很坏,我得仔细想想。"

"不用了。有什么用?我能告诉你你是一个怎么样的女子。你就不要在这事儿上劳神了。"他的手指不时向下滑到她那温暖柔滑的双颊上,以及那丰满坚实的下巴上。她有点双下巴了。

"哦,对呀!你只会告诉我我令人仰慕不已,我非常的迷人。你省省吧。"

"不,我不会说这类话的,尽管我若这么说也没扯谎。"

"你认识雷兹小姐吗?"她问了句不相关的话。

"那个钢琴师吗?我见过她也听过她弹琴。"

"她有时候会半开玩笑地说些奇怪的话。说的时候你没在意,事后又令人深省。"

"比如说?"

"哦,比如说我今天同她道别的时候她拥着我,摸着我的肩骨说要看看我的翅膀长硬了没有。她说:'想要飞越传统与偏见的鸟必须有着强健的双翼。看见一只孱弱的动物受了伤,精疲力竭地拍翅飞回地面是个很令人神伤的场景。'"

"你要飞哪儿去呀?"

"我并没有特别想飞哪儿去。我对她的话只是一知半解。"

"我听说她有点疯疯癫癫的。"阿罗班道。

"在我看来她再正常不过了。"埃德娜答。

"有人告诉我她这个人很讨厌,很难相处。你干吗在我想谈谈你的时候把她扯进来?"

"哦!你想讲我什么就讲吧。"埃德娜说罢双手交叠枕在脑后。"不过,你讲你的,讲的时候让我想想其他的事。"

"今晚我真妒忌你的思想。它们使你和善了许多,可却给我感觉它们没有与我在一起,而是自个儿在游荡。"她只是微笑地看着他。他的双眼凑得很近。他靠在躺椅上,一只手横着搭在她身上,另一只手还是放在她的发际上。他们继续默默地对视。当他探身去吻她时,她抱着他的头,把他的唇压到自己的双唇上。

这是她有生以来第一次有反应的吻,它像一把熊熊的火炬,燃起了她的欲望。

第二十八节

那天晚上阿罗班走后埃德娜哭了。这只是刺痛她的千万种情绪之一。她既有一种极不负责任的感觉,又因这突如其来的经历而震惊万分。在丈夫为她的生活提供的外在物质环境中她仿佛看到了他责备的眼光。而罗伯特在她心中唤醒的更快、更猛、更汹涌的爱潮使后她仿佛看到了他责备的眼神。最为重要的是她有了一种领悟，她觉得罩在她双眼上的迷雾好像被揭掉了，这使她能够看清并理解生命的含义，那美丽与残酷组合而成的怪物。但在那刺痛她的种种矛盾情绪中她既没有羞耻也没有后悔。有的只是一种深深的懊恼与遗憾，因为那一吻不是她胸中燃烧的爱的火焰所致，因为将这一生命之杯举到她唇际的不是爱。

第二十九节

也不等丈夫来信看看他对此事如何表态，埃德娜就急着要离开埃斯普拉那德街的家，搬到街角的小房子里。每个她心急火燎的一举一动都朝着这个方向走。她行事开始变得雷厉风行。阿罗班那晚陪她到很晚，第二天一大早埃德娜就忙忙碌碌地准备搬家事宜了。在家里她总觉得像是踏入了禁堂的大门，有千百个闷闷的声音在催促她赶紧离去。

家里一切属于她的东西，一切不是丈夫那儿得来的东西，她都让人搬到新房子去。缺了些什么她再用自己的钱简单地买了补上。

下午时分阿罗班来看她时见她卷着袖子正同女仆一起干活呢。她显得精神极了，她这穿着旧的蓝袍子，头上随意地系了条红色的手帕以防灰尘落在头发上，再没有比这样子更帅气了。他见前门开着，拉了一下铃也不等人来应门就径直进去了。

"下来！"他道，"你想自杀呀？"她故作漫不经心地跟他打了声招呼，继续一副专心做事的样子。

他若是期望见到她无精打采、怨怨艾艾，或是可怜兮兮的泪汪汪的样子，那么他此时肯定会很吃惊。

他处世向来是兵来将挡、水来土掩。这次也一样准备好了应付一切紧急情况，包括上述种种态度。

"你下来吧。"他扶着梯子抬头望着她坚持道。

"不要。"她回答，"埃伦不敢爬梯子。乔在'鸽棚'那边

干活儿——那是埃伦给取的名字。因为那房子很小，看起来像个鸽棚——反正总得有人来干这档活儿。"

阿罗班扯下身上的外衣说他愿意代她冒这个生命之险。埃伦给他拿了顶自己除尘时用的帽子。见他在镜前戴帽子那么怪模怪样她忍不住肚子都笑痛了。阿罗班让埃德娜帮他把帽子系好时，她也忍俊不禁，最后还是他代她上了梯子，在她的指示下把画、窗帘、饰物什么的取下来。事情做完后他脱下帽子，到外面洗手去了。

他再度进来时，埃德娜坐在小凳子上拿着根鸡毛弹的头随意地扫着地毯。

"还有没什么事要我做？"他问。

"没了。"她回答，"其他的埃伦一个人能行。"她让那个年轻的女子在客厅里忙着，自个儿不大情愿地和阿罗班独处。

"晚宴怎么样了？"他问，"那件大事，那场政变？"

"后天举行。你干吗管它叫'政变'？哦！那会很好的。一切都是最好的——水晶，银，金，瓷器，花，音乐，到处是香槟。我会让莱翁斯付账的。他看见账单后不知道会怎么说。"

"你问我为什么称它为政变吗？"阿罗班已套上外衣了，站在埃德娜面前问她领结打得够不够正。她说够正了，看上去不会高于领口。

"你什么时候搬到'鸽棚'去？——就按埃伦的说法称它。"

"后天，晚宴以后我到那儿睡觉。"

"埃伦，你能不能好心去帮我拿杯水来？"阿罗班问，"如果你不介意我提起这件事，那些窗帘弄得我的喉咙都快冒烟了。"

"埃伦去拿水了，"埃德娜道，"我也跟你说再见，让你走了。我得把这些脏东西扔掉。我还有千万件事要去做要去考虑呢。"

"那我什么时候再见到你？"阿罗班问，女仆走了，阿罗班想留住她。

"当然是在晚宴上啰。我邀请你了。"

"在这之前不行吗？——今晚或明早或明天中午或晚上不行吗？再或者后天早上或中午都不行吗？我没说你自己都不觉得这段时间有多漫长吗？"

他一直跟着她进了大厅，走到楼梯口抬头看着她踏上楼梯半转过脸来。

"不能再快了。"她说着却笑看着他。那眼神立即给了他等待的勇气，同时也使这种等待成为一种煎熬。

第三十节

尽管埃德娜一直说那个晚宴会有多么大的排场，但实际上规模很小，而且请的人经过再三挑选，邀请的客人很少，一切都是经过精心挑选的。她本来想着她那张红木桌旁会有十二个人，忘了拉蒂尼奥尔夫人身体不舒服无法到场，也没料到勒布伦夫人会在最后关头说不能来。因此只有十个人，不管怎样这个数目也挺令人感到温馨舒适的。

到场的有梅里曼先生及其太太。梅里曼太太是个三十几岁美丽活泼的小妇人。她丈夫头有点秃，生性开朗、乐观，常常会因别人的俏皮话笑个不停，没多少头脑，也因此他很受欢迎。海坎普夫人也来了。当然还有阿尔塞·阿罗班，雷兹小姐最后也同意来了。埃德娜送了她一簇带黑花边的新紫罗兰。拉蒂尼奥尔先生来了，也带来了他妻子的歉意。一心想着玩的维克托·勒布伦刚好在城里，所以就欣然应邀了。来的还有梅布伦小姐，已经不再是个十几岁的小姑娘了，她透过那长柄眼镜极富兴趣地看着这个世界，据说她是个知识分子。有人怀疑她一直用笔名在写作。同她一道来的是一个跟日报有联系的名叫古韦内尔的男子，那人除了善于观察，看起来很文静也不讨人厌外没什么特别之处。连埃德娜加起来一共有十个人，八点半时他们坐下来用餐，阿罗班和拉帝尼奥尔两人坐在女主人的两侧。

 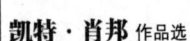

海坎普夫人坐在阿罗班和维克托·勒布伦中间。接下去依次是梅里曼夫人、古韦内尔先生、梅布伦小姐、梅里曼先生、雷兹小姐坐在拉帝尼奥尔先生旁边。

餐桌上真是无比的华丽,那蕾丝花边下面淡黄的缎质桌布使人觉得很华贵。巨大的黄铜烛台上的蜡烛在黄色丝罩下摇曳着柔和的烛光。还有许多或红或黄的玫瑰绽放清香。像先前说的,餐桌上有金,有银,还有水晶,像女人们身上带的宝石那样闪闪发光。

平常用的那些硬邦邦的餐椅都先给撤掉了,取而代之的是屋里所能收罗到的宽大豪华的椅子。雷兹小姐个儿太小了,就用垫子把她垫高了,像小孩子垫高了上桌一样。

"是新的呀,埃德娜?"梅布伦那小姐透过长柄眼镜盯着埃德娜头发上,也就是额头上方正中间一丛极华丽的、闪闪发亮的钻石叫着。

"对,新的,全新的,我丈夫送来的礼物。今天早上刚收到,是纽约寄来的。今天是我的生日,我二十九岁了。来,为我的健康干杯吧。同时我想我们先来杯鸡尾酒吧。是我父亲为了我妹妹珍妮特的婚礼特别酿制的——酿制,你会说这是'酿制'吗?"她询问梅布伦小姐的意见。

每个客人面前都立着一只石榴石一样闪闪发光的玻璃杯。

"那么,总之,"阿罗班道,"我们该用上校酿造的酒,为上校之女,这个最迷人的女子,在她生日之际,为她的健康干一杯。"

这一席俏皮话惹得梅里曼先生爆发出一阵笑声。他的笑声极具感染力,使这场晚宴一开始气氛就很好,并且一直保持下去。

梅布伦请求说让她只看着那杯鸡尾酒而不喝。那颜色真是太妙了,她无法形容,它绽放出来的是一种说不出的罕见的石榴色的光。她称将军为艺术家,并且坚持此说。

拉蒂尼奥尔先生已准备好要认真对待一切:菜肴、甜食、上菜服务、装饰,当然还有款待人。他抬起头来,问阿罗班是不是与一个成立了一家名为莱特内&阿罗班律师事务所的人有什么亲戚关系,阿罗班说那是个很热心的私人好友,他用阿罗班这个名字来装饰公司的信笺抬头,并且在那块为珀迪多大街添光加彩的招牌上也用上了阿罗班之名。

"现在好事的人实在太多了,七七八八的机构不少。"阿罗班道,"为了方便起见,即使没有,人们也不得不装出一副有职业道德的样子。"

拉蒂尼奥尔先生瞪了瞪眼扭头问雷兹小姐是否觉得交响音乐会够得上去年冬天定的标准。雷兹小姐用法语回答拉蒂尼奥尔先生。埃德娜觉得在那种情形下小姐的答话有点粗鲁了,但又很有个性。雷兹小姐对交响音乐会尽是些令人不愉快的说法,对新奥尔良的所有音乐家,不管是个人或整体,也尽是些羞辱性的评论。她所有的兴趣好像都集中在了面前的美食上。

梅里曼先生说阿罗班讲到好事的人令他想起了前几天圣·查尔斯旅馆的一个男子,来自韦科[①]——梅里曼先生讲起话总是东拉西扯、不着边际,他妻子很少让他把话说完。这次她又打断他了。上周她买了本书,要寄给在日内瓦的一个朋友,她问他记不记得那本书作者的名字。她正与古韦内尔先生谈"书"哩,想知道他对时下文学话题的看法。她丈夫则私下把那个韦科来的男子的故事告诉给了梅布伦小姐。小姐装出一副觉得那个故事很逗、很妙的样子。

海坎普夫人对她这个热情健谈的左撇子邻座维克托·勒布伦一直是一种无精打采却真心兴趣的态度。从她一在桌前坐定起,她的注意力便时时都停留在他身上。而当他转头去跟比她漂亮、活泼的梅里曼夫人讲话时,她则淡然自在地在那儿等着重获他注意力的时刻。偶尔会有曼陀林的声音响起,那乐声对大伙儿的谈话倒成了一种令人愉快的伴奏而非扰乱。户外是喷泉单调的泼水声。那声音和着浓浓的茉莉花香自敞开的窗户飘进来。

埃德娜的缎袍向四周泛着金色的光亮。她的肩周镶着花边。

[①] 美国得克萨斯州中东部城市。——译者注

那花边不会发亮,与她的肤色相近,是一种鲜活的肉色。她的态度,她的一举手一投足都很有韵味。她把头往后靠在高背椅子上,伸展双臂时的样子俨然一个女皇,超然物外、冷眼旁观,仿佛一切尽在掌握之中。

坐在客人当中她觉得以往那种厌恶感,那种无助感像一种独立于意志之外的执念又再度向她袭来,在那儿叫嚣着,像一股冷冷的气息,自某个吵嚷不休的幽深的洞穴里向她袭来。她心中突然非常非常渴望心爱的人在身边,但这种渴望又迅速被一种无可企及的感觉淹没了。

这一瞬很快就过去了,一种浓浓的友情像一根奇妙的弦拨动着在座每个人的心,继而又用谈笑风生将所有的人紧紧地系在一起。拉蒂尼奥尔先生第一个打破了这种令人愉快的氛围。十点的时候他起身告辞。拉蒂尼奥尔夫人在家里等着他。她病得很厉害,隐隐约约觉得很怕,只有拉蒂尼奥尔先生在身旁才能缓解她的恐惧。

雷兹小姐与拉蒂尼奥尔先生同时起身作别,拉蒂尼奥尔先生说要送她上车。她吃得很惬意,尝了上好醇厚的葡萄酒。那些酒肯定是令她昏了头,她从桌上退下时竟会向在座的所有人礼貌地点了点头。她吻了吻埃德娜的肩,在她耳旁轻声道:"晚安,我的女王,乖一点啊。"她起身时,干脆说是从垫子上下来时,整个人有点晕晕乎乎的。拉蒂尼奥尔先生殷勤地上前握着她的手臂把她带走。

海坎普夫人正在编一个红黄相间的玫瑰花环。编好后她便轻轻地把花环套在维克托那乌黑的卷发上。他往后靠在那豪华的椅子上,向着光举着杯香槟。

好像是被魔术师的棒子点了一下,那玫瑰花环把他变成了一个东方美女。他的双颊是榨葡萄汁的颜色,他暗淡的双眸里跳动着无精打采的火苗。

"哎呀!见鬼了!"阿罗班叫着。

而对此画卷海坎普夫人还有一笔要加。她从坐的椅背上面取下一条白色丝质披肩,那是她刚来参加晚宴时披在肩上的。她把它横披在维克托身上形成了优雅的褶子,盖住了他那传统的黑色晚礼服。他好像也不在乎她对他做了些什么,只是微笑着露出洁白的牙齿,继续眯着眼,透过那杯香槟盯着光。

"哦!这幅画面只能用色彩来描绘而无法用语言来形容了!"梅布伦小姐叫着,看着他,自己却落入狂喜的梦境。

"在铺金的地上用红色的血画着欲望的偶像。"古韦内尔低低地道。

那葡萄酒在维克托身上起了作用,他一向都是口若悬河,这会儿倒一言不发了。他仿佛完全陶醉在了幻想中,只顾透过那琥珀色的珠子看着光。

"唱支歌吧?"海坎普夫人恳求他,"给我们大伙儿唱支歌吧,好吗?"

"别理他。"阿罗班道。

"他在装腔作势。"梅里曼先生说,"让他装去吧。"

"我看他是瘫了。"梅里曼夫人道。向维克托的椅子倾过身去,她从他手里接过杯子举到他唇边。他慢慢地吮着那酒,待他喝干后她把杯子放在桌上,用她那条薄薄的小手绢把他的嘴擦干。

"好吧,我给你们唱支歌。"他说着把椅子转向海坎普夫人。他双手交握枕在脑后,瞧着天花板小声地哼了两下,像个在调乐器的音乐家那样试试音。然后他看着埃德娜开始唱:"啊!如果你知道的话!"

"别唱了!"她叫着,"别唱这首歌。我不让你唱。"她把酒杯放在桌上,动作太猛了把一个酒瓶给打碎了。酒洒在了阿罗班的腿上,还有一些滴在了海坎普夫人那黑色的薄纱长袍上。维克托一定是忘了什么是礼节,要不他就是以为这个女主人并不是认真的,他笑着继续唱:"啊!如果你知道的话!你的双眼多么的令我迷乱——"

"哦!你不该唱!不该唱!"埃德娜叫着站起来,椅子跟着

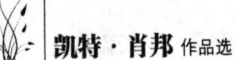

往后推。她走到他身后用手捂着他的嘴。他吻着那按在他唇上的柔软的手掌。

"不了，不了，我不唱了，蓬泰莱夫人。我不知道你是当真的。"他抬头用爱抚的目光看着她。他的吻像是在她手上甜蜜的一刺。她把他头上的花环拿掉，扔向屋子的另一头。

"来，维克托，你已经装模作样装得够久了。把海坎普夫人的披肩还给她。"

海坎普夫人亲自把披肩给他解下来，梅布伦小姐和古韦内尔先生突然想起该辞别了。梅里曼先生和太太则觉得奇怪，他们怎么会待到这么晚。

在与维克托道别前，海坎普夫人邀请他去看她女儿。她知道女儿见到他会很高兴的，会和他讲法语，同他一起唱法语歌。维克托表示他一有机会就会去看海坎普小姐。他问阿罗班是否与他同路走。阿罗班说不是。

曼陀林的声音早已停止了，宽阔美丽的大街上寂然一片。埃德娜的客人们离去的声音像一个不协调的音符，打破了夜的宁静祥和。

第三十一节

"怎么了？"阿罗班问道，其他人都走了，他留下来陪埃德娜。

"怎么了？"她重复他的话，站起来伸展双臂，坐了那么久她觉得该舒活舒活筋骨了。

"接下来怎么办？"他问。

"佣人们都走了。乐师走的时候他们也走了。是我让他们走的，这房子关了，锁了，我就走到鸽棚去。明早再打发瑟莱斯蒂娜来整理这一切。"

他环顾四周，开始把几盏灯灭掉。

"楼上怎么样了？"他问。

"我看可以了,可能还有一两扇窗子没有闩好。我们最后去看看,你可以拿支蜡烛去瞧瞧。把房中床尾我的外套和帽子带下来。"

他拿着蜡烛上楼去了。埃德娜开始关门关窗。她很讨厌把烟气酒味都关在屋里。阿罗班找到了她的短风衣和帽子,给她带了下来,帮她穿上。

一切安排停当后灯也关了,他们就从前门走了。阿罗班把门锁了,替她拿了钥匙,扶着她下台阶。

"要不要来枝茉莉花?"他问着边走边掐了几朵花。

"不,我什么也不要。"

她看起来很沮丧,什么也不想说。她一只手挽着他伸过来的手臂,另一只手提起拖在地上的长裙。她低头注意到他脚上的黑裤子紧贴着她那泛着光的黄色袍子,时隐时现,远远地可以听到一辆火车的鸣笛声,半夜的钟声也响了起来。短短的路途上他们一个人也没碰上。

"鸽棚"前有一个荒芜了的花园以及上了锁的大门。在那个小小的长廊上是前门,还有一个长长的窗户。门一进去就是客厅了,没有偏门。后面的庭院里有一个仆人们的房间,瑟莱斯蒂娜就被安置在那儿。

埃德娜在桌上点了一盏灯,闷闷地燃着。她还真让这房子能住人了,而且看上有家的样子。桌上有一些书,近处是一张躺椅。地板是新铺的,铺了一两条地毯。墙上挂着几幅很有品位的画。屋里到处都是花。她吃了一惊。那些是阿罗班送的,他让瑟莱斯蒂娜在埃德娜不在的时候摆好。她的寝室在隔壁,隔着一条小通道对面是餐厅和厨房。

埃德娜坐了下来,看上去人很难受。

"累了吗?"他问。

"对,我觉得很冷,很难受。我好像被伤到了一个点——太重了——身子里什么东西啪的一声折了。"她把裸露的双臂放在

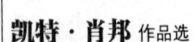

桌子上,把头靠了上去。

"你要休息了,"他说,"想安静一下,那我走了,让你一个人待着,休息一下。"

"好。"她答道。

他站到她身旁,用他那柔软而有磁力的手抚着她的头发。他的抚摸使她觉得身上挺舒服的,要是他再这么抚着她的头发,她很快就会睡着的。他把她的头发从颈处往上刷。

"希望你明天早上会好受些,也快乐些。"他道,"前几天你做了太多事情了。晚宴是最后一桩事,你原本可以不请客的。"

"对呀,"她承认,"这真是太蠢了。"

"不,这很令人愉快,只是把你给累趴了。"他的手早已滑到了她那美丽的双肩上去了,他能感觉到她的肢体对他的抚摸的反应。他坐在她身旁,轻轻吻着她的肩。

"我想你该走了吧。"她颤着声道。

"对,我道了晚安就走。"

"晚安。"她喃喃。

他没有回答,只是继续爱抚她。一直等到她整个人在他那轻柔而具有诱惑力的抚摸下变得无比柔软时,他才道晚安。

第三十二节

当蓬泰莱先生得知妻子想要离开家搬到别处去时他立即写信给她,极力反对,极力想劝服她。他不愿承认她给的理由充分。他希望她不要意气用事,并恳求她先想一想最最重要的是人们会怎么说。他发出这个警告时想的并不是什么丑闻,他从未把这两个字同他或妻子的名字联系在一起。他想的只是自己财政上的信度。人们肯定会议论说蓬泰莱家遭了逆运,不得不在持家上比以往节俭。这对他生意的前景可能会有不可估量的损害。

想起埃德娜最近的反复无常,也预见到她一下定了决心便会立即行动,他敏捷如常地把握住局势,用他做生意时大家熟知的练达与聪明才智处理了此事。

在给埃德娜寄去的信中,他反对她的做法,同时也捎上了他的指示——最详尽的指示——给一位名建筑师,说他想了很久,想重新装修房子,他希望在他不在家期间就动工。

专家、可靠的包装工、搬运工全都来运家具、地毯、画——总之,所有能搬的东西——都搬到安全的地方去了。在短得令人难以置信的时间里房子就交到工匠手里。还有一点事要做——一间舒适的私人房,壁画还要画,没有铺硬木地板的房间也要铺上。

再者,在一家日报上登了一则简短的告示,说蓬泰莱先生及太太打算到国外去过夏天,他们在埃斯普拉那德大街的漂亮宅子正在进行豪华装修,在他们回来前不会完工。蓬泰莱先生终于保全了面子。

埃德娜很欣赏他行事的技巧,并避免阻碍他的计划。当人们接受了蓬泰莱先生设计的这一局面,并不以为然时,她对此也很满意。

鸽棚很合她的意。在她精心料理下小屋立即有了家的温馨。她觉得社会地位往下滑了,同时她也感到精神境界上升了。她摆脱义务所迈出的每一步都增加了她作为个体的力量。她开始用自己的双眼来看,来感悟生命的潜流。在灵魂向她邀约的时刻,她再也不满足于"以见解为食"了。

过了一阵子,实际上是几天以后,埃德娜就上伊贝维尔去与孩子们过了一周。那是美好的二月时节,空气里弥散着夏日渐近的气息。

看见孩子们她是多么的高兴啊!当他们张开双臂紧拥着她,当他们把结实的红脸颊贴到她那发烫的双颊上时她快乐得流下了泪。她饥渴地看着他们的小脸,怎么看也看不够。孩子们给他们的母亲讲的是什么样的故事啊!什么猪啊、牛啊、骡啊的。还有,骑马到格卢格卢后头的磨坊,同贾斯珀叔叔到湖边去钓鱼,跟黑

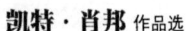

人利迪家的小娃子们去摘山核桃,坐着他们家的快车去拉渣木板。给跛子老苏西拉柴火可比在埃斯普拉那德大街的小宴会厅里拖积木块好玩上千百倍呢!

她同他们一起去看了猪,看了牛,看黑人们种甘蔗,去打山核桃叶,到后湖去抓鱼。她同他们待了一周,全身心投注在了他们身上,日日夜夜与他们在一起。当她告诉他们埃斯普拉那德大街上的家这时候挤满了工人,到处都是锤子,钉子,锯木的声音时,他们都听呆了。他们想知道自己的床铺在哪儿,他们的摇摇马怎么了,乔在哪儿睡觉,埃伦还有厨子上哪儿去了?但最最重要的是他们非常非常想看看街角的那幢小房子。有没有地方玩?隔壁有没有男孩子?拉乌尔悲观地预测说隔壁只有女孩子。他们睡哪儿?爸爸又睡哪儿?她告诉他们仙女们会把一切都安排好的。

埃德娜能来,蓬泰莱老夫人很是欢喜,对她也无微不至。得知埃斯普拉那德大街的房子现在乱七八糟,她倒是很开心,这样她就能有借口无限期地把孩子们留在身边了。

与孩子们分开时埃德娜心里一阵难受。她带走了他们的声音和他们的小脸摩挲的感觉。回家的一路上他们的音容笑貌就如一首美妙的歌不停地萦绕在脑海中。可一回到城里,这支歌再也不会在她的灵魂深处引起回响了。她又是一个人独处了。

第三十三节

埃德娜去找雷兹小姐时她有时候会不在,要么是去上课了,要么就是去买些零零碎碎的家居用品。钥匙就在门口一个秘密的地方,埃德娜知道。小姐要是刚好不在,埃德娜通常会进去等她回来。

一天下午当她去敲门时没人在,因此她像平常一样开了门进去。如她所料,屋里没人。她这一天已经很忙了,到这儿来找她的朋友是为了休息一下,找个避风的港口,找个人讲讲罗伯特。

她一个早上都在画画——在学画一个年轻的意大利人——画没有模特儿的画。可是她画画时老是有事打断她,要么是家居琐事,要么是社交事宜。

拉蒂尼奥尔夫人亲自来了一趟。她说她特意避开显眼的大道。她抱怨埃德娜近来不太管她了。另外,她非常非常好奇想要看看这幢小房子及其设置。她想听听晚宴的全部事情。拉蒂尼奥尔先生太早走了。他走后还有什么事?埃德娜让人送过去的香槟和葡萄味道真是太美了。她本来没什么胃口,但那些令她食欲大振。这么小的屋子她到底打算把蓬泰莱先生和孩子们安置在哪儿?接着,拉蒂尼奥尔夫人又让埃德娜答应她忙完了去看她。

"随时——亲爱的,白天,晚上我随时都会去看你。"埃德娜向她保证。

在告辞前拉蒂尼奥尔夫人道:"埃德娜,在我看来你有点像个孩子。你做什么事好像都不会瞻前顾后。可这在生活中是必要的。这就是为什么我说如果我建议你一个人住在这儿要长个心眼,你别介意。干吗不找个人跟你一起住?雷兹小姐不肯来吗?"

"不,她不会来的,我也不想让她老陪着我。"

"哎,原因是——你知道的,这个世界很刻毒——阿罗班来找你有人说闲话了。当然要是阿罗班的名声没这么臭的话,这也没什么关系。拉蒂尼奥尔先生告诉我说单是他的献殷勤就是足以毁掉一个女子的名誉了。"

"他吹嘘自己成功了?"埃德娜眯着眼看着画冷淡地问道。

"不,我想没有。在这点上我想他是个体面人。可大家都知道他的个性。今天太鲁莽了,我以后都没脸见你了。"

"慢走啊。"埃德娜叫着。

"别忽略了我。"拉蒂尼奥尔恳求着,"别在意我说的关于阿罗班或让人来和你一起住的话啊。"

"当然不会。"埃德娜笑道,"你想跟我说什么就说什么,没事。"她们相互吻别了。拉蒂尼奥尔要走的路并不远。埃德娜在门廊上

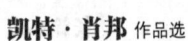

站了一会儿看着她从街道往下走。

下午时分梅里曼夫人与海坎普夫人来做晚宴后的回请。埃德娜觉得她们大可免去这道礼。她们来还是为了邀她哪天晚上到梅里曼夫人家打二十一点。她们让她早点去，去吃晚饭，梅里曼先生或是阿罗班先生会送她回来的。埃德娜不大热心地应承了。她有时候觉得梅里曼夫人和海坎普夫人实在讨厌。

近黄昏时她到雷兹小姐那儿去寻避风的港口了。她一个人待在那儿等她，在那简陋质朴的小房间里她不觉有了睡意。

埃德娜坐在窗旁，外面是人家的屋顶，还有河。窗台上摆满了花盆。她坐在那儿把一株天竺葵的干叶子摘掉。天气很暖和，河上吹来的风儿令人很舒服。她脱了帽子放在钢琴上。接着她又继续摘枯叶并用帽夹给植物松土。有那么一下她以为雷兹小姐回来了。可进门的是一个黑人女孩，她带了一小袋洗过的衣服来，放到隔壁的房间后就走了。

埃德娜坐到钢琴前单手把放在她面前的乐谱上的一支曲子弹出来。半个小时过去了，下面的厅里偶尔会有人来人往的声音。再度听到门口有声响时，她对琴上的独奏兴趣正浓哩。她隐约想知道这些人在看到雷兹小姐的门上了锁时会怎么做。

"进来。"她叫着向门口转过脸去。进来的是罗伯特·勒布伦。她想站起来，可是她无法不激动，因此又坐回凳子上去了，只是叫着："天啊，罗伯特！"

他走过来紧握住她的手好像不知道自己在说些什么，做些什么。

"蓬泰莱夫人！怎么这么巧你——哦！你看起来气色真好！雷兹小姐不在这儿吗？我从未想到会碰到你。"

"你什么时候回来的？"埃德娜用手绢擦着脸颤着声问他。她坐在琴凳上看起来很不安。罗伯特央求她坐到窗旁的椅子上去，她机械地照做了，而他自己则坐到凳子上。

"我前天回来。"他答着，把手臂放到钥匙串上弄出一阵不和谐的声响来。

"前天！"她大声重复着，继续以一种难以理解的方式琢磨着，"前天。"她曾想象他一回来就会马上找寻她，可从前天起他就同她住在同一片天宇下了。当雷兹小姐说什么"可怜的家伙，他爱你"时，她一定在撒谎。

"前天。"她折了小姐的一枝天竺葵又说了一通。"这么说你今天如果没在这儿碰到我，你就不会……什么时候……也就是说，你根本不想来看我？"

"当然想，我本来就该去看你。可是事情太多了……"他紧张兮兮地翻着雷兹小姐的乐谱。"我昨天马上就在原来的公司上班了。毕竟在这儿跟那儿一样有许多机会——总有一天我会赚到钱。墨西哥人跟我兴趣不大相投。"

这么说他回来是因为与墨西哥人志不同道不合，因为在这儿做事与在那儿一样能赚钱，因为任何的原因就不是为了想接近她。她想起了那天她坐在地板上翻着他的信找寻那未说明的原因时的情景。

她没有注意到他的表情，只是感觉到他的存在，但她又故意转过身去看着他。他毕竟才走了几个月，并没什么变化。他的头发——与她的颜色相同——像以往一样从太阳穴处往后梳，同在格兰岛一样样。当他静默地看着她的那一刻，她在他眼中看到了同样的温情脉脉，眼神中还比以往多了一份热情与恳切——还是那能透视她灵魂中的暗处并唤醒它们的眼神。

埃德娜曾千百次想象罗伯特回来时他们第一次见面的情形，地点总是在她家，他一回来就去找她。她总是幻想他一不留心就泄露了对她的爱意。而现在事实是他们俩坐着，相距有十英寸远，她在窗边揉碎一朵天竺葵闻着，而他在凳子上转来转去地道："听说蓬泰莱先生不在家我真吃了一惊。奇了，雷兹小姐居然没跟我讲。还有你搬家了——昨天妈妈跟我说的。我以为你会和他去纽约或和孩子们到伊贝维尔去而不是在这儿管家。我还听说你也要出国去了。明年夏天你就不到格兰岛了，那真会……你经常来看雷兹小姐吗？她给我写了几封信都常讲到你。"

"你记不记得你答应过我走了以后要给我写信？"他满脸通红。

"我以为你对我的信不会感兴趣的。"

"这是借口，这不是真话。"埃德娜伸手从钢琴上拿了帽子戴在头上，故意把帽夹插进盘着的头发里。

"你不等雷兹小姐了？"罗伯特问。

"不了，她这么久还没回来就要等很迟了。"她拉上手套，罗伯特也拿起了帽子。

"你不等她吗？"埃德娜问。

"你不是说她要很晚才回来，我也不等了。"他好像突然意识到自己这么说话不礼貌，于是又补充了句，"等下去我不就失去了送你回去的荣幸。"埃德娜锁了门把钥匙放回密处。

他们一同走在泥泞的大街上，小道上小商贩们摆着些廉价的物品时时挡道。有一段路他们坐车，下车后经过蓬泰莱的房子，那房子看起来破破烂烂的，好像分成了许多瓣。罗伯特从未见过这房子，于是就饶有兴趣地瞧着。

"我从没在你家见过你。"他道。

"我很高兴你没有。"

"为什么？"她没有回答。他们走到了拐弯处，当他跟着她进屋时她的梦好像实现了。

"罗伯特，你今天得留下来陪我吃晚饭，你瞧就我一个人。我们好久没见面了，我有好多话要问你。"

她脱了帽子和手套。他犹豫不决地站在那儿找借口说他母亲在等他，他还低声说什么有个约会。她划了根火柴点亮桌上的灯。灯光下见到她脸上一紧，一副痛苦的表情，他把帽子往旁边一扔，坐了下来。

"哦！你要是让我留下来我就会留下来！"他叫着。她的柔和表情又回来了，她笑着走去把手搭在他肩上。

"你这才第一次让我觉得像以前的罗伯特。我去告诉瑟莱斯蒂娜。"她急忙去让瑟莱斯蒂娜加个位置。她甚至打发她去再买些原先没有要的美食。她吩咐她沏好咖啡,煎好蛋卷。

她回来时罗伯特正翻着桌上那堆乱七八糟的东西,杂志、素描什么的。他拿起一张相片叫着:"阿尔塞·阿罗班!他的相片怎么会在这儿?"

"有一天我试着画他的人头像。"埃德娜说道,"他觉得这张照片能帮我。那张画像在别个住处。我想我是把它落在那儿了。我一定是把它同我的画具什么的放在一起了。"

"我看你画完后就把相片还给他吧。"

"哦!我有好多这种照片。我可从没想过要归还。又没什么价值。"罗伯特继续看照片。

"我看——你觉得他的头值得一画吗?他是蓬泰莱先生的朋友吗?你从来没提起你认识他。"

"他不是蓬泰莱先生的朋友,是我的朋友。我老早就认识他了——只是最近才跟他熟络起来。我们还是讲你吧,我想听听你在墨西哥的见闻,感受和作为。"罗伯特把画扔一边去。

"我见识了格兰岛的海浪与白色沙滩,谢尼埃尔那多草的寂静的街道,格兰德特尔的旧碉堡。我像个游魂一样四处飘,像台机器一样干活。没什么好玩的。"

她把一只手放在额前遮着光。

"那你这些日子以来都见识了些什么,做了些什么,感受了些什么?"他问。

"我见识了格兰岛的海浪与白色沙滩,谢尼埃尔·卡米纳达静寂多草的大街,格兰德特尔的旧碉堡。我像台机器一样工作着,只是比机器多了一份理解力,我还是觉得像个游魂。没什么好玩的。"

"蓬泰莱夫人,你太残忍了。"他说着,带着一份感受闭上眼睛把头往后靠在椅子上。他们静静的一句话都不说,直到瑟莱斯蒂娜说该吃晚饭了。

第三十四节

餐厅很小,埃德娜那张红木圆桌一放上去几乎就满了。从小桌到厨房,到壁炉台,到小餐台,到边门都只有一两步距离。那边门朝着那个铺砖的院子开着。

说要吃晚饭了,他们俩倒都拘礼了起来。再没有相互攻击了。罗伯特讲了他待在墨西哥时的事,埃德娜也讲了一些他不在时发生的可能使他感兴趣的事儿。除了埃德娜派人去买的几道菜外,这顿饭很平常,老瑟莱斯蒂娜头上扎了条方巾蹒跚着时进时出,偶尔逗留一下跟罗伯特讲两句方言。他从小就认识她了。

罗伯特出去到附近的烟摊去买了些烟纸。回来后瑟莱斯蒂娜已经沏好了咖啡放在客厅了。

"或许我不该回来。你什么时候觉得我烦了就叫我走。"

"你从未令我烦过。你一定是忘了格兰岛上我们俩彼此适应了后形影不离的日子。"

"格兰岛上的一点一滴我都记着哩。"他卷着烟道,也不去看她。他搁在桌上的烟袋是个丝绸的绣花袋,显然是出自女性之手。

"你以前用的都是橡胶烟袋。"埃德娜说着拿起那个袋子细看那针功。

"对,那个袋子丢了。"

"这个在哪儿买的?墨西哥?"

"是一个维拉克鲁斯女孩送我的,她们很大方。"他回答着划了根火柴点烟。

"我猜那些墨西哥女人一定都很漂亮,黑色的眼睛,镶花边的围巾,一个个肯定像出水芙蓉。"

"有的很漂亮,有的也很丑。到处女人还不都这样。"

"她长得什么样——送你烟袋的这个?你跟她一定很熟。"

"她很普通,没什么好讲的,这种人我再清楚不过了。"

"你去过她家没？好不好玩？我想知道你都结识了些什么人。他们给你印象怎么样？"

"有的人给人的印象就像船桨划过水面一样。"

"她也就这样的吗？"

"我要是承认她是这么一个人，那么胸襟未免也太窄了。"他把那个烟袋塞回口袋里好像想把它连同由它而起的鸡毛蒜皮的小事一起塞走。

阿罗班顺道来说梅里曼捎了口信说牌局延期，因为她的一个孩子病了。

"你好，阿罗班！"罗伯特从那个不显眼的位置站起来打招呼。

"哦，勒布伦。是你啊！昨天听说你回来了。在墨西哥他们对你怎么样？"

"挺好。"

"但还是不够好不能把你留住，不过墨西哥的女孩子还是美得慑人心魂。我一两年前去过维拉克鲁斯，我看我那会儿就该待在那儿。"

"她们有没有送你绣花鞋、绣花烟袋、头巾什么的？"埃德娜问。

"哦！天啊！没有！她们对我没那么敬重。恐怕她们给我的印象比我给她们的印象深多了。"

"那你可就没有罗伯特幸运了。"

"我从来就没有罗伯特幸运。他是不是跟你分享什么秘密了？"

"我在这儿待太久了。"罗伯特说着起身与埃德娜握手，"写信给蓬泰莱先生时请代我向他问好。"

他又与阿罗班握了手后走了。

"这个勒布伦是个好家伙。"罗伯特走后阿罗班道，"我从没听你提起过他呀。"

"去年夏天在格兰岛认识他的。"她回答，"这是你的相片。

不拿回去吗?"

"要来做什么?扔了吧。" 于是她把那照片又扔回桌上。

"我不去梅里曼夫人家了。"她道,"你要是看见她跟她说一声。我看我最好还是写封信给她。要不我现在就写吧,跟她说听说她的孩子病了我很难过,别让她等我去了。"

"这么写妥当。"阿罗班赞同,"我不是在怪你,那人没头脑。"

埃德娜打开记事本,拿了纸笔开始写条子。阿罗班点了根雪茄读起了放在口袋里的晚报。

"今天几号?"她问,他跟她说了。

"你出去时能不能帮我把这个寄了。"

"当然。"她边整理桌上的东西他边给她读几则新闻。

"你想做什么?"他把报纸搁一边问道,"要不要出去散散步,坐车兜兜风什么的?这种夜晚坐车去兜风刚好。"

"不了,我什么也不想做,只想安静一下。你走吧,自己去玩好了。别待在这儿。"

"如果一定得走那我会走的,可我不会去玩的。你知道只有你在身旁我才感觉自己活着。"

他站起来跟她道晚安。

"你跟女人常说这类话吗?"

"我以前说过,可没像现在这么当真。"他微笑着回答,她的眼中没有亲切的光亮,只是梦也似的茫然一片。

"晚安。我仰慕你。睡个好觉。"他说罢吻了她的手就走了。

她一个人呆在那儿做梦一样——恍恍惚惚,她的脑中一幕幕闪过雷兹小姐家中罗伯特进门后的情形。她回忆着他的言语,他的表情。这点回忆对她那饥渴的心来说怎么够呢?

一个影像——一个非常非常迷人的墨西哥女人的形象出现在她面前。她一下子受着嫉妒的煎熬。她想他不知道什么时候会再来。他没说会再来。她跟他在一起了,听到了他的声音,触到了他的手。可远在墨西哥时的他好像离她还更近些。

第三十五节

　　早晨醒来阳光明媚，充满希望。摆在埃德娜面前的没有什么令她不快乐的，只有令她欢喜的事儿。她躺在床上睁大眼睛猜测着。"他爱你，可怜的傻瓜。"这一点她若是能确定的话，那么其他的事又有何妨。她觉得前夜自己那么消沉真是很傻很孩子气。她又想了一下令罗伯特如此含蓄的原因。没有什么是不能克服的，如果他真的爱她的话，这并没有什么影响，这也不会对她的情感有什么影响，他迟早会知道她的心的。她想象着他今天去上班的情形，她仿佛真的看到他穿着什么样的衣服，看见他沿着一条街往下走，在另一个拐角处转弯，看见他趴在办公桌前与进门来的人说话，去吃午饭，或者还在街上寻觅她的芳踪。下午或晚上他会来找她，坐在那儿卷根烟，聊上几句，然后像前一天晚上那样走掉。可要是他能在身边的话那该有多好啊！那样的话她就了无遗憾了，如果他仍然那么含蓄，她也不再去究其根底了。

　　埃德娜衣服还没穿戴整齐就去吃早餐了。女仆给她送来一张拉乌尔写来的信，字写得歪歪扭扭的，信中说他爱她，让她给寄些糖果去，还告诉她那天早上在利迪的那头大白猪前他们发现了一窝小白猪，有十只。

　　丈夫也给她来了一封信，说他三月上旬会回来，然后他们就到国外去旅行。他已经答应她很久了，现在有足够的钱支付这次的旅费，能像别人那样旅行而不必处处计算着省点小钱——这多亏了他这次在华尔街的投资。

　　令她惊奇的是阿罗班也给她寄信来了，是半夜在俱乐部写的。信上向她问早安，希望她昨晚睡得好。信中还保证他对她的忠诚，也希望她对此有一点点的回报。

　　所有的这些信都令她很开心，她高高兴兴地给孩子们回了封信答应给他们寄糖果去，又说他们能看见小猪是件好事。

她又以友好推托的口吻给丈夫回了信——为了不误导他，她具体的什么也没说，只说她活得全无现实感，说她已经把自己完完全全地交给命运了，现在只是无所谓地在等个结局。

至于阿罗班捎来的条子，她没有回话，而是把它放到瑟莱斯蒂娜的炉盖下面去。

埃德娜兴致勃勃地连续画了好几个小时。这其中她什么人也没见，只见了一个画商。他问她是否真的要出国去学习。

她说或许吧，接着他就跟她谈了要一些巴黎人物画的事，那是为了在十二月里赶上节日出售的。

罗伯特那天没来令她非常失望，第二天他又没来，又过了一天他还是没来。

每天早上她都满怀期望地醒来，晚上又闷闷不乐地睡去。她很想把他找出来，可事实上她并没有冲动行事，而是尽量避免碰到他。她既不上雷兹小姐家去也不从勒布伦夫人家门口经过。他没从墨西哥回来前她倒会这么做。

有一天晚上阿罗班央她一起去兜风，她答应了——从谢尔路一直到湖那边。他的马精力充沛，甚至都有点难以驾驭了。她喜欢那种奔腾的感觉，还有马蹄踏在坚硬的地面上那种啪哒啪哒快而尖锐的声音。一路上他们也不停下来吃喝。阿罗班才不会拘这种小节。他们回到埃德娜的小餐厅后才吃喝——那时候天还很早。

他离开她时已经很晚了。阿罗班想看见她，想与她在一起再不只是一时冲动，他已从她身上觉察出了一种像含苞待放的花朵一样热情似火的敏感的欲望。

那天晚上她去睡觉时一点也不失望，第二天早上醒来也不再期望什么了。

第三十六节

郊外有一个花园，一个有树荫的角落。橘树下是几张绿色的桌子。石阶上一只老猫总在太阳底下睡大觉,一个黑白混血老妇一有空就坐在敞开的窗旁的椅子上打盹儿,直到有人刚好来敲桌子才醒来。她卖牛奶、干乳酪、面包、黄油等。她沏咖啡的技术,把鸡炸得棕黄棕黄的技术真是没得比。

这个地方太普通了,追赶时髦的人是不会注意到这儿的,也因为没有人到这儿来寻欢作乐,这儿很安静。埃德娜也是有一天偶然看见那高高的木板大门半开着才发现这儿的。她看见了一张绿色的桌子,阳光透过颤抖的枝叶在桌面上洒下斑斑驳驳的光与影。在里头她瞧见了那个沉睡着的黑白混血老妇人还有那只昏昏欲睡的猫,及一杯牛奶。那牛奶让她想起了她在伊贝维尔尝过的那一种。

她出来散步时常在那儿驻足,有时候她会带上一本书,瞧见里头没人就进去坐上一两个小时。有那么一两回她叫瑟莱斯蒂娜不要给她准备晚饭了,自己就在那儿静静地吃了一餐。这座城里她最不希望在这儿碰到任何熟人了。

一天黄昏她在那儿吃着饭看着书,一只手扶着那头已经跟自己很友好的猫时,她看见罗伯特从那高高的花园大门进来,她并不吃惊,也不会很意外。

"我是注定了只能和你不期而遇了。"她说着把那只坐在她旁边的猫从椅子上赶走。突然看见她他吃了一惊,很不自在,几乎可以说有点尴尬。

"你常来这儿?"他问。

"我差不多住这儿了。"她道。

"我以前常上卡蒂什这儿来喝一杯美味咖啡。这次回来还是第一次来这儿。"

"她会给你拿副盘子来,你和我一块儿吃晚饭吧。这儿的食物总够两个人吃——甚至三个人。"埃德娜早已打定主意看见他时要故作淡然,要与他一样含蓄。这是有一次她在情绪低落时认真推理了一番后所决定的。可当她看见他站在面前,在小花园里坐在她身旁,好像上苍故意把他带到自己面前时,她的决心又动摇了。

"罗伯特,你干吗要避开我?"她合上摆在桌上的那本书问道。

"你干吗要这样攻击个人,蓬泰莱夫人?干吗要迫我找些愚蠢的遁词?"他突然热烈地叫着,"我看我要是跟你说什么我很忙,或是我生病了,或者我去找你你不在家都不管用。我随便找个借口你就饶了我吧。"

"你这个人很自私。"她道,"你省略了些什么——我不知道是什么,反正是自私的动机。在为自己开脱的时候你从来就没有一刻考虑过你的冷漠还有没把我当回事的做法会让我有什么想法和感受。你可能会认为我这样不是女人该有的样子,可我就是习惯了有什么说什么。你要觉得我没有女人味的话,就那么着吧,没关系。"

"不,正像我前些天说的,你太残忍了。或许你不是有意要这么残忍,可是你好像想迫我做些毫无结果的表白,你好像想看着我受伤取乐子,却无意也没法让伤口愈合。"

"罗伯特,我扫了你吃饭的兴了,你一口都没吃。"

"我只是来这儿喝咖啡的。"

"这儿很可爱,对吧?"她评论道,"我真高兴没什么人发现这儿。总是这么安静,这么美好。你有没有注意到这儿很少有声音?这儿很偏,下了车还得走好远。不过我不在乎走路,我常为那些不喜欢散步的女人们感到遗憾,她们错失了许多——许多生命中罕见的一瞥。我们女人们对生命了解得真是太少了。"

"卡蒂什的咖啡总是热的,在这露天里真不知道她是怎么做到这一点的,瑟莱斯蒂娜的咖啡从厨房端到客厅就凉了。三块糖?这么甜你怎么喝得下去?来点水堇吧,挺辣挺脆的。然后你可以在这外头边吸烟边喝咖啡。现在在城里……你不抽烟了吗?"

"等会儿。"他说着把一根雪茄放桌上。

"谁给你的?"她笑了。

"我买的,看我越来越莽撞了,我买了一整包。"她已决定不再攻击他让他不舒服了。

那头猫跟他好上了,在他抽烟时跑到他腿上。他摸着它丝一般的皮毛,跟她聊了几句。他看了看埃德娜的书,那书他早看过了。他把结局告诉了她,说是省得她再去翻书。

他又一次陪她回家,他们到"鸽棚"的时候天已经黑了。她没有开口让他留下来,这使他很感激,这样他就不必费力去找什么借口了。他帮她点了灯,然后她就进了房间脱了帽子洗脸洗手。

她再回来时,罗伯特并没有像以往一样在看画或杂志,他坐在暗影里,头靠在椅子上好像在做梦。埃德娜在桌旁待了一会儿整理桌上的书。然后她就走到他坐的地方。她趴在他椅子的扶手上唤着他的名字。"罗伯特,"她说,"你睡着了?"

"没有。"他答着抬头看她。

她凑过去吻他——轻柔、冷静、细致的一吻,电流传遍他的全身——然后她就走开了。他跟上去,搂着她,让她靠近自己,她抬起一只手把他的脸往自己脸上贴。此举充满爱意柔情,他又一次找寻她的双唇。然后他令她躺在身边的沙发上,握着她的双手。

"现在你知道了,"他道,"现在你知道了从去年夏天在格兰岛起我一直在逃避些什么,是什么让我走了又回来。"

"你干吗要逃避?"她问道,一脸温柔。

"为什么?因为你不是自由之身,你是莱翁斯·蓬泰莱的太太。就算你是他的老婆,我也无法不去爱你,可是只要我离你远远的,避开你,我就可以忍着不说爱你。"她一只松着的手放到他的肩上,再放到他脸上轻轻地摩挲着。他又吻了她。他的脸红红的,烫烫的。

"我在墨西哥一直一直想着你,一直盼着你。"

"可就是不给我写信。"她打断他。

"我会想到你或许也喜欢我,于是就失去理智了。我忘了一切只做着一个疯狂的梦,你成了我的妻子。"

"你的妻子!"

"只要你喜欢,什么信仰,什么忠诚,一切都让它见鬼去。"

"那你肯定忘了我是莱翁斯·蓬泰莱的太太了。"

"哦,我疯了。只是狂想着一些不可能的事。我想起了曾有些男人还他们的老婆自由过,我们听过这类事的。"

"对,有听过这类事。"

"我回来时满脑子都是这些朦朦胧胧疯狂的念头。可我到了这儿——"

"你到这儿来从来就不接近我。"她还在抚着他的脸。

"我意识到了就算你愿意,我想着这档子事也是很卑劣的。"

她双手捧着他的脸,看着他,好像再也不愿把目光移开。她吻着他的前额,他的双眼,他的脸还有他的唇。

"你是一个很傻很傻的孩子。当你说让蓬泰莱先生放我自由时根本是在做一个不可能的梦。我也不再是蓬泰莱先生想要想不要的物品了,我选择什么我自己都认了。如果他说:'喏,罗伯特,带她走吧,她是你的了,祝你们幸福。'那我会嘲笑你们俩的。"

他的脸白了。"什么意思?"他问。

有人敲门。老瑟莱斯蒂娜进来说拉蒂尼奥尔夫人的仆人打后面的路来捎口信说夫人病了,请蓬泰莱夫人赶紧去看看。

"好,好。"埃德娜道,"我答应了。跟她说好的——让她等等我,我和她一起回去。"

"我陪你去吧。"罗伯特道。

"不用了。"她道,"我同仆人一起去。"她进了房间戴了帽子,再进来时她又走近沙发坐在罗伯特旁边。他没有动。她用双臂绕着他的脖子。

"再见,亲爱的罗伯特。跟我说再见吧。"他用从未有过的激情使劲吻她,然后紧抱着她。

"我爱你。"她低声道,"只爱你,不是别人,只有你。是你去年夏天把我从足足有一生那么长的愚蠢的梦中唤醒。哦!你对我那么冷漠使我多么不快乐。哦!我过得好苦!好苦!现在你在这儿了，我们要彼此相爱，罗伯特。我们要成为对方的一切，世上任何其他事再没什么用了。我得去找我的朋友了，你会等我吗？不管多晚你都会等我吗，罗伯特？"

"别走，别走！哦，埃德娜，留下来陪我。"他恳求着，"你为什么要走？留下来陪我，留下来陪我。"

"我尽快回来，在这儿等我。"她把头埋在他的脖子里，又跟他说了声再见。她那诱人的声音，加上他的爱潮汹涌使他失去了理智，什么也不想，只想抱着她，留她在身旁。

第三十七节

埃德娜上药店看看去了。拉蒂尼奥尔先生正非常仔细地把一种红色的液体往一个小玻璃杯里倒，自己在配一种合剂。埃德娜能来他很是感激。她的到来会给他妻子带来安慰。原本在这种难挨的时刻拉蒂尼奥尔夫人的妹妹都会来陪她，可这回她没办法从种植园上来。阿黛尔一直都很不安，直到听说蓬泰莱夫人答应了要来才好一些。看护由于家住得很远，这一周以来晚上都待在他们家。芒德莱医生一整个下午也都在这儿进进出出的，他们时时都在叫他。

埃德娜从商铺后面的一个通往楼上寓所的私用楼梯急急地上了楼。孩子们都在后房睡觉。拉蒂尼奥尔夫人在客厅不耐烦地等着。她穿着件宽大的便服坐在沙发上，手里紧紧地拽着一条手绢。她拉长着一张苦瓜脸。美丽的蓝眼睛眼神暗淡异常。她那一头秀发编成了辫子垂在沙发上，像一条金蛇盘旋。那个扎着白围裙带着白帽子，让人看上去很顺眼的混血儿看护正央她回房去。

"没用，没用。"她一见到埃德娜就说，"我们要换掉这个芒德莱医生了，他越来越老，越来越粗心了。说好了七点半到这儿，现在都八点了。约塞芬，去看看时间。"

那个妇人生性乐观，不愿把任何事态看得太严重了，特别是

她所熟悉的事。她求夫人要勇敢点，耐心一点，可是夫人却只是狠狠地用牙咬着下唇。埃德娜看到她那白皙的额上都是汗珠。过了一会儿她重重地叹了口气，用那条卷成球了的手绢去擦脸。她看上去精疲力竭了。看护又给她拿了条洒了古龙水的新手绢。

"太过分了！"她嚷着，"该把芒德莱宰了！阿尔丰斯上哪儿去了？我就这么没人管了，你们每个人都不管了？"

"对呀，没人管了！"那个看护叫着。她不是在那儿吗？蓬泰莱夫人原本可以在家舒舒服服地待一个晚上，现在不也在这儿吗？拉蒂尼奥尔先生一会儿不就从厅那边过来了？约塞芬确信她听到芒德莱医生的马车声了。果真车来了，就在楼下门口。

阿黛尔同意回房去了。她坐在床边一张低矮的小躺椅边缘。

芒德莱医生对拉蒂尼奥尔夫人的斥责不以为意，他已经习惯在这种时候挨骂。他对她的忠诚仍深信不疑。

见到埃德娜他很高兴，让她同他到厅里去坐坐。可拉蒂尼奥尔夫人一刻也不肯让埃德娜离开。难受时她也好聊上一两句，说是这样能让她忘了病痛。

埃德娜开始觉得不自在了，生病的经历她已记不太清楚，那种经历好像既遥远又不真实。她隐约还记得那种很痛很痛的感觉，那种三氯甲烷的浓重气味和知觉全无的不省人事，醒来时觉得被给予了一点新的生命，加入来来往往、不计其数的人群中去。

她开始希望自己没来，这儿不需要她。她本来可以找个借口不来的，甚至是现在她也可以找个借口走掉。可是埃德娜没走，伴随着一种反抗自然的情绪，她就看着这幅令人备受折磨的情景不断煎熬着内心。

天晚了，当她凑过去吻她的朋友轻声跟她说晚安时她麻木无语。阿黛尔紧贴着她的脸疲惫地小声说道："埃德娜，想想孩子们，哦，想想孩子们！把他们记在心上啊！"

第三十八节

走到户外埃德娜还觉得头昏脑涨。医生的马车已经回来接他了,就停大门口。她不想上车。告诉芒德莱医生说她要走走,一个人她不怕,能行。他让车夫把车驾到蓬泰莱夫人家门口去等他,而自己就护送她回去。

两旁是高楼的狭窄街道上方星光闪烁。风儿带着春夜的冰冷柔柔地拂面而过。他们慢慢地走着,医生手背在后面迈着审慎沉重的步子,埃德娜则像在格兰岛上的一天夜里那样心不在焉地走着。她的思绪好像又跑到她前面去了,她正拼命地要赶上去。

"你不该上那儿去,蓬泰莱夫人,"他道,"那不是你去的地方。阿黛尔在这种时候总是满脑子怪念头。她原本可以找上十来个不容易受影响的妇人来陪她的。我觉得这太残忍了,太残忍了,你本不该来的。"

"哦,好了!"她冷冷地答道,"我不觉得这有什么要紧的。人有时候要为孩子想想,越早想越好。"

"莱翁斯什么时候回来?"

"很快,三月份吧。"

"你们要到国外去?"

"或许……不,我不去。我不会被迫去做什么事。我不想到国外去。我想一个人待着。没人有权力——或许除了孩子们——就算那样在我看来……或者看来……"她觉得自己语无伦次,说的话跟思想一样混乱,于是突然就不说了。

"问题是,"医生叹了口气,直觉地领会了她的意思,"年轻人都爱幻想,兴许是天性使然吧,是一个让母亲们都入流的诱饵。而我们人为地创造了武断的条条框框,并不惜以任何代价去维护,这点,连同道德的后果、天性概不负责。"

"对,"她说道,"过去的这些年都像梦一样——如果想要继续做梦,继续沉睡——可是醒来发现——哦!天啊!或许醒来会好些,就算要受苦,也比一生都被幻想所骗好。"

"我觉得,亲爱的孩子,"分手时医生握着她的手说,"我觉得你遇上麻烦了。你的秘密我不想过问。我只想说你要是什么时候想跟我说了,我愿意帮助你。我知道我能理解,告诉你能理解你的人不多——不多啊,亲爱的。"

"从某种程度上来说我不觉得我遇上什么麻烦。别以为我不领情,不感激你的同情心。我有时候会觉得情绪很低落很沮丧。可我什么也不想要,只想走自己的路。当然,如果这么做是建立在踏在别人的生命、别人的心灵、别人的偏见的基础上,那么我要得太多了——可是不管怎样——我不想踏在幼小的生命。哦!我不知道自己在说些什么,医生。晚安。别怪我。"

"好,你要是不快来看我,我可就要怪你了。到时候我们谈些你从没想过要谈的话题。这对我们都有好处。不管发生什么事,我都不希望你怪自己。再见,孩子。"

她进大门后并没有直接进屋,而是坐在门廊的台阶上。夜晚宁静宜人。前几个小时那种乱糟糟的情绪像一件令人难受的深色外衣,她要松开,把它脱了。她的思绪又回到了阿黛尔没让人来叫她的那段时光。一想到罗伯特的话,想到他的拥抱,他的唇吻上自己的唇的感觉她立即精神为之一振,那时她再也想不出有什么比拥有自己所爱的人更快乐的事了。在他向她表达爱意的时候,他已经把自己交给她了。一想到他近在咫尺,想到他在等着自己,被一种期盼的快乐让她感到全身酥软。这么晚了,他可能都睡着了。她要用吻把他唤醒。她希望他睡着了,这样她就可以用爱抚把他叫醒。

可罗伯特并没有在厅里等她。没人,看不见他的影子。但他在灯下草草地留了张条子:"我爱你。再见——因为我爱你。"

看到这些埃德娜都快晕了。她走过去坐在沙发上,然后直挺挺地躺在那儿一声不吭。她没有睡,也没上床去。灯啪啪啪啪地灭了。早晨瑟莱斯蒂娜打开厨房的门去点火时她还醒着。

第三十九节

维克托拿着锤子、钉子,还有几块小木板正在补走廊的一角。玛丽基塔就坐在他附近,晃着腿边看他干活边从工具箱里拿钉子给他。太阳照在他们身上。那女孩把围裙折成方垫放在头顶上。他们已经聊了一个多小时了。维克托跟她讲着蓬泰莱夫人家的晚宴,她百听不厌。他夸大了每一个细节,把它讲得跟古罗马大将卢卡拉斯式的盛宴一样。他说花都放在盆子里,他们用金色的高脚玻璃杯喝香槟。就算是维纳斯从酒中升起也不见得比蓬泰莱夫人更迷人。她头上戴着钻石艳光四射,而其他的女子都年轻貌美,无比迷人。

她认为维克托爱上了蓬泰莱夫人,他故意躲躲闪闪模棱两可地答话,这就让她更坚定了自己的看法。她生气了,掉了几颗眼泪,威胁说她要走了,让他找他的美女去好了,在谢尼埃尔有一打的男人为她而疯狂哩。现在正流行跟有妇之夫谈恋爱,她随时都可以跟塞莉娜的丈夫私奔到新奥尔良去。

塞莉娜的丈夫是个蠢蛋、一个懦夫、一头猪,为了向她证明这一点维克托打算下次碰到他时把果子冻塞到他脑子里。这话使玛丽基塔平静了下来。她擦干双眼,又乐了起来。

蓬泰莱夫人不知什么时候已进了屋子一角,他们俩还在那儿讲着晚宴以及城里的种种妙处。两个年轻人见到她跟见了幽灵似的愣在那儿,不过真的是她,看起来风尘仆仆的,有点疲劳。

"我从码头上来的。"她道,"听到锤子声我就猜是你在修廊台。这是件好事。去年夏天我不是老被这些松动了的木板绊倒。这儿怎么这么沉闷,这么凄凉。"

维克托花了好一会儿工夫才弄明白原来她是一个人乘博德莱的四角纵帆船来这儿休息休息的。

"你瞧这儿还什么都没修整好哩。我把房间让给你吧,就那个地方能住人了。"

"随便一个角落都成。"她安慰他。

"还有,如果你能忍受菲洛梅尔煮的菜。"他接着道,"不过你在这儿我会尽量把她妈妈叫来。你看她会不会来?"他转头问玛丽基塔。

玛丽基塔认为要是钱给够了,菲洛梅尔的妈妈会肯过来几天的。

看见蓬泰莱夫人来了,那女孩儿一下子就想到是情人约会,不过看到维克托那么吃惊,蓬泰莱夫人那么冷漠,这种扰人的念头便一闪而过了。她以最大的兴趣看看这个举行了全美国最奢侈的晚宴,这个令新奥尔良的所有男子都拜倒在她的石榴裙下的女子。

"什么时候开饭?"埃德娜问,"我很饿了,但晚上不要另外给我东西吃。"

"很快就好了。"他说着急忙收拾工具,"你可以到我房间去梳洗一下,休息休息。玛丽基塔会带你去的。"

"谢谢。"埃德娜道,"不过你知不知道我想饭前到海滩去,去洗个澡,游游泳。"

"水太凉了!"两人齐声叫道,"别去了。"

"唔,我下去试试——把脚趾头伸进去试试。瞧,这太阳这么大,我看海底的水都会有点热呢。能不能拿几条毛巾给我。我最好马上走,这样才赶得上吃饭时间。等到下午去就太冷了点。"

玛丽基塔跑到维克托房里拿了几条毛巾回来给埃德娜。

"希望晚餐会有鱼。"埃德娜要走的时候说,"你要是没有的话就不要再费心多准备东西了。"

"跑去把菲洛梅尔她妈妈找来。" 维克托指示那女孩。"我上厨房去看看能做点什么。老天!女人一点都不体谅人!她本来可以先给我捎个信儿的。"

埃德娜机械地往海滩走下去,并没有特别留意什么,只是觉得太阳很大。她脑子里也没有什么特别的想法。罗伯特走后,她睁着眼在沙发上躺到天明的那一天,她已经把该想的都想过了。

她曾一遍又一遍地对自己说:"今天是阿罗班,明天又会有别人。这对我没什么区别,莱翁斯·蓬泰莱也没什么要紧的——可拉乌尔和埃蒂埃恩就重要了!"她现在完全明白了很早以前她对阿黛尔·拉蒂尼奥尔说她会为孩子们放弃一些无关紧要的东西,但她不会为他们牺牲自我的意思了。

在那个不眠之夜,郁闷向她袭来就再也挥之不去了。在这世上她再也不想要什么了。除了罗伯特外一个人外她谁也不想接近。她甚至还意识到了总有一天,连对他的思念也会离她而去,只留下她一个人。孩子们出现在她眼前,像敌手一样把她打败了,一个劲儿地要让她在有生之年成为灵魂的奴隶。可她自有躲避他们的办法。当她往海滩下走时脑子里想的并不是这些事儿。

海湾的水在她面前延伸着,阳光下波光粼粼。海水的声音诱人极了,永不停歇地低语着、叫嚣着、呢喃着,召唤着人走入那孤独的深渊。在那白色的沙滩上,上上下下不见人的踪影。一只断翅的鸟在空中斜斜地飞着,拍打着翅膀,盘旋着无力地往下坠,坠入海中。

埃德娜发现她那件旧泳衣还挂在以前常挂的那个钩子上,褪了色。

她穿上泳衣,把衣服留在浴室里。但是当她独自一个人站在海边时,她把那件令人发痒、叫人不舒服的泳衣褪去,有生以来第一次赤裸裸地站在户外,任凭阳光照在身上,海风打在身上,任凭海潮召唤着她。

赤裸裸地站在天空底下是件多么奇异的事呀!多美妙!她觉得自己像个新生儿,睁开眼睛看着这个不为她所知的凡间。

泛着泡沫的海浪一波又一波地打在她那白皙的脚上,像蛇一样在她的脚踝间打转。她走了出去,水很冰凉,但她还是往前走去,水很深,她让自己洁白的身体浮起来,使劲向前划去。海水轻柔地紧拥着她，感觉妙不可言。

她不停地向前游去，想起了她远远地游出去的那个夜晚，记起了那种因无法重回岸边而产生的惊惧感。这次她没有往回看，而是不停地往前游，回想着小时候穿行在那一望无际的六月禾地里的感觉。

慢慢地她的手脚开始发酸了。

她想到了莱翁斯和孩子们。他们是她生命的一部分。可是他们不必觉得他们就该占有她，不管是肉体或是灵魂。雷兹小姐要是知道了肯定会笑，或许还会嗤之以鼻呢！"你还称自己为艺术家？多自负呀，夫人！艺术家要敢于反抗，要有大无畏的气魄。"

她觉得越来越累了，最后是精疲力竭了。

"再见——因为我爱你。"他不知道，他也不明白。他永远也不明白。若她早去见芒德莱医生的话，他或许能理解——可是现在太晚了，海岸离她很远，而她也已力气全无了。

她望着那段距离，有那么一刻原先那种恐惧感又回来了，随即又消失了。她听见了父亲的声音，听到姐姐玛格丽特的声音，听见拴在篠悬木下那条老狗的吠叫声，还有那个骑兵军官的马靴刺踏在门廊上发出的叮当声。她听见了蜜蜂的嗡嗡声，闻到了空气中弥漫着的石竹花的香气。

译后感：探讨方言译方言的可能[①]

翻译凯特·肖邦的作品的一大困难是黑人英语。关于黑人英语，既有研究中谈语言的多，论翻译的少。笔者翻译凯特·肖邦的作品，遭遇了相当数量的黑人英语表述。我们先看看相关背景。

1851年2月8日凯特·肖邦出生于圣路易斯。她的母亲是法国早期拓荒者的后裔，她的父亲是爱尔兰本地人。（Kate Chopin 1969：21）凯特·肖邦作品中有多重概念，比如妇女解放、性解放，最终一代才女因思想过于前卫而不能为其时代及环境所接受，抑郁而死，英年早逝，但这些不是本文的重点，故不做赘述。值得我们注意的是凯特·肖邦笔下故事的发生地圣路易安娜，位于美国的南部。这里的地方经济特色是种植园，奴隶制存在了相当一段时间。

凯特·肖邦出生10年后就发生了美国内战，即南北战争（1861—1865），结果奴隶制废除了，但黑人英语仍是存在的，这种语言与长期以来黑人的地位有密切的关系。肖邦写作的时间是在南北战争之后，这正是黑人英语由克里奥语逐渐走向解体的阶段，虽然老黑人讲的语言仍是典型的克里奥语。所谓克里奥语，就是一种洋泾浜语言。黑人不能用其非洲父辈的语言与白人沟通，也无法通过正规教育学到规范的英语，只能使用一种洋泾浜语。南北战争之后，学校向黑人开放了，于是克里奥语走向解体。（周颜红2009：111）但是语言的变化并非一蹴而就，典型的洋泾浜语与逐渐规范的英语在黑人当中是共存的。

[①] 本文发表于《外国语文研究》（2015:02），原题目为《十九世纪美国南部黑人英语的翻译——以凯特·肖邦的作品为例》。

1. 个案分析

我们选取凯特·肖邦作品中老黑人的语料作为分析对象，如下例：

La Chatte, a broad black woman with ends of white wool sticking out from under her tignon, stood with arms akimbo watching them as they disappeared one day. Then she turned and said to a young woman who sat in the cabin door:

"Dat young man, ef he want to listen to me, he gwine quit dat ar caperin' roun' Miss' Phrasie."

The young woman in the doorway laughed, and showed her white teeth, and tossed her head, and fingered the blue beads at her throat, in a way to indicate that she was in hearty sympathy with any question that touched upon gallantry.

"Law! La Chatte, you ain' gwine hinder a gemman f'om payin' intentions to a young lady w'en he a mine to."

"Dat all I got to say," returned La Chatte, seating herself lazily and heavily on the doorstep. "Nobody don' know dem Sanchun boys bettah' an I does. Did n' I done part raise' em? W'at you reckon my ha'r all tu'n plumb w'ite dat-a-way ef it warn't dat Placide w'at done it?"

"How come he make yo' ha'r tu'n w'ite, La Chatte?"

"Dev'ment, pu' dev'ment, Rose. Did n' he come in dat same cabin one day, w'en he warn't no bigga 'an dat Pres'dent Hayes w'at you sees gwine 'long de road wid dat cotton sack 'crost 'im? He come an' sets down by de do', on dat same t'ree-laigged stool w'at you 's a-settin' on now, wid his gun in his han', an' he say: 'La Chatte, I wants some croquignoles, an' I wants 'em quick, too.' I 'low: 'G' 'way f'om dah, boy. Don' you see I 's flutin' yo' ma's petticoat?' He say: 'La Chatte, put 'side dat ar flutin'-i'on an' dat ar petticoat;' an' he cock dat gun an' p'int it to my head. 'Dar de ba"l,' he say: 'git out dat flour, git out dat butta an' dat aigs; step roun' dah, ole 'oman. Dis heah gun don' quit yo' head tell dem croquignoles is on de table, wid a w'ite tableclof an' a cup o' coffee. ' Ef I goes to de ba'el, de gun 's a-p'intin'. Ef I goes to de fiah, de gun 's a-p'intin'. W'en I rolls out de dough, de gun 's a-p'intin'; an' him neva say nuttin', an' me a-trim'lin' like ole Uncle Noah w'en de mistry strike 'im."

"Lordy! w'at you reckon he do ef he tu'n roun' an' git mad wid dat young gemman f'om de city?"

"I don' reckon nuttin'; I knows w'at he gwine do, - same w'at his pa done."

"W'at his pa done, La Chatte?"

"G' 'long 'bout yo' business; you 's axin' too many questions." And La Chatte arose slowly and went to gather her party-colored wash that hung drying on the jagged and irregular points of a dilapidated picket-fence. (Kate Chopin, 1988: 89-90)

1.1 语言特点

在文中出现的单词，很多是在词典里查不到的，因为是带腔调的方言的仿声单词。就这一段话中，不难看出有许多变音，比如，th 发的音被读成 d, dat 实际上是 that; 这种情况很多，箭号左边是误读，右边是正确的发音：

ef → if   ha'r → hair
tu'n → turn   warn't → weren't

吞音的情况，比如：

Law → Lord   gemman → gentleman
pu' → pure   payin' → paying

不规范的语法，比如：

he want to → he wants to

I's flutin' yo' ma's petticoat → I am ironing your mother's petticoat

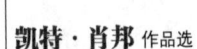

有些地方语言点要靠猜，比如：

he gwine quit → he is going to quit

I's flutin' yo' ma's petticoat → I am ironing your mother's petticoat

译者必须反复朗读、联想，甚至猜想，才能搞懂，然后用标准英文将方言这部分写下来。

1.2 解读

我们从选取的文本的第二段开始重写，以此作为翻译的基础。

"That young man, if he wants to listen to me, he is going to quit capering around Miss Euphrasie. "

The young woman in the doorway laughed, and showed her white teeth, and tossed her head, and fingered the blue beads at her throat, in a way to indicate that she was in hearty sympathy with any question that touched upon gallantry.

"Lord! La Chatte, you aren't going to hinder a gentleman from paying intentions to a young lady when he has a mind to."

"That is all I have got to say", returned La Chatte, seating herself lazily and heavily on the doorstep. "No other people know the Sanchun boys better than I do. Haven't I done my part in raising them? If Placide hadn't done that to me, my hair wouldn't have turned plumb white. What do you reckon?"

"How come he made your hair turn white, La Chatte?"

美国夏威夷州参议员 Gorden Trimble 将剩下的黑人英语转为下述标准英文：

"Devilment, pure devilment, Rose. Didn't he come in this same cabin one day, when he wasn't any bigger than that white lad that you see going along the road with that cotton sack on his back? He came in and sat down by the door on that same three-legged stool that you are sitting on now, with his gun in his hand and he said: "La Chatte, I want some croquettes and I want them now." I replied: "Go away from here young man. Don't you see I am ironing your mother's petticoat?"

He said: "La Chatte, put down that fluting iron and that petticoat;" and he cocked that rifle and pointed at my head. "There is the (flour) barrel," he said, "Get out the flour, get out the butter and the eggs; be quick about it old women. This gun will be pointed at your head until the croquettes are on the table with a white tablecloth and a cup of coffee." If I went to the flour barrel, the gun was pointed at my head. If I went to the fire, the gun was pointed at my head. When I knead the dough, the gun was pointed at my head. He did not say a word and I was trembling like old Uncle Noah when the mystery struck him."

这样翻译起来就容易了。其中有一个问题还要细究，就是"Don' you see I 's flutin' yo' ma's petticoat?"。句中的 flute 是两个多世纪以前的美国人用来熨衣服的工具，当时还没电熨斗。下面是 Gorden Trimble 提供的一副图：

2. 翻译

2.1 初译

我们先把基本意思翻译出来：

一天，一个叫沙泰夫人的黑人妇女看着他们走远。她是个大块头，站在那儿两手插着腰，脑后的发巾下面透着几缕白发。她转过身对坐在小屋门里的一个年轻女人说道：

"嘿,我说,那个先生要是肯听我的,我就劝他算了,别再泡厄弗拉西了。"

门里的年轻女子笑了起来,捻着脖子上的蓝色珠子,表示只要是风流韵事都感兴趣。

"老天爷,姐们,先生对小姐有意思,你该不会坏人家的好事吧?"

"我就这意思。"沙泰夫人回答着,懒洋洋地一屁股坐在门前的台阶上,"我比谁都清楚桑蒂恩家的那个小子有多坏。我算是帮着把他养大的,对吧?要不是这小子干的坏事,我的头发就不会全白了。你想想怎么回事!"

"我说,他怎么招你了?"

"太混了,知道吗?罗斯,这小子太混了。有一次他来过这间小屋,那时他还没多大,和普雷西登·海斯一般大,就是你看到的那个走在大马路上,背着棉袋的那孩子。那天他来了就在门旁歇下脚,就坐在你现在坐的那个三只脚的椅子上。他手里拿着枪,然后说:'沙泰夫人,给我弄些小脆饼,快点。'我低声说:'算了,小家伙,你没看我在熨你妈妈的裙子吗?'他说:'给我停下。'然后就把枪指着我的头,说:'老太婆,把面粉和黄油拿出来,把桶放下,然后滚一边去。'

他要我把白桌布铺在桌上,再把脆饼放到桌上,还要一杯咖啡,一直用枪指着我的头。我走到桶边,他用枪指着;我走到火堆旁,他用枪指着;我揉面,他用枪指着,而且一声不吭。我就像老挪亚大叔发病时那么发着抖。"(笔者译)

但这仅仅是基本意思的翻译,与原文的审美情趣相差甚远,译文还需要在风格上进行加工。

3. 风格加工

3.1 方言化

但是译文这样还可以继续酿造。原文有方言的特色,我们不

译后感

妨也把译文方言化。比如：

"嘿，我说，那个先生要是肯听我的，我就劝他算了，别再泡厄弗拉西了。"

改成黑龙江方言则是：

"嘿，要我看啊，那个哥们要是听我话啊，我就劝他打住，别再追厄弗拉西。"

山东方言："嘿，俺跟恁说，那个银要是听我的，俺肯定劝他白再揍了，白再泡小嫚儿了"

安徽北部方言："哎，听我雪，诺老什要是听我累，我逗劝他算嘞，泡厄弗拉西干啥哩。"

安徽宿州方言："嘿，俺说说，那个外头人要是能听俺拉呱，俺就劝他拉倒吧，白（别）泡人家大闺女啦。"

湖南岳阳方言："嗨，听我港咯，那个伢子肯听我港的话，我就劝下子他，莫再缠人家妹子了。"

这里有些词是大众都能听懂的，比如"打住""干啥哩""俺""莫""人家妹子"与"算嘞"。但有些词需要一定的想象："听我雪""听我港咯""俺跟恁说"相对就比较偏。我们也可以整合不同地方比较容易听懂的方言词，比如："嘿，要俺看啊，那个哥们要是听我的话啊，俺就劝他打住，莫再泡厄弗拉西，缠人家妹子干啥哩？"

再如："老天爷，姐们，先生对小姐有意思，你该不会坏人家的好事吧？"

黑龙江方言："天哪，姐们，那哥们看上小姐了，你不会坏人家好事吧？"

山东方言："我的亲娘来，嫚儿，小哥要是对小嫚儿有感觉，恁该不会要掺和银家的事吧？"

安徽北部方言："天爷呀，俺大姐呀，诺老什真看上啰那闺女，馁可不能坏人家好事呀。"

安徽宿州方言："天爷，额的姑奶奶来，那个小伙子跟人家

大闺女要是愿意,恁还想把人俩戳吧散么?"

湖南岳阳方言:"天嗲嗲呀,你们这些堂客们,那个伢子对格咋妹子有意思,你该不会去插一脚吧?"

我们同样可以把容易听懂的方言整合起来:"天哪,俺大姐呀,那哥们看上人家大闺女了,你可不能坏人家好事呀。"

我们没有必要强求使用某种方言,过多地使用太偏僻的方言会造成阅读困难。如上所述,我们可以用大家相对熟悉的方言来表现地域感、方言感,这样有助于再现原文的审美感觉。

3.2 飞白化

原文是黑人英语,这里的译文是标准汉语,语言风格对不上号,我们必须把译文进行一番处理,让人感觉到说话人文化程度很低,说话发音有问题。译者可以制造一些错误,即对原文进行飞白化处理。

比如上述译文的最后两段对话可以重译如下:

"太混了,姐们儿你知道吗?罗斯,这小子太混了。那回,那小子来过这间小屋。那时他还米有多大,和普雷西登·海斯一般大,就是你看到的哪个走在长路上,背着棉袋的哪个。那天他来了就在门旁歇下脚,就坐在你现在坐的那个三条腿的椅子上。他手里拿着枪,然后硕:'沙泰夫人,给我拿些小脆饼,快点。'我低声硕:'算了,小家伙,你没看俺在熨你妈妈的裙子吗?'他硕:'给我停下。'然后就把枪指着俺的头,硕'死老太婆,把面粉和黄油拿出来,把桶放下,然后他妈的滚一边去。'

他要俺把白桌布铺在桌上,再把脆饼放到桌上,还要一杯咖灰,一直用枪指着俺的头。俺走到桶边,他用枪指着;俺走到火堆旁,他用枪指着;俺揉面,他用枪指着,而且一声不吭。俺就像老挪亚大叔发病时那么发蹈。"(笔者译)

这里制作的读音错误如下:米有(没有)、哪个(那个)、硕(说)、发蹈(抖)。一般读者经过调查,就可以意识到读错的音是什么,正确的音是什么,并且有一定的效果。要制造发音错误,最好是让读者直接感悟，实在不行，就在后面加括弧，括弧里写上正确的字，不过这样效果差一点。制造发音错误要把握个度，不要过度，不要让错误多到让人读不懂译文，或者读烦了的程度，应适可而止。

翻译黑人英语，应该弄清其语言特点，揣摩其特别的发音与语法破格，翻译出基本含义，再通过方言化与飞白化还原其美学功能。

参考文献

周颜红. 黑人英语演变历程及发展趋势 [J]. 山东文学, 2009: 111.

致 谢

感谢华南女子学院首任校长 Lydia Trimble 的曾侄孙，美国夏威夷参议员 Gorden Trimble 帮助确认本文所引的黑人英语的含义并提供相关图片。

（林风　岳峰　文）

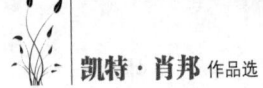

附录：中国关于凯特·肖邦的研究动态

期刊：

宋运田．凯特·肖邦及其《觉醒》．郑州大学学报（哲学社会科学版）．1988(06)．

杨香虎，梁亚平．一只朦醒之鸟——评《觉醒》的女主人公庞德里埃夫人．阜阳师范学院学报（社会科学版）．1990(04)．

裴阳．同工异曲 殊途同归——两位作家对同一个谜的探索．外语学刊（黑龙江大学学报），1992(05)．

范琎．一波三折 发人深思——读肖邦的短篇小说《一小时的故事》．名作欣赏．1994(01)．

金莉，秦亚青．美国新女性的觉醒与反叛：凯特·肖邦及其小说《觉醒》．外国文学，1995(03)．

金莉，秦亚青．德西雷的儿子．外国文学．1995(04)．

金莉，秦亚青．一个正派女人．外国文学．1995(04)．

金莉，秦亚青．一小时的故事．外国文学．1995(04)．

金莉，秦亚青．暴风雨．外国文学，1995(04)．

金莉，秦亚青．凯特·肖邦其人．外国文学，1995(04)．

金莉，秦亚青．压抑、觉醒、反叛——凯特·肖邦笔下的女性形象．外国文学，1995(04)．

刘振江．觉醒后的死，昏睡中的爱——试比较凯特·肖邦的《觉醒》与契诃夫的《宝贝儿》．辽宁教育学院学报,1997(04)．

陈素媛．凯特·肖邦笔下的爱与死．《辽宁教育学院学报》，1997(04)．

周熙娜．《觉醒》中的意象世界．《广东民族学院学报》（社会科学版），1998(014)．

韩锐．爱德娜的觉醒——评凯特·肖邦之《觉醒》．四川外语学院学报．1999(01)．

张强.爱的悲歌——浅析凯特·肖邦的《一个小时的故事》.名作欣赏.1999(03).

刘瑞华,刘允芳.反讽的艺术——试析凯特·肖邦在《觉醒》中的人物描写手法.安徽农业大学学报(社会科学版),1999(04).

欧荣.凯特·肖邦《觉醒》中女主人公神话原型浅析.安庆师范学院学报(社会科学版),2000(04).

魏兆秋.埃德娜悲剧的原因探析.理论观察,2000/06.

毕青.《觉醒》中艾德娜之死的心理分析探究.江苏外语教学研究,2001(01).

刘娟.略谈凯特·肖邦《觉醒》的艺术特色.四川师范学院学报(哲学社会科学版),2001(01).

魏兆秋.试论埃德娜的觉醒.沈阳师范学院学报(社会科学版).2001(02).

叶富莲.爱德娜:一个孤寂的灵魂——评凯特·肖邦的《觉醒》.镇江师专学报(社会科学版).2001(04).

余锦云.埃德娜的觉醒:寻找自我.郴州师范高等专科学校学报.2002(03).

刘辉.十五美元带来的意识觉醒——从"一双丝袜"看妇女的家庭责任与个人追求.新疆大学学报(哲学社会科学版),2003(S1).

彭贵菊.真实的束缚,虚幻的自由——试论凯特·肖邦的《一个小时的故事》.外国文学评论,2003(01).

胡开杰.由《一个小时的故事》看微型小说中浓缩的人生.南京理工大学学报(社会科学版).2003(04).

申丹.叙事文本与意识形态——对凯特·肖邦一小时的故事的重新评价.外国文学评论,2004(01).

赫荣菊.从女性刻画看凯特·肖邦对女性存在的思考.昭乌达蒙族师专学报(汉文哲学社会科学版).2004(04).

张莹波.同根不同果——《黛西莱的婴儿》和《玛丽亚·孔塞普西翁》.常州工学院学报,2004(05).

刘卓,王楠.女性意识的顿悟——凯特·肖邦《一小时的故事》探析.东北大学学报(社会科学版).2004(06).

鹿清霞.论凯特·肖邦的种族观.聊城大学学报(社会科学版),2005(03).

赵昱.觉醒种种——分析《觉醒》中女主人公埃得娜的觉醒意识.辽宁工学院学报

(社会科学版),2005(04).

率华娟.《觉醒》的浪漫主义色彩.济宁师范专科学校学报,2005(04).

申丹.隐含作者、叙事结构与潜藏文本——解读肖邦《黛西蕾的婴孩》的深层意义.北京大学学报(哲学社会科学版),2005(05).

阚鸿鹰.《觉醒》:女性性意识觉醒的先声.西南民族大学学报(人文社科版),2005(09).

杨清波.超越魔鬼与天使——《觉醒》的女权主义意识透视.时代文学(双月版),2006(03).

陈梅.以死亡诉说——析肖邦作品中妻子形象演绎.社会科学论坛,2006(12).

康巍巍.压制与释放——以女权主义批评析凯特·肖邦的《惊心动魄的一小时》.当代经理人,2006(12).

万雪梅.超越生死的永恒境界——解读凯特·肖邦的《觉醒》.名作欣赏,2006(24).

陈红梅.一首激情澎湃的即兴曲——浅论《觉醒》的音乐性.世纪桥,2007(01).

陈梅.追求自我——肖邦作品中妻子形象演绎.社会科学论坛(学术研究卷),2007(01).

刘婷.《一小时故事》艺术特征探析.黄石理工学院学报(人文社会科学版),2007(01).

贺润东.一曲为自由而抗争的哀歌——评《一小时的故事》.湖北经济学院学报(人文社会科学版),2007(01).

邓凡琼.从压迫到抗争——小说《一个小时的故事》的经验功能分析.湖北函授大学学报,2007(01).

李燕琴,穆宏宇.浅谈美国文学《梦境时分》的审美意象.时代文学(理论学术版),2007(02).

赫荣菊.析《觉醒》中视觉表象的象征意义.赤峰学院学报(汉文哲学社会科学版),2007(03).

吕超.女性自我意识的构建与瓦解.科技信息(科学教研),2007(19).

冯宜丽.路易斯·马拉德的心路历程——解读凯特·肖邦的《一小时的故事》.电影文学,2007(22).

邵凌. 游走于现实和梦境的边缘——读凯特·肖邦的《觉醒》. 世界文学评论, 2008(02).

王庆勇.《暴风雨》中的反讽和象征艺术研究. 名作欣赏, 2008(04).

郭艳颖. 男权社会女性的困苦与挣扎——谈凯特·肖邦的《觉醒》. 艺术广角, 2008(06).

刘红卫. 伦理环境与小说《觉醒》的拒绝与接受. 外国文学研究, 2008(06).

侯静. 浅析简爱与爱德娜的婚姻、爱情、自由观. 安徽文学(下半月), 2008(11).

万雪梅. 感性的爱 理性的美——解读凯特·肖邦的《一位正派女人》. 名作欣赏, 2008(22).

关晶. 女性的觉醒——凯特·肖邦小说《觉醒》的女权主义解读. 电影文学, 2008(24).

黄启超. 从《觉醒》看凯特·肖邦的超验主义思想. 郑州航空工业管理学院学报(社会科学版), 2009(01).

申屠云峰.《一小时的故事》的符号学解读. 牡丹江大学学报, 2009(01).

龙亚. 探析凯特·肖邦《觉醒》的结局. 文学教育(上), 2009(01).

刘美霞. 自由与生命的较量——评析凯特·肖邦的《一个小时的故事》. 大学英语(学术版), 2009(01).

高维婷. 女性的悲剧——探析凯特·肖邦《一小时的故事》的语言特色. 科教文汇(下旬刊), 2009(04).

于漏琴. 试析埃德娜女性意识的觉醒. 新疆职业大学学报, 2009(05).

许超. 弗氏精神分析视角下《觉醒》中的艾德娜. 电影文学, 2009(05).

郭晓兰. 论凯特·肖邦《一个正派的女人》的女性自我意识. 沈阳农业大学学报(社会科学版), 2009(06).

金晓莉. 女性意识的觉醒——凯特·肖邦《一小时的故事》解读. 时代文学, 2009(06).

张丽. 新女性形象的塑造:妇女首先是作为人的觉醒——谈凯特·肖邦及其小说《觉醒》. 名作欣赏, 2009(06).

李杰, 高庆, 张红梅. 喜极而亡中的悲凉——评析《一小时的故事》中的象征与讽刺. 新闻爱好者, 2009(07).

郭颖，王冉．浅析《觉醒》女主人公艾德娜的悲剧命运．时代文学，2009(08)．

韩化冰．女性自我意识的三部曲——解读《觉醒》的三个主要女性人物．科技创新导报，2009(10)．

赵延红．寻找孤独的出口——从人生视角探究《觉醒》的主题．安徽文学，2009(10)．

何丽洁．精神分析女性主义视角下爱德娜之死的必然性．湖南科技学院学报，2009(10)．

周冠英，程绍驹．门里窗外 人生如戏——《一小时的故事》戏剧化特征赏析．时代文学，2009(11)．

李栩薏，伍伟．从艾德娜的觉醒透析现代女性价值观．中国科技信息，2009(14)．

刘千凤．《一个小时的故事》中的叙事技巧．大众文艺，2009(14)．

杨翔．是婚姻道德还是性别压迫——探索凯特·肖邦的《一小时的故事》多元化解读的原因．经济研究导刊，2009(21)．

张丽．女性与自然的相连性和亲近性——《觉醒》的生态意识观解读．名作欣赏，2009(21)．

胡启好．透视西方女性主义文学的一个窗口——解读《一小时的故事》中门、窗的象征涵义．名作欣赏，2009(27)．

刘敏，张瑞．瞬间的极致——再读凯特·肖邦的《一小时的故事》．小说评论，2010(S1)．

边克攀．母性、女性和人性：女权求索路上的思考——女权主义视角下《觉醒》与《金色笔记》之比较解读．河南理工大学学报(社会科学版)，2010(01)．

毕跃忠．意义在异延中播撒：凯特·肖邦《觉醒》的解构解读．绥化学院学报，2011(01)．

王晓文．论《觉醒》中女性的不觉醒．牡丹江大学学报，2010(01)．

宋雪．凯特·肖邦小说《一小时的故事》的女性主义解读．沈阳农业大学学报(社会科学版)，2010(01)．

薛秀云．从文体学角度探析《一个小时的故事》．漳州职业技术学院学报，2010(01)．

王媛媛. 不同的觉醒——从女性主义角度看《觉醒》和《献给艾米丽的玫瑰》. 消费导刊, 2010(01).

娄德欣. 心中的暴风雨——解读《暴风雨》中凯莉克斯塔的女性自由心理. 时代文学(下半月), 2010(01).

万雪梅.《觉醒》:穿越时空的心灵之"视". 外国文学研究, 2010(02).

张芬芬. 梦醒时分——《觉醒》主人公爱德娜心路历程分析. 科技资讯, 2010 (03).

宋春梅.《一小时的故事》女性意识解读. 沈阳师范大学学报(社会科学版), 2010(03).

文珊. 凯特·肖邦《觉醒》中的生态女性主义意识. 吉首大学学报(社会科学版), 2010(03).

田丰, 吴非晓. 论凯特·肖邦的《觉醒》在中国的接受. 现代交际, 2010(05).

李雪梅. 女性自我意识觉醒的生命代价——麦琪和埃德娜悲剧命运的比较研究. 曲靖师范学院学报, 2010(05).

张竞碧. 正派抑或反叛——解读《一个正派的女人》. 语文学刊(外语教育与教学), 2010(06).

刘丽, 崔静华. 从觉醒到迷失——论《觉醒》中的主人公埃德娜. 新疆职业大学学报, 2010(06).

潘英慧. 从自然主义角度解读凯特·肖邦的《觉醒》. 湖北广播电视大学学报, 2010(07).

滕婷婷. 浅析《觉醒》中埃德娜超越现世的自我探索. 科教导刊(中旬刊), 2010(07).

段志聪. 爱德娜——爱情世界中的孤独者. 科教文汇(中旬刊), 2010(08).

毛延生. 隐现的反讽 映现的象似——《一小时的故事》中多重反讽之象似性阐释. 广州大学学报(社会科学版), 2010(08).

江蕙. 客体物象对主体形象的暗示和显现——《觉醒》中"鸟"和"大海"的象征意义. 经济研究导刊, 2010(08).

刘艳丽. 从《暴风雨》看凯特·肖邦作品的自然主义倾向. 科技信息, 2010(08).

杨淑慧. 刍议表现功能在肖邦小说中的渗透——以其短篇小说《一个小时的故事》为例. 大舞台, 2010(09).

陈平. 重复叙事技巧在《觉醒》中的运用. 时代文学, 2010(09).

张艳华. 女性: 从"无"到"有"的可能性. 科教文汇, 2010(10).

袁源.《觉醒》中的生态女性主义意识. 时代文学, 2010(10).

卢盛艳, 金万锋. "会话含义"理论透视凯特·肖邦《觉醒》. 现代交际, 2010 (10).

段志聪. 爱德娜——女性世界的游离者. 重庆科技学院学报(社会科学版), 2010(18).

白丽敏. 凯特肖邦与自然主义. 时代文学, 2011(02).

黄春燕, 张雯. 多元对话昭示的觉醒之旅——析《觉醒》中"声音"的表现力. 名作欣赏, 2011(03).

张锐. 双面肖邦: 重复与逻辑悖谬. 名作欣赏, 2011(03).

郑瑾. 解析三位男性在艾德娜觉醒历程中的重要作用——读《觉醒》. 名作欣赏, 2011(03).

王晓芬. 追寻自由——对凯特·肖邦《觉醒》的女性主义解读. 湖北广播电视大学学报, 2011(03).

黄飞飞. 压迫下的呐喊——《德西雷的儿子》悲剧解析. 河北理工大学学报(社会科学版), 2011(05).

袁家丽. 理想与现实的较量——《觉醒》的一种心理学解读. 信阳师范学院学报(哲学社会科学版), 2011(05).

杨灿灿. 插上觉醒的翅膀——《觉醒》女主人公埃德娜沐浴的意象世界. 湖南科技学院学报, 2011(06).

吴京京. 从女性主义视角看《觉醒》中的女性形象. 长春工业大学学报(社会科学版), 2011(06).

段美婷.《觉醒》中女主人公觉醒因素探析. 时代文学, 2011(06).

刘丽. 隐形的枷锁——论凯特·肖邦《觉醒》中象征主义深层的寓意. 赤峰学院学报(汉文哲学社会科学版), 2011(07).

杨彦清. 论女性话语权的丧失——解读凯特·肖邦的《一个小时的故事》. 通化师范学院学报, 2011(07).

苏海霞. 一小时的致命觉醒——《一小时的故事》中的梦想与现实冲突. 时代文学, 2011(08).

吴宏宇.《一小时的故事》的视角、话语与空间叙事. 文学界(理论版), 2011(09).

李察.《觉醒》——一部生态女性主义的杰作.科教文汇,2011(12).

黄婧媛.用女性主义的观点评析凯特肖邦《觉醒》.剑南文学,2011(12).

庄严.寻找全新的自我——析凯特·肖邦《觉醒》中的女性身份建构.西南农业大学学报(社会科学版),2011(12).

陈宁.通往无限之旅——论《觉醒》中埃德娜对自由的追寻.名作欣赏,2011(36).

王翰芬."心是孤独的猎手"——《莎菲女士的日记》和《觉醒》女主人公形象之比较.华中师范大学学报(人文社会科学版),2012(S1).

叶萍.揭开性的神秘面纱——评凯特·肖邦遗作《暴风雨》.时代文学,2012(02).

陈征.试析凯特·肖邦《觉醒》中的自然主义元素.陇东学院学报,2012(02).

李利.从福柯的"全景敞视监狱"理论解读《觉醒》.北方文学,2012(03).

陈英.与社会期望抗争中的个体意识觉醒——浅析《一小时的故事》中的女性主义主题.社科纵横(新理论版),2012(03).

陆贤报.精神顿悟视角下的埃德娜成长之路——从笼中之鸟到水中之鱼.山西煤炭管理干部学院学报,2012(04).

梁艳.论埃德娜的觉醒.黑龙江教育学院学报,2012(04).

蔡林,曾薇.《一个小时的故事》的功能语篇分析.文学界(理论版),2012(04).

刘晓丹.梦想与现实的对抗——从马克思主义女性主义角度解读《觉醒》.文学界(理论版),2012(04).

刘丽丹.从《觉醒》看女主人公自我救赎的精神.北方文学,2012(04).

章玉龙."三一律"视阈下的玛兰德夫人的悲剧.南阳理工学院学报,2012(05).

张海霞.埃德娜的觉醒之路.北方文学,2012(06).

叶英.是社会规范的叛逆者还是遵循者?——从文化视角看《觉醒》中单身女人赖茨的生存模式.四川大学学报(哲学社会科学版),2012(06).

陈亚丽.奴隶制时代美国黑人的文化自觉与抗争——解读凯特·肖邦的小说《漂亮姑娘佐哈伊德》.外国文学,2012(06).

康海波.王晶波.男女两性作家女性观之比较——看娜拉与埃德娜的"觉醒".名作欣赏,2012(06).

姚薇,许庆红.打碎镜子——艾德娜的觉醒之路.牡丹江大学学报,2012(07).

张莉.游离于现实与梦境之间——《一小时的故事》创作艺术解读.名作欣赏,

2012(09).

熊霄,张冬颖.《一双丝袜》和《母亲的反叛》中女性主体意识建构之比较.咸宁学院学报,2012(09).

范晓璐.瞬息万变的一小时.文学界(理论版),2012(09).

王姝迪.是死亡也是重生——解读《觉醒》女主人公埃德娜的死亡.安徽文学,2012(10).

刘琳,刘小刚,王笳舟.从《觉醒》女主人公探究凯特·肖邦的女性意识.北方文学,2012(10).

曲美茹.《觉醒》:追求与否定.名作欣赏,2012(10).

刘琳,刘小刚,王笳舟.从《觉醒》女主人公探究凯特·肖邦的女性意识.北方文学,2012(10).

孙晓蕊.马兰德夫人的最后一小时——讽刺和象征丰富内容.语文学刊(外语教育教学),2012(11).

胡文娟.《觉醒》中"海"的意象分析.文学教育(中),2012(11).

张荣梅.微妙的情 理性的爱——解读凯特·肖邦的《一个正派女人》.牡丹江大学学报,2012(12).

阮静.论凯特·肖邦《觉醒》中美国男性的三重性.海外英语,2012(14).

王燕.浅析凯特·肖邦《觉醒》中艾德娜形象的神话色彩.科技信息,2012(16).

李亚莉.凯特·肖邦《一小时的故事》结构分析.名作欣赏,2012(21).

翟平丽.思想的束缚,身体的突围——《觉醒》中艺术对女性身体政治的价值分析.文学界(理论版),2013(01).

李玉花.巴罗达太太:对话中的永恒艺术魅力——评凯特·肖邦的《一位正派的女人》.俄罗斯文艺,2013(01).

倪筱菊.《一个小时的故事》中马兰德夫人的自由与束缚.海外英语,2013(01).

万雪梅.当代西方凯特·肖邦研究综述.当代外国文学,2013(02).

仪爱松,姜德成.论凯特·肖邦"三位一体"的女性诗学.电子科技大学学报(社科版),2013(02).

李金梅.论《觉醒》的死亡叙事及审美意义.漳州师范学院学报(哲学社会科学版),2013(02).

薛帅.孤独的行走者——浅析《觉醒》的存在主义色彩.现代妇女,2013(05).

万红芳.局外者与浪漫派——《觉醒》中的艾德娜.语文学刊(外语教育教学),2013(03).

刘琳.重生？妥协？——评《觉醒》中艾德娜对父权社会的反抗.湖北经济学院学报(人文社会科学版),2013(03).

杨雯雯.花儿为什么这样红——论《一双丝袜》中桑莫斯太太觉醒泡影的必然性.社科纵横(新理论版),2013(03).

曲义.相似的命运 不同的觉醒——《一双丝袜》与《庭院中的女人》主人公自主意识觉醒的对比分析.辽宁师范大学学报(社会科学版),2013(03).

杜雪,王海燕.孤独中的守望者——《觉醒》与《圣经》的完美结合.剑南文学(经典教苑),2013(03).

吴梦颀.梦——从非女性主义角度评凯特·肖邦《一小时的故事》.江西广播电视大学学报,2013(03).

张媛.呼唤美国社会的理想女性——评小说《觉醒》中女性的三位一体.英语广场(学术研究),2013(04).

包丽娜.谈凯特·肖邦的女性主义意识在《觉醒》中的体现.语文学刊(外语教育教学),2013(06).

陈鹏飞.婚姻·爱情·性——小说《觉醒》中艾德娜的"逆觉醒"之路.英语广场(学术研究),2013(07).

胡悦.从人格结构理论视角解读《一个正派的女人》.长江大学学报(社科版).2013(07).

张丽.论肖邦《一小时的故事》的反讽艺术.赤峰学院学报(汉文哲学社会科学版),2013(07).

张晓丹.揭露《一小时的故事》中女主人公被隐秘谋杀的真相.语文学刊(外语教育教学),2013(08).

徐月燕.从女性主义角度解读凯特·肖邦小说《一小时的故事》.剑南文学(经典教苑),2013(08).

钟丹.论《觉醒》人物形象的含混性.牡丹江大学学报,2013(09).

俞程锋.从鸟的象征意义看爱德娜的觉醒.长春教育学院学报,2013(11).

梁珊珊. 顺从姿态下初绽的女性之花——分析凯特·肖邦《一小时之间》和铁凝《玫瑰门》. 新西部（理论版）, 2013(19).

张晓丹. 隐藏于《一小时的故事》叙述中的谋杀. 大众文艺, 2013(21).

石从红. 从《一小时的故事》看现实的婚姻. 名作欣赏, 2013(25).

章玉龙, 司梦云. 《一小时的故事》中的人际功能初探. 学理论, 2013(27).

官玉波, 马歆墨. 《觉醒》中艾德娜悲剧的巴尔塔萨式神学美学阐释. 北京交通大学学报（社会科学版）, 2014(03).

温松峰. 波涛和雷雨中的觉醒与幻灭——《觉醒》与《雷雨》女主人公之比较研究. 华北水利水电大学学报（社会科学版）, 2014(03).

王英. 《一小时的故事》的文体策略解析. 兰州工业学院学报, 2014(04).

张睿. 凯特·肖邦作品的女性主义之路探析——从《一小时的故事》到《觉醒》. 河南城建学院学报, 2014(04).

聂玲凤, 吴倩倩. 解析"一个小时的故事"中路易丝女性意识的觉醒与身体的消亡. 吉林广播电视大学学报, 2014(08).

李颖. 女性在婚姻中的迷失——《黛西蕾的婴孩》和《琐事》中妻子形象的解读. 牡丹江大学学报, 2014(11).

博士论文

胡泓. 从他者到他们——20世纪美国女性小说本体论研究. 河南大学博士论文. 2003年.

硕士论文

韩静. 赛珍珠：女性主义的先锋——赛珍珠女性主义特征研究. 南京师范大学硕士论文. 2003年.

王骞. 抗争——对凯特·肖邦《觉醒》中女主人公埃德娜命运的剖析. 河北大学硕士论文. 2003年.

黄薇. "老纽约"社会中的新女性——评伊迪丝·华顿的三部风俗小说. 广西师范大学硕士论文. 2003年.

万雪梅. 生死二元对立的超越——论凯特·肖邦的《觉醒》. 南京师范大学硕士论文. 2004年.

附 录

高速平. 找回自己 忠实自我——论凯特·肖邦《觉醒》中埃德娜的觉醒. 河北师范大学硕士论文. 2004年.

率华娟.《觉醒》象征意象的分析. 山东大学硕士论文. 2005年.

杨慧. 从文学文本到文化背景——重读英美经典作品《觉醒》和《黑暗的心脏》. 四川大学硕士论文. 2005年.

周海滨. 女性自我意识的建构与解构——艾德娜觉醒之解析. 南京师范大学硕士. 2005年.

王晶红.《觉醒》中女性自我意识透视. 吉林大学硕士论文. 2005年.

徐明. 挑战父权制——《觉醒》的女性主义解读. 苏州大学硕士论文. 2005年.

蔡霞. 走向永恒——评凯特·肖邦及其作品《觉醒》, 山东师范大学硕士论文. 2005年.

高弋. 追求完整的自我——《觉醒》与《紫色》的比较. 辽宁师范大学硕士论文. 2006年.

洪慧丽. 论凯特·肖邦《觉醒》中女主人公的自我寻找. 北京语言大学硕士论文. 2006年.

马春羽. 女性觉醒的坦途与荆棘——对西丽与爱德娜觉醒历程的女性主义解读. 吉林大学硕士论文. 2006年.

李昆秀. 艾德娜·蓬迪里埃：个性化的失败——从荣格心理学视角解读凯特·肖邦的《觉醒》. 云南师范大学硕士论文. 2006年.

薛瑞梅. 埃德娜的人格结构. 中南大学硕士论文. 2006年

陈征. 男权社会中的受害者——解读《觉醒》中的三类女性. 武汉理工大学硕士论文. 2007年.

张东力. 致命的觉醒之旅——解读凯特·肖邦的《觉醒》. 山东大学硕士论文. 2007年.

段丽娜. 生于觉醒、死于困惑——对凯特·肖邦《觉醒》的主题分析. 东北师范大学硕士论文. 2007年.

徐红. 艾德娜和十九世纪社会女性标准的冲突——评凯特·肖邦的《觉醒》. 浙江大学硕士论文. 2007年.

黄伟珍."家庭天使"与"新女性"的对垒——《觉醒》的女性主义解读. 厦门

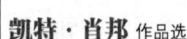

大学硕士论文. 2007 年.

高维婷. 埃德娜：一位新女性——对凯特·肖邦《觉醒》中女主人公命运的探析. 河北大学硕士论文. 2007 年.

王欢. 新女性的自我实现——析凯特·肖邦的小说《觉醒》. 河北师范大学硕士论文. 2007 年.

郭磊. 分裂中的统一——对凯特·肖邦《觉醒》的女性主义解读. 云南师范大学硕士论文. 2007 年.

潘英慧. 似是而非——试论凯特·肖邦女性形象创作的模糊观. 北京交通大学硕士论文. 2007 年.

李芝蕾. 徒劳的抗争——性别理论视阈下的《觉醒》解读. 吉林大学硕士论文. 2007 年.

张锐. 重复与逻辑悖论——《觉醒》的米勒式重读. 吉林大学硕士论文. 2007 年.

章赟. 觉醒的不同之路——从妇女主义的角度看《觉醒》和《紫色》. 武汉理工大学硕士论文. 2008 年.

郑晓丹. 永恒的神话——解析《觉醒》中的神话元素. 东北林业大学硕士论文. 2008 年.

刘英姿. 从心理女性主义看肖邦的《觉醒》. 中国海洋大学硕士论文. 2008 年.

王燕. 《觉醒》中的象征意义分析. 山东师范大学硕士论文. 2009 年.

李建霞. 浪漫主义和现实主义的冲突与融合——从浪漫主义和现实主义角度解读《觉醒》. 广西师范大学硕士论文. 2009 年.

张晓清. 觉醒的女性：从社会主义女性主义角度解读《觉醒》的女主人公爱德娜. 云南师范大学硕士论文. 2009 年.

恽佩红. 勇敢的心——试析小说《看得见风景的房间》和《觉醒》. 华东师范大学硕士论文. 2009 年.

李晓花. 《觉醒》中女主人公觉醒的原因分析. 山东大学硕士论文. 2010 年.

白莹. 从同源压迫到协作共和——凯特·肖邦《觉醒》的生态女性主义解读. 西北大学硕士论文. 2010 年.

颜莉莉. 自我意志的选择——存在主义哲学视角下解读凯特·肖邦《觉醒》. 北京交通大学硕士论文. 2010 年.

苗禾．思考、觉醒与超越——凯特·肖邦之名作《觉醒》的主题阐释．北京交通大学硕士论文．2010年．

胡懿．试论凯特·肖邦部分作品中的女性消费行为．华南理工大学硕士论文．2010年．

林武．相似的思想主题,不同的时代语境——论《光明的孩子》对《觉醒》的重构．武汉理工大学硕士论文．2011年．

刘琳．从《觉醒》女主人公探究凯特·肖邦的女性意识．兰州大学硕士论文．2011年．

张婷．父权制下的挣扎——从《觉醒》中人物形象分析凯特·肖邦的女性观．内蒙古大学硕士论文．2011年．

米丽汁．论《觉醒》中的解构主义．四川师范大学硕士论文．2012年．

赵姝．反叛与浪漫：凯特·肖邦及其作品《觉醒》．辽宁师范大学硕士论文．2012年．

马喆．凯特·肖邦《觉醒》中艾德娜悲剧命运的原型批评解读．山西大学硕士论文．2012年．

武捷．追寻自我——超验主义哲学视角下的《觉醒》研究．北京交通大学硕士论文．2012年．

杨丽梅．"绝望的妻子们"——试析凯特·肖邦作品中的妻子形象．苏州大学硕士论文．2012年．

姚薇．从缺失到觉醒——精神分析女性主义对《觉醒》的解读．安徽大学硕士论文．2013年．

胡君．艾德娜·庞特里昂注定的悲剧——双性同体视角下的《觉醒》解读．曲阜师范大学硕士论文．2013年．

赵以榄．凯特·肖邦小说《觉醒》情感意义的研究．南京师范大学硕士论文．2013年．

韩德君．从女性主义叙事学解读凯特·肖邦的《觉醒》．安徽大学硕士论文．2013年．

马文景．论"隐含作者"对凯特·肖邦短篇小说主题多样性的作用．鲁东大学硕士论文．2014年．